G. Lewis/R. Riehm/A. Neumann-Witt/
L. Bohnstengel/S. Köstler/G. Hensen (Hg.):

Inobhutnahme konkret –

Pädagogische Aspekte der Arbeit in der Inobhutnahme
und im Kinder- und Jugendnotdienst

Praxis und Forschung

*Internationale
Gesellschaft für
erzieherische Hilfen*
IGFH-Sektion
Bundesrepublik Deutschland
der Fédération Internationale
des Communautés
Educatives
(FICE) e.V.

Erziehungshilfe-Dokumentation, Band 30

Internationale Gesellschaft für Erzieherische Hilfen (IGfH)
Schaumainkai 101-103, 60596 Frankfurt am Main
Telefon 069/6 339 86-0, Telefax 069/63 39 86-25
Email: verlag@igfh.de, Internet: http://www.igfh.de

© IGfH-Eigenverlag, Frankfurt am Main, 1. Auflage 2009

Lektorat: Josef Koch, Frankfurt am Main
Herstellung, Satz und Vertrieb: Walhalla Fachverlag, Regensburg

ISBN 978-3-925146-70-1

Inhaltverzeichnis

I. Teil:
Grundlagen

Graham Lewis
Vorwort – Zu diesem Band und zum Arbeitskreis
Inobhutnahme der IGfH 7

Thomas Trenczek
Muss ich, darf ich, kann man ... Frequently Asked Questions.
Fachliche Standards und rechtliche Aspekte der Inobhutnahme 15

Jürgen Blandow
Aus der Geschichte der Inobhutnahme – am Beispiel Bremens.
Von den Anfängen 1904 bis in die Gegenwart 37

Andreas Neumann-Witt
Vielfalt der Organisation von Inobhutnahme 63

Maud Zitelmann
Kindeswohlgefährdung und Inobhutnahme.
Hinweise und Ergebnisse aus einer bundesweiten Studie 75

Jens Pothmann
Zwischen Leistung und Eingriff – die vielen Gesichter der Inobhutnahme.
Einsichten auf Basis der amtlichen Kinder- und Jugendhilfestatistik 103

II. Teil:
Besondere Aspekte

Manfred Brötz
Die Inobhutnahme als hoheitliche Aufgabe des Jugendamtes –
ein komplexes Aufgabenspektrum für den ASD 125

Uwe Weißferdt
Praxis des Allgemeinen Sozialen Dienstes (ASD) des Fachdienstes
„Sozialpädagogische Hilfen" des Kreises Segeberg.
Kollegiale Zusammenarbeit des ASD mit einem freien Träger 147

Lutz Bohnstengel
Kinder und Jugendliche mit Traumasymptomatik als Herausforderung
für die Inobhutnahme 153

Corinna Ter Nedden
Der besondere Schutzbedarf junger Migrantinnen
bei der Inobhutnahme 171

Jürgen Blandow
Mädchen und Jungen in Obhut. „Vorläufige Schutzmaßnahmen"
in geschlechtsspezifischer Perspektive 193

Lutz Bohnstengel
Der erste Tag in der Inobhutnahme – Erfahrungen und Hinweise
aus systemtherapeutischer Sicht 221

Werner Freigang
im Gespräch mit VertreterInnen des AK „Inobhutnahme"
Inobhutnahme in der Praxis 231

**Übersicht über Fallvignetten und Originaltexte
von BetreuerInnen und Jugendlichen in diesem Band** 253

HerausgeberInnen und AutorInnenverzeichnis 254

Der AK „Inobhutnahme" der IGfH 256

I. Teil
Grundlagen

Vorwort – Zu diesem Band und zum Arbeitskreis Inobhutnahme der IGfH

Graham Lewis

Kinder und Jugendliche haben das Recht auf eine individuelle, personale und soziale Entwicklung. Sie haben das Recht zu wachsen, zu lernen und zu gedeihen, ihre Persönlichkeit zu entfalten und sich damit zu emotional stabilen, einfühlsamen, eigenständigen und sozial verantwortlichen Persönlichkeiten zu entwickeln (vgl. Art. 2 Abs. 1 i.V.m. Art. 1 Abs. 1 GG und die UN-Kinderrechtskonvention). Daher bedürfen gerade sie unserer Hilfe und eines besonderen Schutzes. Diesem Grundsatz und dem damit verbundenen gesetzlichen Auftrag fühlen sich Inobhutnahme-Einrichtungen aller Art bei ihrem Tätigwerden verpflichtet.

Dieser Maxime folgend trafen sich im Jahre 1992 MitarbeiterInnen aus unterschiedlichen Bereichen der Jugendhilfe auf einer Tagung der IGfH zum Thema § 42 KJHG. Während der Veranstaltung wurde deutlich, dass neben der eigentlichen Wissensvermittlung über das damals neue Gesetz ein großer Bedarf an fachlichem Praxisaustausch vor allen Dingen über die Konsequenzen für die Praxis der Inobhutnahme bestand. Ein Teil der anwesenden Teilnehmer beschloss nach dem Ende der Fortbildung, dass eine Plattform für diesen Austausch von Inobhutnahme-Einrichtungen benötigt wird. Der IGfH wurde der Vorschlag gemacht, durch eine Gruppe von drei bis vier Teilnehmern eine ähnliche Veranstaltung durchzuführen. Die Organisation übernahm dabei die IGfH, die Umsetzung erfolgte durch Teilnehmer der ersten Veranstaltung.

In den darauf folgenden drei Veranstaltungen unter dem Dach der IGfH nahm eine Mischung von MitarbeiterInnen aus neuen Einrichtungen und „wiederkehrenden" Interessierten teil. Schnell wurde deutlich, dass die unterschiedlichen Interessen, die daraus entstanden, zur Unzufriedenheit innerhalb der Veranstaltungen führten. Neue Teilnehmer bevorzugten den Austausch zu praxisrelevanten Themen, während die anderen Teilnehmer, die bereits auf mehreren Veranstaltungen waren, einen Schritt weitergehen wollten. Bei ihnen standen Themen wie Vernetzung, Ausarbeitung von Mindeststandards für Inobhutnahme-Einrichtungen oder die politische Diskussion im Vordergrund.

Während der vierten Veranstaltung im Januar 1997 in Erfurt entwickelte sich der Gedanke zur Gründung des Arbeitskreises Inobhutnahme. Gegründet wurde er von zehn MitarbeiterInnen aus neun teilnehmenden Kinder- und Jugendschutzstellen. Der Arbeitskreis plante, über den in den bisherigen Fachtagungen vorherrschenden Informationsaustausch, das Kennenlernen verschiedener Inobhutnahme-Konzepte und die Fixierung von inhaltlichen Standards hinaus einen möglichst konstant zusammengesetzten Kreis von Fachleuten zusammenzubringen, der die Ziele, Energien und Ressourcen zum Thema Inobhutnahme bündelt und in die Fachöffentlichkeit trägt. Zielsetzung war außerdem, eine bundesweite Vernetzung unterschiedlichster Inobhutnahme-Einrichtungen zu realisieren und eine politische Diskussion über die tatsächliche Situation der Inobhutnahme und Krisenintervention zu initiieren.

Im September 1997 traf sich der Arbeitskreis Inobhutnahme zu seiner konstituierenden Sitzung im nordrhein-westfälischen Kaarst, um die Rahmenbedingungen für die Zusammenarbeit festzulegen. Als eines der wichtigsten Punkte erschien die Sicherstellung von Kontinuität innerhalb des Arbeitskreises. Dazu mussten die teilnehmenden Einrichtungen anfangs Verpflichtungserklärungen unterschreiben, die eine verbindliche Teilnahme der MitarbeiterInnen für mindestens zwei Jahre sichern sollten. Dieser Schritt stellte sich als äußerst stabilisierend heraus und nach zehn Jahren war der Arbeitskreis, der seitdem halbjährlich tagte, auf bis zu 18 Mitgliedseinrichtungen aus dem gesamten Bundesgebiet angewachsen. Charakteristisch war dabei der regelmäßige Austausch zwischen den einzelnen Einrichtungen, die mittlerweile in pragmatischer wie auch theoretischer Hinsicht miteinander vernetzt sind. Im Vordergrund stand dabei die gegenseitige Beratung wie auch Hilfe und Unterstützung in allen Fragen zum Thema Inobhutnahme.

Insbesondere in den ersten Jahren wurde die fachliche Beratung des Arbeitskreises Inobhutnahme häufig in Anspruch genommen. Einrichtungen, die die Aufgabe der Inobhutnahme neu übernehmen wollten, erkundigten sich nach praktischen Erfahrungen und Modellen, wie eine solche Einrichtung oder ein Inobhutnahme-System ausgestattet sein sollte und welche Probleme sich einstellen könnten. Als großer Vorteil kristallisierte sich dabei die Bandbreite der im Arbeitskreis Inobhutnahme teilnehmenden Einrichtungen heraus. Es waren nicht nur verschiedene Organisationsformen, sondern auch die unterschiedlichsten Regionen vertreten. So konnte der AKI sehr gut auf die individuellen Bedürfnisse der anfragenden Einrichtungen reagieren und oftmals auch Starthilfe leisten.

Bei der aktuellen Zusammensetzung des AKI wurde ein besonderes Augenmerk auf die Vielfältigkeit und nicht nach Beliebigkeit der Betreuungsformen gelegt. Aktuell beteiligen sich am AKI achtzehn verschiedene Inobhutnahme-Einrichtungen aus fünfzehn Bundesländern. Dabei sind von den „klassischen" Jugendschutzstellen als spezialisierte Einrichtungen auch Kinder- und Jugendnotdienste, die ambulant als auch stationär betreuen, bis hin zu Einrichtungen mit Krisenwohnungen und besondere Einrichtungen für Selbstmelder mit der Möglichkeit der anonymen Aufnahme wie „Sleep-In" als Mitglieder vertreten.

Darüber hinaus versteht sich der Arbeitskreis auch als Forum, um sich über Perspektiven, Frage- und Problemstellungen sowie Weiterentwicklungen des § 42 SGB VIII zu verständigen. Dabei soll die Fachdiskussion in der Jugendhilfelandschaft angeregt und vorangetrieben werden. Unter dem Dach der

IGfH, als ein anerkannter und wichtiger Fachverband der Kinder- und Jugendhilfe, will der AKI Lobbyarbeit für das häufig „vergessene Instrument" im SGB VIII leisten und im Sinne einer fachlichen Weiterentwicklung Bedingungen und Grundlagen diskutieren und vorantreiben. Zudem sind die Vernetzung unseres Arbeitskreises und die politische Mitarbeit in unterschiedlichen Gremien ein wichtiger Bestandteil im Selbstverständnis unserer Arbeit. Wie unser Dachverband, die IGfH, verstehen wir uns als offenes Diskussionsforum, um zeitgemäße und jeweils bessere Lösungen für die Probleme der jungen Menschen und deren Familien zu finden. Dazu wollen wir persönliche, fachliche und institutionelle Ressourcen im Interesse von Kindern und Jugendlichen mobilisieren und damit verbunden auf das verbriefte Recht auf Schutz für Minderjährige, laut § 42 SGB VIII, aufmerksam machen, ohne gleichzeitig den Interessenkonflikten der verschiedenen Institutionen zu unterliegen und unter Umständen Beharrungstendenzen und Egoismen einer überholten Praxis übernehmen zu müssen.

Mittlerweile richtet der Arbeitskreis jährlich eine dreitägige Fachtagung speziell für MitarbeiterInnen aus in Obhut nehmenden Einrichtungen aus. Außerdem veröffentlicht er Fachaufsätze im FORUM Erziehungshilfen der IGfH. Seit 2000 verfügt er über eine eigene Homepage (www.igfh.de/aki), auf der regelmäßig Tagungsdokumentationen, eine Online-Aufsatzsammlung zu praxisrelevanten Aspekten der Inobhutnahme und Handreichungen, zu denen auch ein Notfallkoffer für Inobhutnahmestellen gehört, eingestellt werden. Zudem präsentiert der Arbeitskreis die Inhalte und Ergebnisse seiner Tätigkeiten auf Großveranstaltungen wie dem Jugendhilfetag oder der Bundestagung Heimerziehung der IGfH.

2003 entwickelte der Arbeitskreis einen Erhebungsbogen, um bundesweit die Rahmenbedingungen der Betreuung von Kindern und Jugendlichen in Inobhutnahmestellen zu untersuchen. Die Ergebnisse führten zu einer Kooperation mit Prof. Dr. Maud Zitelmann (Fachhochschule Frankfurt) und zu einer umfangreichen Studie zu dem Thema Sozialpädagogische Diagnostik in Einrichtungen der Inobhutnahme.

Ein Primärziel für die weitere Arbeit des AKI wird die Entwicklung gemeinsamer Standards werden. Der Versuch solche Standards zu entwickeln, begonnen mit der Ausarbeitung des Notfallkoffers, wird daher ein zentrales Arbeitsvorhaben für unsere weiteren Veranstaltungen werden. Eine weitere Aufgabe wird die Auseinandersetzung mit Themen wie die Sozialpädagogische Diagnostik, den Datenschutz, die Übergänge in Maßnahmen nach § 34 SGB VIII und die Kooperation mit angrenzenden Arbeitsfeldern wie Psychiatrie oder auch den Ordnungsbehörden darstellen. Begleitet wird der AKI dabei seit 2008 von Prof. Dr. iur. Thomas Trenczek, M.A. (Fachhochschule Jena), der dem AKI beratend zur Seite steht.

Im September 2007 feierte der AKI seinen zehnten Geburtstag. Anlässlich dieses Jubiläums und der vielfältigen in den vergangenen Jahren gesammelten Erfahrungen plante der AKI schließlich diesen Aufsatzband zum Thema Inobhutnahme herauszugeben.

Die Veröffentlichung hat das Ziel der Aufarbeitung von praxisrelevanten Aspekten der Inobhutnahme, sodass Praktiker, die sich für dieses Angebot interessieren, sich zu den verschiedenen Aspekten informieren können. Eingebunden werden dabei die unterschiedlichen Sichtweisen aller Beteiligten während einer Inobhutnahme. Insbesondere die unterschiedlichen Standpunkte und die vielfältigen Ansichten machen den Reiz dieser Veröffentlichung aus. Sie soll Anregungen zur Diskussion bieten und Spannungsbögen zwischen den einzelnen Artikeln herstellen. Von den historischen Aspekten der Inobhutnahme, über den Arbeitsalltag in einer Inobhutnahmestelle bis hin zu der Sichtweise eines öffentlichen Trägers wird versucht, einen Teil der Bandbreite dieses komplexen Bereiches der Jugendhilfe darzustellen.

Der Sammelband gliedert sich in eine Rubrik „Grundlagen", in der grundsätzliche Aspekte der Inobhutnahme dargestellt werden, und in ein zweites Hauptkapitel „Besondere Aspekten", in dem verschiedene Perspektiven der Praxis (die Sicht der öffentlichen und freien Träger, geschlechtsspezifische Aspekte u.a.m.) eingenommen werden. In der ersten Rubrik „Grundlagen" beschäftigt sich *Thomas Trenczek* in seinem Beitrag mit den fachlichen Standards und rechtlichen Aspekten der Inobhutnahme. Er nimmt Fragen aus der Praxis auf und erläutert rechtliche und fachliche Handlungsnotwendigkeiten. *Jürgen Blandow* stellt am Beispiel der Stadt Bremen einige Recherchen zur Geschichte der Inobhutnahme vor und schließt mit einem kurzen Blick auf die lokalen aktuellen Entwicklungen. *Andreas Neumann-Witt* stellt die Vielfalt an Organisationsformen der Inobhutnahme vor. Er gibt zugleich einen kurzen Überblick über die Kernaufgaben der Inobhutnahme jenseits der differierenden Organisationsformen. *Maud Zitelmann* berichtet ausführlich von den Ergebnissen einer bundesweiten Studie, an der sich über 200 Einrichtungen beteiligten. Sie skizziert u.a. Ergebnisse der Befragung hinsichtlich der Inanspruchnahme, der Einschätzung von Gefährdung und Hilfebedarf, der Kooperation von Jugendhilfe und Justiz bei Kindeswohlgefährdung sowie hinsichtlich der Rückführung von Heranwachsenden in die Herkunftsfamilie. *Jens Pothmann* rundet die Grundsatzbeiträge ab, indem er Einsichten zu den vielen Gesichtern der Inobhutnahme anhand der aktuellen amtlichen Kinder- und Jugendhilfestatistik vorstellt. Er kommt aufgrund der statistischen Daten zum Schluss, dass auch wenn Inobhutnahmen vielleicht derzeit immer wieder mit der Herausnahme von vor allem Kleinkindern aus ihrer Familie in Verbindung gebracht werden, dies der tatsächlichen Klientel dieser Maßnahmen keineswegs gerecht wird.

Zwei konträre Beiträge aus Sicht von Jugendämtern eröffnen die zweite Rubrik des Sammelbandes, die sich mit praxisnahen besonderen Aspekten der Inobhutnahme beschäftigt. *Manfred Brötz* sieht die Inobhutnahme als alleinige hoheitliche Aufgabe des Jugendamtes. Der Beitrag beschreibt unter dieser Prämisse die wichtigsten Elemente von Inobhutnahme, die in der Praxis der Jugendämter eine Rolle spielen.

Uwe Weißferdt stellt anschließend aus Sicht eines Jugendamtes eine andere Form der vertraglich untermauerten kollegialen Zusammenarbeit des ASD mit einem freien Träger bei der Inobhutnahme zur Diskussion. Es folgen dann Beiträge, die spezifische Herausforderungen in der Praxis der Inobhutnahme aufgreifen. *Lutz Bohnstengel* widmet sich in seinem Beitrag den Kindern und Jugendlichen mit Traumasymptomatik. Er gibt deshalb einen Überblick in die Symptomatik und einige pädagogische sowie therapeutische Ansätze, verbunden mit dem Appell an pädagogische Mitarbeiter, sich durch geeignete Fortbildung in diesem Bereich besser zu schulen. *Corinna Ter Nedden* geht im nachfolgenden Beitrag dann auf den besonderen Schutzbedarf junger Migrantinnen ein. Sie stellt die Arbeitsweise und die Erfahrungen eines spezialisierten Angebots für gewaltbetroffene junge Migrantinnen im Rahmen der Inobhutnahme vor. *Jürgen Blandow* erweitert diesen Aspekt noch, indem er Inobhutnahmen genereller unter geschlechtsspezifischer bzw. genderspezifischer Perspektive betrachtet. Er stellt einige pädagogische Schlussfolgerungen für einen „gendersensiblen" Umgang mit Mädchen und Jungen in der Obhutnahme vor und fragt nach Konsequenzen für das institutionelle System. *Lutz Bohnstengel* lenkt schließlich die Aufmerksamkeit auf eine Schlüsselsituation in der Inobhutnahme: Die Gestaltung der ersten Kontaktaufnahme stellt einen wichtigen Baustein für den weiteren Hilfeverlauf dar und legt – so der Autor – die Grundlage für die anschließende Arbeit der Entwicklung einer tragfähigen Beziehung zwischen Helfer/in und dem Kind bzw. der/dem Jugendlichen.

Beschlossen wird der Sammelband durch eine Zusammenfassung eines Interviews, das *Werner Freigang* mit vier MitarbeiterInnen des Praxisfeldes Inobhutnahme führte. Ziel des Gesprächs war es, etwas über den Alltag oder über Alltage in der Inobhutnahme zu erfahren, über die praktischen Erfahrungen mit spezifischen institutionellen Ausformungen, aber auch über gemeinsame Erfahrungen und Probleme. Zwischen den Beiträgen findet der Leser und die Leserin kleine Fallvignetten aus der Praxis, persönliche Schilderungen von Fachkräften und Jugendlichen im Kontext der Inobhutnahme.

Unser besonderer Dank geht an alle Autoren und Autorinnen, die durch ihre Mitarbeit und Unterstützung dazu beigetragen haben, dieses Buch entstehen zu lassen. Ein Dank geht auch an die vielen Kollegen aus der Praxis und Wissenschaft, die in den vergangenen Jahren den AKI durch ihre ehrenamtliche Mitarbeit unterstützt und gefördert haben und dadurch den AKI so erfolgreich haben werden lassen.

**Ein alltäglicher Fall –
Beschreibung einer „geglückten Inobhutnahme" nach § 42 SGB VIII**

W. wurde an einem Wochenende von der Polizei in eine Inobhutnahmeeinrichtung gebracht. Die Aufnahme erfolgte nachts. Während des ausführlichen Aufnahmegespräches in der Inobhutnahmeeinrichtung wurde von der Mitarbeiterin folgende Anamnese erfragt und in schriftlicher Form im Aufnahmebogen festgehalten.

W. war ein 16-jähriges äthiopisches Mädchen, dass vor zwei Jahren mit der Mutter und der zwölfjährigen Schwester aus Äthiopien zum Vater in die BRD kam, der bereits acht Jahre hier lebte. W. sprach in beachtenswerter Weise akzentfrei Deutsch, obwohl sie erst seit zwei Jahren in der BRD lebte. Sie besuchte die 8. Klasse einer Realschule und war eine gute Schülerin, die den Realschulabschluss erlangen würde. Der Vater hatte in einem Restaurant in der Küche gearbeitet, war dann jedoch arbeitslos geworden. Zunehmend hatte er Alkoholprobleme und fiel mehrfach durch körperliche Misshandlungen seiner Frau und der Töchter auf. Die Mutter war sogar kurzzeitig in ein Frauenhaus geflüchtet, kam dann doch wieder zu ihrem Ehemann und den Töchtern zurück. W. hatte im Vorfeld der Aufnahme eine verbale Auseinandersetzung mit ihrer Schwester, woraufhin der Vater W. im alkoholisierten Zustand ins Gesicht schlug und sie würgte. Anschließend trug er der Mutter auf einen Gürtel zu holen, die sich zuerst weigerte. Nachdem der Vater auch die Mutter bedrohte, holte sie den Gürtel. W. wurde daraufhin von dem Vater mit dem Gürtel verprügelt. Ihr gelang es anschließend die Polizei telefonisch über die Vorkommnisse zu informieren, die zu der von ihr genannten Adresse fuhr, W. auf ihren Wunsch hin aus der Wohnung holte und zum Polizeirevier mitnahm.

Sie wollte jedoch keinesfalls Anzeige wegen Körperverletzung gegen ihren Vater erstatten. Die Jugendliche äußerte lediglich den Wunsch, nicht mehr in die elterliche Wohnung zurück zu wollen. Die Anzeige gegen den Vater wurde somit von Amts wegen gefertigt. Auf dem Polizeirevier wurden augenscheinlich Prellungen am Unterarm und Würgemale am Hals der Jugendlichen festgestellt. Die Polizei informierte die Eltern telefonisch über die Unterbringung ihrer Tochter in einer Inobhutnahmeeinrichtung. Alles Weitere sollten sie am kommenden Geschäftstag mit der zuständigen Mitarbeiterin des Jugendamts klären. Durch die Herausnahme des Mädchens aus der elterlichen Wohnung wurde die momentane Krisensituation deeskaliert.

W. machte während des Aufnahmegespräches einen gefassten Eindruck und wiederholte mehrmals, nicht in die elterliche Wohnung zurück zu wollen. Im Verlauf des Gespräches wurde W. das ihr bis dahin unbekannte

Procedere der Inobhutnahme ausführlich erklärt. Sie wurde dahingehend informiert, dass sie erst einmal zur Ruhe kommen solle und in dem beschützten Rahmen der Inobhutnahmeeinrichtung die Möglichkeit habe, ihre Situation zu überdenken und diese Krisensituation mit Hilfe der Mitarbeiter zu bewältigen. Ziel der Inobhutnahme sei es eine für alle Parteien zufriedenstellende Lösung der Problemsituation zu finden. Dies würde in Kooperation mit ihr, der zuständigen Mitarbeiterin des Jugendamts, der Inobhutnahmeeinrichtung und der sorgeberechtigten Eltern besprochen werden. Auf Nachfragen der Mitarbeiter klagte sie über keine nennenswerten körperlichen Schmerzen, sodass sie erst am nächsten Vormittag in Begleitung einer Mitarbeiterin der Inobhutnahmeeinrichtung im Krankenhaus vorstellig wurde. Ein Arzt begutachtete die Verletzungen und erstellte ein Attest. Dies würde ggf. als Beweis bei einer evtl. Gerichtsverhandlung gegen den Vater von Bedeutung sein.

Am nächsten Werktag wurde die zuständige Mitarbeiterin des Jugendamts über die Aufnahme der Jugendlichen und die Vorkommnisse informiert. Die zuständige Mitarbeiterin kam noch am selben Tag in die Einrichtung, um mit W. ein Gespräch zu führen. W. weigerte sich nach wie vor wieder nach Hause zu gehen. Aufgrund der Vorkommnisse sah die Mitarbeiterin des Jugendamts einen Handlungsbedarf und entschied, dass W. vorerst in Obhut genommen blieb und bis zur weiteren Klärung der Problemsituation in der Einrichtung verbleiben sollte. Die Mitarbeiterin des Jugendamts trat umgehend mit den Eltern der Jugendlichen in Kontakt und beraumte für den folgenden Tag einen Gesprächstermin mit den sorgeberechtigten Eltern im Jugendamt an. Das Ergebnis dieses Gespräches war, dass sich die Eltern vorübergehend mit der Inobhutnahme einverstanden erklärten.

Im Verlauf der nächsten Wochen wurde W. durch Mitarbeiter der Einrichtung betreut und über die Möglichkeiten einer weiteren Unterbringung oder der Rückführung in die Familie aufgeklärt. Die Eltern wurden vom Jugendamt aufgefordert, Kleidung für W. zu packen und beim Jugendamt abzugeben, die dann von einem Mitarbeiter der Inobhutnahmeeinrichtung abgeholt und an W. übergeben wurden. Des Weiteren besuchte W. auf eigenen Wunsch hin wieder ihre alte Schule, nachdem keine weitere Gefährdung der Jugendlichen durch den Vater zu bestehen schien. Die Klassenlehrerin wurde über die Inobhutnahme und die derzeitige Fremdplatzierung der Jugendlichen informiert. In den nächsten zwei Wochen fanden mehrere Gespräche bei der zuständigen Mitarbeiterin im Jugendamt statt, an denen die Eltern, ein Dolmetscher, W. und eine Mitarbeiterin der Inobhutnahmeeinrichtung teilnahmen. W. weigerte sich weiterhin wieder zurück nach Hause zu gehen. Die sorgeberechtigten Eltern wollten jedoch, dass ihre Tochter wieder in die Familie zurückkehrte.

Nachdem W. dies jedoch weiterhin ablehnte und eine Annäherung beider Parteien unmöglich schien, waren die Eltern schließlich mit einer Unterbringung ihrer Tochter in einer betreuten Wohnform einverstanden und unterschrieben den Antrag zur Hilfe zur Erziehung. Somit bestand die Rechtsgrundlage, die es der Mitarbeiterin des Jugendamts ermöglichte, eine passende Einrichtung für W. nach § 34 SGB VIII zu suchen. W.s Wunsch war es in der Nähe untergebracht zu werden, damit sie weiterhin ihre alte Schule besuchen könne. Die Mitarbeiterin des Jugendamts konnte jedoch diesem Wunsch nicht entsprechen, da derzeit keine freien Plätze in den umliegenden Einrichtungen zur Verfügung standen. Somit wurden zwei Vorstellungstermine in jeweils weiter entfernten Mädchen-Wohngruppen terminiert. Die Mitarbeiterin des Jugendamts nahm gemeinsam mit W. und einer Mitarbeiterin der Inobhutnahmeeinrichtung beide Vorstellungstermine wahr, in deren Verlauf W. die Möglichkeit hatte die künftige Einrichtung, deren Mitarbeiter und die dort untergebrachten Jugendlichen kennen zu lernen. Die sorgeberechtigten Eltern verzichteten darauf, an diesen Vorstellungsterminen teilzunehmen. Beide Wohngruppen boten W. eine Aufnahme an. Nach einer dreitägigen Bedenkzeit entschied sie sich für eine der Mädchen-Wohngruppen. Der Aufnahmetermin wurde vereinbart und W. an dem betreffenden Tag von einer Mitarbeiterin der Inobhutnahmeeinrichtung in die Folgeeinrichtung gebracht. Die Inobhutnahmezeit dauerte somit vier Wochen.

Muss ich, darf ich, kann man ...
Frequently Asked Questions
Fachliche Standards und rechtliche Aspekte der Inobhutnahme

Thomas Trenczek

Das SGB VIII regelt nun im Wesentlichen in nur einer Vorschrift in § 42 i.V.m. § 8a Abs. 3 Satz 2 SGB VIII bundesweit einheitlich Voraussetzungen und Inhalt der Inobhutnahme genannten sozialpädagogischen **Schutzgewährung und Krisenintervention** durch die (öffentliche) Jugendhilfe. Wesensinhalt der Inobhutnahme ist nicht die bloße Unterbringung, sondern die **sozialpädagogisch betreute Schutzgewährung** für Kinder und Jugendliche. § 42 beginnt zunächst chronologisch wie rechtsdogmatisch stimmig in Abs. 1 Satz 1 Nr. 1 bis 3 mit den **Anlässen** (also den Tatbestandsvoraussetzungen) und regelt anschließend Inhalt und Ablauf (die Rechtsfolgen) der Inobhutnahme. In Abs. 1 Satz 2 werden die **Befugnisse** des Jugendamts zur Heraus- bzw. Wegnahme sowie zur Unterbringung beschrieben. In Abs. 2 Satz 2 bis 4 werden die **Aufgaben** bei der Durchführung der Inobhutnahme zusammengefasst und hierbei insbesondere auf die Pflicht zur eigentlichen, sozialpädagogischen Arbeit hingewiesen. In Abs. 2 S. 4 werden die Befugnisse des Jugendamts im Hinblick auf die rechtsgeschäftlichen Befugnisse erweitert. Abs. 3 richtet den Blick auf die Eltern und ausdrücklich auf die sich bereits unmittelbar aus Art. 6 Abs. 2 GG ergebende Pflicht zur Zusammenarbeit. Im Abs. 3 Satz 2 werden die Rechtsfolgen eines Widerspruchs geregelt. In Abs. 4 werden die Beendigungstatbestände definiert. Abs. 5 regelt die engen Grenzen der freiheitsentziehenden Maßnahmen. In Abs. 6 findet sich eine klarstellende Regelung zur Anwendung von unmittelbarem Zwang. Die einzelnen Regelungen werden von mir ausführlich an anderer Stelle erläutert (Trenczek 2008; 2007) und kommentiert (Trenczek in Münder u.a. 2006/2009 § 42). Hier sollen einige häufiger gestellte Fragen aus der Praxis beantwortet und dabei einige wesentliche Aspekte und Regeln der Inobhutnahme erläutert werden. Auf Quellen- und Literaturangaben wird mit Verweis auf die o.g. Publikationen weitgehend verzichtet.

Hinzuweisen ist aber mit Nachdruck darauf, dass es sich bei den rechtlichen Aspekten nicht um gelegentlich als „theoretisch" abgetane Vorstellungen handelt, vielmehr um die rechtlich verbindliche Normierung **fachlicher Standards**. Werden diese unterschritten, so kann dies erhebliche Kostenfolgen, eine zivilrechtliche Schadenshaftung ebenso wie arbeitsrechtliche Konsequenzen nach sich ziehen. Nach §§ 89b, 89f SGB VIII sind vom sog. Heimatjugendamt nur Kosten einer rechtmäßig durchgeführten Inobhutnahme zu erstatten. Werden bei der Durchführung der Inobhutnahme Fehler gemacht (sei es, dass die Tatbestandsvoraussetzungen nicht vorliegen, sei es im Ablauf und Verfahren etc.), erlischt die Pflicht zur Kostenerstattung. Auch an der strafrechtlichen Garantenstellung der Mitarbeiter der Jugendämter und Jugendschutzstellen (öffentlicher und freier Träger) sowie der Bereitschaftspflegestellen besteht kein Zweifel.[1] Die Mitarbeiter der JA erfüllen ihre Pflichten durch fachgerechtes Arbeiten. Was lege artis, kunst- und fachgerecht ist, also den anerkannten fachlichen und im SGB VIII normierten Standards entspricht, kann nicht strafbar sein! Das ist in der sozialen Arbeit nicht anders als im Bereich der Medizin oder des Kfz-Wesens. Andererseits gilt, wer die fachlichen, normativ verbindlichen Standards des SGB VIII nicht einhält, haftet nicht nur zivilrechtlich, sondern macht sich ggf. auch strafbar.

Frage 1: Zulässigkeit der Inobhutnahme

Die Polizei hat einen Jugendlichen zu uns gebracht, weil er in der Nacht mehrere Automaten aufgebrochen habe und die Eltern nicht zu erreichen seien. Müssen wir den Jugendlichen in Obhut nehmen?

Die Inobhutnahme ist nach § 42 Abs. 1 SGB VIII nur in drei Fällen zulässig, bei den sog. Selbstmeldern (Nr. 1), bei einer dringenden Gefahr für das Wohl des Kindes/Jugendlichen (Nr. 2) und bei den sog. unbegleiteten minderjährigen Migranten (Nr. 3). Bittet der Jugendliche in den o.g. Beispiel nicht selbst um Inobhutnahme, dann darf das Jugendamt ihn nur bei einer „Kindeswohlgefährdung" in Obhut nehmen. Im Hinblick auf die Art der dem Kind oder Jugendlichen drohenden Gefahr ist der Maßstab des § 1666 BGB zu Grunde zu legen und damit *nicht* auf den polizeirechtlichen Gefahrenabwehrbegriff (z.B. Störung der öffentlichen Ordnung z.B. durch Straftaten) abzustellen. Zwar kann eine **Gefährdung von Minderjährigen** vorliegen, wenn sie einer rechtswidrigen Tat verdächtig sind, die aus polizeilicher Sicht formulierte Regel (vgl. Polizeiliche Dienstvorschrift PDV 3.82 Nr. 2.2.5: i.d.R. Kindeswohlgefährdung bei Gruppendelikten, wiederholter Begehung) ist freilich nicht zwingend.[2] Die (ubiquitäre, jugendtypische und episodenhafte) Begehung von Straftaten ist für die Jugendhilfe kein hinreichendes, noch nicht einmal ein besonders geeignetes Kriterium für eine sozialpädagogisch begründete Intervention, sondern allenfalls ein Symptom, welches auf dahinter liegende Schwierigkeiten und Probleme hinweisen kann (vgl. Trenczek 1996: 117 ff.).

---

[1] Hierzu Münder u.a./Münder 2009 § 1 Rz. 31 ff.; Trenczek, T. 2002: 383.

[2] An dieser Stelle soll auf die Bedeutung einer gut funktionierenden, d.h. die unterschiedlichen Handlungsaufträge, Interventionen und Methoden respektierenden und im persönlichen Umgang kollegialen, im Alltag verlässlichen wie in Krisen belastbaren sowie vertrauensvollen Zusammenarbeit hingewiesen werden. Eine solche gelingende Kooperation lässt sich nicht erst in der akuten Krise herstellen, sondern ist das Ergebnis einer andauernden Kontaktpflege, persönlichen Engagements und überzeugender Professionalität.

Es kommt – wie immer – auf die konkreten Umstände des Einzelfalls an: Droht dem Kind/Jugendlichen Gefahr für sein Wohl, weil er nicht nach Hause gebracht werden kann (weil die Eltern nicht erreichbar sind oder ihm Misshandlungen durch die Eltern drohen), dann muss es/er in Obhut genommen werden, wenn der Gefahr nicht auf andere Weise begegnet werden kann (z.B. Kind/Jugendliche kann mit Einverständnis der Eltern bei einem Verwandten oder Bekannten unterkommen). Die Inobhutnahme steht am Ende der Interventionen, sie muss als letztes Mittel im Umgang mit Gefährdungsmeldungen durchgeführt werden, wenn auch die Eilentscheidung des Familiengericht nicht abgewartet werden kann (§ 8a Abs. 3 Satz 2 SGB VIII).

Frage 2: Vor der Inobhutnahme

Müssen wir vor einer Inobhutnahme mit den Eltern Kontakt aufnehmen? Oder müssen wir das Familiengericht vorher einschalten?

Bei **Selbstmeldern** (§ 42 Abs. 1 Nr. 1 SGB VIII): nein. Das Jugendamt muss Kinder und Jugendliche (zwingend) in Obhut nehmen, wenn diese darum bitten (= Selbstmelder). Die Eltern müssen vorher nicht gefragt werden. Sie müssen aber unverzüglich (s.u.) informiert werden. Scheitert die Kontaktaufnahme, ist unverzüglich das Familiengericht einzuschalten.

Anders ist dies im Fall einer Kindeswohlgefährdung (§ 42 Abs. 1 Nr. 2 SGB VIII). § 8a Abs. 1 SGB VIII verpflichtet das Jugendamt, bei „gewichtigen Anhaltspunkten" für eine **Kindeswohlgefährdung** tätig zu werden (Schutzauftrag). Im Hinblick auf die vorrangige Elternverpflichtung nach Art. 6 Abs. 2 GG sind dabei die Personensorgeberechtigten nach § 8a Abs. 1 Satz 2 SGB VIII einzubeziehen, soweit nicht gerade dadurch der Schutz des Kindes in Frage gestellt wird. § 8a Abs. 1 Satz 3 SGB VIII verpflichtet das Jugendamt, den Personensorge- oder Erziehungsberechtigten Hilfen zur Abwendung einer Kindeswohlgefährdung anzubieten. Es geht also um eine möglichst einvernehmliche Krisenbewältigung. Eine entsprechende Regelung findet sich in § 42 Abs. 1 Nr. 2a SGB VIII, d.h. dass grundsätzlich vor der Entscheidung über die Inobhutnahme die Eltern zu kontaktieren sind. Scheitert die Kontaktaufnahme, weil die Eltern nicht erreichbar sind oder aus anderen Gründen, muss im Rahmen einer sorgfältigen Abwägung geklärt werden, ob die vorliegenden Informationen über die Gefährdungslage die Datenerhebung bei Dritten rechtfertigen und ob derart dringende Anzeichen einer Gefährdung vorliegen, die zu einer sofortigen Inobhutnahme zwingen. Nur wenn aufgrund der dringenden Gefahr eine Entscheidung des Familiengerichts nicht abgewartet werden kann, ist die Inobhutnahme erforderlich (§§ 8a Abs. 3, 42 Abs. 1 Nr. 2b).

Frage 3: Auslegung des Begriffs „unverzüglich"

Was bedeutet „unverzüglich" genau?

Der Begriff „unverzüglich" kommt in § 42 SGB VIII an mehreren Stellen vor (Abs. 2 Satz 2; Abs. 3 Satz 1, 2, 4 und 5). Er wird zwar von der Rechtsprechung und Lehre mit einem Verweis auf § 121 BGB einheitlich als „ohne schuldhaftes Verzögern" übersetzt, in der praktischen Konsequenz führt diese (einheitliche) Auslegung aufgrund der verschiedenen Kontexte zu unterschiedlichen Zeitspannen. Das liegt v.a. daran, dass bei der Auslegung stets der **Schutzzweck der Norm** beachtet werden muss, wobei der systematische Zusammenhang des Begriffs in der Norm berücksichtigt werden muss. Der Begriff der Unverzüglichkeit bestimmt sich durch die Sorge um das Wohl des Minderjährigen. Unverzüglich bedeutet nicht immer sofort, sondern eben ohne schuldhafte Verzögerung, d.h., es darf im Hinblick auf das Kindeswohl keine gewichtigen Gründe geben, die ausnahmsweise eine Verzögerung, d.h. nicht sofortiges Handeln, legitimieren können. Im Einzelnen:

a) Abs. 2 Satz 2: Gelegenheit zur Information einer **Vertrauensperson**. Unverzüglich bedeutet in diesem Zusammenhang, dass die Minderjährigen in aller Regel **gleich zu Beginn der Aufnahme** gefragt werden müssen, ob sie jemanden informieren wollen. Sie können dann selbst entscheiden, wann (sofort oder später) und auf welche Weise (Telefon, SMS, E-Mail, schriftlich) sie dies tun wollen.

b) Abs. 3 Satz 1: Das Gesetz verlangt bei einer Inobhutnahme sowohl bei Selbstmeldern als auch bei zugeführten Minderjährigen die unverzügliche (zumindest fernmündliche) **Information der Personensorge- oder Erziehungsberechtigten**, im Fall des § 42 Abs. 1 Nr. 2 SGB VIII zur gemeinsamen Risikoabschätzung grundsätzlich sogar bereits *vor* der Entscheidung über die Inobhutnahme (s.o. Frage 2#). Unverzüglich bedeutet hier nicht sofort, die Zeitspanne kann u.U. länger sein als bei der Benachrichtigung einer Vertrauensperson durch den Minderjährigen. Eine vorschnelle Unterrichtung der Eltern könnte u.U. den Schutz des Kindes vereiteln, wenn die Gefahr gerade von den Eltern ausgeht. Da durch die Benachrichtigung allein bereits eine (weitere) Gefährdung eintreten kann, muss vorher Zeit zur Abklärung, Beratung und Unterstützung des Minderjährigen bleiben. Wünscht ein Kind oder Jugendlicher, dass eine Information der Sorgeberechtigten unterbleibt, ist zunächst durch entsprechende sozialpädagogische Arbeit zu versuchen, die Hintergründe der Weigerung zu beleuchten und sein Einverständnis zu erlangen. Eine feste Tagesregel (z.B. 2–3 Werktage, 48 Stunden, …), wie sie teilweise in der Praxis durch Dienstanweisungen vorgegeben wird, widerspricht der Notwendigkeit einer Einzelfallprüfung und ist deshalb fachlich inakzeptabel und rechtlich irrelevant. Ist abzusehen, dass diese Abklärung (insbesondere aufgrund der ernsthaften

Weigerung des Minderjährigen, seine Eltern über seinen Verbleib aufzuklären) nicht kurzfristig geleistet werden kann, müssen die Eltern zumindest mittelbar über die Polizei oder die Bereitschaftsstelle darüber benachrichtigt werden, dass ihr Kind in der Obhut des Jugendamts ist. Die Information erfüllt hier zunächst die Funktion, die Sorgeberechtigten darüber zu informieren, dass der Minderjährige in Sicherheit (also nicht als vermisst zu melden) ist und die Sorgeberechtigten sich keine Sorgen machen müssen. Die Befürchtung, die Eltern könnten der Inobhutnahme widersprechen und ihr Kind sofort herausverlangen, ist *kein* zulässiger Grund, die Unterrichtung zu unterlassen oder hinauszuzögern. Die Konfliktklärung mit den Eltern und damit der mögliche Widerspruch sind integraler Teil der Inobhutnahme.

c) Scheitert die Kontaktaufnahme, weil die Eltern nicht erreichbar sind oder aus welchen Gründen auch immer, ist nach § 42 Abs. 3 Satz 3 SGB VIII das **Familiengericht** unverzüglich (d.h., da keine vernünftigen Gründe des Abwartens ersichtlich sind: sofort), am besten schriftlich mittels Fax zu informieren. Hinzuweisen ist freilich darauf, dass von einem Scheitern der unverzüglichen Kontaktaufnahme erst gesprochen werden kann, wenn die Eltern mehrfach zu verschiedenen Zeiten, bei einer Nachtaufnahme auch am nächsten Tag, nicht erreicht werden konnten. In diesen Fällen empfiehlt es sich zumindest vorbeugend die örtliche Polizeidienststelle zu informieren, damit diese auf Vermisstenanzeigen entsprechend reagieren können.

d) Abs. 3 Satz 2: Bei einem **Widerspruch der Personensorge-/Erziehungsberechtigten** ist – wenn der Minderjährige wegen Annahme einer Kindeswohlgefahr nicht unverzüglich (= sofort) herausgegeben wird – das Familiengericht unverzüglich zu unterrichten, damit dieses die erforderlichen sorgerechtlichen Maßnahmen zum Wohl des Kindes oder Jugendlichen herbeiführen kann. In diesem Zusammenhang kann „unverzüglich" nur sofort bedeuten. Hier sind keine tatsächlichen oder rechtlichen Gründe denkbar, die eine Verzögerung rechtfertigen könnten. Entsprechendes gilt, wenn die Eltern nicht erreichbar sind (Abs. 3 Satz 3). Das schließt auch die Fälle einer anonymen Aufnahme mit ein. Da mangels Kenntnis die Eltern/Personensorgeberechtigten des Minderjährigen nicht informiert werden können, ist in diesen Fällen unverzüglich (= sofort) das Familiengericht einzuschalten.

e) § 42 Abs. 3 Satz 4 SGB VIII: **Vormundbestellung** bei unbegleiteten minderjährigen Migranten: Die Bestellung des Vormunds muss „unverzüglich" erfolgen, d.h. hier – wenn sich die in der Praxis erforderlichen Abklärungen nicht ohnehin sofort vornehmen lassen – zumindest innerhalb weniger Tage. Nach BVerwG 24.06.1999 – 5 C 24.98 – ZfJ 2000, 33: am der Inobhutnahme am Donnerstag folgenden Montag (drei Werktage).

f) § 42 Abs. 3 Satz 4 SGB VIII: Sind die Eltern mit der Inobhutnahme einverstanden oder wird sie von ihnen zumindest geduldet, so ist nach § 42

Abs. 3 Satz 5 SGB VIII unverzüglich (hier = sofort) ein **Hilfeplanverfahren** einzuleiten. Wenn schon die Eltern mit dem Einverständnis in die Inobhutnahme bereit sind, die Krise nicht eskalieren zu lassen, so gibt es keinen Grund, nicht sogleich mit der kooperativen Problembewältigung fortzufahren.

g) **Freiheitsentzug**: Ohne richterliche Entscheidung sind freiheitsentziehende Maßnahmen auch nach dem Jugendhilferecht nicht zulässig. § 42 Abs. 5 SGB VIII ermöglicht lediglich bei einer akuten Gefahr, welche ein sofortiges Einschreiten zum Schutz von Leib und Leben gebietet, eine freiheitsentziehende Unterbringung ausnahmsweise ohne *vorherige* Einholung der richterlichen Anordnung. Ist dies nicht möglich, muss die gerichtliche Entscheidung *unverzüglich* (Art. 104 Abs. 2 Satz 2 GG) erfolgen. Angesichts des erheblichen Grundrechtseingriffs bedeutet unverzüglich hier nichts anderes als sofort, sofern eine Verzögerung nicht ausnahmsweise aus tatsächlichen oder rechtlichen Gründen *zwingend* geboten ist.[3] Dies bedeutet in aller Regel, dass das Gericht spätestens in zwei bis drei Stunden nach Beginn des Freiheitsentzugs eingeschaltet werden muss, ungeachtet ob dies tagsüber, in den Abendstunden oder am Wochenende erfolgt. Der Antrag muss so rasch wie nur irgendwie möglich gestellt werden, keinesfalls darf die Frist des § 42 Abs. 5 Satz 2 SGB VIII abgewartet werden.

Frage 4: Gefahr für das Kindeswohl

Wann kann bzw. muss ich von einer Gefahr für das Kindeswohl ausgehen?

Eine Gefährdung nach § 1666 BGB liegt erst vor, wenn die für das Kind oder den Jugendlichen nachteilige (Krisen-)Situation bei ausbleibender Intervention gegenwärtig oder zumindest unmittelbar zu einer erheblichen und nachhaltigen Beeinträchtigung oder Schädigung ihres körperlichen, geistigen oder seelischen Wohls führt.[4] Die Situation, in der sich das Kind oder der Jugendliche befindet, muss also in einem erheblichen Maße im Widerspruch zu seinen körperlichen, seelischen und geistigen Bedürfnissen stehen, die im Hinblick auf seine Erziehung und Entwicklung zu einer eigenverantwortlichen und gemeinschaftsfähigen Persönlichkeit erwartet werden können. Auch nach der Neufassung des § 1666 BGB (2008) liegt bei einem Sorgerechtsmissbrauch und einer extremen Vernachlässigung eine Kindeswohlgefährdung vor.[5] Entscheidend für die Inobhutnahme wie den Sorgerechtseingriff ist wie bisher neben der vorliegenden objektiven Gefährdung, dass die

---

[3] Vgl. BVerfGE 22, 311 (317); 105, 239 (249); BVerwGE 45 (63); Trenczek 2008: 254 f., m.w.Nw.

[4] OLG Celle 19 UF 35/03 v. 14.03.2003 – FamRZ 2003, 1490; Trenczek 2008: 125 f.

[5] Zu den in der Rspr. dokumentierten Beispielen s. Trenczek 2008: 129 ff.

Eltern nicht in der Lage bzw. bereit sind, diese festgestellte Gefährdung abzuwenden (s.o. Nr. 2).

Der Begriff der Gefährdung setzt schon semantisch eine bereits eingetretene Beeinträchtigung oder einen Schaden *nicht* voraus, es darf sich aber auch nicht bloß um eine rein abstrakte Gefahrenlage handeln. Auf vereinzelt gebliebenen Vorfällen in der Vergangenheit kann eine (zukünftige) Gefährdung nicht zwingend geschlossen werden, insbesondere reicht es nicht aus, dass Eltern bei der Erziehung früherer Kinder „versagt" haben.[6] Für die eher präventiv orientierte Jugendhilfe ist dies gelegentlich schwer auszuhalten, wobei freilich der Unterschied zwischen Hilfeorientierung einerseits und staatlichem Zwangseingriff andererseits in der Praxis des erhobenen Zeigefingers mancher „Fürsorger/innen" gelegentlich aus dem Blick gerät. Es muss deshalb darauf hingewiesen werden, dass aus einem zur Abwendung von Benachteiligungslagen aufgrund des jugendhilferechtlichen Präventionsgrundsatzes schon frühzeitig begründbaren „erzieherischen Bedarf" im Hinblick auf Erziehungshilfen nach § 27 SGB ff. VIII noch nicht auf eine Kindeswohlgefährdung geschlossen werden darf. Nur andersherum gilt: Liegt eine Kindeswohlgefährdung vor, ist ein erzieherischer Bedarf auf jeden Fall gegeben, sodass geeignete und erforderliche Hilfen zur Erziehung gerade auch zur Abwendung der Kindeswohlgefahr angeboten werden müssen.[7]

Bei einer Inobhutnahme nach § 42 Abs. 1 Nr. 2 SGB VIII müssen die tatsächlichen Anhaltspunkte für eine Kindeswohlgefährdung objektiv erkennbar sein, auch wenn insoweit keine überhöhten Anforderungen an die in der Krisensituation (*ex ante*) vorgenommene **Gefahrenprognose** zu stellen sind. Stellt sich hinterher rückblickend (*ex post*) heraus, dass die Gefahrenlage nicht bestanden hat, so macht dies die Inobhutnahme nur dann rechtswidrig, wenn die Voraussetzungen zum Zeitpunkt der Intervention nicht sorgfältig, d.h. fachgerecht, geprüft worden waren.

Frage 5: Dringlichkeit Kindeswohl

Wann ist die Gefahr für das Kindeswohl dringend?

Die Gefahr ist nach der Formulierung der Rechtsprechung dringend, wenn eine Sachlage oder ein Verhalten bei ungehindertem Ablauf des Geschehens mit „hinreichender Wahrscheinlichkeit" das Wohl des Kindes oder des Jugendlichen gefährden wird. Nicht notwendig ist, dass die Verletzung oder

---

[6] Anders ist dies bei lang andauernden und wiederholten Schädigungen oder Gefährdungen; frühere Gefährdungen auch bei Geschwistern rechtfertigen zumindest erhöhte Aufmerksamkeit.

[7] Zu den unterschiedlichen Interventionsschwellen bei § 27 und § 42 SGB VIII s. Trenczek 2008: 152 f.

Schädigung unmittelbar bevorsteht. An die **Wahrscheinlichkeit des Schadenseintrittes** sind aus Gründen der Verhältnismäßigkeit umso geringere Anforderungen zu stellen, je größer und folgenschwerer der möglicherweise eintretende Schaden ist. Ein geringeres Schadensrisiko (Zeitperspektive) wird dabei durch eine höhere Schadensintensität (Rechtsgutperspektive) im Fall der Realisierung kompensiert.

Frage 6: Dauerhaftigkeit und Selbstmeldung

Ein Jugendlicher hat wiederholt um Inobhutnahme gebeten und konnte meistens am nächsten Tag oder einige Tage später wieder nach Hause. Muss der Jugendliche auch beim fünften Mal in Obhut genommen werden, wenn er darum bittet?

Aus der wie auch immer formulierten Bitte folgt die Verpflichtung zur Inobhutnahme. Entscheidend ist der (durch Auslegung zu ermittelnde) Wille des Kindes/Jugendlichen. Sucht es/er im Konflikt nur das Gespräch und Hilfe, geht es um Beratung nach § 8 Abs. 2 und 3 SGB VIII. Will es/er – aus welchen Gründen, begründet oder nicht – über Nacht nicht mehr nach Hause, muss es/er in Obhut genommen werden. An die Bitte auf Inobhutnahme sind keine formellen und inhaltlichen Anforderungen zu richten, es reicht aus, dass die Kinder/Jugendlichen zu erkennen geben, nicht nach Hause zu wollen bzw. Hilfe und Schutz suchen.[8] Die Bitte muss insb. nicht begründet werden. Ein objektiver Hilfebedarf ist *nicht* erforderlich, ausreichend ist das **subjektive Schutzbedürfnis**.

Es spricht aber nichts gegen eine Konflikte transparent machende und Aktivität motivierende pädagogische Auseinandersetzung mit jungen Menschen. Insoweit sind mit ihnen im Rahmen der notwendigen Klärungshilfe stets Konfliktlösungsmöglichkeiten und Handlungsalternativen zu besprechen. Allerdings darf die Inobhutnahme bei Selbstmeldern *nicht* von einer mit § 42 Abs. 1 Nr. 2 SGB VIII vergleichbaren **Gefährdungseinschätzung** abhängig gemacht werden. Vor anders lautenden Dienstanweisungen oder missverständlichen „Empfehlungen" (BayLJA 2007, 6) ist auch mit Blick auf die Haftung (u.a. strafrechtliche Garantenstellung!) zu warnen.

Die Selbstmeldung trägt die Inobhutnahme allerdings nicht auf Dauer (zur Beendigung der Inobhutnahme, s.u. 19). Ob und ggf. wie lange die Inobhutnahme nach einer Selbstmeldung aufrechterhalten bleibt, insb. wenn sich ein Minderjähriger wiederholt in Obhut nehmen lassen will, hängt ganz wesentlich von der Reaktion der Eltern ab und ggf. ob bei Beendigung der Inobhutnahme eine Kindeswohlgefährdung droht.[9] Widersprechen die

---

[8] Trenczek 2008: 195 ff.
[9] Vgl. Trenczek 2008: 197.

Eltern nicht und sind die Eltern mit der Unterbringung einverstanden, dann muss umgehend ein Hilfeplanverfahren nach § 36 SGB VIII eingeleitet werden (§ 42 Abs. 3 Satz 5 SGB VIII). Dieses ist schon im eigenen Kosteninteresse des nach §§ 79, 85 f. SGB VIII verantwortlichen örtlichen Trägers schnell durchzuführen. Allerdings ist eine bloße (rein kostenmotivierte) **Umwidmung** der Inobhutnahme in eine Unterbringung nach §§ 27, 34 SGB VIII ohne eine fachlichen Standards entsprechende Hilfeplanung unzulässig.[10]

Frage 7: Ablehnung von Selbstmeldern?

Können Selbstmelder abgelehnt werden, weil sie nicht in die Einrichtung passen?

Wenn die Tatbestandsvoraussetzungen der Inobhutnahme erfüllt sind, wird die Schutzpflicht des Jugendamtes ausgelöst bzw. entsteht der Rechtsanspruch des Selbstmelders auf Inobhutnahme. Es gibt *kein* (Entschließungs-)Ermessen des Jugendamts.[11]

Damit dürfen von den öffentlichen Jugendhilfeträgern auch keine zusätzlichen die Schutzverpflichtung unterlaufenden Ausschlusskriterien formuliert werden. Solche Klauseln jedweder Art (z.B. im Hinblick auf den Krisenanlass, die Problemausprägung oder Eigenschaften und Verhaltensweisen von Minderjährigen) sind unzulässig. Das betrifft insbesondere sog. „Drogenklauseln", mit denen verhindert werden soll, dass Drogen konsumierende Jugendliche aufgenommen werden. Das Jugendamt muss also für „alle Fälle" und Zielgruppen ein Schutzangebot bereithalten. Es hat im Rahmen seiner Gesamt- und Planungsverantwortung (§§ 79, 80 SGB VIII) unterschiedliche zielgruppenspezifische, insbesondere geschlechtsspezifische Angebote zu garantieren bzw. selbst vorzuhalten, um der unterschiedlichen Situation von (missbrauchten) Mädchen, Ausreißern, jungen Wohnsitzlosen, Trebegängern und auf der Straße lebenden Kindern und Jugendlichen u.a. gerecht zu werden.

Etwas anderes ist das Ausstellen und Einfordern von Regeln und Hausordnungen, mit denen ein gedeihliches Miteinander der Bewohner gewährleistet werden soll. Verstößt ein Kind/Jugendlicher massiv gegen diese Regeln und ist dies pädagogisch nicht mehr aufzufangen, muss er ggf. die Einrichtung verlassen und in einer anderen Einrichtung untergebracht werden. Die Schutzverpflichtung des Jugendamtes währt fort.

Die unbedingte Aufnahmeverpflichtung gegenüber Selbstmeldern richtet sich an das Jugendamt. Freie Träger der Jugendhilfe, die im Rahmen der Inobhut-

---

[10] Trenczek 2008: 108 u. 230.

[11] Münder u.a./Trenczek 2009 § 42 Rz. 10; Trenczek 2008: 191.

nahme eingeschaltet sind, können insoweit nur vertraglich durch Vereinbarungen nach § 76 SGB VIII über den öffentlichen Träger in dieser Frage gebunden sein.

Frage 8: Anonyme Aufnahme

Dürfen wir einen Jugendlichen in Obhut nehmen, der seinen Namen nicht nennen will? In einem Fall hat sich das Heimatjugendamt geweigert, die Kosten für die ersten drei Tage zu übernehmen, weil der Jugendliche zunächst anonym bleiben wollte und die Eltern erst am dritten Tag informiert werden konnten, nachdem er seinen Namen genannt hatte.

In bestimmten Milieus kann die Zusicherung einer anonymen Aufnahme erforderlich sein, damit Minderjährige nicht aus Angst, sofort zurückgebracht zu werden, den Verbleib auf der gefährlicheren Straße vorziehen. Eine solche **anonyme Aufnahme** wird vereinzelt im Hinblick auf die grundsätzliche Informationspflicht des Jugendamts gegenüber den Eltern für unzulässig gehalten, freilich erscheint diese Argumentation angesichts der Problemlage von Ausreißern und Straßenkindern, aber auch wegen der mangelnden Handlungsalternativen als zu formal. Vielmehr ist auch insoweit der Schutzzweck der Norm zu beachten. Weigert sich ein Minderjähriger seinen Namen oder seine Adresse bekanntzugeben, kann (und darf!) die Jugendschutzstelle ihn nicht einfach vor die Tür und damit neuen Gefahren aussetzen. Die Aufnahmegarantie gegenüber Selbstmeldern ist nach § 42 Abs. 1 Satz 1 SGB VIII an keine Voraussetzungen (wie z.B. die Namensnennung) gebunden, sie besteht ohne jede Einschränkung (s.o.). Letztlich kann man die Jugendlichen nur motivieren, mit der Inobhutnahmestelle zusammenzuarbeiten, zwingen ihren Namen zu nennen kann man sie nicht. In den seltenen Ausnahmefällen, in denen junge Menschen ihren Namen zunächst nicht preisgeben, wird es darum gehen müssen, das Vertrauen der Minderjährigen zu gewinnen – mit Zwang und Gewalt ist kein Zugang zu ihnen zu finden und sind sie nicht von der Straße zu holen. Da mangels Kenntnis die Eltern/Personensorgeberechtigten des Minderjährigen nicht informiert werden können, ist in diesen Fällen unverzüglich das Familiengericht einzuschalten (vgl. § 42 Abs. 3 Satz 3 SGB VIII). Nennt das Kind/der Jugendliche später seinen Namen, sind die Eltern unverzüglich zu informieren, es sei denn, allein diese Information führte zu einer (weiteren) Gefährdung des Kindes/Jugendlichen.

Frage 9: Krankheit bei den Sorgeberechtigten

Wenn die Sorgeberechtigten aus Krankheitsgründen ausfallen, kann/muss dann auch gem. § 42 SGB VIII in Obhut genommen werden?

Fallen die Eltern bei der Betreuung ihrer Kinder aufgrund von Krankheit, Unfall, Tod etc. aus und sind die Kinder ohne Betreuung etc., dann sind die Kinder/Jugendlichen in Obhut zu nehmen, wenn sich eine Kindeswohlgefährdung nicht anders verhindern lässt. In der Praxis gibt es aber immer wieder Schwierigkeiten im Hinblick auf die nach § 10 Abs. 1 Satz 2 SGB VIII **vorrangige Leistungspflicht der Krankenversicherungen** bei einem krankheitsbedingten Ausfall der Eltern bzw. von Alleinerziehenden, wenn durch den Einsatz einer häuslichen Krankenpflege (§ 37 SGB V) oder Haushaltshilfe (§ 38 SGB V) eine Notsituation hätte abgewendet werden können, aufgrund zu langer Entscheidungsprozesse aber nicht rechtzeitig bewilligt und deshalb aufgrund der nun mangelnden hauswirtschaftlichen Versorgung eine Gefährdung jüngerer Kinder zu befürchten ist. Die Jugendhilfe kann aber im Gefährdungsfall nicht untätig bleiben und auf die vorrangige Leistungspflicht der Krankenkassen verweisen. Sofern das Jugendamt tatsächlich aufgrund einer zu kurzen Vorlaufzeit nicht in der Lage ist, anstelle der eigentlich leistungsverpflichteten Sozialleistungsträger die Betreuung und **Versorgung von Kindern in Notsituationen im eigenen Haushalt nach § 20 SGB VIII** sicherzustellen, bleibt mitunter nichts anderes übrig, als die Kinder in Obhut zu nehmen, da das Jugendamt Minderjährige nicht schutzlos lassen darf. Hier ist durchaus eine atypische „**Inobhutnahme im eigenen Haushalt**" möglich. Werden die Kinder außerhalb des eigenen Haushalts untergebracht, gibt es immer wieder Schwierigkeiten mit der Kostenerstattung. Es ist allerdings rechtsmissbräuchlich, die Leistungserbringung erst zu torpedieren und dann darauf hinzuweisen, dass mit der außerhäusigen Inobhutnahme die Voraussetzungen einer Haushaltshilfe entfallen sind.[12]

Frage 10: Inobhutnahme und Zustimmung des Jugendamtes

Bei uns (Jugendschutzstelle eines freien Trägers) melden sich gelegentlich nachts oder am Wochenende Jugendliche. Dürfen wir sie in Obhut nehmen? Wie ist das Verhältnis von Jugendamt und Jugendschutzstelle zu bewerten, wer hat was zu tun?

Oft werden sog. Jugendschutzstellen und Bereitschaftspflegestellen von freien Trägern zur Verfügung gestellt, nicht zuletzt weil ein einzelnes Jugendamt aus Kostengründen nicht alle notwendigen, zielgruppenspezifischen Unterbringungsmöglichkeiten in eigener Regie vorhalten kann. Zwar können die

---

[12] Trenczek 2008: 204.

anerkannten Träger der freien Jugendhilfe bei der Durchführung „anderer Aufgaben" nach § 76 Abs. 1 SGB VIII beteiligt oder die anderen Aufgaben zur Ausführung vollständig übertragen werden. „Durchführung" und „Ausführung" betreffen aber nicht die hoheitlichen Entscheidungsbefugnisse. Die Entscheidung, einen Minderjährigen in Obhut zu nehmen, ist ein **Verwaltungsakt**, d.h. eine hoheitliche Entscheidung einer Behörde (§ 31 Satz 1 SGB X). Die hoheitliche Befugnis des Jugendamtes ist mangels einer gesetzlichen Regelung nicht auf freie Träger übertragbar.[13] Eine öffentlich-rechtliche Beleihung findet im Bereich der Jugendhilfe nicht statt, noch werden sie als Verwaltungshelfer eingesetzt.[14] Das bedeutet, dass **eine Inobhutnahme ohne oder erst aufgrund der nachträglichen Einschaltung und Zustimmung des Jugendamts unzulässig** ist. Wurde das Jugendamt bei einer Unterbringung (nicht schon bei einer Beratung) nicht bzw. erst nachträglich eingeschaltet, liegt kein Verwaltungsakt und damit keine hoheitliche, den (möglichen) Eingriff in das Sorgerecht der Eltern legitimierende Entscheidung vor. Fehlt auch die Zustimmung der Eltern, handelt es sich um ein nicht autorisiertes, strafrechtlich relevantes Vorgehen (zur Strafbarkeit der Entziehung Minderjähriger, vgl. § 235 StGB). Dies gilt auch dann, wenn Selbstmelder bei Einrichtungen der freien Jugendhilfe um Inobhutnahme bitten, bei Kindern ist damit nach § 235 Abs. 1 Nr. 2 StGB u.U. schon ohne Weiteres der Straftatbestand erfüllt.[15] Schon deshalb muss im Jugendamt eine 24-stündige Rufbereitschaft des Jugendamts vorgehalten werden.

Im Übrigen sind die wechselseitigen Verpflichtungen von Jugendamt und freien Trägern durch Vereinbarungen nach §§ 8a Abs. 2, 76 SGB VIII zu regeln (vgl. §§ 77, 78a Abs. 2 SGB VIII).[16] Das Jugendamt hat im Rahmen seiner fortdauernden Aufgabenverantwortung (§ 76 Abs. 2 SGB VIII) die Einhaltung der fachlichen Standards sicherzustellen, ebenso dass die Fachkräfte des freien Trägers den Schutzauftrag wie Mitarbeiter des Jugendamtes wahrnehmen (§ 8a Abs. 2 SGB VIII). Deshalb muss das Jugendamt sich ggf. **Kontrollrechte** und im Hinblick auf auftretende Mängel auch Weisungsrechte vorbehalten, ohne dass damit eine lückenlose Überwachung jedes Einzelfalls und

---

[13] Trenczek 2008: 265f. u. 273 ff.; a.A. nur noch Kunkel 2006: 361 f., der für die Übertragung von Eingriffsbefugnissen auf freie Träger für beteiligungsfähig hält. Die Empfehlungen der BAGLJÄ (ZfJ 1995: 541) sowie die Bay LJA (2007: 5: „Der öffentliche Träger ist von jeder Inobhutnahme unverzüglich zu unterrichten.") sind unglücklich formuliert.

[14] Vgl. BGH III ZR 164/05 v. 23.02.2006 – FamRZ 2006, 544 = NJW 2006, 1121. Auch eine Stellvertretung des öffentlichen Trägers durch den freien Träger ist im Hinblick auf hoheitliche Befugnisse insoweit nicht möglich (missverständlich deshalb Wiesner/Wiesner 2006 § 76 Rz. 16).

[15] Insoweit stehen einer Strafbarkeit mitunter nur noch die allgemeinen Rechtfertigungsgründe, z.B. das Notwehr- und Notstandsrecht (§ 32 f. StGB, § 227 f. BGB), entgegen.

[16] § 8a Abs. 2 SGB VIII beschränkt sich dabei nicht nur auf Einrichtungen freier Träger, Adressaten der Vereinbarungen nach § 8a Abs. 2 SGB VIII sind vielmehr alle Träger von Einrichtungen und Diensten, also auch kommunale Einrichtungsträger.

ein Hineinregieren in die Abläufe und die Personalauswahl des freien Trägers zulässig wäre. Insofern gilt das Gebot der partnerschaftlichen Zusammenarbeit von öffentlichem und freiem Träger (§ 4 Abs. 1 SGB VIII).[17]

Im Hinblick auf den **konkreten Einzelfall**, insbesondere in akuten Krisensituationen, kann die Inobhutnahmeeinrichtung eines freien Trägers neben der verpflichteten Information an das Jugendamt (§ 8a Abs. 1 Satz 2 a.E. SGB VIII) sich selbstverständlich unmittelbar an das Familiengericht wenden. Sämtliche Versuche, die unmittelbare Kommunikation von Einrichtungsträgern mit dem Familiengericht von Seiten der Jugendämter zu unterbinden, sind nicht nur methodisch fragwürdig, sondern auch rechtlich ohne Relevanz.[18]

Frage 11: Volljährigkeit

Eine schwangere Jugendliche wurde mit 17 Jahren in Obhut genommen. Aufgrund massiver Konflikte mit den Eltern ist eine Rückführung in den elterlichen Haushalt nicht möglich, eine weitergehende Hilfe in einer betreuten Mutter-Kind Einrichtung konnte noch nicht realisiert werden. Während des Aufenthalts in der Jugendschutzstelle wird das Mädchen 18 Jahre. Was ist zu tun?

In Obhut genommen werden dürfen nur minderjährige junge Menschen. Befinden sich (junge) **Volljährige** (§ 7 Abs. 1 Nr. 3) in einer Krisensituation mit Selbst- oder Fremdgefährdung, sind sie ggf. nach den Unterbringungsgesetzen (UBG bzw. PsychKG) bzw. den allgemeinen Polizeigesetzen der Länder im Rahmen der Gefahrenabwehr vorbeugend „in Verwahrung" zu nehmen. Das Risiko der fehlerhaften Altersschätzung und der deshalb rechtswidrig durchgeführten Inobhutnahme darf nur dann dem JA auferlegt werden, wenn diesem der Vorwurf einer nicht sorgfältigen Prüfung gemacht werden kann.[19] Zur fachgerechten Prüfung gehört es freilich, dass das Jugendamt sich mit zumutbaren Mitteln selbst von dem Alter der betroffenen Person sowie vom Vorliegen aller sonstigen Tatbestandsvoraussetzungen überzeugt. Es ist nicht ausrei-

---

[17] Es ist allerdings zweifelhaft, ob man noch von „Vereinbarungen" reden kann, wenn mit einseitig formulierten bzw. „diktierten" Vertragstexten die Risiken in schwierigen Hilfeprozessen auf die freien Träger abgewälzt werden (vgl. AFET 2006: 15; Münder 2006: 51 f.). Selbst wenn solche Praktiken dem viel beschworenen partnerschaftlichen Zusammenwirken von öffentlichen und freien Trägern zuwiderlaufen und man sie deshalb als rechtswidrig skandalisiert, ist offensichtlich, dass die freien Träger insoweit nur einen begrenzten Spielraum haben. Letztlich können die öffentlichen Träger den Abschluss einer Vereinbarung immer dann einfordern, wenn die Träger von Einrichtungen und Diensten von einem öffentlichen Träger (re)finanziert werden. Vgl. insoweit auch die in § 72a SGB VIII formulierte Verpflichtung der freien Träger, die persönliche Eignung ihrer Mitarbeiter im Hinblick auf den Schutz vor sexuellen Übergriffen sicherzustellen (hierzu Münder u.a./Schindler 2009 § 72a).

[18] Trenczek 2008: 157 ff.

[19] DIJuF J Amt 2004: 312 ff.; Trenczek 2008: 194.

chend, auf die Angaben der aufnehmenden Einrichtung (z.B. freier Träger) zu vertrauen. Da das Mädchen mit dem 18. Geburtstag volljährig wurde, hat sie nun ggf. selbst einen Anspruch auf Hilfe für junge Volljährige nach § 41 SGB VIII. Anträge auf Sozialleistungen können Minderjährige nach § 36 Abs. 1 SGB I bereits ab dem 15. Lebensjahr stellen. Auch wenn sie im Hinblick auf eine Erziehungshilfe nach § 27 SGB VIII nicht selbst bzw. im Hinblick auf § 41 SGB VIII noch nicht anspruchberechtigt ist, verpflichtet der Antrag das Jugendamt, den Vorgang zu prüfen und im Hinblick auf die konkrete Situation (hier schwangere Minderjährige) die notwendigen Hilfen einzuleiten. Sie darf ungeachtet der formalen Begrenzung der Unterbringung im Rahmen der Inobhutnahme auf noch nicht 18-jährige Personen nicht „auf die Straße" gesetzt werden. Das verbietet das Verhältnismäßigkeitsgebot und die durch tatsächliche Schutzübernahme begründete Garantenstellung des Jugendamts.

Übrigens, im Hinblick auf die Inobhutnahme muss stets die dem Anlass angemessene, zweckmäßigste Unterbringungsform gewählt werden, wobei auch die (potenziellen) Wünsche der Betroffenen und ihrer Eltern berücksichtigt werden müssen. Das stellt im Hinblick auf schwangere Jugendliche oder junge Mütter mit kleinen Kindern besondere Anforderungen an die Einrichtungen bzw. das Jugendamt. Die Republik Österreich wurde im Jahr 2006 vom EGMR wegen Verletzung des Art. 8 EMRK verurteilt, weil bei einer Unterbringung eines neugeborenen Kindes durch ein österreichisches Jugendamt nicht ausreichend nach einer Möglichkeit der gemeinsamen Unterbringung von neugeborenem Kind und Mutter gesucht wurde.[20] Im Hinblick auf die deutsche Praxis bietet sich insoweit eine möglichst schnelle Einleitung einer Hilfe in einer gemeinsamen Wohnform für Mütter/Väter und Kinder nach § 19 SGB VIII an.

Frage 12: Einverständnis der Eltern

Die Eltern eines in Obhut genommenen Kindes sind mit dessen Unterbringung und Betreuung einverstanden. Liegt damit eine Hilfe zur Erziehung vor? Kann ein Kind/Jugendlicher in eine Bereitschaftspflegestelle/Einrichtung auch nach §§ 33/34 SGB VIII untergebracht werden?

Zwar kommt es im Rahmen der Inobhutnahme, insbesondere von gefährdeten Kindern und Jugendlichen, die sich bei ihren Eltern aufhalten, häufig zu einem Eingriff in die Personensorge, ein solcher ist aber kein Wesensmerkmal der Schutzmaßnahme (Abs. 1 Nr. 1a, Abs. 3 Satz 5).[21] Es ist durchaus möglich, dass die Eltern dieser nicht widersprechen oder gar einwilligen, z.B. um eine Krise nicht eskalieren zu lassen. Das macht die Krisenintervention aber nicht schon zu einer (kostengünstigeren) Erziehungshilfe i.S.d. § 27 SGB VIII, es

---

[20] Vgl. EGMR Moser vs. Austria 21.09.2006 – 12643/02.
[21] Trenczek 2008: 189 f.

handelt sich vielmehr um den Normalfall der Inobhutnahme und den Einstieg in die unverzügliche Hilfeplanung (§ 42 Abs. 3 Satz 5 SGB VIII).

Nach § 42 Abs. 1 Satz 1 Nr. 2a und Abs. 3 Satz 1 SGB VIII hat das Jugendamt die Personensorge- bzw. Erziehungsberechtigten nicht nur bereits *vor* der Entscheidung über die bzw. über die Inobhutnahme als solche zu unterrichten, sondern gemeinsam mit ihnen das Gefährdungsrisiko abzuschätzen. Vielfach wird man die Eltern dazu bewegen können, ihr Einverständnis über den vorläufigen Verbleib des Kindes oder Jugendlichen in der Inobhutnahmestelle zu erklären. Je mehr Zeit man sich für die Eltern nimmt, desto weniger Widerstände, Widersprüche und Verschließungen werden provoziert und desto größer ist die Akzeptanz nicht nur im Rahmen der Krisenintervention, sondern auch im Hinblick auf ggf. erforderliche Anschlusshilfen.

Sind die Eltern mit der Inobhutnahme einverstanden oder wird diese von ihnen zumindest geduldet, so ist nach § 42 Abs. 3 Satz 5 SGB VIII unverzüglich (hier = sofort) ein Hilfeplanverfahren einzuleiten. Das kann bereits im Zusammenhang mit der Krisenintervention beginnen, wenn z.B. die Eltern über die Krisensituation informiert und Auswege aus der Krise gesucht werden. Im Hinblick auf die Leistungsgewährung sind dabei die fachlichen Standards der **Hilfeplanung** einzuhalten. Die vorschnelle „Überleitung"[22] der Krisenintervention/Inobhutnahme in eine (nicht geeignete bzw. nicht erforderliche) Erziehungshilfe ist letztlich teurer als der durch eine gründliche Diagnose und Hilfeplanung ggf. verlängerte Verbleib in der Inobhutnahmestelle. Kommt der Wille im Rahmen einer Erziehungshilfe nicht eindeutig zum Ausdruck, kann eine Unterbringung des Kindes/Jugendlichen in eine Bereitschaftspflegestelle/Einrichtung nicht nach §§ 33/34 SGB VIII, sondern muss (mit den entsprechenden Kostenfolgen) nach § 42 SGB VIII erfolgen.

Frage 13: Besuchsrechte

Dürfen Eltern ihre Kinder während einer Inobhutnahme besuchen bzw. die Kinder ihre Eltern zuhause?

Durch eine Inobhutnahme werden die nach Art. 6 Abs. 2 GG vorrangigen Elternrechte nicht entzogen. Die Elternrechte bestehen weiter fort, sie lassen sich aber – wenn das Kind ungeachtet eines Widerspruchs der Eltern wegen einer befürchteten Kindeswohlgefährdung nicht an die Eltern herausgegeben wird – bis zur gerichtlichen Entscheidung nicht durchsetzen.[23] Auch der Kontakt zu den Eltern muss und darf nicht zwingend unterbrochen werden, sondern nur *soweit* es zur Verhinderung einer (weiteren) Kindeswohlgefährdung

---

[22] In der Praxis findet mitunter nur eine Umdeklarierung ohne Hilfeplanung etc. statt; vgl. Trenczek 2008.

[23] Trenczek 2008: 221 ff.

erforderlich ist. Der Ausschluss des Umgangsrechts bedarf einer Entscheidung des Familiengerichts (§ 1684 BGB).

Ein „Besuch" des Kindes zuhause, insb. ohne Begleitung und nicht nur für kurze Zeit (Stunde), sondern über das Wochenende, ist als Beendigung der Inobhutnahme zu qualifizieren, denn es scheint ja keine Gefahr mehr von dort auszugehen. Eine solche Entscheidung ist jedenfalls ebenso wie die Entscheidung über einen (kurzen) Besuch dem Jugendamt vorbehalten.

Frage 14: Berücksichtigung des Elternwillens

Inwieweit muss während der Inobhutnahme der Elternwille berücksichtigt werden, z.B. im Hinblick auf Auswahl der Unterbringung, Ausgehzeiten?

Nach § 42 Abs. 2 Satz 3 SGB VIII hat das JA während der Inobhutnahme für das Wohl des Kindes oder Jugendlichen zu sorgen. Das JA übt im Rahmen einer öffentlich-rechtlichen, das Elternrecht vorübergehend ersetzenden Notkompetenz Teilbereiche der Personensorge (Beaufsichtigung und Aufenthaltsbestimmung) „treuhänderisch" aus. Wenn es die Notsituation der Inobhutnahme zur Sicherung des Kindeswohls erfordert, gehen die Befugnisse des Jugendamts inhaltlich ebenso weit wie die Kompetenzen der Personensorgeberechtigten selbst. Das Jugendamt muss allerdings stets den **mutmaßlichen Willen der Personensorgeberechtigten** (oder nachrangig der Erziehungsberechtigten) z.B. bzgl. Unterbringung, religiöser Erziehung, Schulbesuch etc. angemessen berücksichtigen (§ 42 Abs. 2 Satz 4, 2. Halbs. SGB VIII). Inhaber der umfassenden Rechtsstellung sind weiterhin die personensorgeberechtigten Eltern. Die Regelung des § 42 Abs. 2 SGB VIII ist mit der Notkompetenz bei getrennt lebenden Sorgeberechtigten vergleichbar, bei der ein Elternteil bei Gefahr im Verzug die alleinige Entscheidungsbefugnis inne hat (§ 1629 Abs. 1 Satz 4 BGB). Nur *soweit* die Eltern gehindert sind, ihre Verantwortung wahrzunehmen, oder ihre Entscheidungen das Kindeswohl akut gefährden, steht dem Jugendamt die Notkompetenz zu.

Frage 15: Erziehungsaufgaben und Befugnisse des Jugendamtes

Welche Erziehungsaufgaben und Befugnisse hat das Jugendamt während einer Inobhutnahme? Dürfen Jugendliche in der Inobhutnahmestelle rauchen?

Die Übernahme von Aufgaben der Personensorge beinhaltet auch das Recht und die **Verpflichtung**, dem Minderjährigen ggf. **Anweisungen** zu geben, z.B. im Hinblick auf seine Anwesenheit in der Einrichtung, dem Schulbesuch oder ganz allgemein, bestimmte Sachen zu tun oder zu unterlassen.[24] Es geht darum, was vernünftige Eltern im Hinblick auf ihre Kinder tun, erlauben, fordern würden. Im Hinblick auf Ausgehzeiten, Medien- und Alkoholkonsum

---

[24] Trenczek 2008: 221 ff.

haben sich die Mitarbeiter an die Regelungen des JSchG zu halten. Das betrifft auch die (landes-)rechtlichen Regelungen zum Nichtraucherschutz, die einzufordern (und selbst einzuhalten) manchen Mitarbeitern der Jugendhilfe gerade in Krisensituationen nicht leicht fällt. Anstatt aber lavierend zu versuchen, sich durch schwierige Situationen durchzumogeln, empfiehlt sich auch hier eine klare Haltung und Transparenz mit dem Hinweis auf gesetzlich vorgegebene Rahmenbedingungen, die zu missachten den Mitarbeitern der Jugendämter und Einrichtungen nicht zusteht. Diese Argumentation ist schon deshalb nicht zu „formal", da mit der Befugnis und Verpflichtung zur Inobhutnahme als solche **keine Zwangsbefugnisse** verbunden sind.[25] Die Mitarbeiter sind auf ihr (sozial-)pädagogisches Handlungsrepertoire zurückgeworfen, ein lediglich auf Anweisungen beruhendes Beziehungsverhältnis wird schon deshalb zum Scheitern verurteilt sein, insbesondere angesichts der Problemlage von Kindern und Jugendlichen in Krisen. Ob man im konkreten Krisenfall nach einer sorgfältigen Abwägung (!) auch einmal „fünf gerade sein lassen" kann, sollte allerdings nicht vorschnell bejaht werden. Pädagogik zielt auf Akzeptanz, Einsicht und die Förderung der Handlungskompetenz sowie Lern- und Veränderungsprozesse. Das setzt Klarheit und Berechenbarkeit, nicht aber immer Freiwilligkeit voraus.[26] Freiwilligkeit ist ein teilweise mystisch überhöhtes Konstrukt. Es geht vielmehr um die Wahl zwischen mehreren Optionen (konkret: hilfreiche Angebote der Jugendhilfe vs. Weglaufen, Ungewissheit, Gewalt ...). Die Jugendhilfe muss freilich Kindern und Jugendlichen „etwas" geben, was sie (trotz Regeln, Rauchverbot etc.) zum Bleiben und zur gemeinsamen Arbeit bewegt, sie darf und muss aber nicht auf Verbindlichkeit und pädagogische Grenzsetzung verzichten, gleichzeitig darf sie sich aber keiner ihr nicht zustehenden Zwangsbefugnisse bedienen.

Frage 16: Gesundheitliche Beschwerden während der Inobhutnahme

Ein in Obhut genommenes Mädchen klagt über erhebliche gesundheitliche Beschwerden. Was ist im Hinblick auf einen Arztbesuch zu beachten?

Nach § 42 Abs. 2 Satz 3 SGB VIII hat das Jugendamt während der Inobhutnahme insgesamt für das Wohl des Minderjährigen zu sorgen. In Fällen schwerer körperlicher Verletzungen und einem existenzbedrohlichen Gesundheitszustand geht die unmittelbare, ärztliche Betreuung allen anderen Interventionen vor. Insoweit kann auf die **Annexleistungen** der Hilfen zur Erziehung verwiesen werden (vgl. § 39 f. SGB VIII). Hinzuweisen ist aber auf den allgemeinen Nachrang von Leistungen der Kinder- und Jugendhilfe (§ 10 Abs. 1 SGB VIII), d.h., Krankenhilfe nach § 40 SGB VIII wird nur geleistet, soweit nicht ein anderer Versicherungsschutz des Kindes/Jugendlichen besteht (z.B. gesetzliche Familienversicherung der Eltern, Beihilfe oder freiwillige/private Versicherung).

---

[25] Hierzu und zu freiheitsentziehenden Maßnahmen s. Trenczek 2008: 242 ff. und 261 ff.

[26] Zur sozialen Arbeit im Zwangskontext vgl. Conen 2008; Kähler 2005.

Nach Abs. 2 Satz 4 steht dem JA auch die **rechtsgeschäftliche Vertretung** (z.B. im Hinblick auf Abschluss von ärztlichen Behandlungsverträgen) zu, soweit dies aus Gründen der Eilbedürftigkeit notwendig ist. Der mutmaßliche Wille der Personensorgeberechtigten ist auch hier angemessen zu berücksichtigen (Abs. 2 Satz 4, 2. HS). Im Hinblick auf ärztliche Untersuchungen und Eingriffe reicht die rechtsgeschäftliche Vertretungsmacht zum Abschluss eines Behandlungsvertrages allein nicht immer aus; besitzt der Minderjährige die notwendige Einwilligungs- und Verstandesreife, muss er dem Eingriff selbst zustimmen.[27]

Frage 17: Dauer der Inobhutnahme

Wie lange darf die Inobhutnahme dauern? Muss sie innerhalb von drei Tagen beendet werden?

Das Gesetz gibt eine genaue Zeitgrenze für die Dauer der Inobhutnahme nicht vor. Krisenintervention muss auf die konkrete Konflikt- und Notlage im Einzelfall gerichtet sein und verträgt keine pauschale Begrenzung auf einen bestimmten Zeitraum.[28] Eine von vornherein zeitliche Befristung der Inobhutnahme – wie sie mitunter bei unbegleiteten minderjährigen Flüchtlingen vorgenommen wurde – ist unzulässig. Sie darf erst und *muss* beendet werden, wenn die (Hilfe auslösenden und damit gleichzeitig normativen) Voraussetzungen der Inobhutnahme nicht mehr vorliegen und ihr Zweck erfüllt ist. Die Inobhutnahme dient der Bewältigung einer akuten Krise und ersetzt keine längerfristige Hilfe. Schutzmaßnahmen müssen deshalb darauf gerichtet sein, möglichst schnell beendet zu werden. In der Praxis teilweise gehandelte z.B. 3-Tages- bis 3-Monats-Regeln entbehren aber jeder fachlichen oder rechtlichen Grundlage. Die Inobhutnahme ist nur zulässig, soweit und solange sie geeignet, erforderlich und angemessen ist. Dies ist zum Beispiel nicht der Fall, wenn die Krisensituation oder Gefährdung des Kindes nicht mehr besteht, das Kind ohne Gefahren für sein Wohl den Eltern übergeben oder die Inobhutnahme in eine längerfristige (nicht zwingend stationäre) Hilfe übergeleitet werden kann.

Frage 18: Beendigung der Inobhutnahme

Dürfen Kinder/Jugendliche auch alleine nach Hause geschickt werden? Wer trägt die Kosten der Überführung, wenn das Kind/der Jugendliche nach Hause gebracht wird?

Nach § 42 Abs. 4 Nr. 1 SGB VIII endet die Inobhutnahme mit der Übergabe des Minderjährigen an den Personensorgeberechtigten (oder nachrangig den Erziehungsberechtigten). Insoweit ist es die vorrangige Verpflichtung der Eltern für

---

[27] Vgl. BGH NJW 1964: 1177 f.; DIJuF JAmt 2003: 238; Trenczek 2008: 221.

[28] Trenczek 2008: 235 ff.

ihr Kind zu sorgen und damit, es abzuholen. Wenn dies nicht möglich ist, ist das Jugendamt bis zur Übergabe zur **Aufsicht** verpflichtet. Kinder muss das Jugendamt bis nach Hause bzw. zu dem Ort der Übergabe begleiten. Das Jugendamt darf sie im Hinblick auf die ihnen drohenden Gefahren in aller Regel nicht alleine „nach Hause" auf die Straße schicken, selbst dann nicht, wenn die Personensorgeberechtigten dies – aus welchen Gründen auch immer – wünschen. Bei Jugendlichen, die die erforderliche Reife besitzen, kann dies anders sein. Das ist selbst dann der Fall, wenn man damit rechnen muss, dass die Jugendlichen nicht nach Hause zurückkehren werden, vorausgesetzt die Personensorgeberechtigten akzeptieren das Leben „auf der Straße" (in einem besetzten Haus, in einer Wagenburg etc.) und wenn dadurch das Wohl des Jugendlichen nicht gefährdet wird. Auch hier wird der Jugendliche den Personensorgeberechtigten i.S.d. § 42 Abs. 4 Nr. 1 SGB VIII (mittelbar) „übergeben".[29]

Im Hinblick auf den in § 42 Abs. 4 Nr. 1 SGB VIII geregelten Beendigungstatbestand ist geklärt, dass die Inobhutnahme nicht schon mit Verlassen des Unterbringungsortes endet, sondern erst mit der Übergabe des Minderjährigen in die Obhut der Personensorge- bzw. Erziehungsberechtigten. Die bei der Begleitung und Rückführung anfallenden **Aufwendungen sind damit Kosten der Inobhutnahme** und deshalb von dem für die Inobhutnahme verantwortlichen Jugendamt zu tragen.[30] Diese Kosten sollten deshalb im Tagessatz als Faktor enthalten sein, um im Rahmen der Kostenerstattung und -heranziehung berücksichtigt werden zu können.

Ist eine Inobhutnahme beendet

a) durch Überführung in eine andere, heimatnähere Einrichtung?

Eine Übergabe an die Personensorge- bzw. Erziehungsberechtigten liegt auch dann vor, wenn der Minderjährige nicht nach Hause zurückkehrt, sondern mit ihrem Einverständnis an einem anderen Ort, z.B. bei Verwandten oder in einem Internat, untergebracht wird. Das schließt aufgrund der vorrangigen Elternverantwortung auch die mit ihrer Zustimmung vorgenommene (z.B. mit dem Heimatjugendamt abgesprochene) Überführung in eine Jugendhilfeeinrichtung (z.B. eine ortsnähere Inobhutnahmestelle oder Heimeinrichtung) mit ein, auch wenn eine Hilfe zur Erziehung dadurch noch nicht gewährt oder begründet worden ist.[31]

Durch diese (mittelbare) Übergabe wird die Inobhutnahme beendet, auch wenn eine Hilfe zur Erziehung dadurch noch nicht begründet oder gewährt

---

[29] Meysen/Schindler 2004: 462; Trenczek 2008: 237.

[30] Trenczek 2008: 236; vgl. BayLJA 2007:16 u. 20. So schon nach der alten Rechtslage vgl. BVerwG NDV 1993: 278; Münder u.a./Trenczek 2009 § 42 Rz. 41.

[31] Trenczek 2008: 237; a.A. Wiesner/Wiesner 2006 § 42 Rz. 52.

worden ist. Die neue Unterbringung ist u.U. als erneute Inobhutnahme, ggf. aber auch als „andere" atypische Sozialleistung i.S.d. Abs. 4 Nr. 2 zu behandeln.

b) wenn der Jugendliche die Einrichtung eigenmächtig verlässt?

Trotz der Initiative der sich selbst meldenden Minderjährigen, sich in die Obhut des Jugendamts zu begeben, können sie die Inobhutnahme „an sich" nicht selbst beenden. Das Ende der Inobhutnahme steht rechtlich nicht zu ihrer Disposition. Erst wenn das Jugendamt davon überzeugt ist, dass dem jungen Menschen bei Verlassen der Jugendschutzstelle keine (neue) Gefahr (i.S.d. § 42 Abs. 1 Nr. 2 SGB VIII) droht, darf und muss die Inobhutnahme beendet werden. Damit soll ein sich immer wiederholendes Fortlaufen des Jugendlichen verhindert werden, der einer notwendigen Auseinandersetzung mit den Mitarbeitern des Jugendamts oder der Jugendschutzstelle ausweichen will. Die Anwendung von Zwang ist allerdings ebenso wie freiheitsentziehende Maßnahmen nur in engen Grenzen gemäß § 42 Abs. 5 u. 6 SGB VIII zulässig. Die Mitarbeiter der Inobhutnahmeeinrichtung können deshalb i.d.R. nur mit pädagogischen Mitteln auf die Minderjährigen einwirken. Wenn insbesondere Jugendliche aus eigenem Entschluss wieder „weg" oder „auf die Straße" wollen und dadurch noch nicht besondere Gefahren drohen, wird das Jugendamt bzw. die Inobhutnahmestelle außer Gesprächs- und Beziehungsangeboten zur Umsetzung ihrer Aufsichtspflichten und Erziehungsaufgaben nicht viel unternehmen können. Die Inobhutnahme ist grundsätzlich keine geschlossene Unterbringung[32], vielmehr soll der normale Alltag, soweit dies ohne erhebliche Gefahren für ihr Wohl möglich ist, aufrechterhalten werden, d.h., die Kinder und Jugendlichen gehen zur Schule, sie haben Kontakt zu Freunden etc. Eine Inobhutnahme wird deshalb auch dadurch faktisch beendet, dass der in Obhut genommene Minderjährige nicht in die Einrichtung bzw. zur Pflegestelle zurückkehrt, er entweicht und das Jugendamt nicht mehr seine Aufsichtspflicht und sonstige sorgerechtliche Verantwortung wahrnehmen kann. Ist der Minderjährige nicht nur vorübergehend (unerheblich) „abgängig", kehrt er in die Einrichtung nicht zu einem abgesprochenen Termin nach kurzer Zeit[33] zurück, muss die Inobhutnahme als beendet gelten und dies – schon im Hinblick auf die Refinanzierung der Unterbringung – entsprechend dokumentiert werden. In diesen Fällen sind die Personensorgeberechtigten unverzüglich, im Fall des

---

[32] Zu den freiheitsentziehenden Maßnahmen i.R.d. Inobhutnahme zur Abwendung einer nicht anders abwendbaren akuten Gefahr für Leib und Leben, s. Trenczek 2008: 242.

[33] Hierfür lässt sich zwar keine feste Stundenzahl angeben, da dies insbesondere altersabhängig und im Hinblick auf die ggf. drohenden Gefahren zu beurteilen ist. Angesichts der Verantwortung und Aufsichtspflicht der Unterbringungsstelle und des Jugendamts darf es sich aber i.d.R., insbesondere wenn eine konkrete Uhrzeit abgesprochen war, nur um wenige Stunden, allerhöchstens um 24 Std. handeln. M.E. viel zu lang; Schellhorn/Mann 2007 § 42 Rz. 31 „innerhalb weniger Tage".

Scheiterns der Kontaktaufnahme das Familiengericht zu unterrichten. Meldet sich der Minderjährige ggf. später wieder oder wird erneut aufgegriffen, so beginnt die Inobhutnahme von Neuem. Haben die Mitarbeiter der Einrichtung ihre Aufsichtspflicht nicht im gebotenen Umfang wahrgenommen und den Jugendlichen „einfach" entweichen lassen, so können sie bzw. der Einrichtungsträger bei Schadensfällen durchaus zur Haftung herangezogen werden.

Literatur

AFET (Hrsg.) (2006): Sicherstellungsvereinbarungen nach SGB VIII zwischen öffentlichem und freiem Träger – Gesamtverantwortung versus Autonomie. Hannover.

Bayrisches Landesjugendamt (Hrsg.) (2007): Fachliche Empfehlungen zur Inobhutnahme von Kindern und Jugendlichen gemäß § 42 SGB VIII. München.

Conen, M.-L. (2007): Eigenverantwortung, Freiwilligkeit und Zwang. ZJJ, S. 370.

Kähler, H. (2005): Soziale Arbeit in Zwangskontexten. Wie unerwünschte Hilfe erfolgreich sein kann. München-Basel.

Kunkel, P. (2006): Inwieweit kann ein freier Träger die Aufgabe der Inobhutnahme nach § 42 SGB VIII wahrnehmen? ZKJ, S. 361.

Meysen, T./Schindler, G. (2004): Schutzauftrag bei Kindeswohlgefährdung: Hilfreiches Recht beim Helfen. In: Das Jugendamt, S. 449.

Münder, J. (2006): Vereinbarung zwischen den Trägern der öffentlichen Jugendhilfe und den Trägern von Einrichtungen und Diensten nach § 8a SGB VIII. In Jordan, E. (Hrsg.): Kindeswohlgefährdung: rechtliche Neuregelungen und Konsequenzen für den Schutzauftrag der Kinder- und Jugendhilfe. Weinheim, S. 51.

Münder, J./Meysen, T./Trenczek, T. (Hrsg.) (2009): Frankfurter Kommentar zum SGB VIII: Kinder- und Jugendhilfe, 4. Auflage 2003 und 6. Auflage. Baden-Baden.

Schellhorn, W./Fischer, L./Mann, H.(2007): SGB VIII/KJHG, Kommentar zur Sozialgesetzbuch VIII. Kinder- und Jugendhilfe. München.

Trenczek, T. (2002): Garantenstellung und Fachlichkeit – Anmerkungen zur strafrechtlich aufgezwungenen aber inhaltlich notwendigen Qualitätsdiskussion in der Jugendhilfe. *ZfJ* 10, S. 383.

Trenczek, T. (2007): Eilmaßnahmen zum Schutz von Minderjährigen. In Münder, J./ Wiesner, R. (Hrsg.): Handbuch des Jugendhilferechts. Baden-Baden, S. 165.

Trenczek, T./Tammen, B./Behlert, W. (2008): Grundzüge des Rechts. München.

Trenczek, T. (2008): Inobhutnahme – Krisenintervention und Schutzgewährung durch die Jugendhilfe. Stuttgart.

Wiesner, R. (Hrsg.)(2006): SGB VIII – Kinder- und Jugendhilfe. Kommentar, 3. Aufl., München.

„Es lohnt sich dran zu bleiben!"

Vor ein paar Jahren wurde von uns ein 16-jähriges Mädchen in der Notaufnahme aufgenommen. Mit ihr und auch der Perspektivplanung taten wir uns schwer.

Sabine wurde von uns direkt aus einer Wohngruppe aufgenommen und galt als misstrauisches Mädchen. Sie hatte sich in der Wohngruppe quasi in ihrem Zimmer verbarrikadiert und am Gruppenleben nicht mehr teilgenommen.

Auch bei uns zeigte sie sich gleich bei unserer Aufnahme sehr misstrauisch, es war ihr wenig zu entlocken und so wurde der Umgang mit ihr von Anfang an anstrengend. Es war ein eher schweigsamer Einzug, ohne großes Gerede und mit viel Traurigkeit. In den nächsten Monaten erlebten wir alle Höhen und Tiefen in der Beziehung zu ihr. Sie zeigte oft ihre Ablehnung uns gegenüber. Sabine war wütend, verzweifelt und bedrohte uns auch. Auch ich bekam es des Öfteren zu hören oder auch fast zu spüren, als mir ein Telefonbuch von ihr hinterher geworfen wurde. Daneben hatte ich noch das „Vergnügen", sie zu den Gesprächen mit ihrer Sozialarbeiterin zu begleiten – diese Gespräche waren Pflicht! Die Fahrten waren oft sehr schweigsam und so hörte ich meistens Musik. Manchmal gab es aber auch diese und jene Diskussion, die meistens in einem „Donnerwetter" endete, das dann wiederum in einem Schweigen auslief.

Ihre Sozialarbeiterin war ihr gegenüber genauso hilflos, kam an sie nicht ran und erlebte oft ihren Trotz und Ablehnung. So blieb Sabine recht lange bei uns.

Aus diesem Grund erschufen wir in akribischer Kleinarbeit einen Plan. Wir wollten ihr ein Apartment mit intensiver Betreuung anbieten! Zu der Zeit war Einiges in der Betreuung möglich und ihr „Fall" war im Amt schon hinlänglich bekannt. Wir führten dann mit viel Freude Bewerbungsgespräche und fanden auch einen geeigneten Kollegen und eine geeignete Kolleginn, die von Sabine nicht abgelehnt wurden. So bekam sie in unserer Reichweite ein Apartment und zog nach einiger Zeit in eine eigene Wohnung, erst mit Betreuung, dann ohne und ich verlor sie aus den Augen.

Nach ca. drei Jahren stand sie ohne vorherige Anmeldung vor der Tür, um mir etwas Wichtiges zu erzählen. Sie wirkte entspannt, setzte sich und erzählte ohne Umschweife. Sie fragte sich, wie wir sie und ihre Art so lange in der Notaufnahme ausgehalten haben. Sie sagte: „Ich war doch unmöglich, anstrengend und unzufrieden." Weiter fragte sie: „Wie konntet ihr nur so geduldig sein?" und dafür wollte sie sich bedanken. Danach verließ mich ein verdutztes Menschenkind – ich hatte alles erwartet, aber so etwas nicht!

In der Folgezeit lief sie mir öfters über den Weg, sie grüßte auch immer nett. Manchmal führten wir einen Plausch und dann dachte ich dabei: „Es lohnt sich dran zu bleiben!"

Aus der Geschichte der Inobhutnahme – am Beispiel Bremens
Von den Anfängen 1904 bis in die Gegenwart
Jürgen Blandow

Die Inobhutnahme von Kindern und Jugendlichen hatte und hat viele Gesichter und viele Facetten. Sie diente und dient „geschundenen" Mädchen als Zuflucht und „heimatlosen Gesellen" als Möglichkeit zum Verschnaufen. Sie wurde und wird von Behörden und gesellschaftlichen Kräften als Instrument der vorübergehenden „Verwahrung" „Gefährdeter" und „Verwahrloster" und als Schutzeinrichtung für vernachlässigte Kinder genutzt. Inobhutnahmen dienten und dienen der Beobachtung, der „Sichtung und Siebung" und der Vorbereitung von Zuweisungsentscheidungen in andere Systeme der Kinder- und Jugendhilfe. Gemeinsamer Nenner dieser verschiedenen Zwecke und Funktionen und der sich um sie rankenden rechtlichen und institutionellen Vorkehrungen war und ist lediglich die Kurzfristigkeit, ein „Dazwischen", ein Übergang und das Vorübergehende.

In diesem Kapitel werden einige Recherchen zur Geschichte der Inobhutnahme in der Stadt Bremen vorgestellt. Entlang von Kirchenzeitungen, Jahresberichten des Bremer Jugendamtes, Drucksachen der Bremer Bürgerschaft, gedruckten Quellen zu einzelnen Einrichtungen und Archivarien aus dem Staatsarchiv Bremen werden für den Zeitraum zwischen 1904 – dem Eröffnungsjahr einer ersten Zufluchtsstätte in Bremen und damit Beginn eines organisierten Inobhutnahmesystems – bis in die frühen 1980er Jahre hinein Adressaten, Institutionen und Arbeitsweisen vorgestellt und hierbei auch ein kleiner Einblick in die Sozialgeschichte und die Geschichte der Kinder- und Jugendhilfe in der Stadt Bremen gegeben. Das Kapitel endet mit einem kurzen Blick auf die jüngeren und jüngsten Entwicklungen.

Originalzitate sind – in der im Original gebräuchlichen Schreibweise – kursiv gedruckt. Auf einzelne Quellenangaben wird im Text verzichtet. Sie können beim Verfasser angefordert werden.

Wie es begann: Vom „Marthaheim" zur „Bremer Zufluchtsstätte für Frauen und Mädchen"

Mit der „sozialen Frage" in der 1. Hälfte des 19. Jahrhunderts war auch die „Frauenfrage" zu einem bedeutsamen gesellschaftspolitischen Thema geworden. Von bürgerlichen, oft wohlhabenden Frauen ausgehend, entstanden Bewegungen für Frauenrechte, für die berufliche Ausbildung von Mädchen und jungen Frauen, gegen Frauenhandel und die Ausbeutung von Frauen in der

Prostitution, für die Betreuung und den Schutz von Kindern proletarischer Frauen, für den Schutz von Dienstmädchen und reisender Frauen. Viele Themen machten sich an der „sittlichen Gefährdung" von Mädchen und Frauen fest.

Auch in Bremen hatte es bereits um die Jahrhundertwende diverse Initiativen zum Schutz von Mädchen und jungen Frauen, namentlich zum Schutz von durchreisenden Frauen und der „naiven" jungen Mädchen, die aus ländlichen Gebieten in der Umgebung Bremens kamen, um sich in der Stadt eine *„Stellung"* als Dienstmädchen zu suchen, gegeben.

Im Zuge dieser Arbeit kamen die Frauen der evangelischen Vereine häufig auch mit „gefährdeten" Mädchen und jungen Frauen in Berührung, mit Mädchen, die sich – manchmal nur, weil eine Unterkunft fehlte – zu prostituieren genötigt sahen, mit aus der Haft entlassenen jungen Frauen ohne Unterkunft und mit arbeitslosen, dem Zugriff männlicher *„Kavaliere"* ausgesetzter Mädchen. Eine erste Initiative zu ihrer „Rettung" hatte die „Frauengruppe der Inneren Mission" mit der Gründung einer kleinen *„Zufluchtsstätte"* im Jahr 1904 ergriffen, diesen Versuch aber wegen zu kleiner und ungeeigneter Räume noch im selben Jahr wieder einstellen müssen.

Einen neuen Aufschwung nahm die Idee 1907 nach einem Aufruf im bremischen Kirchen-Blatt und einer sich anschließend vollziehenden Vereinsgründung durch Mitglieder verschiedener evangelischer Frauenvereine. Dank einer großzügigen Spende der *„Witwe Paul Isenberg"* konnte, mit Zuspruch der Behörden und Vereine, *„welche mit sittlich gefährdeten Frauen und Mädchen zu tun haben, und schon lange den drückenden Mangel einer Zufluchtsstätte empfunden haben"*, am 1. Dezember 1907 die „Zufluchtsstätte für Frauen und Mädchen" eröffnet werden. Zweck der Zufluchtsstätte – eine Wohnung mit Platz für sechs bis acht Mädchen und Frauen – sollte sein, *„obdachlosen, sittlich gefährdeten oder strafentlassenen Mädchen Unterkunft, Rat und Schutz zu gewähren, bis über die Rückkehr in die Familien, Übernahme einer Stellung, Aufnahme in eine Anstalt (Magdaleneum, Mütter- und Säuglingsheim und dergl.) entschieden ist"*. Die Zufluchtsstätte verstand sich ausdrücklich als vorübergehende Unterkunft, oft nicht länger als drei Tage, nahm bis zur Klärung der Kostenzuständigkeit die Mädchen kostenfrei auf und verzichtete ausdrücklich auf den Anspruch, die Mädchen selbst *„umzugewöhnen"*. Zu den Aufgenommen heißt es im 2. Jahresbericht des Vereins Zufluchtsstätte exemplarisch:

„Ein junges Mädchen tut zu Hause nicht gut, die Eltern wollen gern Fürsorge für sie in Anspruch nehmen. Bei aller Schnelligkeit, mit der unsere Vereine arbeiten, geht das aber nicht von einem Tag zum anderen, und doch ist der Verbleib des Mädchens im Eltern- oder Herrschaftshause ein Ding der Unmöglichkeit. Schnelle Entfernung ist das Erste und Nötigste. Oder ein Mädchen sieht einem traurigen, sonst so frohen Ereignis entgegen. Sie hat zu spät

von der segensreichen Einrichtung des Mütter- und Säuglingsheims gehört, kann statutenmäßig keine Aufnahme dort finden, muß also eine Klinik oder Entbindungsanstalt aufsuchen, dort aber kann sie erst ein paar Tage vorher eintreten, wo soll sie hin? [...] Oder wer erbarmt sich ihrer in den schweren Tagen nach der Entbindung, wo sie schwach und kraftlos ihrem Elend ausgeliefert ist? [...] Andere kommen aus dem Krankenhaus oder Gefängnis, haben keine Heimat mehr. Wer nimmt sie auf, bis sie wieder bei Kräften sind, wer hilft ihnen, die guten Vorsätze in Wirklichkeit umzusetzen, die sie gefaßt haben? Da bleibt nur die Zufluchtsstätte."

Daneben wurden aber auch „*von der Armenpflege ganz verkommene kleine Kinder zur vorläufigen Pflege übergeben, in anderen Fällen Kinder, welche zwangsweise den Eltern weggenommen worden waren*". Wiewohl, eine Aufgabe, für die man die Zufluchtsstätte für wenig geeignet hielt, nahm man sie doch „*in Gottes Namen vorübergehend auf und beherbergte sie, bis Armenpflege, Behörde und Vereine das Rechte für sie gefunden haben*". Aber hiermit nicht genug: Aufgenommen wurden auch heimatlose Zuwanderer, aus dem Dienst entlaufene Mädchen, von der Polizei aufgegriffene „*Dirnen*" und eine Menge von „*Selbstmelderinnen*", die im Haus eine Zuflucht für einige Tage suchten.

Mit diesem breiten Aufgabenfeld war das Heim mehr als ausgelastet. 1912 waren zeitweise bis zu 60 Personen gleichzeitig in der Einrichtung anwesend. Dies führte zum Entschluss, künftig die Platzzahl auf 30 zu begrenzen und nur im Notfall noch einige zusätzliche Gäste zuzulassen. Weil man dies nicht durchhielt – die zwei leitenden Schwestern und die ihnen zur Seite gestellten zwei weiteren Diakonissinnen brachten es einfach nicht übers Herz, Anfragende abzuweisen, aber auch, weil sich wohl manche (ältere) Person einfand, die zu beschreiben „*sich die Feder sträubt*" und die keinesfalls „*schöne Dokumente der Menschlichkeit*" bilden, gab es bereits 1911 Überlegungen, wenigstens für die Kinder eine eigene Station zu errichten oder lieber noch ein eigenes Haus zu bauen. Nachdem mehrere Anläufe, dieses zu realisieren, gescheitert waren, gelang es schließlich, ein Grundstück zu erwerben. Dem vorausgegangen waren Verhandlungen mit der „*eigens für die Jugendfürsorge begründeten Behörde, des neuen ‚Jugendamts'*" über die künftige Notversorgung von Kleinkindern. Sie hatten zunächst mit der Auskunft geendet, man wolle von dort die Versorgung der Kinder selbst in die Hand nehmen, sodass der Neubau einer „*Kinder-Zufluchtsstätte die einheitliche Durchführung der Kinderfürsorge durchkreuzt hätte*". Nachdem dies ein Jahr später aber revidiert worden war, die Behörde nunmehr davon ausging, dass trotz des geplanten stadtbremischen Kinderheims die Notwendigkeit bestehen bliebe, Kinder auch in der Zufluchtsstätte unterzubringen, stand der Planung des neues Hauses nichts mehr entgegen. Der großzügigen Spenderin, der *Witwe Paul Isenberg*, zu Ehren, wurde es Isenbergheim genannt. Das Heim wurde als Kinderheim für die dauerhafte und die vorübergehende Aufnahme von Kindern im Alter zwischen zwei und 14 Jahren errichtet. Für die vorübergehende Unterbringung war dabei an Kinder gedacht,

„*1. die mit der Behörde in Konflikt gekommen sind;*
2. deren sich die Zentrale für Jugendfürsorge[34] annimmt und die aus ihrer bisherigen Umgebung herausgenommen und sofort untergebracht werden müssen, bis über ihre Zukunft entschieden ist;
3. die von der Armenpflege untergebracht werden müssen, weil die Mütter und Väter im Gefängnis oder sonst außerstande sind, sie zu versorgen;
4. deren Eltern zeitweilig durch Krankheit, Krankenhausaufenthalt, notwendige Reise etc. ihren Kindern nicht die nötige Fürsorge zukommen lassen können, die aber in manchen Fällen bereit und fähig sind, den Aufenthalt zu bezahlen".

Städtische Planungen nach Gründung des Jugendamtes und die städtischen Heime für die vorübergehende Unterbringung in der Weimarer Republik

Die Anfänge der „Inobhutnahme" von Kindern und Jugendlichen durch die Stadt Bremen selbst stehen im Kontext der Errichtung des Bremer Jugendamtes im Jahr 1912 sowie der im gleichen Zusammenhang novellierten Fürsorgeerziehungs-Gesetzgebung.

Die ersten Ansätze zur Fürsorgeerziehung, zu dieser Zeit noch „Zwangserziehung" genannt, gruppierten sich um die 1871 auf zwölf Jahre gelegte Strafmündigkeitsgrenze im Reichsstrafgesetzbuch. In Ausführung reichsgesetzlicher Bestimmungen hatte das erste bremische Zwangserziehungsgesetz aus dem Jahr 1877 zunächst *„Erziehung statt Strafe"* für Kinder unter zwölf und Jugendliche zwischen 12 und 18 Jahren, denen das Unrechtsbewusstsein ihres Tuns nicht bewusst war, vorgesehen. In Bindung an einen Beschluss der Vormundschaftsbehörde, welche die Begehung einer strafbaren Handlung festzustellen und die Unterbringung für zulässig zu erklären hatte, konnten diese Kinder und Jugendlichen in Erziehungs- und Besserungsanstalten sowie bei Privatpersonen zur Pflege und Erziehung untergebracht werden. Zuständig für die Unterbringung, ebenso für Entscheidungen für die Beendigung, waren die Polizeibehörden. Nachfolgende Novellierungen brachten dann eine weitere

---

[34] Die Bremer Zentrale für Jugendfürsorge e.V., ein Zusammenschluss vieler Vereine, war im Zuge der Jugendgerichtsbewegung im beginnenden 20. Jahrhundert, die in Bremen 1909 zur Errichtung einer Abteilung „Jugendgericht" beim Amtsgericht führte, entstanden. Die über 800 Mitglieder des Vereins kümmerten sich um jugendliche Straffällige und „Verwahrloste", übernahmen Vormundschaften und „Schutzaufsichten".

Ausweitung des für Zwangserziehung vorgesehenen Personenkreises, zunächst auf Jugendliche bis zum 16. Lebensjahr, die zwar „*verwahrlost*" waren, aber noch keine strafbaren Handlungen begangen hatten, dann – 1912 – auf alle „gefährdeten" Kinder und Jugendlichen (vorher: nur bei schon verfestigter Verwahrlosung). Das neue Gesetz erlaubte ferner die Anordnung der – jetzt sogenannten – Fürsorgeerziehung bis zur Volljährigkeit,[35] übertrug dem Jugendamt das alleinige Antragsrecht gegenüber dem Vormundschaftsrichter sowie das alleinige Entscheidungsrecht über die Beendigung der Fürsorgeerziehung. Damit hatte das Jugendamt weitgehende, wenn auch an vormundschaftsrichterliche Genehmigungsverfahren gebundene Eingriffsrechte erhalten, gleichzeitig aber auch die Verpflichtung übernommen, für die Vorläufige Unterbringung und die sofortige Schutzhaft pädagogisch geeignete Vorrichtungen zu treffen. Wie die nachfolgenden Beschreibungen der drei bis 1933 bestehenden Einrichtungen zeigen, wurde die „Inobhutnahme" allerdings von vornherein – ganz parallel zu den heutigen Aufgaben von Notaufnahmeeinrichtungen – mit weiteren Zwecken verbunden, insbesondere der Beobachtung der Jugendlichen und der Vorbereitung von entweder Rückführungen in die Herkunftsfamilien oder einer längerfristigen Unterbringung in einer Anstalt oder einer Pflegefamilie.

Das Heim für Jugendliche: Ein Aufnahme- und Beobachtungsheim für jugendliche Fürsorgezöglinge

Die ersten Erfahrungen mit dem neuen Gesetz hatten gezeigt, dass die eigentlich – vor allem aus Kostengründen – bevorzugte Unterbringung der Jugendlichen in Pflegefamilien auf dem Land oder in Dienststellen wegen der meist schon „*weit fortgeschrittenen Verwahrlosung*" zumeist nicht möglich war, sodass man sich der teuren Anstaltserziehung in den beiden bremischen Erziehungsheimen, eines für Knaben, eines für Mädchen, oder auswärtiger Heime bedienen musste. „*Das Jugendamt*", heißt es im Bericht des Jugendamtes für das erste Geschäftsjahr 1913/14, „*erhofft eine Besserung der Verhältnisse durch das jetzt beantragte Aufnahme- und Beobachtungsheim herbeiführen zu können. Es steht zu erwarten, daß die mehrmonatige Beobachtung in dem geplanten Heim ein besseres Urteil als bisher darüber ermöglicht, in welchen Fällen Anstaltserziehung entbehrlich erscheint. Ein Teil der Kinder wird hoffentlich auch durch den Aufenthalt im Beobachtungsheim soweit gebessert werden, daß Unterbringung in Familien möglich ist. So wird das Beobachtungsheim voraussichtlich die Zahl der Überweisungen in Anstalten verhindern.*"

Die Rede ist von der Planung eines Aufnahme- und Beobachtungsheimes am damaligen Stadtrand, als dessen Eröffnungstermin das Jugendamt im zweiten

---

[35] Die Volljährigkeit trat – noch bis 1975 – mit dem 21. Lebensjahr ein.

Jahr seines Bestehens den 1. Oktober 1914 beschlossen hatte. Da Senat und Bürgerschaft die Umbaukosten von 26.000 Mark bereits bewilligt hatten, hätte dem, wenn der Ausbruch des Ersten Weltkrieges am 31. Juli 1914 nicht ‚dazwischen gekommen' wäre, nichts entgegengestanden. So aber musste, „*mit Rücksicht auf die Kriegslage*", die Eröffnung verschoben werden. Die Verschiebung ließ sich zunächst gut verschmerzen, da sich viele der männlichen Zöglinge freiwillig zum Krieg gemeldet hatten und zu diesem Zweck aus den Erziehungsanstalten entlassen werden konnten. Dies änderte sich im Laufe des Krieges. Je länger der Krieg währte, desto häufiger musste konstatiert werden, dass die „*Verrohung*" der Jugendlichen zunähme und also ständig mehr Jugendliche „*in Schutzhaft*" zu nehmen und in Fürsorgeerziehung zu überstellen wären. Zumal diverse von der Stadt bislang belegte Anstalten zur Aufnahme neuer Zöglinge in den Kriegsjahren hierzu nicht mehr in der Lage waren und es damit immer häufiger notwendig wurde, die Aufgegriffenen und ‚Verrohten' in Polizeigewahrsam – mit Unterbringung im Gefangenenhaus – zu geben, blieb die Forderung nach einem eigenen kommunalen Heim in Bremen auch während der Kriegsjahre virulent. So entschied man sich schließlich noch vor Beendigung des Krieges zur Realisierung der Planungen aus dem Vorkriegsjahr. Am 1. Juli 1918 öffneten sich die Tore des städtischen „Heims für Jugendliche".

Eingerichtet worden war das Heim schon am Rande der Stadt, aber doch gut erreichbar, in einem der Stadt gehörenden Haus, umgeben von Ländereien, die mit Hilfe der Jugendlichen zu bewirtschaften waren. Konzipiert war das Haus für 30 Plätze für ältere schulpflichtige und nicht mehr schulpflichtige Jugendliche in einer Knaben- und einer Mädchenetage, musste der hohen Nachfrage wegen freilich schon in den ersten Monaten mit 42 Jugendlichen belegt werden. Die Leitung oblag einem ehemaligen *Hilfsschullehrer*, die Wirtschaftsleitung seiner Ehefrau. Weiterhin beschäftigt waren je ein Erziehungsgehilfe und eine Erziehungsgehilfin, ferner drei Hilfskräfte für Landwirtschaft und Küche. Fungieren sollte das Heim

- als *Beobachtungsheim*, da die „*Fürsorgeerziehung nur Erfolg haben (kann), wenn der von ihr ergriffene Minderjährige von vornherein an den Platz kommt, an dem ihm die seiner Eigenart entsprechende Erziehung zuteil werden kann*"

- als *Erziehungsanstalt*, „*von welcher der Zögling nach angemessener Zeit direkt in geeignete Lehr- und Erziehungsanstalt überwiesen werden kann*"

- als *Übergangsheim* für Kinder, „*die in Landpflege vermittelt werden sollen*", für die ein „*direkter Übergang von Stadt auf Land oft aber zu krass (ist)*" und für die es deshalb gut ist, „*wenn sie zunächst in der Landwirtschaft des Heimes mit Landwirtschaft und Viehhaltung vertraut gemacht werden*"

- als *Bewährungsheim* für Jugendliche, für die zwar zunächst auf Fürsorgeerziehung erkannt wurde, für die nach *„einer Bewährungsfrist und im Falle einer beim Jugendlichen eintretenden Sinnesänderung"* möglicherweise aber von der Verfolgung des Beschlusses auf Fürsorgeerziehung abgesehen kann.

Näheres zur Konzeption enthält der erste Jahresbericht des Heims. Es wird darauf verwiesen, dass die Kinder aus *„unglücklichen Verhältnissen"* kommen und es sich mehrheitlich um Waisen, Halbwaisen oder aus anderen Gründen bei alleinerziehenden Müttern lebende Kinder handelt, weswegen besonders den Schulkindern *„ein rechtes Kinderdasein zu schaffen"* ist. Für die Schulentlassenen wichtigstes pädagogisches Mittel ist *„die sog. Arbeitserziehung"*. Die Mädchen werden vorrangig mit häuslichen Tätigkeiten, Melken und Gartenarbeit beschäftigt, die schulentlassenen Knaben in der allerdings unbeliebten Landwirtschaft. Für die Freizeitgestaltung stehen *„gute Bücher"* zur Verfügung, ferner werden *„Gesang und Reigen"* gepflegt und *„Turnspiele"* veranstaltet.

Zu dem wesentlichen Zweck, der Beobachtung, wird mitgeteilt: *„Die im Heim zu leistende Beobachtung wird sich jederzeit und in jedem Falle als positive Erziehungsarbeit entwickeln. Jeder wird vom Standpunkt der Psychologie angeschaut und es wird ergründet, wieweit er sich von normalen Kindern in seinem ganzen geistigen und körperlichen Sein entfernt"*.

Zum bisherigen Ergebnis der Arbeit berichtet der Jahresbericht des Heims über das Geschäftsjahr 1919/20: Die Arbeit hat sich *„rasch und günstig"* entwickelt; die *„Zöglingsschar"* ist um das Doppelte gestiegen; es gab – bei durchschnittlich vier Aufnahmen wöchentlich – nur wenige Entweichungen. Bislang aufgenommen wurden 172 Zöglinge, davon 96 Knaben, außerdem 14 Kinder von auswärts im Rahmen der vorläufigen Fürsorgeerziehung. Erneut Aufnahme mussten 13 Zöglinge nach Rückkehr aus Dienst-, Lehr- und Pflegestellen finden. Von den 58 Schulkindern konnten neun *„nach angemessener Beobachtung"* zurück ins Elternhaus, zwölf Knaben und 16 Mädchen wurden in Landpflege vermittelt. In Erziehungsanstalten mussten 17 Knaben und vier Mädchen überführt werden.

Aus den Folgejahren wird bekannt, dass sich die Zahl der Unterbringungen nach Errichtung eines gesonderten Baus für 40 Knaben und einer Novellierung der Fürsorgeerziehungsgesetzgebung im Jahr 1921 (das Jugendamt kann nunmehr auch außerhalb gerichtlicher Weisung Fürsorgeerziehung veranlassen) auf bis zu 85 Jugendliche gleichzeitig erhöhte, womit dem Heim *„ungefähr das ganze Material an verwahrlosten bzw. mit Verwahrlosung bedrohten Jugendlichen der Stadt Bremen zufloß"*.

Da sich trotz des Erweiterungsbaus für Jungen die *„Mißstände durch das enge Zusammenwohnen der Geschlechter"* nicht beheben ließen, wurde 1923 beschlossen, Neuaufnahmen primär auf schulpflichtige Jungen zu begrenzen. Über deren persönliche und familiäre Hintergründe gibt ein psychiatrischer Bericht des seit 1921 mit der Begutachtung der Jugendlichen betrauten Facharztes Auskunft. Es handelte sich überwiegend – bei nur wenigen Kindern bis zum 13. Lebensjahr – bei beiden Geschlechtern um Jugendliche zwischen dem 15. und 17. Lebensjahr. *„In einer erstaunlich hohen Zahl"* zeigt sich die *„sittlich ungünstige Umgebung"*, das *„schlechte Milieu"* als Faktor zur Erklärung der Verwahrlosung der Jugendlichen. Bedeutsamer noch ist (in der Hälfte aller Fälle) die *„soziale Entgleisung von Seiten der Eltern oder Geschwister"*, wobei der *„soziale Verfall auf Seiten der Mutter"* bemerkenswert auf die Mädchen *„abzufärben"* scheint. Ebenfalls in der Hälfte der Fälle zeigte sich *„erbliche Belastung durch Geisteskrankheit, Nervenleiden bzw. Trunksucht.* Was die *„soziale Entartung"* der Jugendlichen selbst angeht, ist *„bemerkenswert, daß gewohnheitsmäßiges Trinken von Alkohol bei den Mädchen häufiger als bei den Knaben ist, daß sexuelle Ausschweifungen fast nur Mädchen betreffen, daß Eigentumsvergehen bei den Knaben häufiger sind wie bei den Mädchen und daß die Erscheinung der Unstetigkeit die beiden Geschlechter ungefähr in demselben Maße betrifft"*. Weiterhin: Das *„Schulelaufen"*[36] und *„merkwürdigerweise das Naschen"* kommt bei Jungen häufiger vor, die *„Gewohnheit des Besuches von Kino und Tanzgelegenheiten, ferner des Lesens unpassender Lektüre"* dagegen bei Mädchen. Die jetzt schon Dank größerer Erfahrungen sichtbaren Fortschritte der diagnostischen Arbeit ließen sich, heißt es zusammenfassend, sicher noch erhöhen, wenn es gründlichere Erkundungen durch die Kräfte des Jugendamtes gäbe und ein eigentlich nicht entbehrlicher *„systematischer Fragebogen"* zur Verfügung stünde. Günstig wäre es schließlich, die Untersuchungen über die Volljährigkeit hinaus fortzuführen, da sich eine endgültige Bewährung erst im dritten Lebensjahr zeige, wobei sich nach psychiatrischer Erfahrung dabei zweifellos zeigen werde, *„daß der größere Teil der zeitlich verwahrlosten Jugend später in eine geordnete Bahn kommt"*.

Gut ein Jahr nach diesem Bericht wird die Schließung des Heims beschlossen. Die zunehmende Begrenzung auf Schulpflichtige und Jungen hatte zu Unterauslastung geführt; die Weiterführung des Betriebes war wirtschaftlich nicht mehr zu verantworten. Dem Fürsorgeheim für Jungen soll künftig die Aufgabe der Beobachtung der schulentlassenen männlichen Jugendlichen übertragen und nach einer entsprechenden Möglichkeit für Mädchen soll Ausschau gehalten werden. Die Schließung erfolgte im Frühjahr 1925.

---

[36] „Schulelaufen" ist der zeitgenössische Ausdruck für „Schulschwänzen".

Das Heim für jugendliche Wanderer

Nur ein Jahr später sahen sich Bürgerschaft und Behörde vor ein neues Problem gestellt. Die „*Frage der fürsorgerischen Betreuung jugendlicher Wanderer ist in den letzten Jahren immer stärker in den Vordergrund getreten*" und hatte auch den „Deutschen Verein" auf den Plan gerufen. Die 1925 von ihm erlassenen Richtlinien fordern „*besondere Jugendasyle für die vorläufige Aufnahme von jugendlichen Wanderern, um sie den Obdachlosenasylen, den Gastwirtschaften und Herbergen niederer Art und auch dem Polizeigewahrsam fernzuhalten*".

Tatsächlich hatte sich auch in Bremen die Zahl der wandernden männlichen Jugend – Ergebnis der schweren Nachkriegsjahre und der Inflationszeit – in den letzten Jahren deutlich vermehrt. Unter den (1925) 99.754 Übernachtungen männlicher Personen im städtischen Obdachlosenasyl und den dazugehörigen sonstigen Unterkünften waren 8590 (*8,67 v.H.*) solche von Jugendlichen, 2878 betrafen gar Knaben im Alter zwischen 14 und 18 Jahren. Ähnlich die Relation auch in der „Herberge zur Heimat" des Vereins für Innere Mission: Im 2. Halbjahr 1925 waren 20,6 Prozent der Übernachtungen von Jugendlichen ‚gebucht', von ihnen 106 (1,63 Prozent) von Jugendlichen zwischen 14 und 17. Außerdem wurden zwischen dem 1. April 1925 und dem 31. März 1926 1.023 obdachlose Jugendliche aufgegriffen und untergebracht, davon 902 im Alter 18 bis 20 und 121 im Alter zwischen 14 und 17; im zweiten Halbjahr des Berichtszeitraums waren es monatsdurchschnittlich sogar 173 Jugendliche. Aber diese Zahlen zeichneten, so der Bericht, noch ein unvollständiges Bild. Hinzuzurechnen nämlich wären auch noch jene – geschätzt pro Nacht sechs bis sieben – mehrheitlich ortsfremden Jugendlichen, „*die in wilden Herbergen oder im Freien übernachten*". Der Handlungsbedarf war also groß; denn die „*Gefahren eines ziellosen Wanderlebens namentlich für jüngere Menschen liegen auf der Hand*", namentlich die Gefahr der „*Gewöhnung an ein asoziales Leben, an Bettel, Müßiggang und Trunk ...*".

Zur Abwendung der Gefahren beschloss die Behörde für das Wohlfahrtswesen auf Antrag des Jugendamtes eine Fürsorgestelle für jugendliche Wanderer zu schaffen, an die künftig alle jugendlichen Obdachlosen von den „*mit dem Personenkreis befassten Institutionen*" zu melden sind. Auch soll ein Heim eingerichtet werden, „*damit die Fürsorgestelle die ihr Zugewiesenen richtig betreuen und versorgen kann*". Im Einzelnen:

- Im Heim soll – anders als im Obdachlosenasyl – nicht lediglich Obdach und Mahlzeit gewährt werden, sondern auch fürsorgerische Betreuung erfolgen.
- Jeder Jugendlicher soll „*gleich nach dem Eintreffen genau auf seine körperliche Reinheit und das Freisein seiner Kleidung von Ungeziefer untersucht (werden), Unreine gebadet, ihre Kleidung in einem gesonderten Apparat gereinigt (werden)*".

- *„Die Betten sollen mit Unterlagen versehen und mit Bezügen versehen werden. Für die Nacht erhält jeder Jugendliche einen besonderen Nachtanzug aus Nessel."*
- Während ihres Aufenthalts im Heim werden die Jugendlichen zu Haus- und anderen Arbeiten wie Holzzerkleinern, Mattenflechten und ähnlichem herangezogen, *„soweit sie nicht wegen Aufsuchens von Stellen unterwegs sein müssen"*.
- Während der Freizeit soll durch angemessene Spiele und Lehrstoff für ihre Unterhaltung gesorgt werden.
- Aufgabe des Leiters des Hauses wird es sein, *„sich eingehend erzieherisch mit den Jugendlichen zu beschäftigen, sie namentlich am Abend unter seiner Leitung zu versammeln und ihnen Anregung und Beschäftigung zu geben"*.
- *„Bei den unter 18jährigen soll grundsätzlich die Rücksendung in die Heimat erfolgen, wenn nicht schon alle Beziehungen zum Elternhaus gelöst sind"*. Bis zum Erscheinen der Eltern sollen die Jugendlichen *„im Heim verwahrt werden"*. Soweit keine Rückkehr möglich, wird man im Einzelfall die Jugendlichen von hier aus in Arbeitsstellen vermitteln, in Landpflege geben oder ein Heuerbüro (für Seeleute; J.B.) einschalten.

Ein Gebäude wurde in Bahnhofsnähe gefunden. Die Eröffnung des Hauses erfolgte am 25. Mai 1927.

Ein erster Bericht aus dem Haus stammt aus der Feder des Heimleiters aus dem Jahr 1929. Neben einer Beschreibung des freundlichen Heimes, des Tageslaufs und der Pflichten der Jugendlichen findet sich auch eine ‚Typologie' der Bewohner: Da sind zum einen die *„deutschen Jungen"*, denen der Trieb zur Wanderschaft im Blut liegt und die ihr Vaterland kennen lernen wollen: die *„regulären Wanderer verschiedener Berufe"*. Eine zweite Gruppe bilden die Arbeitslosen auf der Suche nach Arbeit, eine dritte Gruppe die *„Abenteurer"* und schließlich gibt es die *„Elternlosen"* bzw. jene, die *„sich mit ihren Stiefeltern nicht verstehen, oder besser nicht verstehen wollen,"* zu denen auch die *„Ausreißer, schulpflichtige und schulentlassene Jungens, die den Eltern oft schweren Kummer machen"*, gehören. Zugewiesen wurden die *„Jungens"* vom Obdachlosen-Asyl, der Polizeibehörde, dem Jugendamt, der Gefangenenfürsorge, der Bahnhofsmission, der Seemannsmission, der Herberge zur Heimat, dem Gewerkschaftshaus, den Konsulaten oder Privaten. Die seit der Eröffnung durch das Haus gegangenen 3047 Jugendlichen waren durchschnittlich zwei, im Einzelfall aber auch bis zu 36 Tagen geblieben, so kurz, weil 38,99 Prozent sogleich der *„Landstraße durch Beförderung in Arbeit, zur See, nach Hause entzogen werden"* konnten.

In einem weiteren Bericht vom Januar 1931 heißt es dann, das Haus sei seit seiner Eröffnung deutlich stärker in Anspruch genommen worden als ursprünglich geplant. Eine Erweiterung sei dringend erforderlich, sei aber schwer zu realisieren, da kein Geld für ein neues Haus vorhanden sei. Und einige Monate später: Die Verhältnisse haben sich keineswegs verbessert; die Belegung ist noch stärker geworden, *„was ja bei der großen Arbeitslosigkeit erklärlich ist"*. Viele Jugendliche müssen abgewiesen werden. In der Regel ist das Haus schon um 19.30 Uhr voll besetzt, manchmal auch schon um 18 Uhr. *„So wird immer wieder erforderlich, die Jugendlichen mit den Erwachsenen unterzubringen, was gerade durch die Einrichtung des Heims verhindert werden soll."* Als Ausweg angedeutet wird bereits hier, das Heim womöglich – mit separatem Eingang – mit dem Obdachlosen-Asyl – es kann bislang 364 obdachlose Erwachsene aufnehmen – zusammenzulegen. Obgleich vor dieser Lösung auch noch einmal, als der Beschluss eigentlich schon gefällt war, aus pädagogischen Gründen gewarnt wird, erfolgt die Auflösung und seine Integration in das Asyl *„aus dringlichen Kostengründen"* zum 1. Februar 1933.

Ein Frauen- und Mädchenhaus: Das Pflegeheim Wolfskuhle

Bereits von der bremischen Nationalversammlung[37] war nicht nur die Errichtung eines Pflegeamtes[38] für gefährdete Frauen angeregt, sondern bereits mit der Idee verbunden worden, *„ein zur vorübergehenden Aufnahme von gefährdeten weiblichen Personen dienendes Pflegeheim zu errichten"*. Wortführerinnen waren die ersten weiblichen Abgeordneten aller Parteien.[39] Zu einem regulären Antrag der Bürgerschaft an den Senat kam es jedoch erst im Januar 1925, nachdem sich eine räumliche Möglichkeit in einem in Staatsbesitz befindlichen Gebäude, „Wolfskuhle" genannt, ergeben hatte. Zweck des Pflegeheims sollte es zum einen sein, *„sittlich gefährdeten Frauen und Mädchen vorübergehende Unterkunft und Erholung (zu bieten), damit sie, geleitet durch liebevolle Einwirkung an eine ordentliche Lebensführung gewöhnt und von hier aus wieder einer geregelten Beschäftigung zugeführt werden"*, zum anderen sollte das Heim auch *„Aufnahme- und Beobachtungsheim für weibliche Ju-*

---

[37] Dies ist das parlamentarische Gremium in der Zeit nach dem Ersten Weltkrieg bis zur Gründung der Weimarer Republik.

[38] Pflegeämter waren Einrichtungen zur „Bekämpfung der sittlichen Verwahrlosung unter Frauen und Mädchen" und hatten bei der Bekämpfung von Geschlechtskrankheiten mitzuwirken. Ihr Klientel waren zumeist aufgegriffene obdachlose Frauen, häufig auch Prostituierte und entlassene Gefangene. Die Frauen galten primär als „psychopathische" Personen, deren – auch zwangsweise – Unterbringung seit 1920 mittels eines – nie in Kraft getretenen – „Bewahrungsgesetzes" angestrebt wurde.

[39] Das aktive und passive Wahlrecht für Frauen war erst nach dem Ersten Weltkrieg eingeführt worden.

gendliche sein, die durch das Jugendamt eingewiesen werden, um durch eine erzieherisch geschulte, der Heimleiterin unterstellte Abteilungsleiterin und einem dem Jugendamt unterstellten Psychiater beobachtet und begutachtet zu werden". Und schließlich sollte das Heim auch für die ‚Nachsorge' zur Behandlung von Frauen und Mädchen nach der Behandlung von Geschlechtskrankheiten und für entlassene weibliche Straf- und Untersuchungsgefangene dienen. Die unter Verantwortung des Jugendamtes zu stellende Abteilung II für Mädchen sollte – mit zehn Plätzen – streng von der Abteilung I für die gefährdeten Frauen getrennt geführt werden. Gedacht war an eine weitgehende Selbstversorgung durch das großzügige Gartengelände. Geleitet werden sollte das Pflegeheim in Personalunion durch die Leiterin des Pflegamts, die nach Realisierung der Planung dann Wohnung im Heim zu nehmen habe. *„Takt, organisatorische Befähigung, Herzensbildung und Kenntnisse auf diesem äußerst schwierigen Gebiet der sozialen Fürsorge"* wurden als Voraussetzung dafür betrachtet, *„den auch in gefallenen Mädchen enthaltenen guten Kern herauszuschälen und zu sozialen Werten zu entwickeln"*. Insoweit wird auch dafür plädiert, den anzustellenden Helferinnen nicht nur ein Taschengeld zu gewähren, sondern ihnen ein reguläres Gehalt zu zahlen.

Zur Errichtung des Heims kam es 1926, sein Betrieb stand aber unter keinem guten Stern. Nach Erlass des „Gesetzes zur Bekämpfung der Geschlechtskrankheiten" (1927), der Freigabe der „Reglementierung" [eine Maßnahme zur räumlichen Konzentration der Prostitution] und im Vorfeld der Erwartung eines „Bewahrungsgesetzes"[40] gab es – ein Handicap für die konzeptionelle Entwicklung – Unsicherheiten über die Zukunft der Gefährdetenfürsorge. Es gab ferner Proteste der Bevölkerung gegen die Nutzung des parkähnlichen Geländes für das Heim und die Forderung, das Gelände einem öffentlichen Park zuzuführen. Schließlich: Für das Schicksal der Abteilung II, die Beobachtungsstation des Jugendamtes, wurde zum Verhängnis, dass sich die für dringend erforderlich gehaltene Trennung der Mädchen von den Frauen nicht wirklich realisieren ließ, immer wieder Anlass zu Klagen und Reibereien bot und zur Forderung nach Errichtung eines weiteren Heimes, speziell für die weiblichen Fürsorgezöglinge, führte. Obwohl es hierzu nicht kam, wurden die Mädchen zum 1. August 1929 in andere Heime verlegt; ein ‚Aus' also für das erste ‚Mädchenhaus'.

---

[40] Zur Geschichte des Bewahrungsgesetzes vgl. meinen Aufsatz „Fürsorgliche Bewahrung". Kontinuitäten und Diskontinuitäten in der Bewahrung „Asozialer". In: Cogoy, R./Kluge, I./Meckler, B. (Hg.) (1989): Erinnerungen einer Profession. Erziehungsberatung, Jugendhilfe und Nationalsozialismus. Münster, S. 125–143.

Inobhutnahme im Nationalsozialismus

Über die Inobhutnahme von Jugendlichen im Nationalsozialismus konnte nur wenig in Erfahrung gebracht werden. Im Rahmen der im Wesentlichen nicht veränderten Fürsorgeerziehungs-Gesetzgebung sollte die Fürsorgebehörde – so der seit 1934 amtierende bremische Jugendamtsleiter – *„in erster Linie die erbgesunden von den minderwertigen Jugendlichen scheiden und trennen – ihrer zukünftigen Stellung in der Volksgemeinschaft gemäß – heranbilden".* Auch gegenüber Letzteren sollte, soweit es sich nicht um ganz *„schwere Fälle"* in Verwahrung zu nehmender Fälle" handelt, die Unterbringung in Anstalten zugunsten ihrer Versorgung in bäuerlichen Familien oder in der Seeschiffahrt so oft wie möglich vermieden werden.

Beobachtung „gefährdeter Mädchen" im Marthasheim

Nähere Informationen gibt es zur vorübergehenden Versorgung und Beobachtung *„gefährdeter Mädchen"*. Die zumeist mit *„psychopathischen Mängeln belasteten"* Mädchen wurden – nicht anders als in der Weimarer Republik – zum einen durch den beim Jugendamt angesiedelten Außendienst der „weiblichen Gefährdetenfürsorge" betreut und hierbei nicht selten unter „Schutzaufsicht"[41] gestellt, zum anderen – *„wenn Schutzaufsicht nicht ausreicht"* – der freiwilligen oder angeordneten Fürsorgeerziehung unterstellt. Für schulentlassene Mädchen kam hierfür entweder die kurzfristige Unterbringung in einem halbgeschlossenen Heim und für die *„schwereren Fälle"* ein *„ein- bis zweijähriger Erziehungsgang eines geschlossenen Heimes"* in Frage.

Die Funktion „kurzfristige Unterbringung" und „Beobachtung" übernahm das „halbgeschlossene" Marthasheim des Vereins für Innere Mission. Zu Auftrag und Aufgabenwahrnehmung heißt es in einem Bericht der für die Gefährdetenfürsorge des Jugendamts zuständigen Jugendfürsorgerin: *„Nach kurzfristiger Beobachtung und Anlernzeit gehen die Mädchen vom Heim aus zu den Arbeitsplätzen. Damit wird ihre Verläßlichkeit auf die Probe gestellt und vor allem die Arbeitskraft zur Verringerung der Heimkosten ausgewertet. Die Freizeit am Abend wird ausgefüllt mit Anleitung zum Nähen und Flicken, mit Turnen, Singen, Teilnahme an Feiern und Festen unseres Volks. Während dieser Zeit muß sich bald der weitere Weg des Mädchens klären, entweder Rückkehr in größere Freiheit oder längeres Verbleiben, besonders der Heimatlosen, die sich durch Arbeit selbst ernähren können. Ist eine längere Heimerziehung erforderlich, so werden die Mädchen vom Beobach-*

---

[41] Unter Schutzaufsicht wurden – seit dem RJWG von 1922 – Minderjährige gestellt, „wenn sie zur Verhütung deren körperlichen, geistigen oder sittlichen Verwahrlosung geboten und ausreichend erscheint." (§ 56 RJWG). Aus der Schutzaufsicht ist 1953 die Erziehungsbeistandschaft hervorgegangen.

tungsheim in ein geschlossenes Mädchenheim überwiesen. Bevorzugt werden vom Bremer Jugendamt die auswärtigen geschlossenen Einrichtungen, in denen die Jugendlichen getrennt werden können nach Alter und Grad der Gefährdung und intellektueller Begabung, also Trennung der Erbkranken von den Gesunden."

Seine Aufgabe hatte das Marthasheim, seit Auflösung des Pflegeheims Wolfskuhle das einzige Mädchenheim in Bremen, 1935 aufgenommen, nachdem das Jugendamt *„in erhöhtem Umfang seine Schützlinge, die nicht sich selbst überlassen werden können"*, in das Heim einwies. Seit 1936 wurden sämtliche *„in einem Heim unterzubringende Schützlinge"* in das Heim eingewiesen, sodass sich *„der Charakter des Heims als Erziehungsheim [...] immer mehr ausprägte"*. Bei den regelmäßig 20 und mehr sich im Heim befindlichen Mädchen handelte es sich *„fast immer um Mädchen im ganz jugendlichen Alter, die gefährdet sind und zur Beobachtung ins Heim gegeben werden"*. Da die Mädchen fast nie freiwillig kamen, bedurfte es vieler Bemühungen, den Mädchen *„durch Aussprache näher zu kommen"* und hierbei einen *„tiefen Einblick in ihr bisheriges Leben und die Ursachen ihrer Gefährdung zu bekommen"*. Nach sechs bis acht Wochen war dann zu entscheiden, ob *„Unterbringung in einem auswärtigen geschlossenen Heim notwendig ist, ob längeres Verbleiben in unserem halboffenen Heim schon Erfolg verspricht, oder ob gar der Versuch mit einer Stellung gemacht werden kann"*. War dies zweifelhaft, wurden die Mädchen tagsüber in besonders ausgewählte Haushalte probeweise in Stellung gegeben. Ansonsten galt es, die Mädchen im Heim zunächst einmal an *„geordnetes Arbeiten"* zu gewöhnen und sie zu *„Ordnung und Sauberkeit zu erziehen"*. Zur Freizeitgestaltung, *„die dazu dienen soll, die Gedankenwelt der Mädchen zu beeinflussen"*, gehörte neben den schon von der Fürsorgerin des Jugendamtes erwähnten Aktivitäten auch die *„Bibelbesprechung"*.

1937 war die Zahl der aufzunehmenden Mädchen – mit durchschnittlich 47 „Insassen" täglich – so gewachsen, dass das Heim an seine Grenzen stieß und sich entschließen musste, *„die schwerer Gefährdeten nicht mehr aufzunehmen, weil sie die Erziehungsarbeit an den Jugendlichen durch ihren schlechten Einfluß hindern"*. Da es in Bremen an einem Heim für diese Menschen fehle, *„blieb für mehrere Mädchen kein anderer Weg als die vorläufige Unterbringung in Schutzhaft, bis ihre Überführung in ein auswärtiges Heim geregelt war"*.

Anders als die kommunale Gefährdetenfürsorge scheint man im Marthasheim die Mädchen weniger als „asozial" und „psychopathisch" wahrgenommen zu haben, eher als Opfer ihrer familiärer Bedingungen. Im Jahresbericht 1939 des Vereins für Innere Mission heißt es: *„In dieser Erziehungsunfähigkeit mancher Eltern liegt ein guter Teil der Ursache für Jugendnot und Gefährdung. Von 142 Mädchen stammen 42 aus zerstörten Ehen, 33 waren unehelich,*

21 hatten Stiefvater oder -mutter, 21 waren elternlos, 20 hatten erziehungsuntüchtige Eltern. Nur bei 15 lag die Ursache der Jugendnot nicht in dem Fehlen oder dem Versagen der Eltern."

Da nach Kriegsbeginn keine gedruckten Jahresberichte mehr erscheinen konnten, setzen die Informationen über das Marthasheim 1939 aus. Wahrscheinlich 1940 wurde das Heim bis zu seiner Zerstörung 1944 für andere Zwecke gebraucht. Seine bisherigen Aufgaben wurden von einem anderen Heim des Vereins für Innere Mission übernommen.

Jugendliche Wanderer und sittlich gefährdete Mädchen nach dem Zweiten Weltkrieg

In den ersten Nachkriegsjahren war an geordnete jugendfürsorgerische Dienste nicht zu denken. Dennoch waren besonders viele Kinder und Jugendliche zu versorgen, vorübergehend oder dauerhaft unterzubringen, festzuhalten, zu ‚sichten' und zurückzuführen. Die wichtigsten Problemgruppen unter Jugendlichen waren – mit mehrfachen Überschneidungen – die *„wandernden Jugendlichen"*, die *„Ostzonen-Flüchtigen"*, die tradierten Fürsorgezöglinge und die *„sittlich gefährdeten"* Mädchen.[42]

„Wandernde Jugendliche" waren aus dem Krieg heimkehrende und Bremen ‚durchwandernde' junge Menschen, häufig entwurzelte junge Männer auf der Suche nach einem Ort zum Leben. Ihre Zahl war so groß, dass sich die norddeutschen Länder bereits im Oktober 1945 dazu entschlossen, den unkontrollierten Flüchtlingsbewegungen durch gezielte Maßnahmen zu begegnen. In den „Nenndorfer Richtlinien", einer freiwilligen Vereinbarung, verpflichteten sich die norddeutschen Länder mit Wirkung zum 15.11.1945 dazu, alle zugereisten unter 18-jährigen Jugendlichen – in der Mehrzahl waren es Jungen – festzuhalten, ihre Verhältnisse zu überprüfen und geeignete pädagogische, wirtschaftliche und gesundheitsfürsorgerische Maßnahmen zu treffen. Als ‚pädagogisch geeignet' wurde insbesondere die Vermittlung in Lehr- und Arbeitsstellen und ggf. die Unterbringung in Heimen und Pflegefamilien betrachtet. Diese Gruppe überschnitt sich mit den aus der „Ostzone", manchmal auch aus andern westlichen Landesteilen kommenden Jugendlichen – Mädchen und Jungen –, die es teils nach Bremen verschlug, um hier Lebensmittel zu besorgen, auf einem Schiff anzuheuern oder, wenn sich eine Möglichkeit ergäbe, in die USA auszuwandern, teils auch, weil sie aus irgendeinem Grunde aus einem Heim oder aus der Familie ausgerissen waren. Sie wurden, nach Überprüfung der Verhältnisse, möglichst rasch in ihre Heimatorte zurück-

---

[42] Ausführlich zur Nachkriegssituation vgl. Blandow, J. (1986): „Sichten und Sieben". Zu den Anfängen der Jugendfürsorge im Nachkriegsdeutschland. In: Osterdorf, H. (Hg.): Integration von Strafrecht- und Sozialwissenschaften. Festschrift für Lieselotte Pongratz. München, S. 79–101.

geführt. Rückführungen in die Ostzone – die Grenzen waren noch völlig offen – *„erfolgten noch bis 1948 nach Rücksprache mit den Heimatjugendämtern zumeist in Sammeltransporten, später mit „gesperrter Rückfahrkarte"*, bis sie schließlich mit Beginn des Kalten Krieges in „Flüchtlinge" mit Bleiberecht transformiert wurden.

Bei den „sittlich gefährdeten" Mädchen handelte es sich teils um einheimische, zu größeren Teilen aus der „Ostzone" und dem Rheinland stammende, unter dem Verdacht der Prostitution oder jedenfalls des *„häufig wechselnden Geschlechtsverkehrs"* stehende Mädchen aus dem ‚klassischen' Kreis der Fürsorgezöglinge, mehrheitlich aber um solche, die es in Hoffnung auf Teilhabe am attraktiven Warenangebot der Besatzungstruppen, auf Arbeitsmöglichkeiten beim „Ami" und in Hoffnung auf Heirat und Versorgung mit einem Soldaten und womöglich Auswanderung in die USA in die Bremer Häfen – Ausfuhrhäfen für die amerikanische Zone – gezogen hatte. Gefürchtet als Überträger von Geschlechtskrankheiten, als die Moral und die Gesundheit der Besatzungstruppen untergrabend und als „Ami-Liebchen" diskreditiert, wurden sie einer besonders starken Kontrolle unterworfen, zwangsweisen Gesundheitskontrollen zugeführt, tageweise kaserniert oder in Fürsorgeerziehungsheime überwiesen.

Für die organisatorische Abwicklung der Wanderströme wurde seit Ende 1945 im Flüchtlingsamt eine Abteilung des Jugendamtes eingerichtet, *„um die durchlaufenden Jugendlichen festzuhalten und so lange in einem Heim unterzubringen, bis geklärt ist, wohin sie gehören"*. Die *„Aufspürung"* der Jugendlichen erfolgte, auch in aufreibender Nachtarbeit, in Zusammenarbeit mit der Bahnhofsmission in der Bahnhofswartehalle, über Polizeirazzien und durch Überweisung von anderen Ämtern und Dienststellen der Freien Verbände. Darüber hinaus stand im Jugendamt für die männlichen Jugendlichen ein „Spezialfürsorger" für Ermittlungsarbeiten, Heimeinweisungen und Rückführungen zur Verfügung, für die Mädchen Fürsorgerinnen in der Abteilung Gefährdetenhilfe des Jugendamts, ab Mai 1946 auch des zu diesem Zeitpunkt wieder errichteten Pflegeamts. Anders als die Fürsorgestelle für die wandernden männlichen Jugendlichen entwickelten die Bediensteten der Gefährdetenfürsorge ihr Selbstverständnis nicht aus dem Problem der Wanderung, sondern entlang der Denkfigur des ‚Kampfes' gegen „sexuelle Gefährdung und Verwahrlosung". Für die Unterbringung und Versorgung der Mädchen standen zunächst lediglich das provisorisch wieder eröffnete „Marthasheim" und das „Isenbergheim" für weibliche Fürsorgezöglinge zur Verfügung.

Im Umfeld dieser Problemlagen entstanden dann auch die ersten kommunalen Einrichtungen zum ‚Festhalten', zum ‚Sichten und Sieben' und für die vorübergehende Unterbringung.

Das Jugendwohnheim Halmer Weg

Bereits vor dem Inkrafttreten der „Nenndorfer Richtlinien" hatte man mit dem Aufbau eines Heims für die „wandernde Jugend", gedacht vor allem für „heimatlose" Jugendliche aus der „Ostzone", begonnen. Eingerichtet wurde es – mit tatkräftiger Unterstützung der hierzu verpflichteten Jugendlichen – auf dem Gelände eines ehemaligen Barackenlagers für *„fremdländische Arbeiter"*.[43] Geleitet wurde es von aus der Zeit der Jugendbewegung vor 1933 stammenden, als faschistisch nicht infiziert geltenden *„Laienpädagogen"*. Obwohl sich die Gebäude in einem katastrophalen Zustand befanden, gelang es bis Ende 1945 Platz für 150 Jugendliche zu schaffen. Pädagogisch setzte man, trotz der *„bereits fortgeschrittenen Verwilderung und Verwahrlosung"* auf Freiwilligkeit und ein offenes *„an den bewährten Prinzipien Arbeit und menschliche Bindungen"* orientiertes Konzept, kalkulierte freilich auch zu Beginn der Arbeit schon ein, dass *„Jugendliche mit ausgesprochen schlechten Eigenschaften [...] evt. geschlossenen Einrichtungen zugeführt werden [müssten]."* Tatsächlich ließ sich der Elan der erste Stunde nur kurze Zeit aufrechterhalten. Der Nationalsozialismus sei zwar vorbei, konstatierte die für das Lager zuständige Psychiaterin bereits bei ihrem ersten Besuch im Lager, aber *„die Gewaltsamkeit ist nicht zu Ende. Bei diesen Jungen äußert sie sich im Protest, im Klauen und Zank und Streit; die ‚Hölle ist los', sagte ein Erzieher, alle Triebe sind frei"*. Die Verhältnisse gestalteten sich dann rasch so schwierig, dass der zuständige Wohlfahrtssenator der Polizei bereits im Juni 1946 erlauben musste, das Lager ständig zu kontrollieren, da Bewohnern Bandendiebstähle und Schwarzmarktgeschäfte vorgeworfen wurden. In diesem Monat wird auch berichtet, dass von den bisher 378 Jugendlichen, die das „Jugendwohnheim" durchlaufen hatten, 125 das Heim ohne Wissen der Heimleitung verlassen hatten, 31 Jugendliche wegen *„ungebührlichen Benehmens"* hatten entlassen und 70 Jugendliche in Gefängnisse oder FE-Heime hatten eingewiesen werden müssen. Einig ist man sich in den zeitgenössischen Berichten, dass man der Mischung aus ‚leichteren' und ‚schwierigen' Fällen nicht hatte gerecht werden können, sodass bereits im Frühjahr 1947 eine vorausgehende *„Selektion"* angeregt wird, in der die *„Gutwilligen, die nur aufgrund der Zeitumstände auf Abwege kamen, um sich vor dem Verhungern zu retten"*, von den *„arbeitsscheuen Elementen, die ihre Vergangenheit zu vertuschen suchen"*, zu trennen wären. Diese Aufgabe, hieß es, wäre von einem zu schaffenden Beobachtungsheim zu leisten. Das Heim selbst wurde Mitte 1948 – zu diesem Zeitpunkt waren bereits rund 1000 Jugendliche durch das Heim ‚gelaufen' – in drei Abteilungen aufgeteilt, je eine Jugendwohnheimabteilung für die 14- bis 18-jährigen und die über 18-jährigen Jugendlichen und ein Ledigenwohnheim für junge Erwachsene. Da sich das Heim auch dann noch für Zwecke der Jugendwohlfahrt als ungeeignet erwies, wurde es zum 01.10.1951 gänzlich aufgelöst.

---

[43] So die Umschreibung für NS-Zwangsarbeiter.

Einrichtungen für die „sittlich gefährdeten" Mädchen: Isenbergheim, Marthasheim und Mädchenheim „Haus Neuland"

Für die verwahrlosten, sittlich gefährdeten, aus dem traditionellen Kreis der Fürsorgeerziehung stammenden Mädchen stand bei Kriegsende – neben dem für die kurzfristige *„fluchtsichere Unterbringung von aufgegriffenen Mädchen und Frauen gedachten „Bahnhofsbunker"* – zunächst nur das Isenbergheim des Vereins für Innere Mission zur Verfügung. Aufgenommen wurden ausschließlich Mädchen zwischen 14 und 18 Jahren, überwiegend vorübergehend bis zur Verlegung in auswärtige Heime oder Vermittlung in Haushaltsstellen. Um der Flucht von Mädchen vor ihrem Abtransport vorzubeugen, wurden sechs der insgesamt rund 50 Plätze – in dem ohnehin halb geschlossenen Heim – für die *„fluchtsichere Unterbringung"* besonders ‚gefährdeter' Mädchen genutzt. Die Betreuung der jährlich rund 500 eingewiesenen Mädchen – *„meist streunende, von den Eltern z.b. auf Hamsterfahrt geschickte"* Mädchen – erfolgte durch zwei Schwestern des Bremer Diakonissenheims und eine Fürsorgerin. Seinen Charakter als Durchgangsheim behielt das Heim bis zur Eröffnung des Mädchenheims „Haus Neuland". Entlastung erfuhr das Isenbergheim Anfang 1946 durch die Belegung einer zunächst dem zerstörten Marthasheim als Ersatz zugewiesenen Baracke. Das Heim fungierte in den ersten Monaten seines Bestehens als Durchgangsheim für wandernde Mädchen mit der speziellen Aufgabe, die Mädchen auf ihre Eignung für die Vermittlung in Haushaltsstellen hin zu *„sichten"*. Später übernahm es, bis zu seiner Verlegung auf ein neues Gelände, darüber hinaus die Betreuung von Frauen und Mädchen ab 19 Jahren im Auftrag des neu errichteten Pflegeamtes.

Erst die Räumung der Baracke durch das Marthasheim ermöglichte es, die bereits im November 1945 von der Abteilung Gefährdetenfürsorge des Jugendamts erhobene Forderung nach Einrichtung eines städtischen *„Auffangs- und Sichtungsheims"* für „sittlich gefährdete Mädchen" zu erfüllen. Als Aufgabe wurde dem am 7. Juli 1948 eröffneten Heim zunächst die Betreuung von Mädchen aus der „Ostzone", die sich beim Flüchtlingsamt gemeldet hatten und deren Rückführung oder Indienstgabe zu organisieren war, zugewiesen. Als Gegenleistung für Unterbringung und Verpflegung hatten die Mädchen Schutt- und Aufräumarbeiten auf dem Gelände zu leisten, bei schlechtem Wetter für die Reinigung und Reparatur von Wäsche und Kleidung für die städtischen Kinderwohnheime zu sorgen. Bereits Ende 1948 verschob sich allerdings der Schwerpunkt auf die längerfristigere Unterbringung von Mädchen, die dem Heim als *„Bewahrungsfälle"* zugewiesen wurden, Mädchen zwischen 19 und 21 Jahren, die dem Heim *„aus der Zwangsbehandlung der Hautklinik oder aus dem Gefängnis zugewiesen wurden, die sich schon längere Zeit in Bremen aufhielten, aus der Ostzone stammten, hier in Arbeit vermittelt wurden, aber strauchelten, da sie allein nicht mit dem Leben fertig wurden"*. Da sich das Nebeneinander von *„leichteren und schweren Fällen"* nicht bewährte und man dieses Problem auch nach Neugliederung des Komplexes in ein Erziehungsheim für 18- bis 21-Jährige, ein Aufnahme- und Beobachtungsheim und ein Wohnheim für die inzwischen mündigen „Bewahrfälle" nicht in den Griff bekam, wird das Heim 1950 als Mädchen- und Frauenheim schließlich ganz aufgelöst, die noch im Heim lebenden Mädchen dem Isenbergheim ‚überstellt'.

Auffangheim Haus Neuland für Jungen

Nach seiner Auflösung als Mädchenheim wurde das „Haus Neuland" zunächst als Lehrlingsheim für die „besseren Jugendlichen" aus dem Halmer Weg sowie als Jugendwohnheim für *„junge stetige Arbeiter"* neu in Betrieb genommen. Wahrscheinlich 1952/53 wurde zusätzlich eine Abteilung „Auffangheim für männliche Jugendliche" eingerichtet, womit die Aufgabe, die drei Abteilungen *„in gegenseitiger Anerkennung zusammenzuhalten"*, zu einem neuen und schwierigen Thema für das Jugendamt wurde.

Im Auffangheim waren durchschnittlich 15 Jugendliche, die entweder aufgegriffen oder sich selbst meldend, für kürzere Zeit bis zur Entscheidung über ihren weiteren Verbleib sich dort aufzuhalten hatten, zu versorgen. Dabei gab es ein ständiges Kommen und Gehen. Im Pädagogischen Jahresbericht der Kinder- und Jugendheime für 1954 heißt es dazu: *„Die Jugendlichen werden aufgegriffen und nach wenigen Tagen entscheidet sich, ob sie wieder nach Hause zurück müssen oder wie sonst verfahren werden soll. Ausreißer, die ein geordnetes Zuhause haben, müssen zurück und die wenigsten Jugendlichen bleiben hier. Die pädagogische Betreuung ist daher zunächst eine betreuende Aufsicht. Erst später, wenn der Jugendliche hier bleibt und er inzwischen in Arbeit vermittelt ist, setzt eine stärkere pädagogische Betreuung ein. Der Jugendliche muß an Ordnung, Sauberkeit und Pünktlichkeit gewöhnt werden".*

Über die weitere Entwicklung des Heims konnte nichts in Erfahrung gebracht werden.

Ein neues Auffangheim für das Jugendamt: Lesmona

Seit Anfang der 60er Jahre wird wieder über einen *„Mangel an Plätzen für Minderjährige, die aus erzieherischen Gründen der Heimpflege bedürfen",* geklagt. *„Oft vergehen Wochen und Monate",* heißt es im Jahresbericht des Jugendamtes für das Jahr 1963, *„bis nach vielen Anfragen endlich ein notwendiger Heimplatz gefunden wird".* Zur Neugründung eines Auffangheims kam es – nach einer längeren Phase, in der die Funktion der vorübergehenden Unterbringung nicht oder nur nebenher in Heimen freier Träger wahrgenommen wurde – erst 1966 mit der Errichtung des Heims „Lesmona". Eingerichtet wurde das neue Heim für die *„sofortige und jederzeitige Aufnahme von bis zu*

30 Minderjährigen in Notfällen bis zur endgültigen Unterbringung". Auf diese Weise *„konnte eine Reihe von Heimen, die auf langfristige Erziehungsaufgaben eingestellt sind, von den sehr störenden Sofortaufnahmen befreit und für Notaufnahmen bereitgehaltene Heimplätze ihrer eigentlichen Zweckbestimmung zugeführt werden".* Hervorgehoben wird, dass das Heim bereits gleich nach der Eröffnung rege in Anspruch genommen wurde und ferner, dass es besonders wirtschaftlich errichtet werden konnte, *„da es als Behausung lediglich ein für den Pockenanfall bereitgehaltenes und praktisch meist leerstehendes Gebäude nutzt".* Beides – die unerwartet hohe Inanspruchnahme und das Provisorium der räumlichen Unterbringung – führte bereits 1968 zur Überlegung, die Kapazität durch einen Erweiterungsbau zu erhöhen und das Personal zu verstärken. 1970 wird von der Neuaufnahme von 279 Kindern und Jugendlichen in akuten Notsituationen bei einer Durchschnitts-Verweildauer von 17 Tagen berichtet. Probleme stellten sich ein, als sich herausstellte, dass eine Kapazitätserweiterung nicht möglich sein würde und damit auch eine sich als dysfunktional erwiesene Strukturentscheidung, nämlich die Aufnahme von Kindern und Jugendlichen beiderlei Geschlechts in der Altersspanne drei bis 21 Jahre, nicht korrigierbar wäre. Als unmöglich erwies es sich, die notwendige Differenzierung nach Altersgruppen und – bei den Jugendlichen – nächtens nach Geschlecht in dem Gebäude und angesichts des geringen Personalbestandes vorzunehmen. Auf diese Weise ließ sich die vorhandene Kapazität auch nicht annähernd nutzen. Da es auch zunehmend als unglücklich empfunden wurde, dass das Gebäude weiterhin *„im Pockenalarmfall dem Senator für Gesundheit und Umweltschutz als Krankenhaus"* zur Verfügung gestellt und *„laut Alarmplan innerhalb weniger Stunden geräumt werden (muss)",* wird bereits 1972 über eine Auflösung und Verlegung in eine geeignetere Einrichtung nachgedacht.

Im Jahresbericht des Jugendamtes von 1974 wird von einer Verschiebung der Altersstruktur im Klientel berichtet. *„In zunehmendem Maße",* heißt es, *„suchen Jugendliche von sich aus das Jugendamt auf. Dabei bildet die Altersgruppe der Vierzehn- bis Sechzehnjährigen einen Schwerpunkt; Schwierigkeiten im Elternhaus, in der Schule, in der Arbeit, mit Partnern, sowie Schwierigkeiten durch Alkohol und Drogen sind der häufigste Anlaß dazu. Die Zahl der Jugendlichen, die aus der elterlichen Wohnung ausziehen wollten, ist gestiegen. Diese Jugendlichen wollen wissen, welche Möglichkeiten sie haben und wie weit sie sich den Eltern fügen müssen. In den meisten Fällen läßt sich eine befriedigende Lösung nur dann finden, wenn sowohl mit dem Jugendlichen als auch mit den Eltern die Probleme angegangen werden."* Erstmalig wird in diesem Jahr auch die Verlegung des Heims in das Haus Neuland als mögliche Option genannt. Wie es zum ‚Aus' für das Aufnahmehaus kam, lässt sich den Berichten nicht entnehmen. Deutlich wird nur, dass es einerseits zu erheblichen Platzzahl-Reduzierungen kam – für Mai 1975 werden nur noch zwölf

Plätze angegeben, nachdem in den Vorjahren die Platzzahl bereits auf 25, dann 20, und schließlich 16 reduziert worden war –, andererseits der artikulierte Bedarf an Notaufnahmeplätzen jährlich stieg und schließlich mit 50 Plätzen für ein neues „Aufnahme- und Beobachtungsheim" angegeben wird.

Funktionelle Erweiterung: Das Aufnahme- und Beobachtungsheim Haus Neuland

Zum neuen Heim für Notaufnahmen wird nach Auflösung des noch bis zuletzt hier angesiedelten Jugendwohnheims erneut das Heim „Haus Neuland" ausgewählt. Es wurde 1976 in Betrieb genommen, wobei die Planungen für das neue Heim bereits 1975 aufgenommen worden waren. Das Heim solle, heißt es in der Rahmenkonzeption, künftig als „Aufnahme- und Beobachtungsheim" für Jungen und Mädchen zwischen vier und 17 Jahren fungieren und hierbei auch die *„Pflichtaufgabe, die das Jugendamt in Zusammenarbeit mit der Verwahrstelle der Polizei für Jungen und Mädchen aus Bremen und von außerhalb leistet"* übernehmen.

Als Aufnahmeheim werden dem Heim drei Funktionen zugewiesen: Es soll

(a) Kinder und Jugendliche beiderlei Geschlechts zwischen vier und 17 Jahren aufnehmen, für die eine vorübergehende Unterbringung für *„voraussichtlich kurzfristige Ersatzbedürfnisse für den Ausfall der Familie, z.B. Krankheit der Mutter"* notwendig wird, sofern nicht genügend ausgebildete Familienhelfer, Pfleger oder Kurzzeitpflegestellen zur Verfügung stehen.

(b) langfristige Unterbringungen *„bei versäumter rechtzeitiger Planung oder zahlreichen erfolglosen Versuchen, Kinder und Jugendliche in einem Heim unterzubringen"* vorbereiten.

(c) in Verlegungs- und Entweichungssituationen die Kinder und Jugendlichen in einer geschlossenen Gruppe aufnehmen.

Als Beobachtungsheim hat das Heim die Aufgabe, *„gründliche Anamnesen, psychosoziale und mehrdimensionale Diagnosen"*, ausschließlich für bremische Kinder und Jugendlichen, innerhalb eines zehn Wochen nicht überschreitenden Zeitraums zu erstellen, um Entscheidungen über die geeignete Nachfolgeeinrichtung zwischen Pflegestelle, psychoanalytisch oder verhaltenstherapeutisch orientiertem Heim zu stellen.

Die weiteren konzeptionellen Vorstellungen besagten:
- Für die Verwirklichung des Plans werden zwei bis drei Jahre veranschlagt.
- Es soll Beschäftigungs- und Beschulungsmöglichkeiten geben.
- Das Heim soll nicht nur für die direkt vom Jugendamt Überwiesenen zuständig sein, sondern allen Bremer Trägern für die Zuweisung von Kindern zur Beobachtung zur Verfügung stehen.

- Es soll höchstens Drei-Bettzimmer geben, für *„besonders reizbare und nervöse Kinder und Jugendliche"* auch Einzelzimmer.
- Im geschlossenen Trakt sollen alle Fenster unauffällig verschließbar sein und mit Sicherheitsglas versehen werden.
- Nicht aufgenommen werden drogen- und alkoholabhängige Jugendliche. Für sie ist ein Klinikaufenthalt und *„im Extrem"* der Jugendstrafvollzug vorzusehen.

Im zweiten Jahr seines Bestehens, 1977, hatte das Heim 457 Kinder und Jugendliche durchschnittlich 13 Tage lang versorgt. 1978 hatten 376 Kinder das Haus ‚durchlaufen'. Eine besondere Auswertung hatte erbracht, dass sich hinsichtlich der Dauer des Aufenthalts deutlich zwei verschiedene Gruppierungen abzeichneten: Zum einen 260 Bremer und Auswärtige mit durchschnittlich zwei Tagen Aufenthalt und 116 Bremer mit durchschnittlich 34 Tagen Aufenthalt. *„Von den letzteren mußten einige Jugendliche sogar mehrere Monate im Auffangheim versorgt werden, weil sich wegen einer besonderen erzieherischen Problematik nur sehr schwer Heimplätze finden ließen. In einigen Fällen ist von den Mitarbeitern in über 30 Heimen vergeblich um Aufnahme nachgesucht worden. Für das Auffangheim ‚Haus Neuland', das für so langfristig verbleibende Jugendliche nicht ausgestattet ist, ergaben sich mehrmals äußerst schwer zu bewältigende Situationen, zumal von den zwei Häusern des Heimes zur Zeit aus baulichen Gründen nur eines zur Verfügung steht und die notwendige räumliche Differenzierung bestimmter Jugendlicher so nicht vorgenommen werden kann."*

Die Situation eskalierte erstmals 1979, wie aus einem Bericht der „Bremer Nachrichten" mit dem Titel „Unter ‚Aufsicht' verwahrlost" vom 29.12.1979 hervorgeht. Das Haus stand zu diesem Zeitpunkt leer, kein Jugendlicher und keine Erzieher, auch nicht der Heimleiter, die sich allesamt – zehn an der Zahl – gleichzeitig krank gemeldet hatten, um ihrem Protest gegen unhaltbare Zustände Ausdruck zu geben. Unhaltbare Zustände: „Prügeleien", heißt es, seien an der Tagesordnung; *„alles was nicht niet- und nagelfest ist, werde zerschlagen"*; *„immer wieder komme es zu Brandstiftungen"*. Ferner: Obwohl als Diagnoseheim konzipiert, mussten die Pädagogen in der Praxis *„bislang froh sein, wenn sie ihre Jugendlichen davon abhalten konnten, sich gegenseitig krankenhausreif zu schlagen"*.

Auch die folgenden Jahre brachten für dieses Problem keine Lösung. 1980 kam es zu weiteren Eskalationen, zu denen auch Proteste und Solidaritätsadressen von MitarbeiterInnen aus anderen Heimen des kommunalen Trägers und der freien Träger beitrugen, die ihrerseits Anlass auch für Debatten in der Bürgerschaft wurden. Zum ‚Aus' für das Heim kam es nach längeren Phasen der Unterbelegung – auch weil die SozialarbeiterInnen der Bezirke die Belegung aus pädagogischen Gründen boykottierten und ihre ‚Zöglinge' lieber in

Pensionen oder Kurzpflegestellen unterbrachten als im Haus Neuland. Zur Begründung für die offizielle Schließung des Heims zum 1. August 1983 wurde dann auch die Unterbelegung des Heims angeführt. Dies wiederum begründend wurde darauf verwiesen, dass Jugendliche in Notsituationen zunehmend häufiger von Wohngemeinschaften aufgenommen würden, die Toleranz gegenüber jugendlichen ‚Ausreißern' in der Gesellschaft zugenommen habe und die soeben eingerichteten Übergangspflegestellen[44] bereits Wirkung zeigten.

Ausblick: Die weiteren Entwicklungen[45]

Die Erfahrungen aus der Geschichte hatten zumindest eines gelehrt: Eine undifferenzierte Zentralisierung der ‚schwierigen' Jugendlichen an einem Ort ‚funktionierte' nicht; sie sprengte die pädagogischen Möglichkeiten. Der Modernisierungsprozess verlief entsprechend über den Aufbau von dezentralen Strukturen für die Inobhutnahme von Kindern und Jugendlichen. Den Anfang machte man mit dem Aufbau von Übergangspflegestellen *„für Kinder und Jugendlichen in ungeklärten Lebenssituationen, die schnell und vorübergehend untergebracht werden müssen"* und für *„Eltern, die sich unerwartet schnell von der Erfüllung ihrer Erziehungsaufgaben lossagen, die Durchführung nicht mehr leisten können oder zur Aufgabe gedrängt werden"*. Gleichzeitig wurden *„drei Belegplätze"* für ‚schwierige männliche Jugendliche' in einem damals halbgeschlossenen Heim geschaffen und einem städtischen Heim – gegen dessen Willen – Notaufnahmeplätze für über zwölfjährige Mädchen ‚aufgedrückt' und von hier aus auch die Notunterbringung außerhalb der regulären Dienstzeiten inkl. polizeilicher Zuführungen koordiniert. Für die Kinder – deren Versorgung die Jahre vorher nicht wirklich gelöst war – übernahmen dies zwei Einrichtungen, von denen sich die eine zunehmend auf die Notunterbringungen kleiner Kinder spezialisierte. Mängel zeigten sich in der Versorgung älterer Mädchen, sodass die Übergangspflegestellen zunächst hauptsächlich mit ihnen belegt wurden. Dieses Problem konnte erst entschärft – wenn auch noch nicht gelöst – werden, als es am 1. April 1984 zu einem Kontrakt mit einem weiteren Kinderheim über drei Notaufnahmeplätze für drei jugendliche Mädchen sowie zur Eröffnung einer Wohngemeinschaft für Mädchen türkischer Herkunft mit zwei Notaufnahmeplätzen im Juli 1985 kam. ‚Besiegelt' wurde das neue System mit Schließung der Übergangslösung

---

[44] Übergangspflege ist der bremische Begriff für das, was andernorts zumeist Bereitschaftspflege genannt wird.

[45] Die jüngere Geschichte und die gegenwärtigen Strukturprobleme sind nicht mehr Gegenstand dieses historisch orientierten Aufsatzes. Beides ist ausführlich im Untersuchungsbericht der GISS e.V., Blandow, J./Erzberger, Chr. (5/2008): Evaluation der Inobhutnahmen gem. § 42 SGB VIII, gem. § 34 SGB VIII im Rahmen von befristeten Übergangsplätzen und gem. § 33 SGB VIII als Übergangspflege der Stadtgemeinde Bremen, dargestellt. (download unter www.giss-eV.de/pdf/ Endbericht%20Inobhutnahme.pdf).

auf dem Gelände des städtischen Heims zum Juli 1985 und der Etablierung einer zentralen Vergabestelle zum 1. Oktober 1985 für die nunmehr insgesamt 27 Belegstellen (darunter die sechs Plätze in Übergangspflegestellen).

1984 wurde das gesamte Notaufnahmeverfahren für Bremen in einer in den Grundzügen bis in die Gegenwart hinein noch gültigen Weise auch formell neu geordnet. Die Übergangspflegestellen wurden als Alternative für die stationären Unterbringungen ausgebaut und in den Folgejahren dann auch weitere dezentrale Plätze bei freien Trägern geschaffen. Eine neue Belastung kam auf das Notaufnahmesystem mit dem – nicht nur für Bremen neuen – forcierten Zuzug von unbegleiteten minderjährigen Flüchtlingen seit 1989 zu. Es absorbierte, zumal die bestehenden Notaufnahmeeinrichtungen zunächst einen Beitrag zur Lösung zu leisten hatten, bis in die frühen 90er Jahre hinein diverse Kräfte. Kaum war die mit der ‚Asylfrage' verbundene, auch allgemein- und parteipolitische Aufregung verebbt, sorgte die sich im November 1989 konkretisierende Planung eines Mädchenhauses und einer mit ihm verbundenen Zufluchtsstätte für Mädchen mit Gewalterfahrungen als Teil eines umfassenderen Beratungs- und Hilfsangebots für Mädchen für weitere Aufregung. Gründungsmitglieder des neuen Vereins waren Frauen aus schon bestehenden Angeboten für Mädchen; unterstützt wurde die Initiative durch die Gleichstellungsstelle für die Verwirklichung der Gleichberechtigung für Mädchen und Frauen. Wiewohl auch die Verwaltung der Idee nicht negativ gegenüberstand und die Planungen mit zwei ABM-Stellen unterstützte, zögerte sich die Realisierung – kritisch kommentiert in diversen publikumswirksamen Aktionen der Mädcheninitiativen und der Fraktion der GRÜNEN in der Bürgerschaft – bis Februar 1992 heraus.

Die Diskussionsstränge im kommenden Jahrzehnt konzentrierten sich – bei insgesamt einhelliger Meinung, man habe jetzt endlich eine tragfähige Lösung gefunden – auf Kooperationsprobleme zwischen dem Jugendamt und Einrichtungen bzw. Übergangspflegefamilien, auf Unzufriedenheiten einzelner Einrichtungen wegen Unterbelegung und insbesondere auf Klagen des ‚Amtes' über zu lange Belegzeiten und ‚besorgniserregende' Fallzahlen. Neue Bedarfe wurden in den Jahren 1996 und 1999 diskutiert. Für die Einrichtungen überraschend wurde 1996 durch das Amt ein Bedarf für Notaufnahmeplätze für drogenabhängige Jugendliche festgestellt und mit der Einrichtung von zwei ‚Spezialplätzen' in einem Jugendheim realisiert, 1999 ging es um „Straßenkinder" und womöglich um die Errichtung eines niedrigschwelligen Angebots für sie. Eine hierzu in Auftrag gegebene Studie[46] erbrachte dann aber, dass es in Bremen keine – Handlungsbedarf begründende – Straßen- bzw. Bahnhofsszene gibt.

---

[46] Busch-Geertsma, V. (1999): „Auf der Straße. Kinder und Jugendliche mit Lebensmittelpunkt in öffentlichen Szenen Bremens. Bremen.

Die jüngeren und jüngsten Entwicklungen waren zunächst von einer Unterbelegungskrise der Einrichtungen und Übergangspflegestellen geprägt – in deren Folge eine zeitweise Schließung des Mädchenhauses erfolgte, dann als Folge des Todes des Kindes „Kevin" von einer Überbelegungskrise, verbunden mit der Schaffung weiterer Notaufnahmeplätze. In diesem Rahmen wurde schließlich einer alten Forderung der Einrichtungen nach einem Finanzausgleich je nach Belegungssituation nachgegeben.

Insgesamt ist festzustellen: Nach den jahrzehntelangen Erfahrungen mit zentralen Notaufnahmeeinrichtungen hat Bremen einen gangbaren Weg mit einer dezentralen, auf Einrichtungen und Familien zugeschnittenen Form gefunden. Das Dilemma der Unplanbarkeit von gesellschaftlichen Entwicklungen und deren Folgen für konjunkturell schwankende Inobhutnahmezahlen hat sich darüber nicht lösen lassen und auch der Weg um die „richtige" pädagogische Konzeption für den Umgang mit einem Klientel, das sich zunehmend ausdifferenziert und Einrichtungen und Übergangspflegefamilie manchmal an die Grenze des Erträglichen bringt, ist ein virulentes Problem geblieben. Schließlich: Von den Anfängen bis in die Gegenwart begleiten das Notaufnahmesystem Klagen über zu hohe Kosten und zu lange Verweildauern und die Schwierigkeit, eine den Kindern und Jugendlichen angemessene Anschlusshilfe in einem zeitlich erträglichen Rahmen zu finden. Um Lösungen muss immer wieder neu gerungen werden. Sich dabei der historischen Erfahrungen zu vergewissern, ist anzuraten.

Danke für das Aushalten ...

N. war zwischen ihrem 14. und 16. Lebensjahr diverse Male von der Polizei in die Inobhutnahmestelle gebracht worden. Ihre Mutter lebte in einem anderen Bundesland, soll Alkoholikerin gewesen sein und wollte mit N. nichts mehr zu tun haben. Aus diversen Jugendhilfeeinrichtungen ist sie „rausgeflogen" bzw. selbst abgehauen. In der Kinder- und Jugendpsychiatrie war sie wegen Suchtmittelmissbrauch (Cannabis und Alkohol). Dort wurde u.a. eine Borderline-Erkrankung festgestellt. Eine Therapie verweigerte sie. Sie hielt es immer nur einige Nächte aus und war nicht bereit, sich auch nur an die wenigsten Regeln zu halten, mischte immer die Gruppe auf, indem sie alle Erwachsenen sowie das Jugendhilfesystem in Frage stellte. Den Jungen bot sie Sex gegen Zigaretten oder Geld an. Mit anderen Mädchen „verbrüderte" sie sich gegen die BetreuerInnen. Wenn sie die Inobhutnahme, meistens durchs Fenster, wieder verließ, nahm sie in der Regel noch jemanden zur Verstärkung mit. Viele KollegInnen waren nicht böse darüber, dass N. immer nur Kurzgastspiele gab. Das zuständige Jugendamt sah keine Unterbringungsmöglichkeiten mehr, außer immer wieder N. die Inobhutnahme anzubieten, damit dort geschaut werden könne, welches Setting noch von ihr angenommen werden könne und mit N. an einer Therapie-Bereitschaft zu arbeiten.

Letztes Jahr, inzwischen 19 Jahre alt, ließ sie mich grüßen und fragen, wann ich denn mal Dienst hätte. Ich war zunächst sehr verwundert, weil wir einige Male aneinander geraten waren. Als wir uns trafen, bedankte N. sich bei allen, „die mich damals ausgehalten haben und mich genervt haben, ich soll mein Leben in den Griff kriegen. Eigentlich hattet ihr Recht, auch ich konnte es schaffen, was auf die Reihe zu kriegen." N. hatte sich in einer anderen Stadt in Obhut nehmen lassen, wurde von dort in eigenem Wohnraum untergebracht und ambulant betreut. Nach mehreren Anläufen konnte sie eine ambulante Therapie durchhalten, inzwischen lebt sie wieder in unserer Stadt mit ihrem Freund zusammen, hat eine Friseurlehre begonnen und wird noch auf eigenen Wunsch ambulant betreut. „Weil ich noch nicht ganz stabil bin."

Vielfalt der Organisation von Inobhutnahme

Andreas Neumann-Witt

Jeder kommunale Jugendhilfeträger muss einen Bereitschaftsdienst des Jugendamtes vorhalten, sodass über eine Inobhutnahme gemäß § 42 SGB VIII zu jeder Tages- und Nachtzeit entschieden werden kann.

Für die Form des Bereitschaftsdienstes des Jugendamts, die damit verbundene Erreichbarkeit für Hilfesuchende und für die ggf. notwendige Unterbringung gibt es bundesweit die unterschiedlichsten Organisations- und Finanzierungsmodelle.

Im Rahmen der Fachtagungen des Arbeitskreises Inobhutnahme der Internationalen Gesellschaft für erzieherische Hilfen (IGfH) treffen sich alljährlich Inobhutnahme-Einrichtungen der verschiedensten Organisationsstrukturen. Dabei wird deutlich, dass die einzelnen Regionen unterschiedliche Maßstäbe bei der Umsetzung der gesetzlich geforderten Bereitschaftsfunktion zu Grunde legen, obwohl es sich um ein Bundesgesetz handelt. Die jeweils gewählte Organisationsform hängt von vielen Faktoren ab: Bevölkerungsstruktur, Größe des Einzugsgebietes, finanzielle Möglichkeiten des kommunalen Trägers, vorhandene Jugendhilfestrukturen u.a.m. Es gibt keine bundeseinheitliche Erhebung über vorhandene Strukturen oder Organisationsformen von Einrichtungen oder Systemen, die in Obhut nehmen bzw. in Obhut genommene Minderjährige weiter betreuen (siehe hierzu die veröffentlichte Studie von Maud Zitelmann). Im Folgenden beschreibe ich unterschiedliche Modelle der Inobhutnahme, die auf dem Erfahrungswissen des Arbeitskreises Inobhutnahme der IGfH beruhen.

Kontaktaufnahme

Kinder und Jugendliche in akuten Not- und Krisensituationen haben zu jedem Zeitpunkt einen Rechtsanspruch auf Schutz und Unterstützung durch die Jugendbehörden (Münder u.a., FK-SGB VIII, § 42 Rz 28).

Von Montag bis Freitag wird dieser Rechtsanspruch tagsüber durch die örtlichen Jugendämter gewährleistet. Kinder und Jugendliche können sich an die Jugendämter wenden und diese um Hilfe bitten. Außerdem haben Personen, die sich Sorgen machen um Kinder von Nachbarn, Freunden oder Verwandten die Möglichkeit, das Jugendamt durch eine Kinderschutzmeldung zum Handeln zu bringen.

Abends, nachts, an Wochenenden und Feiertagen müssen andere Organisationsformen gefunden werden, um den gesetzlichen Anspruch auf Inobhutnahme zu gewährleisten.

Hilfesuchende können entweder direkt oder indirekt, d.h. auf dem Umweg über andere Institutionen oder Einrichtungen, Kontakt zu Inobhutnahme-Einrichtungen oder Bereitschaftsdiensten der Jugendämter aufnehmen.

In Regionen, in denen Kinder und Jugendliche direkten Kontakt zu einer Stelle mit sozialpädagogischem Fachpersonal aufnehmen können, ist eine Telefonnummer oder die Adresse einer Inobhutnahme-Einrichtung veröffentlicht. In der Regel erfolgt die Information der Öffentlichkeit über regionale Presse (Rubrik Notfalladressen o.Ä.), über Plakate oder sonstiges Informationsmaterial.

Wird ein Kind dorthin gebracht oder meldet sich ein Jugendlicher selbst in der Einrichtung, wird von dort der Bereitschaftsdienst des Jugendamts aktiviert. Dieser macht sich umgehend ein Bild der Situation, entscheidet über die weiteren Maßnahmen und informiert die Personensorgeberechtigten.

In anderen Regionen ist manchmal nur ein indirekter Zugang möglich: Dort muss sich ein Kind oder Jugendlicher über die Polizei, die Feuerwehr oder auch den Pförtner des Rathauses durchfragen, um den Wunsch nach Inobhutnahme erklären zu können. Von dort wiederum wird der/die Sozialarbeiter/in im Bereitschaftsdienst des Jugendamts informiert, welche/r dann die weiteren Schritte festlegt. Dieser Weg stellt eine hohe Schwelle für einige Hilfesuchende dar, insbesondere, wenn er über die Polizei läuft. Es kann leicht dazu kommen, dass die Polizei ihrem Auftrag gemäß eine Ermittlung gegen die Eltern oder andere Familienangehörige einleitet, sofern Anzeichen für eine mögliche Straftat vorliegen. Eine vertrauensvolle Zusammenarbeit mit den Eltern kann dadurch erheblich erschwert werden. Außerdem können gerade ältere Kinder und Jugendliche in erhebliche Loyalitätskonflikte geraten. „Angesichts der Krise müssen diese Hilfen niedrigschwellig organisiert, schnell und unbürokratisch erreichbar" (Trenczek 2008: 27) sein. Indirekte Zugangswege laufen dieser Absicht des Gesetzgebers zuwider.

Gerade Inobhutnahme-Einrichtungen freier Träger wird seitens des beauftragenden Jugendamts häufig untersagt, die Einrichtung bzw. die Anlaufstellen über Öffentlichkeitsarbeit an Schulen, Kindertagesstätten oder Jugendfreizeiteinrichtungen bekannt zu machen. Ihnen wird unterstellt, den Bedarf nach Inobhutnahme durch die öffentliche Bekanntmachung erst zu wecken.

Trotz der jahrelangen Erfahrungen mit dem Rechtsanspruch von Minderjährigen auf Inobhutnahme hält sich hartnäckig der Verdacht, insbesondere Jugendliche könnten, wenn sie über ihren Rechtsanspruch auf Inobhutnahme informiert sind, sich massenweise an die Jugendämter oder Inobhutnahme-Einrichtungen wenden, um von zuhause wegzukommen bzw. sich über diesen Weg mit größtmöglicher Unterstützung zu verselbstständigen. Dieser Verdacht kann aus der Praxis heraus nicht bestätigt werden. Als Analogie könnte man natürlich auch die Polizei bemühen und sich fragen: Wenn die Telefonnummer der Polizei nicht veröffentlicht würde, sinkt sicherlich die Anzahl der Strafanzeigen, aber sinkt auch die Zahl der Straftaten? Welchen Wert hat Kinderschutz, von dem niemand weiß?

Organisation der Inobhutnahme gemäß § 42 SGB VIII

Alljährlich bietet die Internationale Gesellschaft für erzieherische Hilfen (IGfH) unter der Moderation des Arbeitskreises Inobhutnahme eine Fachtagung für rund 20 verschiedene Inobhutnahme-Einrichtungen aus dem gesamten Bundesgebiet an. Diese Einrichtungen repräsentieren vielfältige Modelle, wie Städte, Gemeinden und Landkreise diese gesetzliche Pflichtaufgabe organisieren.

Nach den Erfahrungen des Arbeitskreises Inobhutnahme gibt es jedoch keine eindeutigen regionalen Prioritäten für bestimmte Modelle. So existieren auch innerhalb der jeweiligen Bundesländer (mit Ausnahme von Bremen, Hamburg und Berlin) keine einheitlichen oder favorisierten Modelle. Vielmehr organisieren sich die regionalen Modelle nach dem jeweiligen vermuteten Bedarf und den vorhandenen Jugendhilfeträgern.

Im Wesentlichen existieren in Deutschland die folgenden Modelle zur Krisenunterbringung im Rahmen einer Inobhutnahme gemäß § 42 SGB VIII:

- Inobhutnahme-Einrichtungen freier Träger
- Notdienste der Öffentlichen Jugendhilfe[47]
- Inobhutnahme-Plätze angegliedert an Gruppen stationärer Jugendhilfe
- Bereitschaftspflege

Die im Folgenden kurz umrissenen Organisationsmodelle sind eher archetypisch. In der Praxis gibt es viele Mischformen, die sich aus jahrelanger Erfahrung der beauftragten Jugendhilfeeinrichtungen und der beauftragenden Jugendämter entwickelt haben.

Inobhutnahme-Einrichtungen freier Träger der Jugendhilfe

Diese Einrichtungen sind auf den speziellen Bedarf von Inobhutnahmen ausgerichtet, für den Umgang mit Kindern und Jugendlichen in akuten Not- und Krisensituationen. Tag und Nacht können sie nach der Inobhutnahme-Entscheidung des Jugendamts Minderjährige aufnehmen, wobei sie keine oder nur wenige Auswahlkriterien an die aufzunehmenden Kinder und Jugendlichen stellen können (siehe hierzu weiter unten zum Thema Zielgruppen).

Die Unterbringung erfolgt in Wohngruppen mit einer Betreuung rund um die Uhr. Die Platzzahl trägt eher den wirtschaftlichen Aspekten Rechnung als dem pädagogisch notwendigen Bedarf. Von der fachlich-inhaltlichen Seite betrachtet wäre sicherlich eine möglichst kleine, überschaubare Gruppengröße sinnvoll.

Bei den in Obhut genommenen Minderjährigen handelt es sich zum größten Teil um Kinder und Jugendliche in akuten Krisen, zumindest aber in Ausnah-

---

[47] Die Bezeichnungen Notdienste und Krisendienste sind weder festgelegte noch geschützte Begriffe, Inobhutnahme-Einrichtungen werden in öffentlicher Trägerschaft häufig als „Notdienste" bezeichnet, um den Charakter als Bereitschaftsdienst des Jugendamts zu unterstreichen.

mesituationen, die einen hohen Betreuungs- und Stabilisierungsbedarf haben. Es ist außerdem nicht vorhersehbar, in welchem Zustand Kinder und Jugendliche kommen. Das Ausmaß einer möglichen Traumatisierung stellt sich oft erst nach Stunden oder Tagen heraus.

Durch die aufgabenbedingte Aufnahmeverpflichtung kann eine Inobhutnahme-Einrichtung keinen Einfluss auf die aktuelle Gruppenzusammensetzung nehmen. Der permanente Wechsel der Betreuten stellt zudem besondere Anforderungen an das Personal. Das Ziel der „pädagogischen Einwirkung" tritt hinter der Notwendigkeit zurück, die aktuelle Situation einer sich dauernd verändernden Gruppe zu lenken. Ein hohes Maß an Flexibilität und Belastbarkeit ist ebenso gefordert wie die Bereitschaft, sich auf ständige Erstkontakte einzulassen, die im pädagogischen Alltag einen hohen Arbeitsaufwand erfordern.

Nicht zuletzt muss bei den Betreuerinnen und Betreuern die Bereitschaft vorhanden sein, sich auch immer wieder mit den Kindern und Jugendlichen zu beschäftigen, die zwischen den Einrichtungen der Jugendhilfe (oder zwischen Jugendhilfe und Kinder- und Jugendpsychiatrie) hin- und herwandern oder hin- und hergeschoben werden.

Für Kinder und Jugendliche, die starke Verhaltensauffälligkeiten zeigen, werden oft erst nach Wochen adäquate Plätze zur Fremdplatzierung gefunden. So bleiben sie häufig sehr lange in den Kriseneinrichtungen, was sich als höchst problematisch erweist. Gerade diese Kinder und Jugendlichen, die Kontinuität im Alltag und stabile pädagogische Rahmenbedingungen brauchen, bleiben zu lange in Einrichtungen, in denen die Gruppenzusammensetzung stark fluktuiert.

Notdienste der Öffentlichen Jugendhilfe

Von den Inobhutnahme-Einrichtungen freier Träger unterscheiden sich die Notdienste der Öffentlichen Jugendhilfe im Wesentlichen dadurch, dass sie als Bereitschaftsdienst des Jugendamts zur direkten Aufnahmeentscheidung befugt sind. Die Notdienste der Öffentlichen Jugendhilfe müssen damit auch weitere Funktionen des Jugendamts wahrnehmen, die den Kinderschutz in akuten Not- und Krisensituationen bei Nichterreichbarkeit des örtlichen Jugendamts betreffen. Das bedeutet unter anderem, dass die Notdienste bei Hinweisen auf eine akute Kindeswohlgefährdung Hausbesuche anstelle des Jugendamts durchführen und ggf. vor Ort Entscheidungen über Inobhutnahmen oder Herausnahmen treffen müssen.

Diese Aufgabenstellung setzt eine andere personelle Ausstattung voraus: Erstens muss die personelle Ausstattung einen Einsatz außerhalb der Einrichtung möglich machen; gleichzeitig muss jedoch die Erreichbarkeit des Notdienstes und damit der Schutzanspruch von anderen Hilfesuchenden in akuten Not- und Krisensituationen gewährleistet sein. Drittens ist die gleichzeitige Aufrechterhaltung der Aufsichtspflicht gegenüber den bereits in Obhut genommenen Kindern und Jugendlichen nicht zu vergessen.

Der Anteil von Notdiensten/Inobhutnahme-Einrichtungen in öffentlicher Trägerschaft ist bundesweit sehr viel geringer als der in freier Trägerschaft[48]. Eine Ursache hierfür liegt im Bereich der Personalpolitik. Der Öffentliche Dienst versucht bundesweit, seine Personaldecke konsequent zu verringern. Außerdem haben die meisten Jugendämter Leitbilder entwickelt, die einem der „Grundgedanken" des SGB VIII Rechnung tragen: Operative Aufgaben sind so weit wie möglich an anerkannte freie Träger der Jugendhilfe zu delegieren. In der Hand der Öffentlichen Jugendhilfe verbleiben ausschließlich die hoheitlichen – nicht delegierbaren – Aufgaben. Im Falle der Inobhutnahme gemäß § 42 SGB VIII ist das Jugendamt verpflichtet, über irgendeine Form des Bereitschaftsdienstes erreichbar zu sein, damit jederzeit eine Inobhutnahme-Entscheidung getroffen werden kann. Weiterhin muss das Jugendamt dafür sorgen, dass ausreichend Inobhutnahme-Plätze vorhanden sind, wo die betroffenen Kinder und Jugendlichen kurzfristig aufgenommen und adäquat betreut werden können.

Berlin hat mit seinem Notdienst-System („Berliner Notdienst Kinderschutz") und einem Netz von Kriseneinrichtungen freier Träger eine Kombination aus beiden Modellen gewählt. Kindernotdienst und Jugendnotdienst befinden sich in der Trägerschaft eines Jugendamts (Jugendamt Friedrichshain-Kreuzberg stellvertretend für alle zwölf Bezirksjugendämter Berlins). Sie entscheiden als Jugendamtsdienststellen außerhalb der Erreichbarkeit der zuständigen Jugendämter der Stadtbezirke über die Durchführung der Inobhutnahmen.

Im Bereich der Jugendlichen erfolgt die sich ggf. anschließende Krisenunterbringung dann regelhaft in speziellen Einrichtungen freier Träger. Es gibt aktuell in Berlin insgesamt 15 Einrichtungen, die rund um die Uhr Jugendliche aufnehmen und weiter betreuen, die von den Jugendämtern oder den beiden zentralen Notdiensten in Obhut genommen wurden.

Dort werden die Jugendlichen weiterhin betreut. Die weitere Perspektiventwicklung erfolgt unter der Federführung des zuständigen Jugendamts. Da es in Berlin zu wenige Bereitschaftspflegestellen gibt, verbleiben Kinder – insbesondere Kleinkinder – die ersten Tage der Inobhutnahme meistens im Kindernotdienst.

Dieses Netzwerksystem zur Inobhutnahme hat sich dennoch fachlich bewährt. Dadurch kann das Gesamtversorgungssystem sehr gut die eigenen Ressourcen nutzen und durch enge Kooperation und Synergieeffekte die im Bereich der Kriseninterventionen immanente ungleichmäßige Inanspruchnahme sinnvoll und pragmatisch ausgleichen.

Diese Kombination aus unterschiedlichen Diensten und Einrichtungen (inklusive spezialisierter Krisencinrichtungen) ist jedoch nur in urbanen Strukturen mit großem Einzugsgebiet finanzierbar und praktikabel.

---

[48] Siehe hierzu die veröffentlichte Studie von Maud Zitelmann. Sie ermittelte einen Anteil von ca. 25 % Inobhutnahme-Einrichtungen in öffentlicher Trägerschaft.

Inobhutnahme-Plätze angegliedert an Gruppen stationärer Jugendhilfe
Eine häufige Organisationsform für Inobhutnahme stellt die Anbindung einzelner oder mehrerer Inobhutnahme-Plätze an „Regelwohngruppen" der stationären Jugendhilfe dar. Dort kann das Jugendamt zu jedem Zeitpunkt Kinder und Jugendliche im Rahmen einer Inobhutnahme unterbringen.

Ein entscheidender Vorteil dieser Organisationsform ist allerdings, dass dann die Kumulation bestimmter Problemlagen weniger stark ausgeprägt sein kann als bei „reinen" Inobhutnahme-Einrichtungen. Ausgehend von der These, dass insbesondere bei Jugendlichen die Einflussfaktoren einer Gleichaltrigengruppe einen sehr hohen Stellenwert haben, kann durch eine stabile Gruppe von Bewohnerinnen und Bewohnern die Stabilisierung eines Jugendlichen in der Krise entscheidend erleichtert werden.

In der umgekehrten Richtung der Beeinflussung kann es jedoch auch zu massiven Beeinträchtigungen in der Gruppendynamik der bestehenden Wohngruppe kommen. Es können sich schnell Konkurrenz- oder Verunsicherungssituationen bei den anderen Kindern und Jugendlichen ergeben, wenn sich die Zusammensetzung häufiger verändert oder wenn Kinder und Jugendliche mit starken Verhaltensauffälligkeiten aufgenommen werden. Auch hier zeigt sich eine der Grundschwierigkeiten der Inobhutnahme-Aufgabe: Eine Auswahl der aufzunehmenden Kinder und Jugendlichen ist in der Regel nicht möglich.

Bereitschaftspflege
In den meisten Bundesländern gibt es in den Ausführungsgesetzen oder Verordnungen die Empfehlung, Kinder bis zu einem Alter von sechs Jahren während der Inobhutnahme in Pflegefamilien unterzubringen. Dadurch soll den betroffenen Kindern ein schneller Wechsel der Bezugspersonen erspart bleiben, welcher organisatorisch durch den Schichtdiensteinsatz der Betreuerinnen und Betreuer in stationären Einrichtungen unvermeidlich ist. So bekommen die in Pflegefamilien untergebrachten Kinder auch die größtmögliche Aufmerksamkeit.

Insbesondere an dieser Stelle werden Unterschiede in der Versorgungsstruktur zwischen ländlichen und städtischen Strukturen deutlich. Während in Landkreisen mit einem hohen Eigenheimanteil die Organisation von derartigen Versorgungsnetzen mit Pflegefamilien oder Pflegepersonen leichter möglich ist, stoßen große Städte an dieser Stelle an ihre Grenzen. In Berlin gibt es beispielsweise besonders in den Innenstadtbezirken einen gravierenden Mangel an Bereitschafts- oder Kurzzeitpflegestellen. Ein Faktor dürften die hohen Mietkosten und der dadurch bedingte fehlende Platz in der Wohnung sein. Sicherlich kommt noch eine Vielzahl anderer Faktoren hinzu, wie Auswirkungen stärkerer Anonymität in den Städten und Ähnliches.

Große Unterschiede zeigen sich auch in Form und Höhe der Bezahlung ebenso wie im fachlichen Betreuungsrahmen der Familien. In manchen Landkreisen und Städten werden Bereitschaftsgelder bezahlt, in anderen wird nur die erfolgte Belegung vergütet, unabhängig vom geleisteten Aufwand der permanenten Aufnahmebereitschaft.

In der fachlichen Begleitung der Pflegestellen ist es ähnlich: Die Unterschiede reichen von einer einmaligen Einführung bis hin zu kontinuierlicher Supervision und fachlicher Fortbildung. Vielleicht ist das auch ein nicht unbeträchtlicher Faktor bei der Frage nach Gründen für eine quantitativ schlechtere Versorgung mit Kurz- und Bereitschaftspflegestellen.

In einzelnen Kommunen wird jedoch – unabhängig vom Alter der unterzubringenden Kinder und Jugendlichen – die Pflegefamilie als einzige Unterbringungsform der Inobhutnahme angeboten.

Die unbestreitbaren Vorteile einer familienanalogen Unterbringung können sich jedoch bei älteren Kindern und Jugendlichen zum Nachteil entwickeln. Insbesondere kompliziert agierende oder drogengebrauchende Jugendliche können (Pflege-)Familien schnell an den Rand der Leistungsfähigkeit bringen. Doch auch andere Kinder und Jugendliche können in Loyalitätskonflikte gegenüber ihren Herkunftsfamilien geraten und alles tun, dass die „neue Familie" nicht besser funktioniert als die Herkunftsfamilie.

Zielgruppen

Der gesetzliche Anspruch auf Inobhutnahme besteht für alle Kinder und Jugendlichen, unabhängig davon, welcher besonderen Zielgruppe sie angehören. Nicht immer ist es fachlich sinnvoll, Kinder und Jugendliche mit unterschiedlichen Problemlagen in denselben Einrichtungen unterzubringen. Deshalb lassen sich bundesweit unterschiedliche Zielgruppenspezifizierungen feststellen:

- Altersspezifische Trennung (Kinder – Jugendliche)
- Geschlechtsspezifische Trennung (Mädchen und Jungen)
- Spezialisierung auf bestimmte Zielgruppen:
  - Mädcheneinrichtungen
  - Inobhutnahme-Einrichtungen für alleinreisende minderjährige Flüchtlinge
  - Spezialdienste
- Niedrigschwellige Notschlafstellen

Altersspezifische Trennung

Dass sich Kinder und Jugendliche im Hinblick auf ihre alltäglichen Bedürfnisse unterscheiden, liegt auf der Hand. Durch den unterschiedlichen Entwicklungsstand ist beispielsweise eine unterschiedlich enge Betreuungsdichte notwendig.

Es entstehen so unterschiedliche Ausstattungsnotwendigkeiten für die Betreuung der jeweiligen Altersgruppe. Anders als in „festen" familienanalogen Unterbringungsgruppen können die Betreuerinnen und Betreuer von Inobhutnahme-Einrichtungen nicht mit Gruppen bekannter Kinder und Jugendlicher arbeiten. Sie sehen sich vielmehr der Notwendigkeit gegenüber, sich in ständig wechselnden Gruppendynamiken andauernd neu orientieren zu müssen.

Obwohl diese Problematik bei allen Inobhutnahme-Einrichtungen ständig präsent ist, können sich die angesprochenen Dynamiken durch eine wechselnde Alterszusammensetzung noch dramatischer verändern. Wer in einer stationären Jugendhilfeeinrichtung schon mal die Aufgabe hatte, gleichzeitig die Bedürfnisse einer Gruppe 14-jähriger pubertierender Mädchen und drei 4-jähriger Kinder parallel zu bedienen bzw. damit umzugehen, wird sich vorstellen können, welchen fachlichen „Spagat" die Betreuerin oder der Betreuer aufführen muss, wenn sich zudem die Gruppenzusammensetzung permanent verändert.

Allgemein wird davon ausgegangen, dass eine altersspezifische Trennung insbesondere dem Schutz der (Klein-)Kinder dient. Es sollte jedoch auch berücksichtigt werden, dass der Bedarf der Kleineren, z.B. beim Punkt der Beaufsichtigung, Beschäftigung oder Verpflegung, zeitintensiver und zeitnäher erfolgen muss als bei den älteren Kindern oder Jugendlichen. Dadurch müssen die Bedürfnisse der Älteren vor denen der Jüngeren zurücktreten. Dieses Prinzip existiert natürlich auch in jeder Familie. Allerdings sind die Älteren in Inobhutnahme-Einrichtungen ebenfalls Kinder und Jugendliche, die sich in akuten Not- und Krisensituationen befinden und deshalb Stabilisierung brauchen.

Eine altersspezifische Trennung der in Obhut genommenen Kinder und Jugendlichen darf aber keinesfalls zur Trennung von Geschwisterreihen führen. Geschwister, bei denen gerade diese Trennung fachlich notwendig oder zum Schutz der anderen Kinder auch geboten ist, kommen in der Praxis zwar vor, sind jedoch eher besondere Einzelfälle.

Ich möchte an dieser Stelle auf den Artikel von Jens Pothmann hinweisen. Die veröffentlichten Zahlen von *destatis* zeigen eine deutliche Zunahme bei den Inobhutnahmen in der Altersgruppe der Kinder unter drei bzw. unter sechs Jahren.

Geschlechtsspezifische Trennung

Insbesondere für Mädchen, die Opfer männlicher Gewalt geworden sind, kann es unbedingt notwendig sein, dass eine Krisenunterbringung in besonderen, geschützten Einrichtungen stattfindet, zu denen Männer und Jungen keinen Zutritt haben. Viele Bundesländer haben Ausführungsgesetze zum SGB VIII, in denen die Bereitstellung geschlechtsspezifischer Einrichtungen ausdrücklich erwähnt ist (z.B. § 16 Abs. 2 AG KJHG Berlin).

In der Regel findet eine solche geschlechtsspezifische Trennung der Unterbringung erst ab dem 12. oder 14. Lebensjahr statt.

Eine ausführliche Betrachtung der unterschiedlichen geschlechtsspezifischen Inanspruchnahme der Inobhutnahme erfolgt in Kapitel „Mädchen und Jungen in Obhut. Vorläufige Schutznahmen in geschlechtsspezifischer Perspektive" von Jürgen Blandow.

Spezialisierte Kriseneinrichtungen

Die Krisen und Krisenverläufe sind so individuell wie die Menschen und Familien, die sie betreffen. Inobhutnahme-Einrichtungen können nicht auf alles vorbereitet sein. Wie oben erwähnt, können Mädchen oder Jungen, die körperlich oder sexuell misshandelt wurden, einen speziellen Rahmen benötigen, um die aktuelle Krisensituation aufarbeiten zu können.

Dabei geht es noch nicht um die therapeutische Aufarbeitung der erlittenen Traumata, sondern um Stabilisierung in einer Krisensituation neben dem gegebenenfalls notwendigen Schutz vor den Täterinnen und Tätern. Hier zeigt sich der hohe fachliche Anspruch, der an Inobhutnahme-Einrichtungen gestellt wird. Es gilt, völlig unterschiedliche Bedürfnisse von Kindern und Jugendlichen in akuten Not- und Krisensituationen zu erkennen und diese in der Betreuung zu berücksichtigen.

Wenn die Bedürfnisse bestimmter Kinder und Jugendlicher über das Leistbare der Inobhutnahme-Einrichtungen hinausgehen, kann es sinnvoll sein, bereits in der Inobhutnahme-Phase andere spezialisierte Einrichtungen einzubeziehen und die betroffenen Minderjährigen gegebenenfalls dort unterzubringen.

Im Berliner System gibt es drei Inobhutnahme-Einrichtungen, die sich auf besondere Zielgruppen spezialisiert haben:

- Die Krisenwohngruppe von Wildwasser e.V.: Hier werden Mädchen betreut, die einen speziellen Rahmen benötigen (wegen mädchenspezifischer oder interkultureller Problematiken und bei starken „Verhaltensauffälligkeiten")[49].
- Die Krisengruppe „Papatya": eine spezielle Unterbringungsmöglichkeit für Mädchen und junge Frauen, die von Zwangsheirat und „Verbrechen im Namen der Ehre" betroffen oder bedroht sind[50].
- Die Krisenunterbringung der Beratungsstelle „neuhland": eine Krisenwohngruppe, die sich um suizidgefährdete Jugendliche kümmert und um Jugendliche, die sich im „Grenzbereich" zur Kinder- und Jugendpsychiatrie befinden[51].

Der Betrieb von spezialisierten Kriseneinrichtungen für Kinder und Jugendliche im Rahmen der Inobhutnahme lohnt sich natürlich speziell in bevölkerungsdichten Gebieten. In Berlin wird die Einrichtung von spezifischen Betreuungsformen für bestimmte Zielgruppen durch das Ausführungsgesetz geregelt, z.B. in § 16 (2) AG KJHG Berlin: „(...) Für die Inobhutnahme von Mädchen und jungen Frauen zum Schutz vor Gewalt sollen geschlechtsspezifische Angebote bereitgestellt werden. Für suizidgefährdete Minderjährige ist eine problemspezifische Betreuung zu gewährleisten." In anderen Regionen kann es auch sinnvoll sein, dass mehrere Kommunen gemeinsam eine solche

---

[49] Zur Notwendigkeit mädchenspezifischer Unterbringung vgl. auch die entsprechenden Kapitel in diesem Band; zur Krisenwohnung: www.wildwasser-berlin.de

[50] Zur Projektschreibung siehe unter www.papatya.org

[51] Weitere Informationen unter: www.neuhland.de

Spezialeinrichtung belegen. Das führt nicht nur zu einer qualifizierten Intervention im Einzelfall, sondern auch zu einer fachlichen Steigerung sowie zu einer Entlastung des gesamten Inobhutnahme-Bereichs.

Mitunter können auch Kooperationsabsprachen mit spezialisierten Einrichtungen der vollstationären Hilfen zur Erziehung hilfreich sein, um zumindest zeitnah eine Aufnahme dort erreichen zu können.

Niedrigschwellige Notschlafstellen/Sleep In's

In verschiedenen Großstädten arbeiten sogenannte Sleep In's oder andere niedrigschwellige Notschlafstellen, die insbesondere Jugendlichen kurzfristige Unterkunft bieten, die ihren Lebensmittelpunkt in bestimmten Szenen haben. Als primäres Ziel soll damit zunächst verhindert werden, dass sich Jugendliche selbst gefährden, z.B. wenn eine Jugendliche nur deshalb bei einem Freier übernachtet, weil sie keine andere Unterkunft gefunden hat. Als langfristiges Ziel wird die Herauslösung aus der Szene angestrebt.

Obwohl die Wichtigkeit dieser Aufgabe in der Fachöffentlichkeit nicht angezweifelt wird, ist umstritten, ob niedrigschwellige Notschlafstellen und Sleep In's auf der Grundlage des § 42 SGB VIII in Obhut nehmen dürfen. Insbesondere in Bezug auf die Rechtsfolgen einer Inobhutnahme dürfte dieses problematisch sein. So finden in der Regel keine Informationen an die Eltern statt. Zum anderen handelt es sich bei den Notschlafstellen nur in seltenen Fällen um kommunale Einrichtungen.

Finanzierungsmodelle

Als größter Kostenfaktor stellt sich – wie in fast allen Bereichen der Jugendhilfe – auch bei den Inobhutnahme-Einrichtungen der Personalschlüssel und die Qualifikation des Personals dar. Sie sind ein wesentlicher Gradmesser für den Qualitätsstandard der Einrichtung.

Dem Arbeitskreis Inobhutnahme der IGfH sind im Wesentlichen zwei grundsätzliche Modelle zur Finanzierung von Inobhutnahme-Plätzen bekannt: Pauschal- und Tagessatzfinanzierung.

In einzelnen Einrichtungen gibt es hierzu auch Mischformen, bei denen z.B. Plätze für Minderjährige einer bestimmten Region pauschal finanziert werden, während die Aufnahme „auswärtiger" Minderjähriger per Tagessatz abgerechnet wird. Mit „auswärtig" sind hier Minderjährige gemeint, für die Jugendämter zuständig sind, die keine Belegungsvereinbarungen mit der jeweiligen Inobhutnahme-Einrichtung haben.

Oder es wird eine bestimmte „Grundausstattung" an Inobhutnahme-Plätzen finanziert, während die verbleibende Anzahl zur Vollauslastung tagessatzfinanziert abgerechnet wird.

Betrachtet man nur die Aufgabe, erscheint die Pauschalfinanzierung als einzig sinnvolle Finanzierungsform. Eine Inobhutnahme-Einrichtung muss ständig aufnahmebereit sein. Deshalb ist eine voll belegte Einrichtung für die Bereitschaftsaufgabe der Inobhutnahme eigentlich nicht mehr arbeitsfähig. Selbst wenn keine Kinder oder Jugendlichen in Obhut genommen sind, muss die Einrichtung Plätze vorhalten.

Inobhutnahme-Einrichtungen sollten also nicht wie andere Jugendhilfeeinrichtungen nach der Auslastung, den tatsächlich untergebrachten Kindern und Jugendlichen, berechnet werden. Vielmehr müsste die Aufgabe der Bereitstellung von Inobhutnahme-Plätzen, also die Bereitschaftsleistung, in vollem Umfang bezahlt werden. Ansonsten muss diese Bereitstellungsleistung über den einzelnen Tagessatz mit abgerechnet werden.

Jedoch hat auch die Pauschalfinanzierung ihre finanziellen Risiken für die Träger der Inobhutnahme-Einrichtungen. In Zeiten leerer kommunaler Kassen werden die Pauschalfinanzierungen häufig nicht gemäß der allgemeinen Preisentwicklung angepasst, sondern enthalten Deckelungs- oder Kürzungsvereinbarungen, die sich negativ auf die Ausstattung und damit auf die qualitative Bewältigung der Aufgabe auswirken.

Clearingaufgaben

Der Begriff „Clearingstelle" bzw. „Clearingaufgabe" wird regional unterschiedlich benutzt. Während die Clearingaufgabe von einigen Jugendämtern eindeutig dem Inobhutnahmeprozess zugerechnet wird, unterscheiden andere Jugendämter Clearingstellen eindeutig von Einrichtungen zur Inobhutnahme.

Als Entscheidungskriterium wird hier der rechtliche Status zugrunde gelegt: Der Auftrag zum Clearingprozess an eine Einrichtung wird in einem Hilfeplan ausformuliert und mit einem Zeitplan festgelegt. Häufig wird die „Clearingeinrichtung" beauftragt festzustellen, mit welchen stützenden Hilfen eine Rückkehr der Kinder oder Jugendlichen in die Herkunftsfamilie möglich ist. Oder es sollen Empfehlungen für eine weitere Unterbringungsform erarbeitet werden. Hierzu werden in der Regel Zeiträume von drei bis sechs Monaten geplant. Eine Reihe von Einrichtungen bietet den Jugendämtern beide Unterbringungsmöglichkeiten an. Damit wollen sie nicht nur eine gewisse Stabilität in den Wohngruppen erreichen, sie ermöglichen sich auch eine gewisse Finanzierungssicherheit.

Literatur

Münder, J./Baltz, J./Kreft, D./Lakies, T./Meysen, T./Proksch, R./Schäfer, K./Schindler, G./Struck, N./Tammen, B./Trenczek, T. (2006): Frankfurter Kommentar zum SGB VIII: Kinder- und Jugendhilfe. 5. Auflage, Weinheim.

Trenczek, Th. (2008): Inobhutnahme – Krisenintervention und Schutzgewährung durch die Jugendhilfe, §§ 8a, 42 SGB VIII. 2. Auflage, Stuttgart.

Sie fühlt sich noch nicht in der Lage, den Alltag zu bewältigen ...

Anfang 2008 wurden von der Polizei nachts zwei Mädchen – vier und fünf Jahre alt – gebracht. Die Nachbarn hatten die Polizei gerufen, da die Mutter nach erheblichem Alkoholkonsum in der Wohnung randalierte und nun in die Psychiatrie verbracht wurde. Bis dato war die Familie dem Jugendamt nicht bekannt.

Die beiden verbrachten die nächsten sechs Wochen in einer Bereitschaftspflegefamilie. Die Mutter machte in dieser Zeit einen Entzug mit anschließender Therapie, der Kindsvater lebte zu diesem Zeitpunkt im Ausland. Da die Mutter wieder stabil schien, wurden die Mädchen nach der Entlassung der Mutter wieder zurückgeführt. Die Mutter lehnte eine Unterstützung durch das Jugendamt ab, wollte aber weiter ambulant Therapie machen. Oktober 2008 erhielt die Polizei einen Anruf von einem Mädchen, das schilderte, sie wolle wieder zusammen mit ihrer Schwester zu uns, Mama würde immer so viel schlafen. Die Polizei konnte mit der Information nicht so richtig etwas anfangen, da das Jugendamt schon geschlossen hatte, riefen sie bei uns an, um nachzufragen, ob wir die Kinder kennen. Wir bejahten dies, im Anschluss fuhr die Polizei bei der Familie vorbei, um sich ein Bild vor Ort zu machen. Die Mutter schlief tatsächlich, war aber dermaßen stark alkoholisiert, dass sie ins Krankenhaus verbracht werden musste. Die Kinder wurden erneut zu uns in die Inobhutnahme gebracht. Die Mutter erklärte sich einverstanden erneut eine Therapie zu machen. Sie wartet nun auf einen Therapieplatz, zu dem die Kinder mitgenommen werden können. Die Mädchen sind nach wie vor bei uns, einmal in der Woche haben sie einen Besuchstag bei der Mutter, sie fühlt sich noch nicht in der Lage, den Alltag mit ihren Kindern zu bewältigen und ist zurzeit in einer Tagesklinik.

Kindeswohlgefährdung und Inobhutnahme
Hinweise und Ergebnisse aus einer bundesweiten Studie
Maud Zitelmann

Einleitung

Die Inobhutnahme nach § 42 SGB VIII umfasst die Befugnis des Jugendamtes, ein Kind oder einen Jugendlichen bei einer geeigneten Person oder Einrichtung vorläufig unterzubringen. Nach Beendigung dieser Maßnahme befinden sich die meisten Kinder auch weiter in einem sehr verunsichernden Zustand der Vorläufigkeit – bis zur Entscheidung über ihre Rückführung bzw. dauerhafte Unterbringung im Heim oder einer Pflegefamilie. Forschung und Fachliteratur[52] zur Heimerziehung gibt es zwar reichlich, doch die besonderen fachlichen Anforderungen und die gegenwärtige Praxis der Inobhutnahme bzw. Vorläufigen Unterbringung werden dabei kaum je thematisiert. Neuere Studien zu diesem wichtigen Kindesschutzbereich beschränken sich meist auf wissenschaftliche Abschlussarbeiten.[53]

An die Inobhutnahme, die meist nur einige Stunden oder Tage dauert, schließt in der Regel eine Vorläufige Unterbringung an, während der die Situation und Perspektive des Kindes oder Jugendlichen geklärt und über die Notwendigkeit gerichtlicher Eingriffe in die elterliche Sorge und das Umgangsrecht der Eltern entschieden werden muss. In diesem Wochen oder oft auch Monate währenden Zeitraum der „Fremdunterbringung" eröffnen sich besondere, am alltäglichen Erleben und Verhalten sowie den spontanen Mitteilungen des Kindes orientierte Möglichkeiten der Gefährdungs- und Perspektivklärung. Ob und wie die Chance einer solchen, am pädagogischen Alltag orientierten Sozialpädagogischen Diagnostik und Prognostik von den Heimen genutzt werden (kann) und inwieweit diese Erkenntnisse, insbesondere Gefährdungseinschätzungen, in Entscheidungen der Jugendhilfe und Justiz einfließen, darüber gab es bislang weder Forschung noch Diskussionen.

In diesem Beitrag werden ausgewählte Ergebnisse einer Studie dargestellt und diskutiert, die unter der Leitung von Prof. Zitelmann von einem interdisziplinären Team an der Universität Osnabrück von 2005 bis 2007 durchgeführt wurde. Finanziert wurde die Datenauswertung durch die „Stiftung zum Wohl des Pflegekindes", zum Gelingen des Projekts trug auch die Unterstützung des

---

[52] Vgl. nur Baur u. a. 1998; Gabriel/Winkler 2003; Günder 2003; Van Santen u.a. 2003 sowie zahlreiche Fachveröffentlichungen der Schriftenreihe der IGfH.

[53] Kabus 2008; Kirchhart 2008; Schön 2004; Nüßle/Voß-Renz 2008. Siehe auch Zitelmann, Forum Erziehungshilfen 3/2004: 171 ff.

„Arbeitskreises Inobhutnahme" bei. Kernstück der Studie ist eine im Jahr 2005 durchgeführte bundesweite Fragebogenerhebung. Nach sehr aufwändiger Adressrecherche wurden hier 340 Heime mit der Bitte um getrennte Beantwortung und Rücksendung je eines Fragebogens für die Leitung und für den Gruppendienst angeschrieben.

Die Resonanz der Einrichtungen war bemerkenswert, immerhin 218 Einrichtungen beteiligten sich an der Studie, indem sie einen oder beide Fragebögen ausfüllten.[54] Dank dieses Rücklaufes liegen nun erstmals aus allen Bundesländern[55] differenzierte empirische Erkenntnisse zur Praxis der Inobhutnahme-Einrichtungen vor, die einen repräsentativen Aussagenwert haben. Die Anzahl der in dieser Studie erfassten 218 Einrichtungen (mit annähernd 1250 Inobhutnahmeplätzen) übersteigt dabei sogar die für diesen Zeitraum erhobenen Daten des Bundesamtes für Statistik.[56] Zusätzlich liegen nun Auskünfte zu weiteren 1250 Plätzen vor, die für Kinder und Jugendliche genutzt werden, deren weitere Perspektive geklärt werden muss (Vorläufige Unterbringung nach § 34 SGB VIII). Bedenkt man die hohe Fluktuation von Kindern und Jugendlichen im Bereich der Inobhutnahme und Perspektivklärung, ist die in dieser Studie erfasste hohe Fallzahl von ausgesprochen großem Wert, um einen empirisch fundierten Einblick in die Praxis des Kindesschutzes in Deutschland zu gewinnen.

Die Auswertung und Interpretation der Befunde erfolgte unter Beteiligung von Leitungs- und Betreuungsfachkräften aus der Praxis sowie von Studierenden der Psychologie, der Erziehungs- und Rechtswissenschaften an der Universität Osnabrück. Ein Teil der Daten wurde an der Fachhochschule Esslingen ausgewertet. Der vorliegende Beitrag ist auf einige zentrale Kernfragen reduziert. Eine ausführliche Fassung kann über die IGfH bezogen werden.[57]

---

[54] 197 Leitungsfragebögen; 181 Betreuerfragebögen, meist wurden die Fragen vollständig ausgefüllt. Geringe Schwankungen im Antwortverhalten (95 bis 100 % gültige Antworten) sind hier zur besseren Lesbarkeit nicht benannt. Prozentzahlen sind gerundet und beziehen sich auf die Gesamtheit gültiger Antworten zur Frage.

[55] Auffällig ist ein verstärkter Rücklauf aus Nord- und Mitteldeutschland sowie aus den Stadtstaaten. Besonders gering war der Rücklauf vom Saarland und aus Mecklenburg-Vorpommern.

[56] Statistisches Bundesamt 2004. Rechtsgrundlage der Inobhutnahme meint in diesem Beitrag stets die Unterbringung nach §§ 42, 43 SGB VIII in der alten Fassung des Jahres 2005.

[57] Auswertungen zur Diagnostik (BA-Arbeiten, Betreuung von Prof. Köckeritz und Prof. Heidenreich, FH Esslingen) können bei der Autorin dieses Beitrages angefragt werden.
E-Mail: zitelma@fb4-fh.frankfurt.de

Inanspruchnahme und Konzepte der Inobhutnahme

Finanzierung

Nur eine kleine Minderheit der an dieser Studie beteiligten Einrichtungen (13 Prozent) befand sich zur Zeit der Erhebung in öffentlicher Trägerschaft. Alle anderen Einrichtungen stehen unter freier Trägerschaft. Diese freien Träger wirken ganz unmittelbar an der Erfüllung des Schutzauftrages der öffentlichen Jugendhilfe mit, bei Bedarf sofort für Kinder und Jugendliche aller Altersstufen an allen Tagen des Jahres rund um die Uhr eine hinreichende Zahl an Notaufnahmeplätzen vorzuhalten, die auch stark schwankender Nachfrage gerecht wird.

Ein entsprechendes Kontingent an Notaufnahmeplätzen setzt eine durchgängige Finanzierung jener Zeiten voraus, in denen keine Nachfrage durch Jugendamt, Polizei oder „Selbstmelder" besteht. Nach Angabe der Leitungsfachkräfte wird jedoch nur jede fünfte Einrichtung vollständig oder wenigstens teilweise pauschal finanziert. Ein Zusammenhang zur freien bzw. öffentlichen Trägerschaft besteht dabei übrigens wider Erwarten nicht. Vier von fünf Heimen bestreiten ihre ständigen Kosten für Personal, Gebäude etc. dagegen ausschließlich, indem der Aufenthalt jedes einzelnen Kindes über den individuellen Pflegesatz abgerechnet wird. Solche Heime müssen ihre Platzkosten entweder deutlich oberhalb des realen Bedarfes einzelner Kinder ansetzen, was in der Konkurrenz mit anderen Heimen schwer fallen dürfte, oder sie sind auf eine äußerst kontinuierliche Belegung angewiesen.

Letztgenannte Strategie birgt das hohe Risiko nicht wünschenswerter Nebeneffekte, wie zum Beispiel ein „Dumping" der Platzkosten auf Kosten der Betreuungsqualität oder die Sanierung des Haushaltes durch zeitweise Überbelegung zum Ausgleich vakanter Plätze. Nahe liegend ist bei fehlender pauschaler Finanzierung der Inobhutnahmeplätze auch die fachlich unzulässige „Anpassung" der Aufenthaltsdauer einzelner Kinder an die Belegungssituation des Heimes und damit eine Hilfeplanung, die sich vom „Kindeswohl" als Leitprinzip verabschiedet. Eine weitere Folge ist die massive Abhängigkeit der Einrichtung von der Belegung durch das örtliche Jugendamt. Dies macht es schwer, sich im Konfliktfall für die Belange eines betreuten Kindes oder Jugendlichen einzusetzen und bei schwerwiegenden Besorgnissen Vorgesetzte im Amt oder, falls nötig, auch das Familiengericht zu informieren.

Belegung

Knapp jede zweite Einrichtungsleitung gibt an, es komme nie zur Überbelegung des Heimes. Dies lässt entweder auf ein ausreichendes regionales Angebot an Notaufnahmeplätzen schließen oder die befragten Einrichtungen lehnen Unterbringungsanfragen ab, sobald ihre ausgewiesene Platzzahl belegt ist. Im letztgenannten Fall müssen Jugendämter dann meist Einrichtungen in anderen Regionen anfragen. Die hiermit verbundene radikale Trennung des Kindes, das nun fernab von seiner Familie und Lebenswelt betreut wird, kann zwar im Schutzinteresse des Kindes liegen. Ein unzureichender Ausbau der regionalen Notaufnahmeplätze rechtfertigt diese Maßnahme aber nicht.

Tatsache ist, dass es in jedem zweiten Notaufnahmeheim gelegentlich oder sogar chronisch zur Überbelegung kommt. In den meisten Heimen währt dieser Zustand mehr als zehn Tage im Jahr. Gut jede zehnte Einrichtung gibt an, dass die Kinder bzw. Jugendlichen mindestens zwei Monate pro Jahr in einem überbelegten Heim betreut werden. In vier Fällen war das Notaufnahmeheim im Vorjahr sogar ganzjährig überbelegt. Für die Betreuung der Kinder und Jugendlichen fehlen in der Folge nicht nur räumliche, sondern auch personelle Voraussetzungen. Fehlendes Personal wirkt sich indes nicht nur nachteilig auf die Betreuung aus, sondern wohl auch auf die Qualität der Abklärung bei vermuteter Kindeswohlgefährdung und des individuellen erzieherischen Bedarfes.

Jugendhilfeplanung, Einrichtungskonzepte

- Altersgerechte Angebote

Ein auffälliger Befund betrifft die Alterszusammensetzung in den Gruppen. Die Altersspanne reicht nicht selten vom Kleinkind bis zum Jugendlichen, sehr oft werden auch Grundschulkinder und Jugendliche gemeinsam betreut. Die Herausforderung, den extrem verschiedenen Bedürfnissen dieser Altersgruppen zu entsprechen, trägt der Betreuungsschlüssel (s.u.) keine Rechnung. Zudem erhöht sich bei diesem Alters- und damit auch Machtgefälle vermutlich das Risiko, dass die noch unbewältigten Erfahrungen von Ausbeutung und Gewalt nun innerhalb der Gruppe in Szene gesetzt und wiederholt werden.

- Befristungen der Aufenthaltsdauer

Oft sind Kinder und Jugendliche bis zur endgültigen Entscheidung über ihren weiteren Lebensweg für mehrere Wochen oder Monate nur vorläufig untergebracht. In den meisten Heimen ist ein solcher längerer Aufenthalt prinzipiell auch möglich oder sogar vorgesehen. In manchen Konzepten verbindet sich ein verlängerter Aufenthalt der Minderjährigen mit einem Gruppenwechsel, mehrheitlich aber bleibt das Kind bzw. der Jugendliche in derselben Heimgruppe. Nach der maximalen Aufenthaltsdauer der Kinder befragt, gaben 140 von 197 Leitungen an, diese sei in ihrer Einrichtung unbegrenzt. In den übrigen Heimen ist der Aufenthalt der Kinder und Jugendlichen hingegen befristet, die Dauer reicht von wenigen Tagen bis hin zu einem halben Jahr. Die Streubreite der Befristung ist erheblich, als konzeptioneller Schwerpunkt der Heime lässt sich eine Begrenzung der Aufenthaltsdauer der Kinder auf zwölf Wochen ausmachen.

- Qualifikation der Fachkräfte

Die Betreuer/innen im Gruppendienst verfügen über ein reichhaltiges Erfahrungswissen, jede zweite Fachkraft arbeitet bereits länger als fünf Jahre in ihrer Einrichtung. Die grundständige Qualifikation des Personals ist aber uneinheitlich und unzureichend für die im Bereich der Notaufnahme geforderten Kenntnisse und Kompetenzen. Die häufigste Berufsgruppe bilden Erzieher/innen, gerade in den „neuen" Bundesländern, in den alten Bundesländern werden neben Erzieher/innen auch oft Sozialpädagog/innen eingesetzt. Die Mitarbeit von Kinderpfleger/innen und Praktikant/innen ist die Regel, die von Psycholog/innen die seltene Ausnahme.

In immerhin 15 Prozent der befragten Betreuungsteams ist keine akademisch ausgebildete Fachkraft beschäftigt. In jeder dritten Einrichtung erhalten die Betreuer/innen im Gruppendienst nach eigener Auskunft nicht einmal Supervision. Und die Hälfte der Einrichtungen beschäftigt trotz des ausgewiesenen Platzangebotes für seelisch schwer belastete bzw. traumatisierte Kinder keine Heimpsychologen. Ohne jeden Zweifel unterlaufen diese Praktiken den fachlichen Mindeststandard einer Einrichtung, die Notaufnahmen und Krisenintervention für gefährdete Kinder und Jugendliche anbietet.

- Spezialisierung der Einrichtungen

Sehr kritisch hervorzuheben ist die viel zu häufige Einstreuung von Notaufnahmeplätzen in feste Dauergruppen. Diese Notaufnahmeplätze gibt es in immerhin 40 Prozent der Einrichtungen. Ein solches „Konzept" geht zu Lasten der dauerhaft im Heim lebenden Kinder und ihrer Bezugspersonen, die sich auf immer neue Gruppensituationen einstellen müssen. Ebenso wenig wird diese Unterbringungsform jenen Kindern und Jugendlichen gerecht, die während ihres vorläufigen Aufenthaltes getrennt von ihrer Familie ganz besonders auf eine intensive Betreuung und fachgerechte Gefährdungseinschätzung durch ausreichend vorhandenes, spezialisiertes Personal angewiesen sind.

Seitens der Einrichtungen gibt es offenbar kein geteiltes Verständnis der fachlichen Anforderungen an Heime, die Plätze für Kinder und Jugendliche in Not- und Übergangssituationen bereithalten. Manche Konzepte beschränken sich eindeutig über Wochen oder sogar Monate auf die reine Betreuung der Kinder und Jugendlichen. Andere Einrichtungen gewährleisten hingegen eine professionell gestaltete Gewinnung und Dokumentation von Informationen zur Einschätzung der Vorgeschichte und aktuellen Situation, möglicher Gefährdungen und weiterer Perspektiven der vorübergehend untergebrachten Minderjährigen.

Eine sich dem Kindesschutz verpflichtende Jugendhilfe hätte flächendeckend den Ausbau spezialisierter Gruppen und Einrichtungen voranzutreiben. Nur so lässt sich sicherstellen, dass eine genügende Anzahl qualifizierter Fachkräfte bereitsteht, die über die nötigen Kenntnisse, Kompetenzen und Ressourcen zur Gefährdungseinschätzung und Perspektivklärung sowie zur Betreuung seelisch misshandelter Kinder und Jugendlicher verfügen.

- Mängel beim Betreuungsschlüssel

In jeder fünften Einrichtung führen bereits alltägliche Ereignisse wie Urlaub oder Krankheit im Team zu einem personellen Engpass, bei dem sich die Betreuung der Kindergruppe als unvereinbar mit der Durchführung einer Inobhutnahme bzw. Krisenintervention erweist. Diese Antwort aus dem Betreuerfragebogen deutet auf das sehr viel grundlegendere Problem einer ungenügenden Personalausstattung. Hierbei wurden die Fachkräfte gebeten, die in ihrer Gruppe am Befragungstag tatsächlich vorhandene Zahl der Minderjährigen und die der Fachkräfte im Gruppendienst anzugeben.

Am Tag ihrer Befragung haben die pädagogischen Fachkräfte im Gruppendienst durchschnittlich sieben bis acht Kinder und Jugendliche mit *maximal zwei Personen pro Schicht* betreut. Nachts ist noch weniger Personal für diese Kinderzahl verfügbar, teils werden mehrere Heimgruppen sogar zusammen betreut. Weder die Gruppenstärke noch der Personalschlüssel korrespondieren am Tag oder in den Nachtschichten signifikant mit dem Alter der betreuten Kinder und Jugendlichen.

Bei diesem Personalschlüssel kann eine Fachkraft nicht jedem einzelnen Kind oder Jugendlichen mit freundlicher Aufmerksamkeit begegnen und seine alltägliche Versorgung sicherstellen. Entfalten sich für jedes in Obhut genommene Kind doch sehr umfangreiche Aufgaben: Beschaffung passender Kleidung, Versorgung verfaulender Zähne, Schulwechsel und Hilfe bei den Hausaufgaben, Gespräche über Alltagsereignisse, Beistand bei Schlaflosigkeit, Wechseln durchnässter Bettwäsche, Fallreflexion im Team, Dokumentation von Beobachtungen, Aktenstudium und Berichterstattung, „Übergabe" an die nächste Schicht, Gespräche mit Eltern und Verwandten, Kooperation mit dem Jugendamt und Familiengericht.

Einer Gruppe von acht Kindern und Jugendlichen, die überwiegend wegen schwerer Vernachlässigung oder Misshandlungen vorläufig untergebracht sind, kann ein Betreuungsverhältnis von maximal zwei Fachkräften pro Schicht unmöglich genügen. Die chronische Überforderung der Eltern setzt sich nach der Heimunterbringung des Kindes auf diese Weise ungebrochen im Betreuungsalltag fort, in unmittelbarer Verantwortung des Staates.

Jugendhilfeplanung und Heimaufsicht sind gefordert, durch entsprechende Richtlinien für die flächendeckende Beschäftigung einer ausreichenden Zahl qualifizierter Fachkräfte im Gruppendienst bei Tag und Nacht zu sorgen. Urlaube, Stellenvakanzen und die bei dieser psychisch anspruchsvollen Schichtarbeit wohl nicht seltenen Krankmeldungen des Personals sind in diese Berechnung einzubeziehen.

Einschätzung der Gefährdung und des Hilfebedarfes

Diagnostik und Gefährdungseinschätzung im Betreuungsalltag

Eine fachlich fundierte Ausgestaltung der Gefährdungseinschätzung und Perspektivklärung im Bereich der Inobhutnahme und Vorläufigen Unterbringung ist nicht durchgängig sichergestellt. 85 Prozent der Einrichtungen halten ein sog. „Clearing" vor, womit in dieser Studie die systematische Gewinnung von Informationen zur Einschätzung der Vorgeschichte, der aktuellen Situation, der möglichen Gefährdung und der weiteren Perspektiven eines Kindes/Jugendlichen gemeint sind.

Eine erhebliche Zahl an Einrichtungen unternimmt in dieser Hinsicht aber erst gar keine Anstrengungen, darunter auch ganz auf die Inobhutnahme und Vorläufige Unterbringung spezialisierte Gruppen und Heime. Der oft Wochen oder sogar Monate dauernde vorläufige Aufenthalt der Kinder und Jugendlichen wird also durch die Einrichtungen, Jugendämter und Familiengerichte nicht genutzt – zu Lasten der auf eine fachlich fundierte Gefährdungseinschätzung und Perspektivklärung angewiesenen Kinder und Jugendlichen.

Sofern Angaben zum Clearing vorliegen, verfügt mehr als jede zweite Einrichtung über eine Kombination von externen und internen Verfahren. Fast jede dritte Einrichtung sieht ausschließlich eine interne Perspektivklärung vor, wohingegen sich knapp fünf Prozent der Heime einzig und allein auf externe Diagnosen verlassen. Welche Chancen die Heimbetreuung zur Abklärung von Gefährdungen und zur Mitwirkung an der Gefährdungseinschätzung von Jugendämtern und Familiengerichten bietet, wird im Folgenden deutlich erkennbar.

Die Frage: „Können Sie als Betreuer/Betreuerin erfahrungsgemäß wichtige Erkenntnisse zur Abklärung der Gefährdung eines Kindes beitragen?" wurde beinahe von allen Fachkräften mit „Ja" beantwortet. Der Fragebogen gab weiter die Gelegenheit, in einer Auswahlliste (mit Mehrfachantwort) die wichtigsten Grundlagen entsprechender Erkenntnisse zu nennen. Weit vor gezielten Gesprächen mit dem Kind oder psychologischen bzw. pädagogischen Tests rangieren Situationen aus der Betreuung, über die das Jugendamt und das Familiengericht keine Kenntnis haben können, wenn ihre Übermittlung nicht systematisch bedacht und gewährleistet wird.

So geben 94 Prozent der Fachkräfte als wichtige Erkenntnisquelle spontane Mitteilungen der Kinder und Jugendlichen im Heimalltag an, gefolgt von nonverbalen Mitteilungen und Verhaltensweisen der Kinder (90 Prozent) sowie Gesprächen mit den Eltern (85 Prozent). Die Betreuer und Betreuerinnen der Kinder und Jugendlichen wurden gebeten, in wenigen Sätzen eine beispielhafte Alltagssituation zu schildern, durch die sie wichtige Erkenntnisse zur Abklärung der Gefährdung eines Kindes gewinnen konnten. Viele Berichte sind anschaulich geschrieben und zeigen die schwierige Lage, in der sich die Kinder und Jugendlichen, aber auch ihre Betreuer/innen beim Umgang mit diesen Mitteilungen befinden.

Die Fachkräfte berichten zum Beispiel von spontanen Erzählungen der Kinder über gesehene und selbst erlebte Gewalt. Geschildert werden vertrauliche Mitteilungen, die Kinder und Jugendliche oft erst nach einer Weile des Aufenthaltes machen. Ein Bericht schildert ein Kind, das sexuelle Übergriffe mit Gleichaltrigen in Szene setzte. Auch nach Besuchen bei den Eltern zeigen sich Auffälligkeiten, etwa Selbstverletzungen eines Kindes oder Einnässen und Daumennuckeln eines Jugendlichen. Hinzu kommen Mitteilungen der Eltern, die spontan an Besuchstagen von eigener Überforderung berichten. Auch Verwandte erzählen den Bezugspersonen im Heim spontan von ihren Beobachtungen und Sorgen um das gefährdete Kind. Für den Kindergarten, Schule und Ärzte sind die Fachkräfte im Gruppendienst ebenfalls erste Ansprechpartner bei allen Auffälligkeiten und Problemen.

Hier wird deutlich, dass die Qualifikation der Betreuer/innen jedenfalls immer die Fähigkeit zur sorgfältigen Beobachtung, fachlich geschulten Einschätzung und Dokumentation sowie zur sensiblen und non-suggestiven Gesprächsführung bei Verdacht auf Kindeswohlgefährdung umfassen muss. Obwohl die überwiegende Mehrheit der Betreuer/innen überzeugt ist, wichtige Erkenntnisse zur Gefährdungseinschätzung der Kinder beitragen zu können, fertigt jedes vierte Heim „selten" oder sogar „nie" schriftliche Berichte für das Jugendamt an. Die Mehrheit der Einrichtungen sorgt allerdings für eine Dokumentation der Beobachtungen, jeder zweite Betreuer gibt an, „immer" einen entsprechenden Bericht zu erstellen; jeder fünfte Befragte tut dies zumindest „häufig".

Kooperation mit dem Jugendamt

- Angaben zur Kooperation durch die Einrichtungsleitung

Der regelmäßige Austausch zwischen Einrichtungen der Inobhutnahme und den die Heime belegenden Jugendämtern scheint in der Regel gut gewährleistet. Nach Angabe der Leitungen gibt es während der Unterbringung immer (66 Prozent) oder doch häufig (31 Prozent) ausführliche Gespräche zwischen der Einrichtung und dem Jugendamt über die Situation und Perspektiven des Kindes oder Jugendlichen.

Diesen positiven Befund bestätigen auch Angaben zur Kooperation bei der Hilfeplanung. Hiernach sind über 90 Prozent der Einrichtungen „immer" oder „häufig" an entsprechenden Gesprächen beteiligt, allerdings gab fast jede zehnte Leitungsfachkraft an, die Einrichtung sei „selten" oder „nie" an Hilfeplangesprächen beteiligt.[58] Auch die Frage, ob „Einschätzungen der Notaufnahme hinreichend bei der Hilfeplanung berücksichtigt" werden, wird mit „immer" bzw. „häufig" beantwortet. Demgegenüber geben sechs Leitungsfachkräfte an, die Einschätzungen des Heimes würden nur „selten" berücksichtigt, in einem Fall lautet die Antwort „nie".

Die Leitungsfachkräfte wurden mit Vorgabe verschiedener Optionen gefragt, ob ihre Einrichtung gegenüber dem Jugendamt fachliche Empfehlungen im Bereich der Hilfeplanung ausspricht. Rund 90 Prozent der Heime sprechen „immer" oder „häufig" Empfehlungen hinsichtlich „ambulanter bzw. stationäre erzieherische Hilfen" aus, gleiches gilt für den Bedarf an „therapeutischer Behandlung" sowie für die „Rückkehr, Fremdplatzierung oder Adoption". Nur in rund 60 Prozent der Heime nimmt man hingegen „immer" oder „häufig" Fragen einer „Regelung bzw. Aussetzung des Umgangs der Eltern" bzw. der „gemeinsamen bzw. separaten Unterbringung von Geschwistern" in den Blick. Ebenfalls werden Empfehlungen zur Schule ausgesprochen. Kaum je wird hingegen die „Auswahl eines geeigneten Einzelvormundes" bedacht, obgleich vielen Heimen engagierte Erzieher/innen, Lehrer/innen oder andere Bezugspersonen der Kinder und Jugendlichen bekannt sein müssten, die als Einzelvormund in Frage kämen.

- Kindbezogene Beiträge der Betreuer/innen im Gruppendienst

Von den pädagogischen Fachkräften, die das Kind im Alltag betreuen und versorgen, sind wichtige und unverzichtbare Beiträge zu erwarten, um das aktuelle Befinden und die Wünsche, den erzieherischen Bedarf, die Eltern-Kind-Beziehung, mögliche Gefährdungen und protektive Faktoren angemessen einzuschätzen. Der Fragebogen für die Betreuer/innen im Gruppendienst enthielt also die Frage, ob sie sich überhaupt an Gesprächsterminen mit dem Jugendamt beteiligen. Der Anlass des Gespräches wurde offengelassen, ebenso der Ansprechpartner vom Jugendamt. Den Angaben der pädagogischen Fachkräfte zufolge, nehmen diese in fast allen Einrichtungen „immer" oder „häufig" an Gesprächen mit dem Jugendamt teil. Damit scheint in vielen Fällen der direkte Austausch zwischen den fallverantwortlichen Jugendamtsmitarbeitern bzw. Amtsvormündern und den pädagogischen Fachkräften im

---

[58] Bei Helferkonferenzen sind 17 Prozent der Einrichtungen „selten" oder „nie" beteiligt, jedoch blieb unklar, ob dieser im Fragebogen verwendete Begriff verstanden wurde, da die Frage in zehn Fällen nicht ausgefüllt wurde.

Gruppendienst gesichert. Gleichwohl ist dieser Standard nicht in allen Einrichtungen gesichert, denn immerhin in jeder zehnten Einrichtung gaben die Betreuer/innen an, „selten" oder „nie" an Gesprächen mit dem Jugendamt teilzunehmen.

Auf eine weitergehende Frage nach Beteiligung der Betreuer/innen an Hilfeplangesprächen antwortete die Mehrheit „immer" oder „häufig" (79 Prozent). Doch lautete in immerhin jeder fünften Einrichtung die Antwort der Bezugspersonen der Kinder „selten" oder sogar „nie" (21 Prozent). Von Seiten der beteiligten Institutionen – also Jugendamt und Heim – ist in diesen Fällen also in der Regel nicht sichergestellt, dass die unmittelbaren Eindrücke aus dem Betreuungsalltag hinsichtlich des Befindens, möglicher Gefährdungen sowie des Bedarfs an Hilfen zur Erziehung in das Zentrum der Hilfeplangespräche gelangen können. Zweitens erfolgt die Beteiligung der Kinder und Jugendlichen an solchen Gesprächen nicht in Begleitung und mit Unterstützung der ihnen vertrauten Betreuer/innen.

- Dokumentation für das Jugendamt und das Gericht

Die Leiterinnen und Leiter der befragten Einrichtungen wurden um Angaben gebeten, wie häufig von ihrer Einrichtung Zwischen- oder Abschlussberichte erstellt werden. Wie erwähnt, sehen zwar 85 Prozent der Einrichtungen ein Clearing bzw. eine Diagnostik vor, aber beinahe in der Hälfte der befragten Heime (44 Prozent) werden „selten" oder „nie" Zwischenberichte erstellt. Selbst Abschlussberichte über die Inobhutnahme bzw. Vorübergehende Unterbringung werden in jeder dritten Einrichtung (36 Prozent) nur „selten" oder sogar „nie" erstellt. Das bedeutet: Die Erkenntnisse des Clearings werden nicht dauerhaft festgehalten, die im Kindesschutzbereich so zentrale Formel „Was nicht in den Akten ist, ist nicht in der Welt", bleibt in der Praxis allzu vieler Notaufnahmeheime ohne Konsequenz.

Familiengerichte, Sachverständige und Verfahrenspfleger/innen erhalten wichtige Informationen über das betroffene Kind dann in der Regel bestenfalls gefiltert und aus zweiter Hand, durch eben jenes Jugendamt, das in entsprechenden Fällen oft schon lang vor der Inobhutnahme in den Fall involviert war und ohne Erfolg versuchte, Beratung sowie verschiedene „Hilfen zur Erziehung" anzubieten. Im schlechtesten Fall kommt es während des Verfahrens bei Wechseln der örtlichen oder persönlichen Zuständigkeit im Jugendamt zum Verlust wichtiger Informationen über das Kind und seine Familie.

- Gescheiterte Rückführungen, Bedenken der Heime

Ein sehr wichtiger Befund ergab sich hinsichtlich der Frage, ob „Kinder oder Jugendliche im letzten Kalenderjahr wiederholt aufgenommen und bald darauf wieder den Eltern übergeben" wurden. Entsprechende Fallverläufe fanden sich in immerhin 65 Prozent der Heime. Sicher kann es seltene Notsituationen geben, bei denen Kinder und Jugendliche zum Beispiel aufgrund von Krankheiten der Eltern wiederholt untergebracht werden und dann in intakte Familienverhältnisse zurückkehren können. Mehrheitlich aber wird es sich hier aber um Kinder und Jugendliche handeln, die nach bereits gescheiterten Rückführungen erneut ins Heim gebracht, erneut versuchsweise in die Herkunftsfamilie zurückkehren müssen.

Die Zahl der von dieser riskanten und belastenden Praxis betroffenen Kinder und Jugendlichen betrug nach Angabe aus 115 Heimen insgesamt 1218 Kinder und Jugendliche. In der Hälfte der Heime waren im vorigen Kalenderjahr ein bis fünf Kinder bzw. Jugendliche von solchen gescheiterten Versuchen betroffen. In der anderen Hälfte der befragten Heime gab es meist deutlich mehr von gescheiterten Rückführungen betroffene Kinder und Jugendliche, In zwei Großstädten waren sogar 134 bzw. 350 Minderjährige neuen Rückführungsversuchen ausgesetzt, nachdem vorherige Planungen bereits fehl gingen.

Die vorliegende Studie zeigt ferner, dass die in Obhut genommenen Kinder und Jugendlichen nach Aussage der Heimleitungen dem Jugendamt mehrheitlich mindestens schon ein Jahr zuvor bekannt sind. In knapp drei von vier Heimen (73 Prozent) geben die Leiter und Leiterinnen der Einrichtungen an, die in Obhut genommenen Minderjährigen seien dem Jugendamt „immer" oder „häufig" mindestens ein Jahr zuvor bekannt. Die Kategorie „selten" oder „nie" wählten demgegenüber nur 46 Prozent der Heimleiter/innen an.

Obgleich im Jahr 2005 der § 8a SGB VIII bereits in Kraft gesetzt war, schien die Garantenstellung der Heime vielfach noch nicht bei den Zielvereinbarungen mit den Einrichtungsleitungen thematisiert worden zu sein. Im Fragebogen hieß es: „Für das Jugendamt besteht eine strafrechtlich relevante Garantenpflicht für den Schutz des Lebens und der Unversehrtheit der betreuten Kinder und Jugendlichen. Sind Sie von den belegenden Jugendämtern darauf hingewiesen worden, dass diese Garantenpflicht auch für die Leitung und Mitarbeiter von Einrichtungen der Inobhutnahme besteht?" Diese Frage wurde von 56 Prozent der Leitungsfachkräfte bejaht, von 44 Prozent aber verneint. Es bleibt zu klären, ob sich dieser Befund im Lauf der letzten Jahre durch zunehmende Sensibilisierung für die auch strafrechtliche Verantwortung von Fachkräften im Kindesschutzbereich verändert hat.

Kooperation von Jugendhilfe und Justiz bei Kindeswohlgefährdungen

Einleitung familiengerichtlicher Verfahren

Die im Leiterfragebogen enthaltene Frage „Bleiben Kinder und Jugendliche, für die eine Perspektivklärung (z.b. Anzeichen einer Kindeswohlgefährdung) notwendig ist, in der Regel mindestens drei Wochen in Ihrer Einrichtung?" wurde von 78 Prozent der Heime bejaht. In all diesen Fällen stellt sich entweder das Erfordernis der Einwilligung der Sorgeberechtigten in die Heimunterbringung oder aber die Frage, ob ein teilweiser oder vollständiger Entzug der elterlichen Sorge zur Abwendung einer Kindeswohlgefährdung erforderlich ist.

Vor diesem Hintergrund wurden die Leiter/innen der Einrichtungen auch nach der „Zahl der laufenden Kindesschutzverfahren nach §§ 1666, 1666a BGB am heutigen Tag" gefragt. In 30 Fällen wurde diese Frage nicht beantwortet. Aus den übrigen Angaben ergibt sich folgendes Bild: Bei mindestens 874 vorläufig untergebrachten Kindern und Jugendlichen sind nur in 146 Fällen familiengerichtliche Verfahren eingeleitet worden. Dies macht somit nur knapp 17 Prozent all jener Fälle aus, in denen eine vorläufige Trennung der Kinder und Jugendlichen vom Jugendamt als erforderlich betrachtet wurde. Die Befragung der Gruppenbetreuer/innen ergibt ein ähnliches Ergebnis. Bei dieser Stichprobe war bei insgesamt 756 vorläufig untergebrachten Kindern und Jugendlichen in 152 Fällen ein Kindesschutzverfahren nach §§ 1666/1666a BGB eingeleitet worden, dies sind 20 Prozent.

In vier von fünf Fällen erfolgt die Entscheidung über die weitere Zukunft des Kindes also einzig und allein im Rahmen der Hilfeplanung des Jugendamtes. Hierbei entfällt nicht nur regelmäßig die unabhängige Interessenvertretung für das Kind (Verfahrensbeistandschaft), die ja in solchen Fällen sonst mit gutem Grund wegen Interessenkollisionen zwischen Kindes- und Elternrecht, aber auch zwischen Familie und der Jugendbehörde eingesetzt wird, sobald es um die Fremdplatzierung von Kindern geht. Auch haben die Jugendämter verglichen mit den Familiengerichten schlechtere rechtliche und finanzielle Möglichkeiten, um sachverständige Gutachter (Mediziner; Psychiater ...) zur Abklärung der Erziehungsfähigkeit von Eltern und der Gefährdung des betroffenen Kindes einzusetzen. Gerade weil die Zukunft der gefährdeten Kinder in der Regel nicht im Familiengericht, sondern allein im Jugendamt entschieden wird, gewinnt die Frage einer fachlich fundierten sozialpädagogischen Diagnostik an Bedeutung, die von Seiten der Notaufnahmeheime geleistet wird oder doch geleistet werden könnte.

Besonders schwerwiegend sind Situationen, in denen eine Einrichtung abweichend von den Einschätzungen des Jugendamtes um die körperliche und seelische Unversehrtheit oder sogar das Leben des betreuten Kindes bzw. Jugendlichen besorgt ist, wie dies zum Beispiel auch vor dem gewaltsamen Tod des kleinen Kevin in Bremen der Fall war. Die Leitungsfachkräfte wurden diesbezüglich gefragt: „Gelegentlich halten Einrichtungen Kinder und Jugendliche für gefährdet, ohne dass das Jugendamt die nötigen Schritte einzuleiten scheint. Gibt es in Ihrer Einrichtung solche Fälle?" Nur acht Prozent der Befragten antworteten, solche Fälle kämen „nie" vor, weitere 58 Prozent der Heimleiter gaben an, in ihrer Einrichtung seien solche Fälle „selten". Doch in fast jeder vierten Einrichtung der Inobhutnahme (24 Prozent) kommen „immer" oder „häufig" Situationen vor, in denen das Jugendamt bei Gefährdung des Kindeswohls aus Sicht der Einrichtungsleitung nicht die nötigen Schritte einleitet. Hier stellt sich zwingend die Frage, welche Folgen diese unterschiedlichen Einschätzungen haben, besonders wenn keine weitere Instanz, wie etwa das Familiengericht, einbezogen ist.

An anderer Stelle wurde weitergehend gefragt: „Gab es in den letzten fünf Jahren einen Fall, in dem Ihre Einrichtung ein Kind/Jugendlichen für gefährdet hielt, ohne dass das Jugendamt die nötigen Schritte einzuleiten schien?" 63 Prozent der Leitungsfachkräfte hatten keine Kenntnis von entsprechenden Fällen. In jedem dritten Heim (37 Prozent) berichteten die Leitungsfachkräfte jedoch von Fällen, in denen das Jugendamt die Gefährdung des betroffenen Kindes nicht abzuwenden schien. Hier wurde weitergehend gefragt, ob sich „Ihre Einrichtung in solch einem Fall in den letzten fünf Jahren an das Familiengericht gewandt" habe. Mehrheitlich (55 Heime = 80 Prozent) antwortete diese Gruppe der Heimleiter/innen, sie habe sich trotz ihrer Besorgnis um das betreute Kind nicht an das Familiengericht gewandt.

Jene Einrichtungen, die das Familiengericht informiert hatten, erzielten mit diesem Vorgehen nach eigener Aussage ganz überwiegend den erhofften Erfolg.

Jene Einrichtungen, die das Familiengericht nicht in Kenntnis gesetzt hatten, wurden in einer offenen Frage um die Begründung ihrer Handlungsweise gebeten. Zehn Heime nannten keinen Grund. Die Mehrheit der übrigen Einrichtungen sahen die Verantwortung allein beim Jugendamt, dieses sei „fallzuständig", „eingeschaltet", „informiert", „ausdrücklich hingewiesen" worden (17 Nennungen). Weitere Einrichtungen fürchteten einen Konflikt mit dem belegenden Jugendamt (6 Nennungen), sahen „keine Erfolgsaussicht" (4 Nennungen) oder überantworteten die Entscheidung an die Minderjährigen (2 Nennungen).

Vor dem Hintergrund langfristig bekannter Gefährdungslagen, widersprüchlich eingeschätzter Fallverläufe sowie relativ häufig scheiternder Rückführungsversuche stellt sich die Frage, welche Folgen diese unterschiedlichen Einschätzungen der Jugendämter und Heime haben, besonders wenn bei den Entscheidungen der Jugendbehörde keine weitere Instanz, weder ein Verfahrensbeistand für das Kind noch das Familiengericht, einbezogen ist. Dies spricht für eine gesonderte gesetzliche Verpflichtung der Heime, ihre Besorgnis in Fällen vermuteter Kindeswohlgefährdung dem zuständigen Familiengericht nach eigenem fachlichen Ermessen zur Kenntnis zu geben, um eine unabhängige richterliche Überprüfung der behördlichen Gefährdungseinschätzung und Hilfeplanung einzuleiten.

Ermittlungen der Familiengerichte

Einrichtungsleiter/innen und Betreuer/innen sind sich darin einig, dass sie in ihren Einrichtungen in sehr vielen Fällen über wichtige und teils auch neue Erkenntnisse zur Einschätzung von Kindeswohlgefährdungen verfügen. Gleichwohl fragen die Familiengerichte selten entsprechende Berichte an und nur ein Teil der Heime erstellt sie aus eigener Initiative. Auch die im Verfahren beauftragten Sachverständigen, Verfahrenspfleger/innen oder Vormünder ziehen vielfach keine direkten Auskünfte in den Heimen ein.

Die Heimleiter/innen wurden gefragt, ob sich die zuständigen Familiengerichte im Kindesschutzverfahren nach §§ 1666, 1666a BGB aus eigener Initiative an die Einrichtungen wenden, um die zur Einschätzung der Kindeswohlgefährdung relevanten Informationen im aktuellen Lebensumfeld des Kindes zu ermitteln. 30 Prozent der Leitungsfachkräfte geben an, dass die Familiengerichte „immer" oder „häufig" um Gespräche über die Situation und Wünsche des Kindes sowie um schriftliche Berichte bitten. 70 Prozent der Heime antworten aber, dass sie nur „selten" oder sogar „nie" um schriftliche Berichte bzw. um Gespräche über die Situation und Wünsche des Kindes gebeten werden.

Auch die Durchführung eines „Clearings" im Auftrag des Familiengerichtes ist eher selten, nur 14 von 171 Einrichtungen werden „immer" oder „häufig" um eine entsprechende Mitwirkung am Kindesschutzverfahren gebeten.

Die Tatsache, dass es in jeder zweiten Einrichtung der Inobhutnahme nur „selten" (43 Prozent von 154) oder sogar „nie" (27 Prozent von 154) zu persönlichen Nachfragen der Richter/innen bei den Personen kommt, die die Kinder bzw. Jugendlichen im Heimalltag betreuen und deren Kontakte zur Familie miterleben, wirft begründete Zweifel an der Sorgfalt der Amtsermittlung der Familiengerichte auf. Jedenfalls in Sorgerechtsverfahren nach §§ 1666, 1666a BGB sind zweifellos auch Hinweise aus dem Heimalltag auf Gewalt und Vernachlässigung, auf den erzieherischen und therapeutischen Bedarf des Kindes, auf die Gestaltung oder Aussetzung des Umgangs sowie auf die (veränderlichen) Willensäußerungen des Kindes selbst zu beachten. Dass ein besserer Standard in der Praxis von Heimen und Familiengerichten möglich und praktikabel ist, zeigt jene Minderheit an Einrichtungen, in denen Gruppenbetreuer/

innen „immer" (15 Prozent von 154) oder „häufig" (16 Prozent) an Gesprächsterminen mit dem Richter/der Richterin teilnehmen.

Die Ermittlungslücke der Gerichte wird auch nicht von den im Verfahren beauftragten Sachverständigen oder von Verfahrenspfleger/innen geschlossen. Nur eine Minderheit der Betreuer/innen im Gruppendienst kommt mit diesen Fachkräften „immer" oder „häufig" in persönlichen Kontakt. Obgleich es in den Gutachten meist wie auch bei der Interessenvertretung der Kinder um eine fachlich fundierte Einschätzung der Wünsche, Bedürfnisse sowie der Lebens- und Gefährdungssituation des einzelnen Kindes geht, konsultiert die Mehrheit der Gutachter und sogar die Mehrheit der Verfahrenspfleger/innen die Personen, die das Kind und seine Familie im Alltag betreuen und begleiten, nur „selten" oder sogar „nie".

Familiengerichte, die sich allein auf die Mitwirkung des Jugendamtes verlassen, riskieren Verzögerungen, Informationslücken und Übermittlungsfehler. So sollte das Verfahrensrecht bei der Vorläufigen Fremdunterbringung von Kindern und Jugendlichen regelhaft vorsehen, dass Familiengerichte einen Bericht der Einrichtungen anfordern oder ein Gespräch mit den unmittelbaren Betreuer/innen des Kindes führen. Zudem bedarf es in der familiengerichtlichen Fachöffentlichkeit wohl auch der vermehrten Aufklärung über die Möglichkeiten und Grenzen eines Clearings innerhalb der Einrichtungen der Inobhutnahme.

Eigenständige Mitteilungen der Heime an das Familiengericht

Einrichtungsleiter/innen und Betreuer/innen sind sich darin einig, dass sie in ihren Einrichtungen in sehr vielen Fällen über wichtige und teils auch neue Erkenntnisse zur Einschätzung von Kindeswohlgefährdungen verfügen. So geben nur sechs Prozent der Leitungsfachkräfte an, in ihrem Heim würden „nie" neue Erkenntnisse mit Relevanz für das familiengerichtliche Verfahren gewonnen. Liegen Erkenntnisse zur Einschätzung von Kindeswohlgefährdungen vor, werden diese direkt oder indirekt in neun von zehn Heimen auch dokumentiert und an das Familiengericht weitergeleitet. Diese Weitergabe von gerichtsrelevanten Informationen erfolgt teils auf eigene Initiative, teils über das Jugendamt oder auch vom Familiengericht angefordert. Der Fragebogen ermöglichte den Leiterinnen und Leitern in dieser Frage Mehrfachnennungen. Hiervon machten die meisten Einrichtungen Gebrauch.

Die selbstständige Dokumentation und direkte Weitergabe gefährdungsrelevanter Informationen an das Familiengericht wird nur in 45 Einrichtungen praktiziert. Fast doppelt so viele Heime (87 Einrichtungen) übermitteln ihre Erkenntnisse hingegen lediglich aufgrund entsprechender Anfragen der Familiengerichte. Ebenso oft setzen die Leitungsfachkräfte auf die Weitergabe entsprechender Informationen durch das Jugendamt. Inwieweit es bei dieser

Praxis zu unnötigen Verzögerungen kommt, wäre der Prüfung wert. Inhaltlich problematisch ist die indirekte (mündliche oder schriftliche) „Weitergabe" gefährdungsrelevanter Informationen. Dieser „indirekte" Meldeweg wird am häufigsten genannt, nämlich von immerhin 104 Heimen. Das mit solchen Informationen aus „zweiter Hand" verbundene Risiko beschränkt sich nicht auf Verzögerungen, sondern beinhaltet die Möglichkeit schwerwiegender inhaltlicher Übermittlungsfehler, die durch diesen Meldeweg in Kauf genommen werden und deren Aufdeckung im weiteren Verfahrensablauf keineswegs garantiert ist.

So können die Leitungsfachkräfte fast jeder zweiten Einrichtung keine Auskunft geben, ob die Einschätzungen ihrer „Einrichtung in der Regel hinreichend in familiengerichtlichen Verfahren berücksichtigt" werden. Weitere 12 Prozent der Heime haben die Erfahrung gemacht, dass ihre Einschätzungen im familiengerichtlichen Verfahren regelmäßig nicht hinreichend berücksichtigt werden, sie antworteten mit „Nein"! Und nur eine Minderheit von knapp 40 Prozent der Heimleitungen gab zur Antwort, die Einschätzungen ihrer Einrichtung würden in der Regel hinreichend vom Familiengericht berücksichtigt.

Zur Sicherstellung einer Dokumentation und zeitnahen, direkten Weitergabe wichtiger Erkenntnisse zur Gefährdungseinschätzung an das Familiengericht besteht im Bereich der Inobhutnahme und Vorläufigen Unterbringung offenkundig großer Handlungsbedarf. Während einerseits in den letzten Jahren sehr aufwändig flächendeckend Meldesysteme zum Kindesschutz etabliert wurden (Vorsorgeuntersuchungen, Schutzauftrag freier Träger usw.) können sich ausgerechnet die in Obhut genommenen Kinder in Deutschland noch nicht einmal darauf verlassen, dass den Familiengerichten im Verfahren alle wichtigen Beobachtungen vom Kinderheim unverzüglich und unmittelbar vorliegen, selbst eine Informationsweitergabe aus „zweiter Hand" ist nicht in allen Fällen gewährleistet. Es empfiehlt sich deshalb dringend, von Gesetzes wegen alle Einrichtungen der Inobhutnahme sowohl zur Dokumentation aller für die Gefährdungseinschätzung relevanten Informationen zu verpflichten und deren direkte Weitergabe an das Jugendamt und Familiengericht zu veranlassen.

Die richterliche Anhörung der Kinder und Jugendlichen

Kinder und Jugendliche jeden Lebensalters haben einen Rechtsanspruch auf richterliches Gehör, sofern die Bindungen, Neigungen oder der Wille der Kinder für die Entscheidung von Bedeutung sind. Diese Voraussetzung ist in Umgangs- und Sorgerechtsverfahren fast immer gegeben. Entsprechend ernüchternd sind die Angaben der Heime zur Anhörungspraxis. Nur eine Minderheit (44 von 173) der Notaufnahmeheime antwortete, die Kindesanhörung werde „immer" durchgeführt. Weitere 91 Heime gaben „häufig" an. Deutliche Versäumnisse der Familiengerichte werden sogar in jedem fünften Heim offenkundig. 38 Heime berichten, die Familiengerichte würden das Kind selbst „selten" oder sogar „nie" anhören. Bedenkt man die Wechsel bei der Belegung der Notaufnahmeplätze, ist dies bezogen auf die Praxis mancher Gerichtsbezirke ein alarmierender Befund, was die Wahrung der ohnehin spärlich ausgestalteten Rechte des Kindes im Verfahren angeht. Es wirft zugleich kein gutes Licht auf Verfahrenspfleger und Jugendämter, die dieses Anhörungsrecht der Kinder in der Regel durchaus wesentlich öfter im Verfahren durchsetzen könnten.

Die Lebenserfahrung misshandelter und vernachlässigter Kinder, deren Erfahrungen und Bedürfnisse, Wünsche und Ängste in der Familie meist kaum Resonanz erhielten, findet mit dieser Justizpraxis ihre staatlich verantwortete Fortsetzung. Mögliche Ursachen dieses Missstandes sind in der familienrechtlichen Fachöffentlichkeit schon oft benannt worden. Hierzu zählen neben einer hohen Fallbelastung insbesondere Defizite in der Aus- und Fortbildung, die Richterinnen und Richtern die Ängste vor der Kindesanhörung in Kindesschutzverfahren nehmen und ihnen die erforderlichen Methoden auch zur Begegnung mit jüngeren Kindern an die Hand geben könnte. Gerade in Einrichtungen der Inobhutnahme gibt es dabei die Chance der Kindesanhörung „vor Ort", die unter Mitwirkung des Heimes entsprechend den Belangen des einzelnen Kindes vorbereitet und individuell gestaltet werden kann.[59]

Verfahrensvertretung der Kinder

Noch sieben Jahre nach Einführung der Verfahrenspflegschaft konnte jede fünfte Einrichtung der Inobhutnahme überhaupt keine Auskunft zur Arbeitsweise von Verfahrenspfleger/innen geben. Ihre Antwort auf die Frage; „Wenn Verfahrenspfleger eingesetzt sind, begleiten und informieren Sie die Kinder und Jugendlichen während des gerichtlichen Verfahrens persönlich?" lautete „trifft nicht zu". Ein ganzer Teil der Einrichtungsleiter/innen (6 Prozent) beantwortete diese Frage gar nicht. Selbst wenn man Unterbringungsformen wie die Sleep-Ins herausrechnet, bleibt doch eine erstaunlich hohe Zahl an Bezirken, in denen die Familiengerichte den betroffenen Kindern und Jugendlichen anscheinend niemals eine eigenständige Interessenvertretung für das gerichtliche Verfahren zur Seite stellen, obgleich dies gerade im Verfahren nach §§ 1666, 1666a BGB zwingend vorgesehen ist.

Auch die Angaben jener 143 Inobhutnahme-Einrichtungen, die über Erfahrungen mit der Verfahrenspflegschaft für Kinder und Jugendliche verfügen, deuten im Jahr 2005 noch auf gravierende Mängel und große regionale Unterschiede hinsichtlich der Arbeitsweise der mit der Interessenvertretung beauftragten Fachkräfte. So geben 30 Prozent der Heime an, die Kinder oder Jugendlichen ihrer Einrichtung würden während der Gerichtsverfahren nur „sel-

---

[59] Zur Frage der Beteiligung gefährdeter Kinder durch Jugendämter und Familiengerichte, vgl. Zitelmann 2001.

ten" oder „nie" von ihren Vertreter/innen begleitet und informiert. Demgegenüber berichtet die Mehrheit der Heime, die in ihren Einrichtungen lebenden Kinder und Jugendlichen würden „häufig" (36 Prozent) oder „immer" (34 Prozent) persönlich begleitet und informiert.

Vormundschaft

Während die Interessenvertretung im Verfahren eine kurzfristige Wahrnehmung und Vertretung der kindlichen Wünsche, Bedürfnisse und wohlverstandenen Interessen sicherstellen soll, solange ein Entzug elterlicher Sorgerechte noch in Frage steht, geht es bei der Vormundschaft um die Sicherstellung einer langfristigen Interessenvertretung für das betroffene Kind. Es geht um die Frage, wer den Aufenthaltsort des Kindes bestimmen, therapeutische oder erzieherische Hilfen beantragen, die Schule auswählen und das Mündel persönlich während aller wichtigen Ereignisse und Entscheidungen in seinem Leben begleiten wird.

Die Einrichtungsleitungen wurden hinsichtlich dieser zentralen Weichenstellung auch gefragt, ob sie Empfehlungen zur Auswahl eines geeigneten Einzelvormundes abgeben. Diese Praxis rechnet anscheinend nur in rund 13 Prozent aller befragten Einrichtungen der Inobhutnahme zum fachlichen Standard. Fast die Hälfte (46 Prozent) der Leiter/innen antwortete hingegen, ihre Einrichtung gebe „nie" entsprechende Empfehlungen, ähnlich viele Befragte empfehlen nur „selten" eine bestimmte Person als Einzelvormund für das Kind (41 Prozent).

Die Gewinnung geeigneter Vormünder bzw. Pfleger stellt Jugendämter und Familiengerichte in Kindesschutzfällen tatsächlich vor besondere Herausforderungen. Verwandte des oft bereits vorgeschädigten und gefährdeten Kindes oder Jugendlichen werden mit guten Gründen in der Regel nicht in die nähere Wahl einbezogen. Oft fehlt es dann scheinbar an Alternativen zur Amtsvormundschaft, die in den letzten Jahren zum Gegenstand einer kritischen fachöffentlichen Diskussion geworden ist, da hier unter anderem die Fallbelastung zu hoch, die Ausbildung zu unspezifisch, die Einbindung in die Jugendbehörde sehr problematisch und die Verfügbarkeit bei schnellen Entscheidungen nicht immer gegeben sind.[60]

Aus diesem Grunde enthielt der Fragebogen für die Einrichtungsleitungen folgende Fragestellung: „Weiß Ihre Einrichtung von Vertrauenspersonen der Kinder/Jugendlichen (z.B. Pädagogen aus Schule, Kindergarten), die das Gericht als geeigneten Einzelvormund anfragen könnte?" Die Antworten überraschen angesichts der selten ausgesprochenen Empfehlungen hinsichtlich der Auswahl des Vormundes. Geantwortet haben 134 Einrichtungen der Inobhut-

---

[60] Vgl. Salgo, Zenz FamRZ 2009, 1378 ff.

nahme, dabei gibt fast jede dritte Einrichtungsleitung an, dass sie „häufig" oder sogar „immer" geeignete Vertrauenspersonen des Kindes kennt, die das Familiengericht als Vormund einsetzen könnte. Dies ist eine große, bislang ungenutzte Chance für die betroffenen Kinder und Jugendlichen. Denn in der gerichtlichen Praxis kommt es derzeit in Kindesschutzverfahren kaum je zur Bestellung von Einzelvormündern, obgleich diese Form der Vormundschaft im Zweifel Vorrang vor der Amtsvormundschaft hat. Hier besteht eindeutig Informationsbedarf – auf Seiten der Inobhutnahme-Einrichtungen über die Vormundschaft, aber auch auf Seiten der Familiengerichtsbarkeit und der Jugendämter über die noch ungenutzten Ressourcen im sozialen Umfeld der Kinder.

Ein weiterer Teil der Einrichtungsleitungen antwortete auf die oben genannte Frage mit „selten" (46 Prozent) oder „nie" (23 Prozent). Ob in diesen Heimen tatsächlich niemals geeignete Vertrauenspersonen der Minderjährigen bekannt sind oder ob diese Möglichkeit und ihre rechtlichen Voraussetzungen den Heimen wenig vertraut sind, muss hier offen bleiben.

Für die letztgenannte Option spricht vielleicht, dass 54 der 197 befragten Leiter und Leiterinnen bei dieser Frage die Option ankreuzte „trifft nicht zu", obgleich das Thema der Pfleg- und Vormundschaften ja in einer Einrichtung der Inobhutnahme immer wieder von Bedeutung ist.

Regelung des Umgangs

Während Umgangskontakte zwischen traumatisierten oder vernachlässigten Kindern und ihren leiblichen Eltern im Bereich der Pflegekindschaft in den letzten Jahren kritisch diskutiert werden, ist eine solch differenzierte Auseinandersetzung mit dem Pro und Contra sowie der konkreten Gestaltung des Umgangs in der Heimerziehung noch viel zu selten der Fall.[61]

Während der Inobhutnahme und Vorläufigen Unterbringung können bis zur Klärung der langfristigen Perspektive eines Kindes durchaus Besuche der Eltern angezeigt sein. Soll die Bindung zur Hauptbezugsperson aufrechterhalten werden, sind bei Babys und Kleinkindern sogar sehr häufige und ausgedehnte Kontakte notwendig. In anderen Fällen, in denen eine dauerhafte Fremdunterbringung des Kindes oder Jugendlichen angebahnt wird, geht es vielleicht „nur" darum, den Abschied von Kind und Eltern zu gestalten, was eine besondere Form der Kontakte und eine sehr anspruchsvolle Elternarbeit voraussetzt. Die notwendige Trauerarbeit hat dann zum Ziel, dass das Kind die innere Erlaubnis erhält, sich auf neue, soziale Ersatzeltern im Heim oder in einer Pflegefamilie einzulassen. Ist durch Umgangskontakte nach Misshandlung oder sexuellen Übergriffen eine Retraumatisierung des Kindes zu befürchten, ist aber eine sofortige Beendigung dieser Eltern-Kind-Kontakte angezeigt.

---

[61] Vgl. aber Diouani-Streek 2007; grundlegende Beiträge zu Umgangskontakten traumatisierter Kinder finden sich im 3. Jahrbuch der „Stiftung zum Wohl des Pflegekindes" 2004.

In den befragten Einrichtungen werden solche Erkenntnisse für jedes Kind vom ersten Tag der Inobhutnahme an relevant. Die Heime sind dabei zugleich der zentrale und manchmal einzig mögliche Ort für fachlich geleitete Beobachtungen und Überlegungen hinsichtlich der Auswirkungen und weiteren Gestaltung der Kontakte zwischen dem Kind und seiner Herkunftsfamilie. In der vorliegenden Studie wurden die Leitungsfachkräfte gefragt, ob ihre Einrichtung gegenüber dem Jugendamt fachliche Empfehlungen zur Regelung bzw. Aussetzung des Umgangs mit den Eltern ausspricht. In jeder vierten Einrichtung (28 Prozent) ist dies „immer" der Fall, jede dritte Einrichtung (37 Prozent) spricht zumindest „häufig" Empfehlungen zur Regelung oder Aussetzung von Umgangskontakten aus. Doch ebenso viele Einrichtungen geben an, dass sie nur „selten" (28 Prozent) oder sogar „nie" (acht Prozent) Empfehlungen zur Regelung oder zur Aussetzung des Umgangs abgeben. Im Umkehrschluss scheinen Jugendämter und Familiengerichte sehr regelmäßig entsprechende Nachfragen zu versäumen, obgleich gerade die Notaufnahmeheime ja sehr fundiert Auskunft über mögliche Belastungen (oder Gefährdungen) geben könnten, die sich beim Umgang zeigen. Da sich die oben genannten Fragen nun wirklich in jedem Fall der Fremdunterbringung von Kindern und Jugendlichen stellen, weisen diese Ergebnisse auf einen großen Bedarf an fachlicher Auseinandersetzung mit dieser Problematik hin.

Rückführung, Hilfen zur Erziehung

Die Praxis der Vermittlung

Soll das Kind im Anschluss an die Inobhutnahme in einer Pflegefamilie aufwachsen, liegt die Suche nach geeigneten sozialen Eltern in der Regel mehrheitlich beim Pflegekinderdienst der Jugendämter (65 Prozent, Mehrfachangabe möglich). 29 Prozent der Einrichtungen nannten auch den Allgemeinen Sozialen Dienst des Jugendamtes. Die Heime selbst beteiligen sich in der Regel mit einem Anteil von fünf Prozent an der Suche nach Pflegefamilien.

In 78 Prozent aller Einrichtungen sucht das Jugendamt in alleiniger Zuständigkeit nach einem geeigneten Platz für betroffene Kinder und Jugendliche. In 14 Prozent der Heime wird diese Suche gemeinsam vom Jugendamt und der Einrichtung übernommen. Nur vereinzelt liegt diese Aufgabe ausschließlich beim Heim. Die an der Auswertung beteiligten Fachkräfte aus Einrichtungen der Inobhutnahme sahen diese Antworten der Heimleiter/innen jedoch mit Skepsis. Sehr oft schlage die Inobhutnahme-Einrichtung dem Jugendamt eine Option vor, die dem Jugendamt gleichsam „schmackhaft" gemacht und von diesem auch oft (aber keineswegs immer) angenommen werde. Eine Alleinzuständigkeit des Jugendamtes bei der Platzsuche sei insofern in vielen Fällen nur vordergründig gegeben.

Insbesondere sind diese Überlegungen von Bedeutung für einen aus der Praxis öfter berichteten Umstand, wonach Plätze für die Inobhutnahme in manchen Heimen vorrangig vorgehalten werden, um die Belegung der Einrichtung durch Anschlussplatzierungen zu sichern. Die Studie stellte hierzu direkt die Frage, ob „Kinder und Jugendliche dauerhaft in Heime des eigenen Trägers vermittelt" werden. In einem Fall lautete die Antwort „immer", weitere 37 Prozent der Leitungsfachkräfte antworteten „häufig". In fast jedem zweiten Heim lautete die Angabe „selten" und in 14 Prozent der Einrichtungen „nie". Mit einem ergebnisoffenen Verfahren, das sich an den individuellen Lebensumständen und Bedürfnissen der Kinder orientiert, ist eine an den Eigeninteressen der Institution orientierte Praxis nicht vereinbar. Doch können gelegentlich auch gute Gründe dafür sprechen, die Minderjährigen im selben Heim zu belassen, etwa wenn es für Jugendliche um den Erhalt ihres sozialen Umfeldes oder die Sicherstellung des Schulbesuches geht.

Zur Vermeidung von Selbstbelegungspraktiken können nach Ansicht der an der Studie beteiligten Fachkräfte insbesondere Notaufnahmeheime beitragen, die als Übergangseinrichtung konzipiert sind und deshalb ergebnisoffen an die Hilfeplanung gehen. Mit einer Selbstbelegung sei vor allem bei der Einmischung einzelner Inobhutnahmeplätze in feste Gruppen zu rechnen. Schließlich hänge für die Mitarbeiter/innen der Heime der „eigene Job" von der ausreichenden Belegung der Heimgruppen ab. Auch sonst spielten wirtschaftliche Überlegungen, insbesondere was die Platzkosten anginge, erfahrungsgemäß bei der Hilfeplanung eine unverhältnismäßig große Rolle für das Schicksal einzelner Kinder.

Junge Kinder: Wege in die Heimunterbringung

Im Zuge der Hilfeplanung kommt es oft zu ersten Terminen bzw. Hospitationen von Kindern und Jugendlichen in der zur Auswahl stehenden Einrichtung. In jedem dritten Heim ist in solchen Fällen eine Begleitung „immer" sichergestellt. Ein weiterer Teil der Einrichtungen kann eine solche Begleitung zumindest „häufig" durchführen. In immerhin jeder vierten Einrichtung erhalten die betroffenen Kinder oder Jugendlichen hingegen nur „selten" oder sogar „nie" eine Begleitung durch ihnen vertraute Bezugspersonen beim Übergang in andere Heime.

Die von den Leitungsfachkräften auszufüllenden Bögen enthielten gesonderte Fragen zur Vermittlung jüngerer Kinder, die für das vorhergehende Kalenderjahr 2004 erhoben wurden. Die Ergebnisse stützen sich auf differenzierte Angaben zur Hilfeplanung für bzw. Vermittlung von 600 Kindern unter zehn Jahren aus 110 Einrichtungen der Inobhutnahme, die nach der Notaufnahme schließlich dauerhaft in Heime und Pflegefamilien vermittelt wurden.

Die Mehrheit dieser Kinder (68 Prozent) wurde dauerhaft in einem Kinderheim platziert. Rechnet man die Träger heraus, die über keine Dauerplätze verfügen, ist davon auszugehen, dass ungefähr die Hälfte der Kinder im Anschluss an die Vorläufige Unterbringung auf Dauer vom selben Träger betreut wurde. Dies wirft Fragen auf. Bei der Indikation zur langfristigen Heimunterbringung von Kindern im Vor- und Grundschulalter wird man mit Blick auf die Vorgeschichte der Kinder und ihren erzieherischen bzw. therapeutischen Bedarf schwerwiegende Beweggründe vermuten müssen, aus denen das Kind nicht in einer Ersatzfamilie aufwachsen kann, sondern in eine Kindergruppe mit Schichtdienst im Heim vermittelt wird.

Ob diesen schwerwiegenden Gründen durch besondere pädagogische und therapeutische Konzepte bei jedem zweiten Kind tatsächlich am besten durch Angebote des Trägers der Inobhutnahme-Einrichtung entsprochen wurde, scheint unwahrscheinlich. Es liegt nahe, dass sich die eingangs aufgestellte Vermutung einer durch Eigeninteressen gesteuerten Selbstbelegung der Heimeinrichtungen in manchen Fällen bewahrheitet. Definitiv klären könnte man dies wohl nur durch qualitative Untersuchungen.

Pflegekindschaft

Die Frage an die Heimleiter/innen, ob „Mitarbeiter/innen Ihrer Einrichtung über Fortbildungen oder Erfahrungen im Pflegekinderbereich" verfügen, wurde nur von 60 Prozent aller Einrichtungen der Inobhutnahme bejaht. Eine auf das Aufnahmealter der Kinder bezogene Betrachtung verschärft diesen problematischen Befund noch. Von 119 Einrichtungen, die im Vorjahr Kinder unter zehn Jahren betreuten und zugleich Angaben zu dieser Frage machten, gibt mehr als die Hälfte (67) an, dass kein einziger ihrer Mitarbeiter über Fortbildungen oder Erfahrungen im Pflegekinderbereich verfügt.

Der Fortbildungsbedarf in diesem Bereich ist damit offenkundig. Auch ist die Annahme wohl berechtigt, dass das Personal in Einrichtungen der Inobhutnahme die Unterbringung von Kindern in Pflegefamilien eher nicht in Betracht ziehen wird, wenn es in der Einrichtung vollständig an grundlegenden Kenntnissen zum Pflegekinderwesen fehlt.

So verwundert es auch kaum, dass nicht einmal jede fünfte Einrichtung (18 Prozent) über spezielle Konzepte zur Anbahnung von Pflegeverhältnissen verfügt. Von den Einrichtungen, die ohne ein solches Konzept arbeiten, hatten im Vorjahr immerhin in mehr als der Hälfte (89 von 154) auch Kinder unter zehn Jahren aufgenommen.

Die Frage, ob ausführliche Übergabegespräche der Betreuer/innen mit künftigen Pflegeeltern stattfinden, konnten ebenfalls nur zwei von drei Einrichtungsleitungen bejahen. Es liegt auf der Hand, dass solche Gespräche einen wesentlichen Beitrag zur Vorbereitung der Pflegeeltern leisten, indem die Erfahrungen und Einschätzungen der Betreuungspersonen direkt weitergegeben und Fragen der Pflegeeltern unmittelbar geklärt werden können. Bei dieser Frage wurden zunächst auch Einrichtungen erfasst, in denen überwiegend Jugendliche betreut werden und eine solche Überleitung kaum stattfindet.

Eine altersbezogene Berechnung zeigt dagegen, dass immerhin 95 der 118 Einrichtungen, in denen im Vorjahr Kinder unter zehn Jahren betreut wurden und zugleich Angaben zur Frage nach der Übergabe machten, ausführliche Gespräche der Betreuer/innen mit den künftigen Pflegeeltern vorsehen. Es bleiben jedoch 23 Einrichtungen der Inobhutnahme, in denen zwar jüngere Kinder betreut werden, in denen aber keine ausführlichen Übergabegespräche zwischen den Betreuungspersonen und künftigen Pflegeeltern stattfinden.

Auch nach eigener Angabe der befragten Betreuer/innen nimmt nur jede dritte Fachkraft „immer" oder „häufig" an Gesprächen mit den künftigen Pflegeeltern der Kinder teil. Selbst wenn man hier wiederum ältere Kinder und Jugendliche aus der Betrachtung heraus nimmt, wäre hier mit einer weitaus größeren Zahl positiver Antworten zu rechnen gewesen.

In jeder vierten Einrichtung der Inobhutnahme (26 Prozent) wird eine weitere Begleitung der Pflegefamilien angeboten. Diese Zahl wird durch eine altersbereinigte Berechnung nicht maßgeblich verändert. Von 119 Einrichtungen, in denen im Vorjahr Kinder unter zehn Jahren betreut wurden und die zugleich Angaben zu dieser Frage machten, bietet demnach immer noch die Mehrheit (72 Prozent) keine weitere Begleitung der Pflegefamilie an, in die das betreute Kind wechselt. Diese Fragestellung soll nicht suggerieren, dass eine solche Nachbegleitung stets sinnvoll wäre, zeigt aber, ob dieses Angebot im Bedarfsfall überhaupt besteht. Vielfach bedarf die im Entstehen begriffene Pflegefamilie zunächst einmal eines Schutzes vor allzu viel Einmischung von Seiten der Jugendhilfe. Auch ist davon auszugehen, dass ein Pflegekind in der Regel sehr unterschiedliche Phasen durchläuft, bis es sich seinen Ersatzeltern zugehörig fühlen kann.[62]

Junge Kinder: Wege in die Pflegekindschaft

Die Ergebnisse der Studie zwingen zu folgender Einsicht: Sind Kinder im Säuglingsalter bis zum zehnten Lebensjahr erst einmal im Heim untergebracht, ist die Wahrscheinlichkeit sehr groß, dass sie auch auf Dauer in einem Heim aufwachsen. Nur jedes dritte junge Kind kam nach der Aufnahme im Heim in eine Familienpflege, wobei auch ein Teil dieser Pflegestellen beim Träger der Inobhutnahme angebunden sind.

Gründe dieser Platzierungsentscheidungen können nur vermutet werden. Zunächst bedeutet die Vorläufige Unterbringung von kleinen Kindern durch das

---

[62] Vgl. grundlegend Nienstedt/Westermann 2007, die hier sehr plausibel auch auf Konzepte der Vorläufigen Heimunterbringung zur Anbahnung der Pflegekindschaft eingehen.

Jugendamt in einem Notaufnahmeheim statt in Bereitschaftspflege ja schon eine Vorentscheidung. Dies mag nicht selten an der fehlenden Zustimmung der sorgeberechtigten Eltern zur Vermittlung des Kindes in eine andere Familie liegen. Dabei kann die Bedürfnislage des Kindes dieser Entscheidung aber durchaus diametral gegenüberstehen. Es kann ebenso sein, dass die Kontakte zur Herkunftsfamilie während der Vorläufigen Unterbringung aufrechterhalten werden sollen, dies aber einer Bereitschaftspflegefamilie nicht zuzumuten ist. Diese Gesichtspunkte sprechen freilich nicht gegen eine auf Dauer angelegte Integration des Kindes in eine Ersatzfamilie.

Gründe können auch beim Kind selbst liegen, etwa wenn das Kind so vorgeschädigt ist, dass nahe Beziehungen zunächst massive Angst und aggressive Abwehr hervorrufen – oder wenn es aufgrund seines Verhaltens, von Behinderungen oder wegen Alters im Pflegekinderbereich als „nicht vermittelbar" gilt. Ein weiterer, nicht seltener Grund ist wohl die Heimaufnahme größerer Geschwistergruppen mit Kindern verschiedener Altersstufen, die auch im Anschluss an die Notaufnahme gemeinsam in ein Heim vermittelt werden, wobei auch dies durchaus nicht zwangsläufig im Interesse des einzelnen Kindes liegt.

Auch kann der Aufenthalt eines Kindes in einer Übergangseinrichtung das erklärte Ziel haben, dem Kind bei der seelischen Loslösung von seiner Herkunftsfamilie zu helfen und die nötige Unterstützung anzubieten, damit sich das Kind trotz traumatischer Vorerfahrungen auf die Integration in einer neuen Familie einzulassen vermag.[63] Spezielle Konzepte zur Anbahnung von Pflegeverhältnissen sind trotz der Betreuung vieler junger Kinder in Einrichtungen der Inobhutnahme aber wie gezeigt selten. In jeder zweiten Einrichtung, die jüngere Kinder betreut, arbeitet nicht einmal eine einzige Fachkraft, die über Fortbildungen oder Erfahrungen im Pflegekinderbereich verfügt. Die Befragung der pädagogischen Fachkräfte im Gruppendienst zeigt, dass ihnen die zentrale fachliche Bedeutung der Pflegekindschaft kaum gegenwärtig ist. Das Thema „Pflegekindschaft" taucht bei den 181 befragten Betreuer/innen im Gruppendienst zur Frage des Fortbildungsbedarfs erstaunlicherweise nur in drei Fällen auf.[64]

Rückführungen von Kindern unter zehn Jahren

In 80 Prozent der 106 Einrichtungen, die im vorigen Kalenderjahr Säuglinge und Kinder unter zehn Jahren betreuten und die nähere Angaben machten, kam es im Vorjahr 2004 zu Rückführungen der in Obhut genommenen Kinder. Die Zahl der Heime, in denen im Vorjahr kein jüngeres Kind zu den Eltern

---

[63] Vgl. ausführlich Nienstedt/Westermann 2007.

[64] Am häufigsten waren folgende freie Nennungen „Misshandlungsforschung/Gewalt" (18 Prozent), gefolgt von „Clearing/Sozialpädagogischer Diagnostik" (12 Prozent) sowie „Drogen/Sucht" (8 Prozent).

zurückgeführt wurde, ist auf den ersten Blick hoch. Die an der Auswertung beteiligten Fachkräfte erläuterten, in vielen Kommunen werde sehr lange gewartet, bis die Kinder in Obhut genommen werden. Erfolge endlich die Trennung des Kindes von der Familie, komme eine Rückführung in vielen Fällen oft gar nicht mehr in Betracht.

Bei 113 dieser 523 jüngeren Kinder, die nach einer Inobhutnahme wieder in ihrer Familie lebten, wurden ambulante Hilfen durch denselben Träger eingeleitet, der auch das stationäre Angebot vorgehalten hatte. Wiederum stellt sich die Frage nach Interessenkonflikten des Trägers bei der ergebnisoffenen Feststellung des Erzieherischen Bedarfes. Bei der Auswertung dieser Daten berichteten Praxisvertreter/innen, dass manche Einrichtungen der Inobhutnahme vermehrt Krisenintervenionsangebote als „Gesamtpaket" anbieten, mit denen sie eine Rückführung von Kindern ambulant begleiten. Inwieweit diese Angebote den Schutz der betroffenen Kinder sicherstellen und nachhaltige Veränderungen der Erziehungsfähigkeit der Eltern erreichen können, bedarf sicherlich der weiteren Überprüfung.

Zusammenfassung und Ausblick

Dieser Beitrag basiert auf einer repräsentativen schriftlichen Befragung in bundesweit 218 Einrichtungen der Inobhutnahme. Ein positives Ergebnis ist, dass die meisten Einrichtungen nicht allein die Versorgung und Betreuung der Minderjährigen übernehmen, sondern auch eine Abklärung von Gefährdungslagen und des erzieherischen Bedarfs vorsehen. Dieser umfassende Kindesschutzauftrag ist fachlich unverzichtbar. Regelmäßig ergeben sich nämlich erst während des Heimaufenthaltes durch die tägliche Betreuung und Begleitung der Kinder und ihrer Familien sehr wichtige Hinweise für die Gefährdungseinschätzung und Weichenstellungen des Jugendamtes und des Familiengerichtes.

Die Bedingungen und Konzepte der Einrichtungen widersprechen diesem Auftrag jedoch oft in gravierender Weise. Vorrangig zu nennen sind hier die fehlende Pauschalfinanzierung und die teils chronische Überbelegung der Einrichtungen. Viel zu häufig sind Inobhutnahmeplätze in feste Dauergruppen eingestreut, nötig wäre ein flächendeckendes Angebot spezieller Gruppen zur Notaufnahme und Perspektivklärung. Ganz zentral ist der Befund, dass Qualifikation und Anzahl der im Gruppendienst eingesetzten Fachkräfte einer guten Betreuung und fachgerechten Krisenintervention sogar in der Mehrzahl der Einrichtungen zuwiderlaufen.

Es bedarf weiterhin klarer Übereinkünfte und Meldevorschriften, die sicherstellen, dass die während der Betreuung der Kinder gewonnenen Erkenntnisse des Heimes schriftlich dokumentiert und zum Gegenstand behördlicher und gerichtlicher Kindesschutzverfahren werden.

Die Kooperation zwischen Heimen und Jugendämtern scheint relativ gut gesichert. Die Abhängigkeit der Heime von der Belegung des örtlichen Jugendamtes kann jedoch im Einzelfall zu Lasten der betroffenen Kinder gehen. Vorgeschlagen wird in solchen Fällen ein Meldeverfahren entsprechender Fälle an das zuständige Familiengericht. Gleiches könnte auch für all jene Fälle bedacht werden, in denen Kinder vom Jugendamt mehrfach aus der Familie genommen, dann aber wieder in das alte Milieu zurückgeführt werden.

Die Familiengerichte selbst nehmen nur selten direkt Kontakt mit den Betreuer/innen der Kinder auf und verlassen sich damit eher auf Informationen aus „zweiter Hand". Die vorliegende Studie zeigt, dass dieses Vorgehen riskant ist und wichtige, zur Einschätzung des Kindeswohls bedeutsame Erkenntnisse auf diesem Wege verloren gehen können. Umgekehrt nutzen die Notaufnahmeheime selbst viel zu selten die Chance, mit eigenen Anregungen und Berichten zur Gefährdungseinschätzung des Gerichtes und zu einem am Kindeswohl orientierten Ausgang des Verfahrens beizutragen. Erneut bestätigen sich in dieser Studie leider auch massive Versäumnisse der Richter bei ihrer Anhörungspflicht, auch sind Verfahrensbeistände zur engeren Kooperation mit den Kindern und ihren Betreuer aufgerufen.

Es besteht dringend Handlungsbedarf, um durch eine umsichtige Gesetzgebung und Jugendhilfeplanung sowie durch das Engagement der Träger und Fachkräfte in den Heimen zum wirksamen Schutz und besseren Lebensbedingungen der Kinder und Jugendlichen beizutragen. Auch die wissenschaftliche Forschung wird dieses Handlungsfeld weit intensiver als in den vergangenen Jahrzehnten begleiten müssen, um zu einer fachlichen Entwicklung beizutragen, die eine nachhaltige Verbesserung der jetzigen Zustände bewirkt.

Literatur

„Arbeitskreis Inobhutnahme" (AKI) der Internationalen Gesellschaft für Erzieherischer Hilfen = http://www.igfh.de/aki/sr-inobhutnahme.html

Baur, D./Finkel, M./Hamberger, M./Kühn A. D./Projektleitung Hans Thiersch (1998): Leistungen und Grenzen von Heimerziehung – Ergebnisse einer Evaluationsstudie stationärer und teilstationärer Erziehungshilfen. Forschungsprojekt Jule, 1. Aufl. Bd. 170, hg. vom Bundesministerium für Familie, Senioren, Frauen und Jugend. Stuttgart: Kohlhammer.

Bundesministerium für Familien, Senioren, Frauen und Jugend (2002): Bereitschaftspflege – Familiäre Bereitschaftsbetreuung. Empirische Ergebnisse und praktische Empfehlungen. W. Kohlhammer Verlag (SR Band 231).

Diouani-Streek, M. (2007): Kindeswohl und Elternrecht: Zur Umgangsproblematik von Minderjährigen in Heimerziehung und Eltern. In: Homfeldt, H. G./Schulze-Krüdener, J. (Hg.): Elternarbeit in der Heimerziehung. München: Ernst Reinhardt, S. 44–60.

Gabriel, Th./Winkler, M. (Hrsg.) (2003): Heimerziehung. Kontexte und Perspektiven. München: Ernst Reinhardt.

Günder, R. (2003): Praxis und Methoden der Heimerziehung – Entwicklung, Veränderungen und Perspektiven der stationären Erziehungshilfe. 2. völlig neu überarbeitete Aufl., Freiburg im Breisgau: Lambertus.

Lakies, Th. (1997): Vorläufige Maßnahmen zum Schutz von Kindern und Jugendlichen, Stuttgart.

Kirchhart, St. (2008): Inobhutnahme in Theorie und Praxis. Grundlagen der stationären Krisenintervention in der Jugendhilfe und empirische Untersuchung in einer Inobhutnahmeeinrichtung für Mädchen. Bad Heilbrunn.

Münder, J./Baltz, J./Jordan, E./Kreft, D./Lakies, Th./Proksch, R./Schäfer, K./Tammen, B./Trenczek, Th. (2003): Frankfurter Kommentar zum SGB VIII Kinder- und Jugendhilfe. 4. Aufl., Weinheim/Berlin/Basel: Verlagsgruppe Beltz.

Nüßle, D./Voß-Renz, D. (2008): Sozialpädagogische Diagnostik und Erzieherische Hilfen in Einrichtungen der Notaufnahme nach Inobhutnahmen. Unveröffentlichte Bachelor-Arbeit, Fachhochschule Esslingen.

Nienstedt, M./Westermann A. (2007): Pflegekinder und ihre Entwicklungschancen nach frühen traumatischen Erfahrungen. Völlig überarbeitete Neuausgabe; Stuttgart: Klett-Cotta.

Statistiken der Kinder- und Jugendhilfe (2004): Revidierte Ergebnisse. Erscheinungsfolge: vierjährlich. Erschienen am 29. November 2004. Statistisches Bundesamt: „Einrichtungen und tätige Personen – sonstige Einrichtungen (ohne Tageseinrichtungen für Kinder). Stichtag 31.12.2002. (Eine aktuellere Fassung liegt leider nicht vor).

Statistisches Bundesamt (2009): Pressemitteilung des Statistischen Bundesamtes vom Pressemitteilung Nr. 234 vom 25.06.2009.

Stiftung zum Wohl des Pflegekindes (Hg.) (2004): 3. Jahrbuch des Pflegekinderwesens – „Kontakte zwischen Pflegekind und Herkunftsfamilie". Idstein: Schulz-Kirchner.

Trenczek, Th. (2008): Inobhutnahme – Krisenintervention und Schutzgewährung durch die Jugendhilfe §§ 8a, 42 SGB VIII. 2. völlig neu bearb. Aufl., Stuttgart: Boorberg Verlag.

Kabus, K. (2008): Zeit für Kinder. Eine Arbeits-Zeit-Analyse der Inobhutnahme-Wohngruppe 2 des Städtischen Kinderhilfezentrums in Düsseldorf. Unveröffentlichte Diplom-Arbeit, Fachhochschule Düsseldorf.

Schön, A. (2004): Inobhutnahme im Kinder- und Jugendhilferecht und der Schutz gefährdeter Kinder und Jugendlicher durch die betreffenden Einrichtungen. Unveröffentlichte Diplom-Arbeit, Universität Frankfurt.

Salgo, L. G. Z. (2009): (Amts-)Vormundschaft zum Wohle des Mündels – Anmerkungen zu einer überfälligen Reform. FamRZ, Heft 16, S. 1378–1385.

Van Santen, E./Maier, J./Pluto, L./Seckinger, M./Zink, G. (2003): Kinder- und Jugendhilfe in Bewegung – Aktion oder Reaktion? Eine empirische Analyse. Deutsches Jugendinstitut. München.

Zitelmann, M. (2005): Erste Streiflichter im Dunkelfeld – Forschungsnotizen zur vorläufigen Heimunterbringung. Forum Erziehungshilfen, Heft 3, S. 171–176.

Zitelmann, M. (2001): Kindeswohl und Kindeswille im Spannungsfeld von Pädagogik und Recht. Münster/Frankfurt am Main: Votum-Verlag.

Maria: Die Betreuerin war nett zu mir und hörte mir gut zu.

Als ich abends hierher – in die Inobhutnahme – gekommen bin, da war ich ganz durcheinander und traurig und dachte, „oh weia, ich möchte nur noch nach Hause". Ein freundliches Begegnen und ein Gesicht, das mich an früher erinnerte, ließ mich die Sorgen überwinden. Freundliche Gespräche und Offenheit der anderen Mitbewohner machten, dass es mir etwas wärmer ums Herz wurde. Die Betreuerin war nett zu mir und hörte mir gut zu. Sie unterhielt sich mit mir und sie erklärte mir die Regeln. Doof fand ich, dass ich mit einer älteren Jugendlichen ein Zimmer teilen musste. Ich sollte dann, da ich noch jünger war, noch früher auf mein Zimmer gehen. Dies fand ich nicht gut. Auf dem Zimmer konnte ich mich dann mit der anderen Jugendlichen unterhalten und über meine Probleme sprechen. So fand ich das Zimmer dann doch schön. Müde, etwas ruhiger, konnte ich dann in der ersten Nacht einschlafen, obwohl ich mein Zuhause doch sehr vermisste.

Zwischen Leistung und Eingriff – die vielen Gesichter der Inobhutnahme
Einsichten auf Basis der amtlichen Kinder- und Jugendhilfestatistik[65]

Jens Pothmann

Der Auftrag der Kinder- und Jugendhilfe liegt zwischen einer Förderung und Unterstützung junger Menschen und deren Familien einerseits sowie kontrollierenden Interventionen im privaten Lebensraum von Familien andererseits. Die Komplexität dieser Gratwanderung und die Gefahr, dabei die Balance zu verlieren, wird gerade in den letzten Jahren im Kontext der öffentlichen Debatten zum Kinderschutz deutlich (vgl. Bundesjugendkuratorium 2007). Und in der Tat ist schon die Ausgangslage kompliziert. Denn zunächst einmal will und soll sich der Staat laut Verfassung weitgehend aus der Familie raushalten. Pflege und Erziehung von Kindern sind laut Grundgesetz das natürliche Recht und die Pflicht der Eltern. Die Kinder- und Jugendhilfe bietet hierzu mehr oder weniger verpflichtend ein Bündel von Unterstützungsleistungen an. Gleichzeitig behält sich der Staat ein Wächteramt mit Blick auf das Kindeswohl vor. Hierüber werden Jugendämter bei Gefährdungslagen für das Wohlergehen von Kindern zum Eingriff, zur Durchführung von Inobhutnahmemaßnahmen verpflichtet. Vor dem Hintergrund dieser „strukturellen Ambivalenz" (Wiesner u.a. 2006: 102) für die Kinder- und Jugendhilfe bewegt sich das Feld in einem heiklen und in seinen Folgen nicht immer vorherzusehenden Spannungsfeld von Hilfe und Kontrolle, von Unterstützung und Intervention.

Die Inobhutnahme (§ 42 SGB VIII) ist ein der Kinder- und Jugendhilfe in diesem Spannungsfeld zur Verfügung stehendes Instrument. Möglich wird hierüber, in akuten Krisensituationen und bei unmittelbaren Gefährdungslagen das Kind, den Jugendlichen zumindest vorübergehend aus der Familie zu nehmen. Die Inobhutnahme ist – ungeachtet ihrer rechtlichen Zuordnung zu den so genannten „anderen Aufgaben der Jugendhilfe" – auf der einen Seite auch so etwas wie ein Leistungstatbestand der Kinder- und Jugendhilfe – bittet beispielsweise ein Kinder oder ein Jugendlicher um eine Inobhutnahme –, ist aber auf der anderen Seite bei dringender Gefahr für das Wohl des Minderjährigen ein zentrales Instrument, um bei Kindeswohlgefährdungen mitunter auch gegen den Willen der Eltern unmittelbar intervenieren zu können (vgl. Wiesner u.a. 2006: 752).

---

[65] Zu danken ist an dieser Stelle Lorette Myers für die Unterstützung bei der Erstellung dieses Beitrags.

Deutlich werden hierüber bereits zwei ganz unterschiedliche Gesichter der Inobhutnahme. Diese Differenzierung wird im Rahmen der folgenden statistischen Analysen noch einmal aufzugreifen sein (3). Vorab jedoch werden einige Hinweise zur Datengrundlage der amtlichen Kinder- und Jugendhilfestatistik und der Erfassung zu den vorläufigen Schutzmaßnahmen gegeben (1). Die daran anschließende Analyse statistischer Daten zu den vorläufigen Schutzmaßnahmen umfasst folgende ausgewählte Aspekte:

- die Darstellung des Fallzahlenvolumens für die Jahre 1995 bis 2008, also dem bisherigen Erfassungszeitraum für die vorläufigen Schutzmaßnahmen (2)

- eine Analyse zu den von Jugendlichen gewünschten und eingeforderten Inobhutnahmen auf der einen sowie zu den aufgrund von Gefährdungslagen notwendigen Inobhutnahmen auf der anderen Seite (3)

- ein Blick auf regionale Unterschiede zu den Inobhutnahmezahlen nach Ost- und Westdeutschland, nach Stadtstaaten und Flächenländern sowie nach einzelnen Bundesländern (4)

- eine knappe Beschreibung der in Obhut genommenen Kinder und Jugendlichen nach persönlichen Merkmalen wie Alter, Geschlecht und Staatsangehörigkeit (5)

- eine Analyse zur Dauer von Inobhutnahmen und deren Bedeutung hinsichtlich möglicher Aussagen über die Vielfalt und die Veränderungen der zur Anwendung kommenden Verfahrensweisen (6)

- eine Skizzierung möglicher Szenarien für die Zeit nach der Beendigung einer Inobhutnahme (7).

Diese Auswertungsdimensionen skizzieren, wenn auch sicherlich nur ausschnitthaft, die Inobhutnahme als ein zeitlich befristetes Instrument der Krisenintervention durch die Jugendämter. Ein Resümee (8) wird die wichtigsten Einsichten hierzu abschließend zusammenfassen.

Die Datengrundlage

Die Erhebung der vorläufigen Schutzmaßnahmen gehört zum Teil I der amtlichen Kinder- und Jugendhilfestatistik. Mit Inkrafttreten des SGB VIII und der damit verbundenen Einführung einer reformierten amtlichen Kinder- und Jugendhilfestatistik (vgl. Schilling 2003) war eine gesonderte Teilerhebung zu den vorläufigen Schutzmaßnahmen noch nicht vorgesehen. Diese wurde erst nachträglich Anfang der 1990er-Jahre in das Erhebungsprogramm der amtlichen Kinder- und Jugendhilfestatistik integriert und für das Jahr 1995 erstmalig durchgeführt. Seither wird diese Erhebung jährlich von den Statistischen Landesämtern durchgeführt.

Die Erfassung der abgeschlossenen vorläufigen Schutzmaßnahmen oder auch Inobhutnahmen gem. § 42 SGB VIII berücksichtigt Fragen zur Art und Form der Maßnahme, zu persönlichen Merkmalen der betroffenen Kinder und Jugendlichen (Geschlecht, Alter, Staatsangehörigkeit oder auch der Aufenthaltsort vor der Maßnahme) sowie zu den Rahmenbedingungen der jeweiligen Schutzmaßnahme (Unterbringung während der Maßnahme, Initiierung und Umstände der Maßnahme oder auch deren Beendigung). Es handelt sich bei dieser Teilerhebung nicht um eine ‚Personenstatistik', sondern um eine ‚Maßnahmenstatistik'. Das hat zur Konsequenz, dass Kinder und Jugendliche innerhalb eines Erhebungsjahres mehrmals über die Statistik erfasst werden, wenn sie im Erhebungsjahr wiederholt in Obhut genommen werden. Somit ist die Zahl der in Obhut genommenen Minderjährigen jeweils niedriger als das über die Statistik ausgewiesene Fallzahlenvolumen.

Die jährlich erhobenen Ergebnisse der Teilerhebung zu den vorläufigen Schutzmaßnahmen werden in Form von ausgewählten Standardtabellen vom Statistischen Bundesamt veröffentlicht (www.destatis.de → Publikationen → Publikationsservice → Suchwort: Schutzmaßnahmen). Ferner werden – wenn auch unterschiedlich umfangreich – Länderergebnisse von den hiesigen Statistischen Landesämtern bereitgestellt. Über das Forschungsdatenzentrum der Statistischen Landesämter stehen zudem grundsätzlich faktisch anonymisierte Einzeldaten für über die Standardtabellen hinausgehende statistische Analysen zur Verfügung (www.forschungsdatenzentrum.de).[66]

Etwa 25.000 bis 30.000 Inobhutnahmen pro Jahr sind die Regel –
Fallzahlenzunahme nach Novellierung des SGB VIII durch den § 8a

Für das Jahr 2008 weist die Statistik 32.253 Inobhutnahmen aus. Das sind rund 8.800 oder auch 38 Prozent mehr Fälle als noch 1995, dem ersten Jahr der statistischen Erfassung. Allerdings sind bei der Fallzahlenentwicklung für den benannten Zeitraum unterschiedliche Entwicklungen zu konstatieren (vgl. Abbildung 1). In den ersten Jahren der statistischen Erfassung zwischen 1995 und 1997 zeigt sich eine starke Zunahme des Fallzahlenvolumens (+36 Prozent). Diese Entwicklung allein auf eine reale Zunahme von Inobhutnahmen zurückzuführen, geht wohl an der Wirklichkeit vorbei. Vielmehr ist davon auszugehen, dass gerade bei den ersten Erhebungen Untererfassungen nicht zu vermeiden gewesen sind (vgl. Schilling 2003). Hierauf verweist auch das konstante Fallzahlvolumen in den Jahren 1998 und 2001 für das Bundesgebiet (zwischen 31.000 und 31.600 Maßnahmen). Es scheint also die An-

---

[66] Ausgewählte Ergebnisse zu den vorläufigen Schutzmaßnahmen werden genauso über das Internetangebot der Arbeitsstelle Kinder- und Jugendhilfestatistik zur Verfügung gestellt wie sogenannte „Kurzkommentare" zu ausgewählten Befunden dieser Erhebung (www.akjstat.uni-dortmund.de).

nahme plausibel, dass sich die Qualität der Daten in Bezug auf Vollständigkeit und Vollzähligkeit nach anfänglichen Schwierigkeiten wesentlich verbessert hat.

Zwischen 2001 und 2005 sind die Fallzahlen für die Inobhutnahmen deutlich auf knapp 25.700 Fälle gesunken, um dann in den letzten Jahren – sicherlich begünstigt durch die „Kinderschutzdebatte" und die damit einhergehenden rechtlichen Veränderungen (vgl. Trenczek in diesem Band) – auf die bereits erwähnten rund 32.250 Maßnahmen wieder anzusteigen. Dass diese Fallzahlenentwicklung nicht hauptsächlich auf demografische Veränderungen zurückzuführen ist, zeigt die Relativierung der Fallzahlen auf die altersentsprechende Bevölkerung. So steigt auch die Zahl der vorläufigen Schutzmaßnahmen im Verhältnis zur Zahl der Minderjährigen in der Bevölkerung (vgl. Abbildung 1).

Die für die 2000er-Jahre beschriebene Entwicklung bei den Fallzahlen vollzieht sich ähnlich mit Blick auf die finanziellen Aufwendungen. Während zwischen 2001 und 2005 das jährliche Ausgabenvolumen der öffentlichen Jugendhilfe von 89,8 Mio. EUR auf 76,2 Mio. EUR zurückgegangen ist (–15 Prozent), sind seither die Ausgaben für die Inobhutnahmen auf zuletzt

Abbildung 1: Entwicklung der vorläufigen Schutzmaßnahmen; Deutschland; 1995–2008; Angaben absolut und pro 10.000 der unter 18-Jährigen

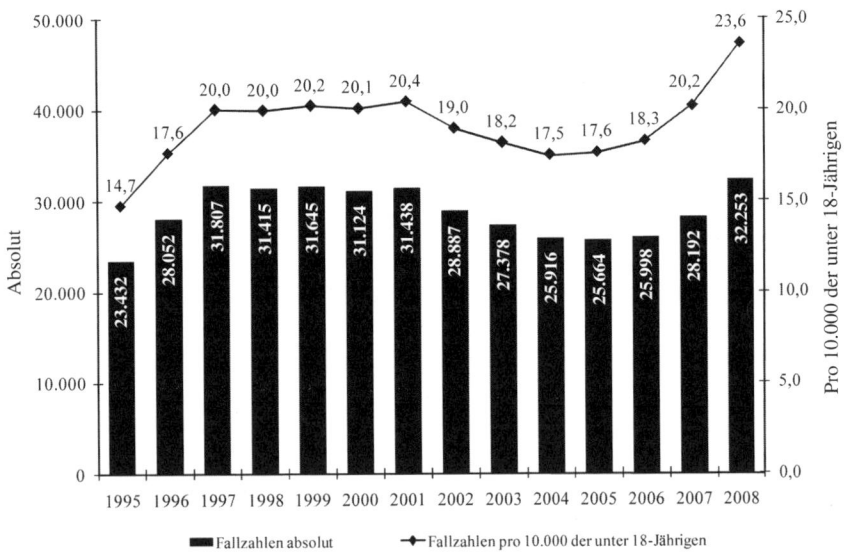

Quelle: Statistisches Bundesamt: Statistiken der Kinder- und Jugendhilfe – Vorläufige Schutzmaßnahmen, versch. Jahrgänge; eigene Berechnungen

(2008) 118,0 Mio. EUR angestiegen (+55 Prozent).[67] Das ist zugleich das höchste jährliche Finanzvolumen für diese Maßnahmen seit Inkrafttreten des SGB VIII. Auch hier zeigen sich also nicht zuletzt die Auswirkungen der „Kinderschutzdebatte" mit all ihren Implikationen bis hin zu den daraufhin veränderten rechtlichen Grundlagen.

Zwischen Selbstmeldungen und Intervention bei Gefährdungslagen

Es ist einleitend darauf hingewiesen worden, dass bei den Maßnahmen der Inobhutnahmen grundsätzlich zwei Konstellationen zu unterscheiden sind: die sozialpädagogische Hilfe als Leistungstatbestand auf der einen sowie die Krisenintervention mit einem eindeutigen Eingriffscharakter auf der anderen Seite. Dieser Architektur der Inobhutnahme wird in der Statistik insofern Rechnung getragen, als dass bei der Veröffentlichung der amtlichen Daten zwischen der „Inobhutnahme auf eigenen Wunsch" und der „Inobhutnahme wegen Gefährdung" unterschieden wird.[68] Deutlich wird, dass bei den Fallkonstellationen im Bereich der Inobhutnahme quantitativ die eingriffsorientierten Maßnahmen aufgrund von offensichtlichen Gefährdungslagen deutlich gegenüber den Inobhutnahmen auf eigenen Wunsch überwiegen (vgl. Tabelle 1).

Das quantitative Verhältnis dieser beiden Varianten hat sich dabei bis Anfang der 2000er-Jahre als vergleichsweise konstant erwiesen. Bis dahin waren rund ein Drittel der innerhalb eines Jahres durchgeführten Krisenintervenionen auf Wunsch des Minderjährigen selbst (Selbstmeldungen) zustande gekommen, während ca. zwei Drittel der Inobhutnahmen vor dem Hintergrund akuter Gefährdungslagen durchgeführt werden mussten (vgl. Tabelle 1). Seither hat sich jedoch das Verhältnis weiter zugunsten der Schutzmaßnahmen aufgrund von Gefährdungslagen verändert. Für das Jahr 2008 heißt dies, dass von den insgesamt gezählten rund 32.250 Maßnahmen ca. 7.800 auf „Selbstmeldungen" (24 Prozent) sowie fast 24.500 auf „Fremdmeldungen" (76 Prozent) zurückzuführen sind (vgl. Tabelle 1).

---

[67] Für das Jahr 2007 werden noch 95,9 Mio. EUR laut Statistik für die vorläufigen Schutzmaßnahmen ausgegeben. Bei der deutlichen Zunahme zwischen 2007 und 2008 auf die benannten 118,0 Mio. kann – ohne dies hier näher auszuführen – nicht ausgeschlossen werden, dass ein Teil dieses über die Statistik ausgewiesenen Anstiegs von immerhin rund 22 Mio. EUR (+23 Prozent) in einem Zusammenhang mit der Einführung des Neuen Kommunalen Finanzmanagements (NKF) zu sehen ist.

[68] Zu letztgenannten Maßnahmen werden hier und im Folgenden auch die Herausnahmen gezählt. Nach der Novellierung des SGB VIII und die damit verbundene Neuordnung des § 42 SGB VIII (vgl. Wiesner u.a. 2006: 746ff.) scheint eine Differenzierung der vorläufigen Schutzmaßnahmen in Inobhutnahmen einerseits und Herausnahmen andererseits wenig tragfähig (vgl. Kom^{Dat} 3/2008: 5). Daher wird auf eine Trennung hier und im Folgenden verzichtet, zumal das Fallzahlenvolumen bei den Herausnahmen 2008 gerade einmal 363 Maßnahmen erreicht hat. Vor diesem Hintergrund werden die Begrifflichkeiten „vorläufige Schutzmaßnahme" und „Inobhutnahme" im Text synonym verwendet.

Tabelle 1: Entwicklung der vorläufigen Schutzmaßnahmen auf eigenen Wunsch sowie aufgrund von Gefährdungen; Deutschland; 1995–2008; Angaben absolut und in Prozent (%)

	Maßnahmen absolut			Verteilung in %		
	Vorläufige Schutzmaßnahmen insgesamt	Inobhutnahmen auf eigenen Wunsch	Inobhutnahmen wegen Gefährdung[1]	Vorläufige Schutzmaßnahmen insgesamt	Inobhutnahmen auf eigenen Wunsch	Inobhutnahmen wegen Gefährdung[1]
1995	23.432	7.882	15.550	100	33,6	66,4
1997	31.807	11.448	20.359	100	36,0	64,0
1999	31.645	10.843	20.802	100	34,3	65,7
2001	31.438	10.504	20.934	100	33,4	66,6
2003	27.378	8.701	18.677	100	31,8	68,2
2005	25.664	7.684	17.980	100	29,9	70,1
2007	28.192	7.028	21.164	100	24,9	75,1
2008	32.253	7.790	24.463	100	24,2	75,8

[1] Einschließlich der Angaben zu den Herausnahmen.

Quelle: Statistisches Bundesamt: Statistiken der Kinder- und Jugendhilfe – Vorläufige Schutzmaßnahmen, versch. Jahrgänge; eigene Berechnungen

Ein Grund für diese Entwicklung könnte – ohne hier tatsächlich einen Kausalitätsnachweis erbringen zu können – die seit den 1990er-Jahre zu beobachtende Ausgestaltung des Arbeitsfeldes Hilfen zur Erziehung zu einem vor allem die familiäre Erziehung unterstützenden und damit auch präventiven Leistungssystem sein. Die zu beobachtende Expansion und Ausdifferenzierung der Hilfen zur Erziehung ist zudem auch Ausdruck einer gestiegenen Akzeptanz dieser Art von Hilfen vonseiten der Adressaten/innen (vgl. dazu Pothmann 2007). Möglicherweise hat dies auch mit dazu geführt, dass Inobhutnahmestellen von Jugendlichen selbst seit der zweiten Hälfte der 1990er-Jahre seltener aufgesucht werden.

Entscheidender für den Rückgang der von Jugendlichen selbst eingeforderten Inobhutnahmen in den letzten Jahren dürfte allerdings sein, dass insbesondere die Jugendämter die Zugänge für jugendliche Selbstmelder zu entsprechenden Einrichtungen erschwert haben, z.B. über die Schließung oder auch die Zusammenlegung von Inobhutnahmestellen. So hat sich die Zahl der Plätze für vorläufige Schutzmaßnahmen laut Einrichtungs- und Personalstatistik zwischen 2002 und 2006 von rund 2.900 auf knapp 1.600 (–45 Prozent) verringert. Allerdings kann in diesen Fällen auch nicht von einem ersatzlosen Wegfall von stationären Inobhutnahmekapazitäten gesprochen werden, gleichwohl – wie gesehen – die Fallzahlen zwischen 2002 und 2006 zurückgegangen sind (vgl. Abbildung 1). Vielmehr ist die Entwicklung bei den Platzzahlen aller Voraussicht nach Ausdruck für eine Flexibilisierung vorhandener Platzkapazitäten im stationären Bereich. Beispielsweise könnte das bedeuten, dass bei Wegfall einer Inobhutnahmestelle im Bedarfsfall über Heimeinrichtungen in Obhut genommen wird.[69] Zumindest zu vermuten ist, dass infolge derartiger Umstrukturierungen die Schwelle für potenzielle jugendliche Selbstmelder, eine solche Einrichtung mit Inobhutnahmemöglichkeiten aufzusuchen, erhöht wird, sofern überhaupt diese Möglichkeit noch vorgesehen ist.

Zahl der Inobhutnahmen im Osten höher als im Westen

Ein regional differenzierter Blick in die amtlichen Daten verrät, dass sich hinter der bundesweiten Entwicklung des Fallzahlvolumens divergierende Entwicklungen in Flächenländern und Stadtstaaten sowie in den östlichen und westlichen Bundesländern verbergen (vgl. Tabelle 2). So wird 2008 relativiert auf die Zahl der Minderjährigen für die Stadtstaaten so hohes Maßnahmenvolumen wie für die westlichen Flächenländer ausgewiesen. Gleichzeitig ist die Maßnahmendichte in Ostdeutschland fast doppelt so hoch wie in Westdeutschland.

Tabelle 2: Entwicklung der vorläufigen Schutzmaßnahmen für die westlichen und östlichen Flächenländer sowie die Stadtstaaten; 1995–2008; Angaben absolut und pro 10.000 der unter 18-Jährigen

	Maßnahmen absolut				Angaben bezogen auf 10.000 der unter 18-Jährigen			
	Deutschland insgesamt	Westliche Flächenländer	Östliche Flächenländer	Stadtstaaten	Deutschland insgesamt	Westliche Flächenländer	Östliche Flächenländer	Stadtstaaten
1995	23.432	12.169	6.530	4.733	14,7	10,1	22,5	46,6
1997	31.807	16.487	8.388	6.932	20,0	13,5	31,1	69,7
1999	31.645	17.242	8.225	6.178	20,2	14,1	33,1	64,3
2001	31.438	18.284	7.440	5.714	20,4	15,0	32,8	60,9
2003	27.378	17.503	6.857	3.018	18,2	14,5	33,1	32,9
2005	25.664	17.118	5.895	2.651	17,6	14,5	31,3	29,8
2006	25.998	17.477	5.767	2.754	18,3	15,1	32,1	31,4
2007	28.192	19.236	6.027	2.929	20,2	16,9	35,0	33,6
2008	32.253	22.844	6.421	2.988	23,6	20,5	38,6	34,5

Quelle: Statistisches Bundesamt: Statistiken der Kinder- und Jugendhilfe – Vorläufige Schutzmaßnahmen, versch. Jahrgänge; eigene Berechnungen

---

[69] Ohne das hier abschließend bewerten zu können, muss allerdings eingeräumt werden, dass möglicherweise das für das Jahr 2002 ausgewiesene Platzzahlenvolumen für die Inobhutnahme überhöht ist. Ein Grund hierfür könnten die schon erwähnten fließenden Grenzen zwischen stationären Settings der Heimerziehung und Inobhutnahmemöglichkeiten sein (vgl. am Beispiel Nordrhein-Westfalens auch Schilling u.a. 2008: 68ff.).

Obgleich aus diesem Ergebnis noch keine unmittelbaren Erklärungen und Begründungen abzuleiten sind, so können doch zumindest diesbezüglich Vermutungen angestellt werden. Es ist gerade vor dem Hintergrund zahlreicher empirischer Studien z.b. zu den Hilfen zur Erziehung, die einen Zusammenhang zwischen der Inanspruchnahme von Leistungen und der Belastung von sozioökonomischen Lebenslagen belegen (vgl. z.b. KVJS 2008; MASGFF 2007; Schilling u.a. 2007), davon auszugehen, dass die unterschiedliche Maßnahmendichte bei der Inobhutnahme in Ost- und Westdeutschland sowie in Flächenländern und Stadtstaaten zumindest mit auf sozialstrukturelle Bedingungen und damit verbundene Belastungen der sozioökonomischen Lebenslagen zurückzuführen ist.[70]

Neben dem auffallend divergierenden Maßnahmenvolumen in den Flächenländern Ost- und Westdeutschlands sowie in den Stadtstaaten zeigen sich zwischen Flächenländern und Stadtstaaten unterschiedliche Entwicklungslinien. Steigt das Maßnahmenvolumen in den Flächenländern geringfügig aber kontinuierlich sowohl in Ost- als auch in Westdeutschland an, so ist für die Stadtstaaten, und hier für Berlin und Hamburg, seit 1997 ein deutlicher Rückgang zu erkennen. Erst seit 2005 sind hier wieder steigende Fallzahlen zu beobachten (vgl. Tabelle 2).

Die bereits festgestellten Diskrepanzen bei der Maßnahmendichte in Ost- und Westdeutschland bestätigen sich bei einer Gegenüberstellung der Länderergebnisse. Die Länder mit den im Verhältnis zur Zahl der unter 18-Jährigen höchsten Inobhutnahmezahlen sind die fünf ostdeutschen Bundesländer (vgl. Abbildung 2). Den ‚Spitzenwert' erreicht dabei Mecklenburg-Vorpommern mit 45, den niedrigsten Sachsen-Anhalt mit 33 Maßnahmen pro 10.000 der unter 18-Jährigen. Dieser Wert liegt aber immer noch etwas höher als das höchste Ergebnis für Westdeutschland. Dies ist mit 29 Schutzmaßnahmen pro 10.000 Minderjährigen für Nordrhein-Westfalen festzustellen, während das im Verhältnis zur Bevölkerung niedrigste Fallzahlenvolumen mit bevölkerungsrelativiert jeweils zwischen 12 und 14 Maßnahmen für Bayern, Rheinland-Pfalz und Baden-Württemberg ausgewiesen wird.

Auch wenn diese Länderunterschiede an dieser Stelle nicht im Detail aufgeklärt werden können, so wird mit Blick auf die regionalen Disparitäten deut-

---

[70] Regionale Disparitäten bezogen auf die Höhe des Volumens bei den vorläufigen Schutzmaßnahmen können natürlich nicht eindimensional mit der Belastung sozioökonomischer Lebenslagen erklärt werden. Würde man diese Ergebnisse weiter bis auf die kommunale Ebene differenzieren, sind darüber hinaus zum Beispiel das Angebotsspektrum zu den Krisenintervetionsmaßnahmen, aber auch zu anderen Leistungen der Kinder- und Jugendhilfe und hier vor allem der Hilfen zur Erziehung genauso mit einzubeziehen wie die Arbeitsweise der Sozialen Dienste oder auch eine allgemeine öffentliche Sensibilität gegenüber Notlagen und Gefährdungssituationen von Kindern und Jugendlichen.

Abbildung 2: Vorläufige Schutzmaßnahmen nach Bundesländern (ohne Stadtstaaten); 2008; Angaben pro 10.000 der unter 18-Jährigen

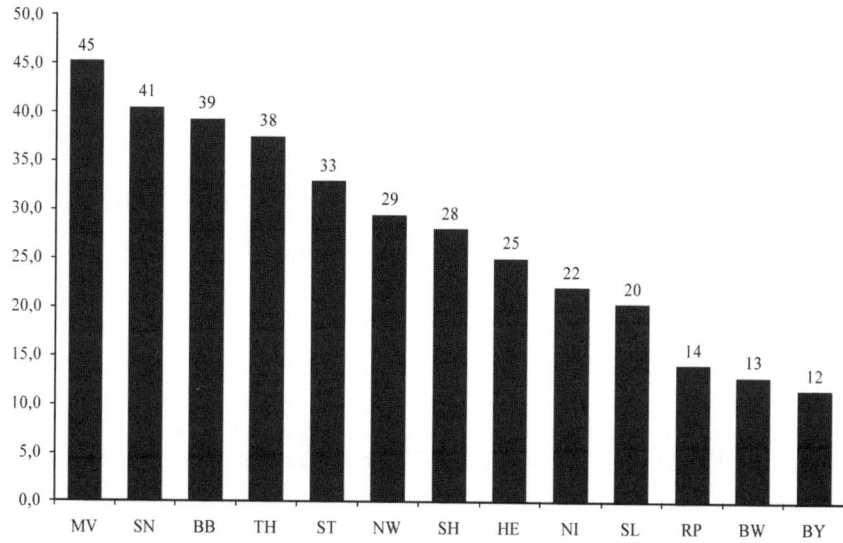

Anmerkung zu den Abkürzungen für die Bundesländer: MV: Mecklenburg-Vorpommern, TH: Thüringen, BB: Brandenburg, SN: Sachsen, ST: Sachsen-Anhalt, NW: Nordrhein-Westfalen, SH: Schleswig-Holstein, HE: Hessen, SL: Saarland, NI: Niedersachsen, BW: Baden-Württemberg, RP: Rheinland-Pfalz, BY: Bayern.

Quelle: Statistisches Bundesamt: Statistiken der Kinder- und Jugendhilfe – Vorläufige Schutzmaßnahmen 2008; eigene Berechnungen

lich, dass Inobhutnahmen als Instrumente der Krisenintervention offensichtlich unterschiedlich in das Leistungs- und Maßnahmenspektrum der Kinder- und Jugendhilfe verankert werden. Und nicht nur das. Offensichtlich variieren regional auch die konzeptionelle Ausgestaltung sowie die damit verbundenen charakteristischen Merkmale. So liegt die durchschnittliche Dauer von Inobhutnahmen, gemessen über den Median[71], in den Flächenländern zwischen drei Tagen in Nordrhein-Westfalen, was die relativ hohen Fallzahlen für dieses Bundesland im Übrigen relativiert (vgl. Abbildung 2), und 17 Tagen in Hessen. In der Regel werden Inobhutnahmen in Ostdeutschland ‚schneller' beendet als in Westdeutschland. Während für den Osten die durchschnittliche Dauer pro Bundesland zwischen vier und acht Tagen variiert, schwankt dieser

---

[71] Der Median ist genauso wie das arithmetische Mittel eine Möglichkeit, den Mittelwert für eine Häufigkeitsverteilung zu ermitteln. Der Median halbiert die Verteilung. Gegenüber dem arithmetischen Mittel hat der Median den Vorteil, robuster gegenüber ‚Ausreißerwerten' bei in diesem Falle der Dauer von Inobhutnahmemaßnahmen zu sein.

Wert – von Nordrhein-Westfalen einmal abgesehen – zwischen sieben und 17 Tagen.[72]

Allerdings müssen an dieser Stelle die sich aufdrängenden Fragen nach den Gründen sowie die nach den Effekten dieser regionalen Unterschiede für die jungen Menschen, das Kinder- und Jugendhilfesystem sowie das Gemeinwesen unbeantwortet bleiben. Abgesehen davon, dass zur Beantwortung dieser Art von Fragen regionale Analysen auf der kommunalen Ebene notwendig wären, stößt die Aussagekraft der amtlichen Statistik hier an ihre Grenzen.

Jugendliche werden häufiger in Obhut genommen als Kinder, aber: Fallzahlenzunahme bei Kleinkindern

Bezogen auf das Altersspektrum der Klientel zeigt sich, dass bei der überwiegenden Zahl der Maßnahmen Jugendliche im Alter von 14 bis unter 18 Jahren betroffen sind. Die Zahl der vorläufigen Schutzmaßnahmen liegt hier um ein Vielfaches höher als für die 12- bis unter 14- sowie insbesondere als für die unter 12-Jährigen (vgl. Abbildung 3). Unterscheidet man diese Angaben weiter nach dem Geschlecht der Kinder und Jugendlichen, so zeigt sich einerseits für Jungen und Mädchen eine ähnliche Verteilung mit einem Schwerpunkt bei den 14- bis unter 18-Jährigen. Andererseits werden gerade bei den Jugendlichen für die weibliche weitaus höhere Fallzahlen als für die männliche Klientel ausgewiesen (vgl. hierzu sowie zu weiteren geschlechtsspezifischen Aspekten der Inobhutnahme Blandow in diesem Band).

Neben der Verteilung nach Alter und Geschlecht ist der Migrationshintergrund ein weiteres zentrales Merkmal zur Beschreibung der Klientel bei Inobhutnahmemaßnahmen. Hierzu fehlt es im Rahmen der amtlichen Statistik zu den vorläufigen Schutzmaßnahmen allerdings noch an aussagekräftigen Indikatoren. Nach wie vor erfasst dieser Teil der Kinder- und Jugendhilfestatistik im Gegensatz zur Erhebung zu den Hilfen zur Erziehung (vgl. Kolvenbach/Taubmann 2006) die in Obhut genommenen Kinder und Jugendlichen nach deren Staatsangehörigkeit und nicht etwa nach dem Herkunftsland der Eltern. Angesichts dessen bleibt in diesem Zusammenhang zunächst einmal festzuhalten, dass die für 2008 ausgewiesenen rund 5.800 Inobhutnahmen von Minderjährigen mit einer nichtdeutschen Staatsangehörigkeit – das entspricht einem Anteil von 18 Prozent an allen vorläufigen Schutzmaßnahmen – nur einen Teil der tatsächlichen Fälle mit einem Migrationshintergrund ausmachen.

---

[72] Die für diese Ergebnisse notwendige regional differenzierende Analyse basiert auf einer Auswertung der über das Forschungsdatenzentrum der Statistischen Landesämter (www.forschungsdatenzentrum.de) verfügbaren faktisch anonymisierten Einzeldatensätze zur Teilerhebung zu den vorläufigen Schutzmaßnahmen. Zum Zeitpunkt der Erstellung des Beitrags lagen hier die Daten bis zum Erhebungsjahr 2007 vor.

Abbildung 3: Vorläufige Schutzmaßnahmen nach Altersgruppen und Geschlecht; Deutschland; 2008; Angaben pro 10.000 der alters- und geschlechtergleichen Bevölkerung

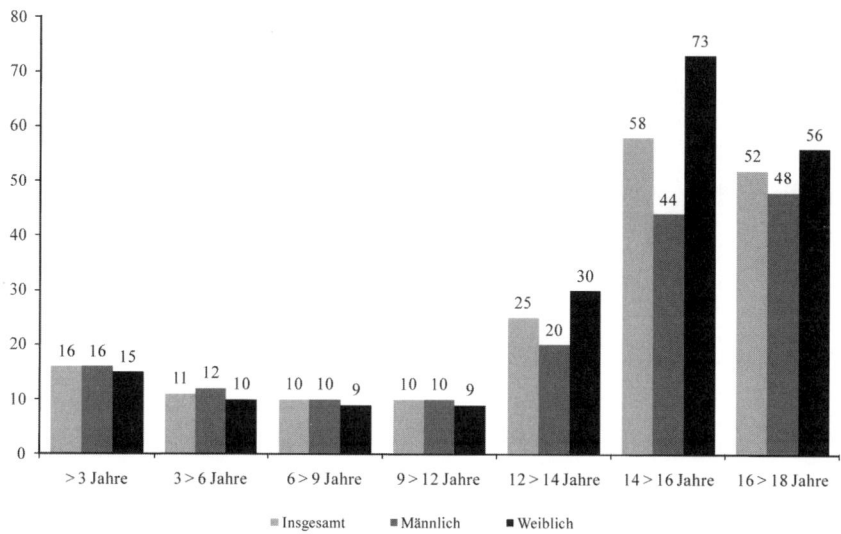

Quelle: Statistisches Bundesamt: Statistiken der Kinder- und Jugendhilfe – Vorläufige Schutzmaßnahmen 2008; eigene Berechnungen

Für 2007 lag dieser Wert noch bei knapp 5.100 Fällen. Differenziert man diese Gruppe nach dem Alter und vergleicht sie mit Minderjährigen deutscher Staatsangehörigkeit in einer Inobhutnahmemaßnahme, so zeigt sich, dass dieser Anteil in den jüngeren Jahrgängen niedriger ausfällt als für die Jugendlichen. So beträgt für die Gruppe der unter 3-Jährigen der Anteil der Kinder nichtdeutscher Staatsangehörigkeit lediglich 11 Prozent, während dieser für die 16- und 17-Jährigen mit 22 Prozent immerhin doppelt so hoch liegt. Anders ausgedrückt: Während bei den Minderjährigen mit deutscher Staatsangehörigkeit der Anteil der Inobhutnahmen für die unter 3-Jährigen bei 17 Prozent liegt, beträgt dieser für die Nichtdeutschen gleichen Alters ‚nur' 10 Prozent. Ferner liegt die Quote für die Altersgruppe der 12- bis unter 18-Jährigen an allen Schutzmaßnahmen bei Kindern und Jugendlichen mit nichtdeutscher Staatsangehörigkeit bei 78 Prozent. Für die mit deutscher Staatsangehörigkeit beziffert sich dieser Anteil hingegen auf 69 Prozent (vgl. Tabelle 3).[73]

---

[73] Siehe zur Situation der Migranten/innen in den Inobhutnahmen Papatya in diesem Band. Die in diesem Absatz zugrunde gelegten Daten beziehen sich auf das Jahr 2007, da zum Zeitpunkt der Erstellung dieses Beitrags im Forschungsdatenzentrum der Statistischen Landesämter (www.forschungsdatenzentrum.de) der faktisch anonymisierte Einzeldatensatz für das Erhebungsjahr 2008 noch nicht vorlag.

Tabelle 3: Vorläufige Schutzmaßnahmen nach Altersgruppen, Geschlecht und Staatsangehörigkeit; Deutschland; 2007; Angaben absolut und in Prozent (%)

Ge-schlecht	Alter von ... bis unter ... Jahren	Absolut			In %		
		Deutsch	Nicht-deutsch	Ins-gesamt	Deutsch	Nicht-deutsch	Ins-gesamt
Männlich	0–6	2.094	282	2.376	20,2	11,8	18,6
	6–12	1.761	309	2.070	17,0	13,0	16,2
	12–18	6.511	1.793	8.304	62,8	75,2	65,1
	Insgesamt	10.366	2.384	12.750	100,0	100,0	100,0
Weiblich	0–6	1.819	248	2.067	14,3	9,1	13,4
	6–12	1.430	280	1.710	11,2	10,3	11,1
	12–18	9.480	2.185	11.665	74,5	80,5	75,5
	Insgesamt	12.729	2.713	15.442	100,0	100,0	100,0
Gesamt	0–6	3.913	530	4.443	16,9	10,4	15,8
	6–12	3.191	589	3.780	13,8	11,6	13,4
	12–18	15.991	3.978	19.969	69,2	78,0	70,8
	Insgesamt	23.095	5.097	28.192	100,0	100,0	100,0

Quelle: Statistisches Bundesamt: Statistiken der Kinder- und Jugendhilfe – Vorläufige Schutzmaßnahmen 2007; Forschungsdatenzentrum der Statistischen Landesämter: Faktisch anonymisierte Einzeldaten zu den Statistiken der Kinder- und Jugendhilfe – Vorläufige Schutzmaßnahmen 2007; eigene Berechnungen

Exkurs zum Fallzahlenanstieg bei den unter 6-Jährigen im Lichte der ‚Kinderschutzdebatte'

Inobhutnahmen sind das Instrument für die Kinder- und Jugendhilfe, in akuten Krisensituationen – und im Extremfall auch gegen den Willen der Eltern – ein Kind zumindest vorübergehend aus der Familie zu nehmen. Die Inobhutnahme ist damit insbesondere auch bei Familien mit jüngeren Kindern eine Maßnahme mit einem eindeutigen Eingriffscharakter gegenüber der elterlichen Erziehungsverantwortung. Das Fallzahlenvolumen ist allerdings für die unter 3- sowie erst recht für die 3- bis unter 6-Jährigen weitaus geringer als für die Jugendlichen (vgl. Abbildung 3). Gleichwohl hat die Zahl der Fälle in den genannten Altersgruppen gerade in den letzten Jahren zugenommen. Das heißt im Einzelnen (vgl. Abbildung 4):

- Für die unter 3-Jährigen wird – sieht man von den ersten Erfassungen einmal ab – zwischen 1998 und 2005 jeweils ein Fallzahlenvolumen von 1.650 bis 1.850 Fällen pro Jahr ausgewiesen. Erst nach dem Jahr 2005 sind die Inobhutnahmezahlen in dieser Altersgruppe deutlich gestiegen, bis 2008 um 75 Prozent auf zuletzt rund 3.200 Maßnahmen.

- Bei den 3- bis unter 6-Jährigen ist insofern eine ähnliche Entwicklung zu beobachten, als dass zwischen 1995 und 2005 pro Jahr noch jeweils zwi-

Abbildung 4: Vorläufige Schutzmaßnahmen für die unter 3- und die 3- bis unter 6-Jährigen; Deutschland; 1995–2008; Angaben absolut

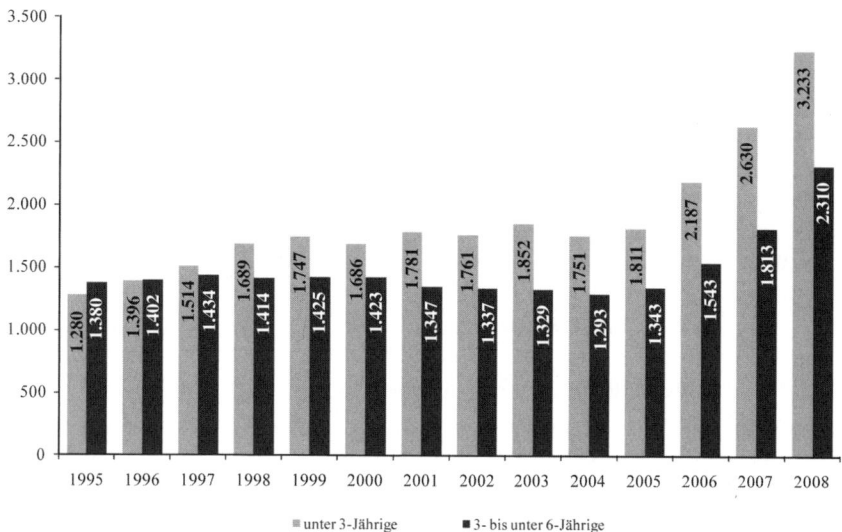

Quelle: Statistisches Bundesamt: Statistiken der Kinder- und Jugendhilfe – Vorläufige Schutzmaßnahmen, versch. Jahrgänge; eigene Berechnungen

schen knapp 1.300 und etwas mehr als 1.400 Fälle ausgewiesen werden. Nach 2005 sind die Fallzahlen für diese Altersgruppe auf zuletzt (2008) etwas mehr als 2.300 gestiegen (+ 72 Prozent).

- Dennoch zeigt sich bei allen Ähnlichkeiten für die Fallzahlenentwicklung der beiden genannten Altersgruppen, dass in den letzten Jahren die Zahl der unter 3-Jährigen in Inobhutnahmen noch etwas stärker gestiegen ist als für die 3- bis unter 6-Jährigen.

Die ansteigende Entwicklung für die Zahl der in Obhut genommenen Kleinkinder ist zweifelsohne eine erkennbare Reaktion auf die öffentliche Debatte um den Schutz von Kindern vor Vernachlässigungen und Misshandlungen (vgl. Rauschenbach/Pothmann 2008). Die gesellschaftliche und nicht zuletzt auch staatliche Aufgabe, Kinder vor Vernachlässigungen und Misshandlungen zu schützen, hat in den letzten Jahren im ‚öffentlichen Bewusstsein' an Bedeutung gewonnen. Nicht zuletzt der Gesetzgeber hat darauf 2005 durch das ‚KICK' und die hiermit verbundene Einführung des § 8a in das SGB VIII reagiert und damit diese Entwicklung – wie die jüngsten Ergebnisse zeigen – weiter forciert. Maßgeblich Einfluss genommen hat zudem die mediale Berichterstattung über grausame Einzelschicksale von zu Tode gekommenen Kleinkindern (vgl. Bundesjugendkuratorium 2007).

Dauer von Inobhutnahmen nimmt zu – vorläufige Schutzmaßnahmen bei Kindern nehmen mehr Zeit als bei Jugendlichen in Anspruch

Inobhutnahmen von Kindern und Jugendlichen gem. § 42 SGB VIII sind – zumindest von der Intention des Gesetzgebers her – vorläufige Unterbringungen, bei denen unverzüglich eine Klärung der Situation herbeizuführen ist. Allerdings gibt es keine einheitliche Festlegung bezogen auf die Kriterien „Vorläufigkeit" und „Unverzüglichkeit" (vgl. auch Wiesner u.a. 2006: 769f.). Betrachtet man die Bundesergebnisse zu den Inobhutnahmen über alle Altersgruppen hinweg, so zeigt sich für 2008, dass 49 Prozent aller Maßnahmen nach einer Woche wieder beendet worden sind. In 16 Prozent der Fälle war dies nach einer bis zwei Wochen der Fall sowie in knapp 35 Prozent der Fälle nach zwei Wochen und länger. Immerhin bundesweit 600 Maßnahmen – das entspricht in etwa 2 Prozent[74] – sind erst nach einem halben Jahr oder länger beendet worden. Hierüber deuten sich unterschiedliche Verfahrensweisen für die Durchführung von Inobhutnahmemaßnahmen an.

Seit Mitte der 1990er-Jahre gewinnen länger andauernde Verfahren im Rahmen der vorläufigen Schutzmaßnahmen anteilig an Bedeutung. Zumindest ist der Anteil der Inobhutnahmen mit einer Dauer von mehr als zwei Wochen zwischen 1995 und 2008 von 25 auf 35 Prozent gestiegen. Im gleichen Zeitraum hat sich die Quote von Maßnahmen, die nach weniger als einer Woche wieder beendet waren, von 62 auf 49 Prozent reduziert (vgl. Abbildung 5).

Abbildung 5: Entwicklung der Verteilung vorläufiger Schutzmaßnahmen nach Dauerklassen; Deutschland; 1995–2008; Angaben in Prozent (%)

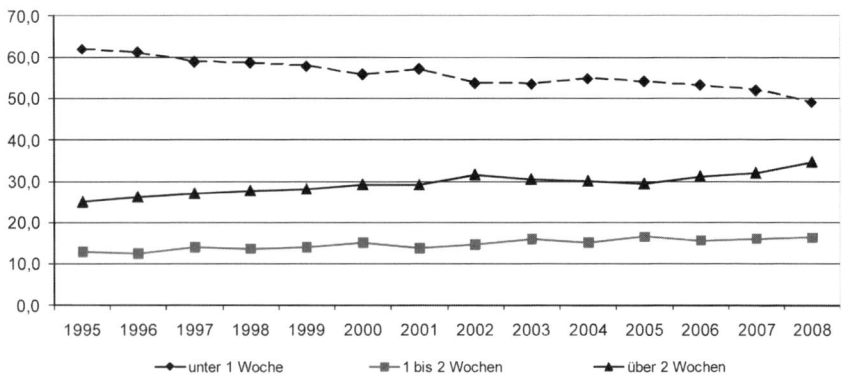

Quelle: Statistisches Bundesamt: Statistiken der Kinder- und Jugendhilfe – Vorläufige Schutzmaßnahmen, versch. Jahrgänge; eigene Berechnungen

---

[74] Dieses Datum ist im Rahmen des Standardtabellenprogrammes der amtlichen Statistik zu den vorläufigen Schutzmaßnahmen nicht verfügbar, sondern basiert auf einer Auswertung der über das Forschungsdatenzentrum der Statistischen Landesämter (www.forschungsdatenzentrum.de) verfügbaren Einzeldatensätze. Zum Zeitpunkt der Erstellung des Beitrags lagen hier die Daten bis zum Erhebungsjahr 2007 vor.

Die ausgewiesenen Ergebnisse zur Dauer der vorläufigen Schutzmaßnahmen verdecken erhebliche Unterschiede zwischen den Altersgruppen. Deutlich wird hierüber, dass mit zunehmendem Alter der Kinder die Zahl der kürzer andauernden Kriseninterventionen zunimmt. Oder anders herum: Je jünger die Kinder sind, desto höher ist der Anteil von länger andauernden Maßnahmen bzw. desto höher ist die durchschnittliche Dauer einer Schutzmaßnahme. So dauern ca. 70 Prozent der Inobhutnahmen bei den unter 3- und 65 Prozent bei den 3- bis unter 6-Jährigen eine Woche und länger. Bei den Jugendlichen liegt dieser Anteil bei etwas mehr als 40 Prozent (vgl. Tabelle 4).[75]

Dieser Befund weist darauf hin, dass die Verläufe von vorläufigen Schutzmaßnahmen mit Kleinkindern in der Regel andere sind und sein müssen als bei Jugendlichen. Die Daten legen ferner nahe, dass die im Rahmen einer Inobhutnahme notwendige ‚Risikoabschätzung' im Falle einer Krisenintervention bei Familien mit Kleinkindern in der Regel weitaus schwieriger ist als im Falle eines von zu Hause ausgerissenen Jugendlichen.

Tabelle 4: Dauer vorläufiger Schutzmaßnahmen nach Altersgruppen; Deutschland; 2008; in Prozent (%)

Alter von … bis unter … Jahren	unter 1 Woche (%)	1 Woche und länger (%)
0–3 (n = 3.233)	29,8	70,2
3–6 (n = 2.310)	35,0	65,0
6–9 (n = 2.152)	34,5	65,5
9–12 (n = 2.346)	39,7	60,3
12–14 (n = 3.950)	50,5	49,5
14–16 (n = 9.351)	56,8	43,2
16–18 (n = 8.911)	56,8	43,2

Quelle: Statistisches Bundesamt: Statistiken der Kinder- und Jugendhilfe – Vorläufige Schutzmaßnahmen 2008; eigene Berechnungen

---

[75] Dies zeigt sich auch bei einer Berechnung der durchschnittlichen Dauer von Inobhutnahmen nach Altersgruppen auf der Grundlage der über das Forschungsdatenzentrum (www.forschungsdatenzentrum.de) zur Verfügung stehenden faktisch anonymisierten Einzeldaten. Zum Zeitpunkt der Erstellung des Beitrags lagen hier die Daten bis zum Erhebungsjahr 2007 vor. Demnach liegt der Medianwert für die unter 3-Jährigen bei 15, für die 3- bis unter 6-Jährigen bei 12 oder auch für die 6- bis unter 9-Jährigen noch immerhin bei 10 Tagen. Für die älteren Jahrgänge hingegen liegt die durchschnittliche Dauer je nach Altersgruppe zwischen 8 Tagen für die 9- bis unter 12- sowie 4 Tagen für die 14-Jährigen und Älteren.

Zurück in die Familie, zur Pflegefamilie oder in ein Heim – Gründe für das Ende von Inobhutnahmen

Ist eine Inobhutnahme beendet, so ist den Statistischen Landesämtern jeweils zu melden, wie die vorläufige Schutzmaßnahme geendet hat. Laut den Bestimmungen des § 42 Absatz 4 SGB VIII endet eine Inobhutnahme mit der Übergabe des Kindes oder Jugendlichen an die Eltern bzw. die Personensorgeberechtigten oder es folgt eine Entscheidung über die Gewährung einer Hilfe nach dem Sozialgesetzbuch, mitunter auch jenseits der Kinder- und Jugendhilfe. Konkret in der Statistik zu melden ist somit beispielsweise, ob der oder die Minderjährige zu den Eltern zurückgekehrt ist – möglicherweise gekoppelt an die Einleitung einer ambulanten Leistung der Hilfe zur Erziehung – oder auch, ob im Anschluss an die Maßnahme eine Unterbringung in einer Pflegefamilie oder in einem Heim erfolgen wird.

Der Blick auf die Ergebnisse des Jahres 2008 zeigt, dass über alle Altersgruppen hinweg 48 Prozent der Minderjährigen nach der Inobhutnahme zu den Eltern zurückkehren (vgl. Abbildung 6). In 38 Prozent der Fälle wird im Anschluss an die Inobhutnahme eine familienersetzende Hilfe eingeleitet. Diese Gruppe setzt sich zusammen aus 9.250 Fällen mit einer nachfolgenden Vollzeitpflegehilfe und Heimerziehungsmaßnahme im Rahmen der Hilfen zur Erziehung sowie aus 2.951 Fällen, in denen eine stationäre Unterbringung im Rahmen von Eingliederungshilfen für Behinderte bzw. eine in Krankenhäusern, Psychiatrien oder Rehabilitationseinrichtungen auf die Inobhutnahme folgt. Für 13 Prozent der statistisch registrierten Schutzmaßnahmen können keine näheren Angaben darüber gemacht werden, ob sich eine weitere Hilfe anschließt. Nur bei einem kleineren Teil dieser Maßnahmen handelt es sich um Zuständigkeitswechsel zwischen Jugendämtern. Vielmehr hat sich in diesen Fällen entweder das Kind oder der Jugendliche eigenmächtig aus der Einrichtung entfernt oder der Minderjährige wird der Polizei bzw. einer Justizvollzugsanstalt übergeben. Auch eine Abschiebung ins Ausland wird hierüber erfasst.

Allerdings verdecken auch hier die Gesamtergebnisse erhebliche Unterschiede zwischen den Altersgruppen. Denn je jünger die Kinder sind, desto häufiger folgt auf die Inobhutnahme die Unterbringung in einem Heim oder vor allem in einer Pflegefamilie. Beträgt der Anteil dieser Maßnahmen bei den unter 3-Jährigen 49 Prozent, so sind es bei den 12- bis unter 18-Jährigen jeweils über 30 Prozent (vgl. Abbildung 6).

Auf den ersten Blick erscheint ein Anteil von 45 Prozent Rückkehrern/-innen in die Familie nach einer Inobhutnahme bei den unter 3- bzw. von 49 Prozent bei den 3- bis unter 6-Jährigen hoch, vielleicht sogar zu hoch (vgl. Abbildung 6). Gehen Jugendämter in diesen Fällen also ein zu hohes Risiko ein? Eine derartige Schlussfolgerung wäre voreilig. Erstens ist der vergleichsweise hohe Anteil an Rückführungen in die Herkunftsfamilie auch ein Hinweis darauf, dass sich in der konkreten Entscheidungssituation über eine zunächst

Abbildung 6: Gründe für die Beendigung von vorläufigen Schutzmaßnahmen nach Altersgruppen (Deutschland; 2008; in Prozent (%))[1]

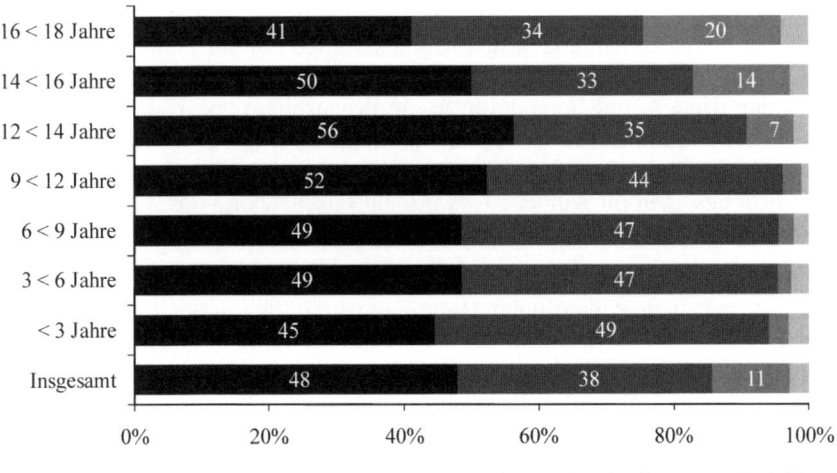

■ Rückkehr zu den Eltern   ■ Einleitung einer familienersetzenden Hilfe
■ Keine anschließende Hilfe   ■ Übernahme durch ein anderes Jugendamt

Anmerkungen zu den verwendeten Kategorien: „Rückkehr zu den Eltern" (n = 15.434 Fälle) beinhaltet auch 1.308 Maßnahmen, in denen der Minderjährige im Anschluss an die Inobhutnahme in eine Pflegefamilie oder ein Heim zurückgekehrt ist. „Einleitung einer familienersetzenden Hilfe" (n = 12.201) umfasst 9.250 Maßnahmen, die mit der Einleitung einer erzieherischen Hilfe außerhalb des Elternhauses enden, sowie 2.951 Fälle, die in einer stationären Unterbringung jenseits der Hilfen zur Erziehung münden.

---

[1] Die Datengrundlage umfasst die für 2008 erfassten 363 Herausnahmen. Die Zahl der Fälle pro Altersgruppe ist in Tabelle 4 nachzulesen.

Quelle: Statistisches Bundesamt: Statistiken der Kinder- und Jugendhilfe – Vorläufige Schutzmaßnahmen 2008; eigene Berechnungen

vorläufige Herausnahme eines Kindes im Zweifelsfall für die Intervention gegen die Eltern entschieden wird. Zweitens ist in diesem Kontext darauf hinzuweisen, dass 49 Prozent der in Obhut genommenen unter 3- und immerhin noch 47 Prozent der 3- bis unter 6-Jährigen im Anschluss an diese Maßnahme in ein Heim sowie vor allem in eine Pflegefamilie gehen. Drittens schließlich heißt „Rückkehr zu den Eltern" nicht, dass das Jugendamt bzw. die Kinder- und Jugendhilfe für diese Familien im Anschluss keine Unterstützung leistet. Die Rückkehr des Kindes zu den Eltern kann beispielsweise mit der Einleitung einer ambulanten Hilfe zur Erziehung, in diesem Falle insbesondere einer sozialpädagogischen Familienhilfe, verbunden sein. Allerdings gibt hierüber die amtliche Statistik keine Auskunft.

Inobhutnahmen zwischen öffentlicher Wahrnehmung und Realität – ein Resümee

Gerade in den Debatten der letzten Jahre um den Schutz von vor allem Kindern vor Vernachlässigungen und Misshandlungen in der Familie kann man die Inobhutnahme als ein im Bedarfsfall notwendiges Eingriffsinstrumentarium der Kinder- und Jugendhilfe in die Privatsphäre von Familien und die elterliche Erziehungsverantwortung wahrnehmen. Das hierüber mitunter entstehende Bild von einer Kriseninterventionsmöglichkeit für Jugendämter bei Gefährdungslagen für Kinder ist zwar nicht falsch, aber – das zeigen die vorangegangenen empirischen Analysen – doch unvollständig.

So sind zwar in der Tat die in den letzten Jahren mit Blick auf die Fallzahlen wieder zunehmenden Inobhutnahmen mehrheitlich in der Tat Reaktionen der Kinder- und Jugendhilfe auf konkrete Gefährdungslagen, gleichwohl kommt – wenn auch mit abnehmender Tendenz – immerhin jede vierte Schutzmaßnahme auf Bitte eines Jugendlichen zustande. Dass dabei nicht immer gleich eine wie auch immer geartete Gefährdungslage des Jugendlichen vonseiten der Inobhutnahmestelle erkannt bzw. vom jungen Menschen plausibel gemacht werden kann, liegt nicht nur alltagspraktisch auf der Hand, sondern ist auch in der einschlägigen Kommentarliteratur längst zur Kenntnis genommen worden (vgl. z.B. Wiesner u.a. 2006: 753 f.).

Auch wenn Inobhutnahmen vielleicht derzeit immer wieder mit der Herausnahme von vor allem Kleinkindern aus ihrer Familie in Verbindung gebracht werden, so wird das der tatsächlichen Klientel dieser Maßnahmen keineswegs gerecht. Vorläufige Schutzmaßnahmen bei Kindern im Alter von unter neun Jahren machen nur einen kleinen, wenn auch zuletzt wachsenden Teil des jährlichen Fallzahlenvolumens aus. Die zahlenmäßig am stärksten vertretene Gruppe sind vielmehr Jugendliche und hier vor allem die Mädchen und jungen Frauen. Zudem zeigen sich bemerkenswerte Ergebnisse mit Blick auf die Staatsangehörigkeit der Minderjährigen. Das schon insgesamt deutlich werdende Ungleichgewicht zwischen in Obhut genommenen Kindern und Jugendlichen fällt für die Gruppe der Nichtdeutschen noch einmal höher zu Ungunsten der Kinder aus.

Kommt es zu der Inobhutnahme eines Kindes aufgrund einer vermeintlich akuten Gefährdungslage in der Familie, so könnte man vielleicht den Eindruck gewinnen, dass daraufhin vergleichsweise kurzfristig ein familienrichterlicher Beschluss über den Entzug der elterlichen Sorge erwirkt und daraufhin der Junge oder das Mädchen bei einer Pflegefamilie untergebracht wird. Auch dies wird der Realität von vorläufigen Schutzmaßnahmen, blickt man auf die differenzierten Ergebnisse zur Dauer sowie zur Beendigung von Inobhutnahmen, nur zu einem Teil gerecht. Allein über die Ergebnisse zur Dauer deuten sich ganz unterschiedliche Konstellationen und Verläufe von Inobhutnahmemaßnahmen an.

Literatur

Bundesjugendkuratorium (Hrsg.) (2007): Schutz vor Kindeswohlgefährdung. Anm 6): SGB VIII. Kinder- und Jugendhilfe. 3. Aufl., München.

[Kom^{Dat}] (2008): Kommentierte Daten der Kinder- und Jugendhilfe. Informationsdienst der Arbeitsstelle Kinder- und Jugendhilfestatistik (AKJ^{Stat}): Herausnahmezahlen geben Rätsel auf. Heft 3, S. 5 (www.akjstat.uni-dortmund.de).

[KJVJS] Kommunalverband für Jugend und Soziales Baden-Württemberg (Hrsg.) (2008): Bericht zu Entwicklungen und Rahmenbedingungen der Inanspruchnahme erzieherischer Hilfen in Baden-Württemberg 2008. Stuttgart.

Kolvenbach, F.-J./Taubmann, D. (2006): Statistik der erzieherischen Hilfen neu konzipiert. In: Wirtschaft und Statistik, Heft 10, S. 1048–1054.

[MASGFF] Ministerium für Arbeit, Soziales, Gesundheit, Familie und Frauen des Landes Rheinland-Pfalz (Hrsg.) (2007): Die Inanspruchnahme erzieherischer Hilfen im Kontext sozio- und infrastruktureller Einflussfaktoren. 2. Landesbericht, Mainz.

Pothmann, J. (2007): Mehr Familienunterstützung, weniger familienersetzende Leistungen. In: Zeitschrift für Kindschaftsrecht und Jugendhilfe, Heft 11, S. 426–436.

Rauschenbach, Th./Pothmann, J. (2008): Im Lichte von ‚KICK', im Schatten von ‚Kevin'. Höhere Sensibilität – geschärfte Wahrnehmung – gestiegene Verunsicherung. In: KomDat Jugendhilfe, Heft 3, S. 2–3 (www.akjstat-uni-dortmund.de)

Schilling, M. (2003): Die amtliche Kinder- und Jugendhilfestatistik. Dissertation am Fachbereich Erziehungswissenschaft und Soziologie der Universität Dortmund.

Schilling, M./Fendrich, S./Pothmann, J./Wilk, A. (2007): HzE Bericht 2007. Hilfen zur Erziehung in Nordrhein-Westfalen (Datenbasis 2005). Köln und Münster.

Schilling, M./Fendrich, S./Pothmann, J./Wilk, A. (2008): HzE Bericht 2008. Gewährung und Inanspruchnahme von Hilfen zur Erziehung in Nordrhein-Westfalen (Datenbasis 2006). Köln und Münster.

Wiesner, R. (2006): SGB VIII. Kinder- und Jugendhilfe. 3. Aufl., München.

II. Teil
Besondere Aspekte

Die Inobhutnahme als hoheitliche Aufgabe des Jugendamtes – ein komplexes Aufgabenspektrum für den ASD

Manfred Brötz

Ausgangslage: Komplizierter Rechtsbereich mit sozialpädagogischem Inhalt

Denkt man als Jugendamtsmitarbeiter an die Inobhutnahme, dann umschließen die sich aufdrängenden Gedanken und Überlegungen meist einen komplizierten Bereich rechtlicher Fragestellungen. Man findet mittlerweile viele mehr oder weniger umfassende juristische Fachbetrachtungen zur Inobhutnahme. Sich einen Überblick zu verschaffen, ist allerdings schwierig geworden.

Insgesamt ranken Überlegungen weniger um die persönliche Situation der Betroffenen, der Eltern und der Kinder. Noch weniger beschäftigt man sich mit der oder den Personen, die die Inobhutnahme durchführen. Kaum ein Gedanke führt anfangs in die Tiefe der sozialpädagogischen Anforderungen und Bedingungen, die auf den Handelnden seitens der Jugendämter liegen. Dabei stellt die Inobhutnahme gerade aus dieser Sicht eine große Herausforderung dar, um eine festgefahrene und Menschen gefährdende zwischenmenschliche Situation in einer eiligen Aktion zu verändern. An komplexe physische und psychische Konstellationen, mit meist zahlreichen Beteiligten, von außen heranzugehen und kurzfristig Leben prägende Entscheidungen einzuleiten, ist die täglich wiederkehrende Aufgabe der Jugendämter.

Fragestellungen ranken sich dabei um die Möglichkeiten und auch Unmöglichkeiten von Zielerreichungen der Jugendhilfe, besonders dann, wenn sie gegen den Willen der Betroffenen erwogen werden, obwohl das SGB VIII bei vorliegender „Gefährdung" klarstellt, dass auch gegen den Willen von Minderjährigen (und Sorgeberechtigten) zu handeln ist. Es schließen sich Fragen an, wie ein Hilfesystem in der Folge solcher Überlegungen aussehen müsste. Ist es überhaupt in solchen Fällen möglich, ein leistungsfähiges System vorzuhalten, welches den jungen Menschen in ihrer Entwicklung hilft und sie nicht noch weiter abdriften lässt?

Als ein Beispiel mag hier die angezeigte Inobhutnahme als erste Hilfestellung zur Verhinderung von Zwangsverheiratungen benannt sein. Speziell nötige Anforderungen an Inkognito-Versorgungen in den Rahmenbedingungen des § 42 SGB VIII sind dabei ein Thema. Die Problemlagen, mit denen die Jugendämter konfrontiert werden, sind also vielfältig und die Handlungsgrundlagen häufig unsicher. Auch durch die Forschung liegen hier wenige systematische Untersuchungen vor.

Der folgende Beitrag begrenzt sich auf den Versuch, die wichtigsten Elemente von Inobhutnahme, die in der Praxis der Jugendämter eine Rolle spielen, zu benennen und zu beschreiben.

Individuelles Kindeswohl – Vielfalt und Facettenreichtum

An jedem Sachverhalt eines Einzelfalls, an jeder Möglichkeit einer Fallkonstellation, an jedem Entwicklungsschritt des Inobhutnahmevorgangs offenbart sich die Vielfalt verschiedenartiger Folgeentwicklungen. Nehmen wir zur Veranschaulichung einige Beispiele:

- „14-Jährige mit Verdacht auf sexuellen Missbrauch durch Stiefvater muss sofort …"
- „16-Jähriger bittet das Jugendamt um Inobhutnahme, weil er zu Hause rausgeworfen wurde nach …"
- „Drei Geschwister befinden sich allein in einer Wohnung. Man hört seit zwei Stunden die Kinder weinen. Nachbarn sind besorgt um die 1-, 3- und 4-jährigen Kinder."
- „9-Jährige berichtet in der Schule, dass die Eltern in Urlaub sind und sie allein mit der 6-jährigen Schwester …"
- „Säugling ist von der Mutter im Krankenhaus nach der Entbindung einfach zurückgelassen worden …"
- „14-Jährige sucht Hilfe, weil sie nicht die BRD verlassen will, um verheiratet zu werden, wie es der Vater in seiner Heimat so besiegelt hat …"
- „13-Jährige am Bahnhof nachts um 2.00 Uhr von der Polizei aufgegriffen. Zu Hause ist niemand erreichbar …"
- „15-Jähriger wagt sich nicht mehr nach Hause, weil er „Stress" mit den Eltern hat …"
- „Meldung der Polizei. Sie wurde zu einem Ehestreit gerufen. Sie treffen auf eine völlig vermüllte Wohnung, in der zwei Kinder, 2 und 4 Jahre alt, verwahrlost leben. …"
- „Feuerwehr im Einsatz. Rauch tritt aus einer Hochhauswohnung und es wird erst nach massivem Klingeln und Klopfen geöffnet. Es wird ein 12-jähriges Mädchen bei „Kochversuchen" angetroffen. Die Mutter liegt mittags betrunken im Bett und …"
- „14-jährige Schwangere (im fünften Monat) bittet um Hilfe, da sie wegen der Schwangerschaft von ihrem marokkanischen Vater zu Hause rausgeworfen wurde …"

Diese Liste ist beliebig erweiterbar. Jedes dieser durchaus realistischen Beispiele eröffnet bei weiterer Betrachtung wieder eine Auffächerung von Möglichkeiten und lässt es nicht zu, einen „regelhaften Normfall" zusammenzufassen. Jedes Leid eines Kindes hinter diesen plakativen Sätzen stellt ein Einzelschicksal dar, das nach Hilfe sucht oder dem geholfen werden muss, da es sich nicht selbst schützen und helfen kann. Inobhutnahme muss allen gerecht werden.

Die gemeinsamen unabdingbaren Grundvoraussetzungen zur Einschätzung und Einordnung der Inobhutnahme lassen sich wie folgt formulieren:

- Jugendhilfe muss überall und jederzeit ausschließlich dem „Wohl des Kindes" dienen.
- Jugendhilfe muss ausreichende und qualifizierte Fachkräfte zur Verfügung haben, damit der Schutzauftrag jederzeit gewährleistet ist.
- Fachkräfte müssen einzig und allein fachlichen Entscheidungen unterstehen.
- Fachkräfte müssen in Ausführung des Auftrags alles in die Wege leiten können, was dem Wohlergehen der Minderjährigen dient.
- Inbhutnahme dient nicht der „Absicherung" der handelnden Verwaltung.
- Es darf zu keiner Zeit eine Abwägung von Kosten geben, die den Schutz von Minderjährigen behindern könnte.

Die Messlatte an dieser Stelle ist sehr hoch gelegt. Wer soll Kindern und Jugendlichen in Not beistehen, wenn nicht die vom Gesetzgeber eigens dafür geschaffenen Institutionen der Jugendhilfe? Jugendämter, die den Auftrag zur Ausführung des SGB VIII haben, stehen in der Pflicht, sich zuallererst diesen Grundsätzen zu stellen und die Hilfen daran auszurichten. Daraus ergibt sich: Die hohen Anforderungen an die Inobhutnahme gebietet, die Durchführung erfahrenen, sozialpädagogischen Fachkräften zu übertragen, die dafür ausgebildet sind und nur diesen.

Als Wächter über das Kindeswohl muss der Jugendhilfeträger einschreiten, wenn die Sorgeberechtigten, die natürlich zuallererst dies sicherzustellen haben, nicht oder nicht ausreichend das Sorgerecht und die Sorgepflicht für das Kind ausüben. Zu welchem Zeitpunkt die Grenze überschritten ist und Sorgeberechtigte ihr Sorgerecht nicht mehr in der Weise ausüben, dass das Wohl des Kindes gesichert ist, ist eine höchst schwierige Entscheidung. Die Grenzen sind fließend und verunsichern alle mit der Inobhutnahme beschäftigten Personen immer wieder in erheblicher Weise. Es bedarf hoher fachlicher Kompetenzen, dies einschätzen zu können.

Zwar klären Juristen in Gerichten im Rahmen der Rechtsprechung letztlich, ob eine Grenzverletzung stattgefunden hat oder stattfindet, jedoch bedarf es zuvor zunächst der sozialarbeiterischen Einschätzung der Sachlage. Diese Abwägung und Bewertung durch die sozialpägagogische Fachkraft anhand von Anhaltspunkten, Vermutungen und Belegen zur Lebenssituation von Minderjährigen steht am Anfang und offenbart überhaupt erst den Hintergrund des Handelns.

Die Verpflichtung zur Wahrnehmung und Ausübung der Inobhutnahme beim örtlichen Jugendhilfeträger und dort dem Jugendamt ist innerhalb der Behörde wiederum als Auftrag regelhaft den Mitarbeiterinnen und Mitarbeitern der sogenannten Sozialen Dienste zugeordnet. In den wenigsten Organisationsbereichen gibt es spezialisierte Dienste zur Aufgabenerfüllung gem. § 42 SGB VIII Inobhutnahme.

Diese sozialpädagogischen Fachkräfte, die in der Regel über den Ausbildungsabschluss Dipl. SozialarbeiterIn/Dipl. SozialpädagogIn verfügen, verantworten letztlich die Umsetzung dieser Aufgabe. Sie haben den Anspruch auf die Gewährleistung des staatlichen Wächteramts zu erfüllen und treten gegenüber allen Beteiligten als Verantwortliche für den Gesamtprozess auf. Sie tragen die Verantwortung für die Vorbereitung, die Durchführung und die weitere Hilfekonzeptionierung und deren Realisierung im Einzelfall. Ihnen obliegt die Gestaltung und Wahrnehmung aller in Verbindung mit der Inobhutnahme stehenden Aufgaben.

Wächteramt – Aufgabe zur Sicherung des Kindeswohls

Inobhutnahme ist eine sogenannte hoheitliche Aufgabe, weil nur das Jugendamt Rechte im Rahmen der Inobhutnahme ausüben darf, die ansonsten keiner anderen Stelle zustehen. Es darf unter klar geregelten Grenzziehungen kurzfristig und vorübergehend in die ureigensten Rechte und Pflichten der Sorgeberechtigten eingreifen, indem es andere Entscheidungen trifft als es die Eltern vorgeben. In unserer rechtsstaatlichen Ordnung ist ein anderweitiges Handeln, das in die Sorge und Pflicht der Eltern eingreifen kann, einzig und allein durch den Beschluss eines unabhängigen Gerichts möglich. Die richterliche Entscheidung ist daher nach einer Inobhutnahme als Ad-hoc-Handlung, der die Sorgeberechtigten widersprechen (vgl. § 42 Abs. 3 SGB VIII) können, unverzüglich einzuholen. (Die Beachtung der Auslegungen der Begrifflichkeit „unverzüglich" wird hier nicht weiter verfolgt. Sie stellt in diesem Zusammenhang eine der häufigen Rechtsfragen dar, die in zahlreichen Expertisen immer wieder bewegt wird.)

Anforderungen an die Beteiligten

Umgang mit einer Extremsituation

Die „Inobhutnahme" umfasst immer einen Eingriff in ein Familiensystem, für den in den meisten Fällen keine dezidierten Vorbereitungen getroffen werden können. In Ausübung des staatlichen Wächteramtes muss meist zu Zeitpunkten gehandelt werden, in denen neben den mangelnden Vorbereitungsmöglichkeiten fast regelhaft eine umfassende Fallklarheit fehlt.

Flankierend zu vielseitigem und fachübergreifendem Wissen und Erfahrung der Handelnden benötigt Jugendhilfe auch hier das Vorhandensein entsprechend ausgestalteter Systeme auf mehreren Ebenen.

Zunächst muss davon ausgegangen werden, dass es für alle Minderjährigen eine hochbelastende Situation darstellt, wenn sie in Inobhut genommen werden. Das trifft insbesondere dann zu, wenn der Eingriff spontan auf das Familiensystem zukommt. Die Familie steht zahlreichen Ungewissheiten gegenüber. Sie verfügt in den meisten Fällen nicht über das Wissen um die Grenzen und Möglichkeiten der Inobhutnahme und auch der eigenen Rechte und Pflichten. Sie ist einer Situation „ausgeliefert", die sie nicht einschätzen kann. Völlige Verunsicherung gesellt sich zu emotionaler Betroffenheit und der Angst, wie es in der Zukunft weitergehen wird. Für die Handelnden der Jugendhilfe ergeben sich aus dieser Gemengelage an Unklarheiten zahlreiche Unberechenbarkeiten.

Der Vorgang der Inobhutnahme wird aus einer Vielzahl von zusammentreffenden Haltungen, Emotionen, Spekulationen und Ängsten in den meisten Fällen zu einer Ausnahmesituation. Der Vorgang ist daher zeitlich so kurz wie möglich und gut vorbereitet zu gestalten. Dies hat hohe Priorität.

Startphase einer Hilfeleistung – Ausgangspunkt Alter

Je älter die Minderjährigen sind, umso besser können sie prinzipiell verstehen, was in der Familie und bei der Inobhutnahme abläuft. Sie nehmen wahr, was im Unterschied zu anderen Familien und jungen Menschen in der eigenen Familie anders ist.

Ältere Minderjährige melden sich deshalb häufig selbst bei den zuständigen Stellen und bitten um Hilfe aus Situationen, die sie selbst nicht mehr beherrschen. Sie wirken in der Folge meist an der Gestaltung der Zukunft mit. Inobhutnahme ist häufig der Beginn, mit weiterfolgenden Hilfen der Jugendhilfe gute Zukunftsperspektiven zu erreichen. Schwierig bleiben dabei natürlich die bis zu diesem Zeitpunkt der Lebensveränderung internalisierten Verhaltensweisen und Erfahrungen.

Die älteren Minderjährigen, die sich einer Inobhutnahme entgegenstellen, obwohl sie sich in gefährdenden Lebenslagen befinden, stellen meist die Problemfälle der Jugendämter dar. Sie zu motivieren und zu überzeugen, verlangt nicht selten längere Zeiträume der Beratung und wiederkehrende Interventionen, gegebenenfalls auch als Inobhutnahmen.

Kleinere Kinder stehen meist stark im Zwiespalt zwischen der emotionalen Bindung an die Eltern, mit denen sie bisher zusammenleben und den Ursachen, die die Inobhutnahme veranlassen. Häufig können sie die notwendige Trennung weder einsehen noch nachvollziehen.

Je kleiner die Kinder sind, umso weniger ist es häufig möglich, sie an solch gravierenden Entscheidungen, wie der Zukunftsgestaltung außerhalb des Elternhauses, zu beteiligen. Es muss für sie entschieden und gehandelt werden. Als Basis für die Perspektivlegung stellt sich die Chancenabwägung dar, eventuell ins Elternhaus zurückkehren zu können.

Es erscheint auf der Grundlage von Bindungstheorien, aber auch nach einfachen pädagogischen Einsichten selbstverständlich, dass vermieden werden sollte, längere Aufenthalte in Schichtdienstbetrieben der Heimerziehung, die Inobhutnahmefälle betreuen, zu akzeptieren. Ein als „Erste Hilfe" geplanter vorübergehender Aufenthalt in einer Einrichtung muss so kurz wie möglich gehalten werden. Eine neue Umgebung, wechselndes Betreuungspersonal (auch wenn es sich noch so fürsorglich müht), das Kommen und Gehen anderer Kinder, Verlust jeder Vertrautheit familiärer Rituale und Zuwendung muss umgehend in eine stabile Lebenssituation auf Dauer mit Verlässlichkeiten überführt werden. Eine Abmilderung stellt sicherlich eine mögliche Beibehaltung eines Kindergarten- oder Schulbesuchs in der bisherigen Umgebung dar. Doch ist dies häufig wegen der räumlichen Trennungen nicht zu sichern.

Dennoch gilt auch: Kinder lassen sich in ihrer Entwicklung nicht aufhalten. Sie entwickeln sich an den ihnen gegebenen Orten.

Wie auch immer sich die Situation im Einzelgeschehen darstellt, bleibt die Eingriffshandlung nicht ohne nachhaltige Störung der Lebenssituation. Sie stellt Anforderungen an die Jugendhilfe, welche die Störung für die Familienmitglieder aus deren Sicht herbeigeführt hat, die Lebenssituation umfassend zu ordnen. Somit hat Jugendhilfe sofort eine geeignete, weiterführende Betreuung der betroffenen Minderjährigen sicherzustellen. Sie hat die Lebenszusammenhänge, in die sie eingegriffen hat, so umfassend und individuell neu zu gestalten, dass eine Verarbeitung bei den Beteiligten erfolgen kann und bleibende Störungen vermieden werden. Wie zahlreiche Reflexionen mit betroffenen jungen Menschen nach Jahren zeigen, sind die Inobhutnahmesituation und die dabei beteiligten Menschen tief in die Lebenserfahrungen und das Gedächnis eingeprägt. Erlebnisse, die gemacht werden, bleiben Erfahrungen auf Dauer.

Um nachhaltige individuelle Störungen beim betroffenen jungen Menschen zu minimieren, bedarf es, wie für den Bereich der gesamten Jugendhilfe, einer umfangreichen Palette an nachsorgenden Hilfesystematiken, Hilfeangeboten und Fachkräften mit ausreichend qualifiziertem Können.

Verantwortung und Ermessen

Gerade Berichte der Medien in der letzten Zeit, von offenbar fehlerhaft eingeschätzten Lebenssituationen von Minderjährigen durch Verantwortliche in den Jugendämtern, werfen Fragen zum verantwortlichen Handeln von Fachkräften auf. Eindeutige Grenzen zu finden und zu definieren, die ein Einschreiten rechtfertigen und die gleichzeitig die Rechte der Sorgeberechtigten wahren, kann nur im individuellen Fallhandeln gelingen.

Nicht vorhandene und auch nicht festlegbare eindeutige Grenzen verunsichern häufig bei dem Versuch, im Einzelfall Überschreitungen auch justiziabel nachweisbar machen zu können.

Sozialpädagogische Fachkräfte stehen häufig im Zwiespalt der Anforderung mehrerer Komponenten. Einige davon sind:

- Vertreten von Entscheidungen, die fachlich unter Umständen auch in anderer Weise bewertet werden können
- Rechtfertigen des Eingriffshandelns, welches eventuell ein in der Folge angerufenes Gericht anders beurteilt
- Verantworten von Auswirkungen auf den Lebensweg der betroffenen Kindern und Jugendlichen gegenüber der Familie und sich selbst
- Rechenschaft ablegen gegenüber der eigenen Dienststelle für die Inanspruchnahme von personellen, zeitlichen und finanziellen Ressourcen
- Überzeugen der Vorgesetzten von der Richtigkeit des eigenen Handelns
- Abstimmen jeden Handelns an den Verwaltungsvorgaben
- Erwehren gegen Beteuerungen und Absichtserklärungen von Betroffenen, denen meist anhand von fachlichen Erfahrungen nicht mehr zugetraut wird die Lage selbst zu meistern
- Vertreten und Durchsetzen fachlicher Überzeugung gegen fiskalische Betrachtungen
- Übernahme umfassender Verantwortung und anschließender Erklärung eventuell offenkundig werdender Fehleinschätzungen
- Aushalten von Bedrohungen rechtlicher Konsequenzen, falls Fehler im Handeln nachgewiesen werden
- Verarbeiten von Folgen der Entscheidungen im eigenen weiteren Leben und Arbeiten

Die sozialpädagogische Fachkraft hat Entscheidungen hoher Tragweite mit unvollständigem Wissen zu treffen und muss diese an mehreren Stellen legitimieren und verantworten. Besonders tragisch ist es, wenn die Einschätzung in ein Nichthandeln mündet und anschließend daraus bedrohliche Situationen für Kinder und Jugendliche entstehen.

Absichten und Ziele der Inobhutnahme: Verpflichtung, Schutz zu gewähren

Der eingreifende Rechtsakt der Inobhutnahme durch das Jugendamt hat folgende Ziele und Aufgaben:

1. Das Jugendamt hat die Verpflichtung, Minderjährigen Schutz zu gewähren und sie aus lebensbedrohlichen und/oder entwicklungsgefährdenden Lebenslagen herauszulösen, wenn dies in anderer Weise nicht erreichbar ist.

2. Gefahren für die Entwicklung von Minderjährigen sind abzuwenden, die sich z.B. aus körperlichen oder seelischen Misshandlungen ergeben, denen sie ungeschützt ausgesetzt sind. Auch in Fällen, in denen sie Opfer sexueller Gewalt wurden oder sind, sind sie zu schützen, wenn die Sorgeberechtigten dies nicht tun oder tun können, insbesondere wenn sie möglicherweise selbst der oder die Täter sind.

    Natürlich bedarf es auch der Fürsorge durch das Jugendamt, wenn die Sorgeberechtigten ausfallen und an der Ausübung des Sorgerechts gehindert sind. Krankheit, Tod, Inhaftierung o.ä. sind Lebenssituationen in Familien, die die geordnete Ausübung der elterlichen Sorge für die Kinder in Frage stellen können.

3. Schutz wird gewährt durch Versorgung, Betreuung und Beratung sowie Zukunftsklärung. Es handelt sich um zeitlich befristete, sozialpädagogische Interventionsmaßnahmen in einer aktuellen Krise, die einer näheren Erläuterung bedürfen.

Schutz durch Versorgung

Gemäß dem gesetzlichen Auftrag, Minderjährigen in schwierigen Situationen Schutz durch Inobhutnahme zu gewähren, ergeben sich unmittelbar Forderungen an eine fachlich qualifizierte Umsetzung.

Durch die Inobhutnahme fällt sofort die regelhafte Versorgung der Minderjährigen aus und der äußere Strukturrahmen, der bislang durch die Sorgeberechtigten organisiert und gesichert war, ist vakant. Die psychosoziale evtl. auch therapeutisch orientierte, notwendige Hilfe braucht als Grundlage eine weitgehend reibungslose Sicherung der alltäglichen Lebensnotwendigkeiten. Es geht um die

- Ersetzung aller Aufgaben, die sich aus der Verpflichtung zur Sicherung des notwendigen Lebensunterhalts ergeben
- Zur-Verfügung-Stellung der dazu nötigen Gegenstände in einem angstfreien Lebensraum – geschütztem Raum
- bedarfsgerechte Versorgung in allen lebensnotwendigen Bereichen, wie Wohnen, Essen, Hygiene, Gesundheit.

Der junge Mensch ist nicht nur Opfer einer Situation, die psychisch und eventuell auch physisch belastet und viele Fragen in den Beziehungsstrukturen aufwirft, sondern auch Opfer eines in der Folge der Inobhutnahme nicht mehr funktionierenden Versorgungssystems.

Das „Fehlen" der Sorgeberechtigten ab der Inobhutnahmehandlung verpflichtet den zuständigen örtlichen Jugendhilfeträger in geeigneter Weise sofort zum Ersatz der daraus resultierenden Nachteile. Er hat unverzüglich dafür zu sorgen, dass die alltäglich notwendigen Dinge in zweckentsprechender Weise und umfassend zur Verfügung stehen. Inhaltlich differenziert bedeutet dies die Sicherstellung aller Komponenten des sogenannten notwendigen Lebensunterhalts.

Neben ausreichender Nahrung und einem sauberen, geschützten (angstfreien) Wohnraum, der den Anforderungen an Hygiene und vorbeugender Gesundheitsfürsorge entspricht, muss die Lebenssituation – fachlich professionell – begleitet sein.

Schutz durch Betreuung und Beratung

Durch die Besonderheit der Inobhutnahme als belastende Ausnahmesituation kommt – neben der Versorgung mit den Dingen des täglichen Lebens – die Notwendigkeit einer geeigneten Betreuung und Beratung hinzu. Angesichts der komplexen Möglichkeiten, die zu einer Inobhutnahme führen können und angesichts der vielfältigen möglichen psychischen Belastungen, die damit einhergehen, muss es selbstverständlich sein, dem jungen Menschen umfassende persönliche Hilfe und Strukturierung anzubieten. Häufig beobachtbare Problemlage in von Inobhutnahme betroffenen Familien ist eine fehlende, unzureichende Alltags- und Lebensgestaltung. Minderjährige sind sich häufig allein überlassen und eine altersgerechte Betreuung findet nicht oder nicht ausreichend statt. Die Strukturen der Betreuung müssen zweifelsfrei über eine dem Alter des jungen Menschen angemessene Aufsichtspflichtgewährleistung verfügen. Die verfügbare pädagogische Betreuung, die die Sorge und Fürsorge der bisher handelnden Sorgeberechtigten ersetzt, muss der dem Leben in einer funktionierenden Familienstruktur entsprechen. Der junge Mensch muss jederzeit die Belastungen, denen er ausgesetzt ist und die sich aus der verunsicherten Zukunftsperspektive ergeben, mit einer dafür geeigneten Fachkraft erörtern und besprechen können.

Es geht also um

- Gewährleistung notwendiger, qualifizierter Aufsicht
- Persönliche Hilfe, pädagogische Betreuung (sozialpädagogisches Handeln)
- Vorhalten umfassender, erreichbarer Beratung zur bestehenden Situation, den Folgen daraus für die Zukunft und alle Bereiche betreffend, die den jungen Mensch nachhaltig beschäftigen.

Die verantwortlichen Fachkräfte, die die Inobhutnahme vollziehen, haben in der unmittelbaren Folge für Betreuung und Beratung zu sorgen. Ebenso wie die Inobhutnahme an sich eine qualifizierte Fachlichkeit erfordert, ist die unmittelbare Folgeversorgung damit eine hochprofessionelle sozialpädagogische Angelegenheit.

Schutz durch Zukunftsklärung

Neben der Versorgung, der Betreuung und Beratung besteht gleichzeitig die Notwendigkeit weiterer Abklärungen. Die Lebenssituation des jungen Menschen und seiner Familie ist durch die Inobhutnahme aus ihrem bestehenden Gleichgewicht gekommen. Alle Beteiligten benötigen neue bzw. modifizierte Perspektiven. Klärungen müssen erfolgen, um Planungen einleiten zu können, wie es mit den einzelnen Personen kurz-, mittel- und langfristig weitergehen kann/soll, d.h., es geht um

- Vervollständigende Klärung der Gesamtsituation der Betroffenen (Analyse der Situation)
- Schaffung einer Gesamtperspektive (Hilfeplanung) unter Beachtung der Möglichkeiten von Partizipation.

Zusammenfassend bedeutet sozialarbeiterisches Handeln zunächst die professionelle Ersetzung von Strukturen und Funktionen einer wirksamen, geordneten und organisierten familiären Situation.

Umgang mit Ungewissheiten: Gratwanderung Kindeswohl – Kindesgefährdung

Der regelhafte Eingriff in die elterlichen Rechte bei Inobhutnahme trennt die inhaltlichen Ansätze möglicher pädagogischer Handlungen von den übrigen Hilfen. Die Anforderung, gegen den erklärten Willen von Eltern andere Entscheidungen zum Wohle ihrer Kinder umzusetzen, ist mit keinem anderen Ansatz von Leistung im SGB VIII zu vergleichen. Formen von einvernehmlichem Handeln können meist ein Tätigwerden unter den Bestimmungen des § 42 SGB VIII, der Inobhutnahme, erübrigen.

Mindestens die Duldung von Hilfen zur Erziehung seitens der Sorgeberechtigten können die Chance einer Grundlage zukünftiger Kooperation eröffnen. Einsicht der Beteiligten in die Notwendigkeit einer Veränderung einer Lebenssituation lässt Gestaltung und Hilfeumsetzung zu. Möglicherweise muss sich der Soziale Dienst mit einer zweit- oder drittbesten Lösung der Konflikte begnügen. Entscheidend ist, dass das Kindeswohl beachtet ist. Zu jedem Zeitpunkt ist aber auch der Elternwille zu beachten, auch wenn er durch richterliche Entscheidungen im Einzelfall eingeschränkt sein kann. Elternbezüge bleiben weiter wichtig in der Sozialisation der jungen Menschen. Die Eltern bleiben die Eltern. Der Soziale Dienst hat hier keine freie Gestaltungsmöglichkeit in der Umsetzung von Vorstellungen optimaler Ausgestaltung zur Sicherung der Erziehung von Minderjährigen. Er hat häufig die begrenzten Möglichkeiten der Sorgeberechtigten und was sie an Veränderung zulassen, zu „ertragen", wissentlich, dass es bessere Möglichkeiten von Förderung gibt.

Sein ihm zugewiesenes Wächteramt verpflichtet ihn jedoch, permanent die Grenze im Auge zu behalten, die zwischen einer „nicht optimalen", aber noch angemessenen Erziehungssituation für Kinder und einer Grenzüberschreitung hin zur Verletzung des Kindeswohls liegt. Dies bedeutet eine regelhafte, fast routinemäßige Beobachtung der familiären Situation mit Blick auf das Kind. Es verlangt immer wieder eine erneute Überprüfung der Einschätzung der Entwicklungen. Dies ist eine Gratwanderung, die ein hohes Maß an fachlichem Können, Einfühlungsvermögen, Kooperationsgeschick und Entscheidungsfähigkeit erfordert. Eine adäquate, qualifizierte Vorgehensweise benötigt dazu ausreichende zeitliche Ressourcen. Die reale Praxis erfüllt diese Anforderung häufig nur unzureichend.

Verantwortung übernehmen zu müssen, ohne wirklich alle Geschehnisse im Detail umfassend und jederzeit im Griff zu haben, um folgerichtig zu handeln, stellt eine dauerhafte Belastung dar. Auf immer wieder anklagende Presseveröffentlichungen über Situationen, in denen Jugendämter offenbar zu falschen Bewertungen kamen, wurde bereits hingewiesen. Die Erfüllung der Anforderungen des staatlichen Wächteramts begleitet die tägliche Arbeit der Sozialen Dienste.

Sicherheiten gibt es nicht?!

Inobhutnahmen sind nicht selten Folge von zugespitzten Einzelfallverläufen durch Fehleinschätzungen des Hilfebedarfs, beziehungsweise seiner Notwendigkeit. Gegebenenfalls haben auch adäquate Hilfestrukturen nicht oder nicht ausreichend zur Verfügung gestanden. Fallklarheit und folgerichtige konsequente Hilfeumsetzungen in leistungsfähigen Hilfestrukturen lassen im Einzelfall eine Inobhutnahme unwahrscheinlich werden. Es drängen sich an dieser Stelle Fragen zu den Bedingungen zur Herstellung von Fallklarheit bei den Verantwortlichen ebenso auf wie zu den Inhalten und der Verfügbarkeit regional vorhandener Leistungsangebote an Hilfen zur Erziehung. Oftmals bedarf es auch eines längeren Beratungs- und Betreuungsprozesses, um zu einer Fallklarheit zu gelangen, wenn die Familie keinen schnelleren Zugang ermöglicht.

Inobhutnahmen, die Minderjährige und ihre Familien betreffen, die schon in der Beratung/Betreuung durch den Sozialen Dienst eines Jugendamtes stehen, lassen in der Regel ein fachlich fundierteres Handeln zu und ermöglichen auch in der Folge eine schnellere Planung weiterer Zukunftsschritte. Das heißt aber nicht, dass sich dadurch die Situation der Inobhutnahmehandlung leichter darstellt. Es kann sogar im Verlauf zu erheblichen Schwierigkeiten kommen, weil notwendige und vorhandene Vertrauenslagen, die jeder Beratungs- und Betreuungsprozess benötigt, nun durch den einseitigen Eingriff völlig in Frage gestellt werden. Die unabgestimmte Handlung muss von den Sorgeberechtigten, die sich bisher in einer Vertrauenssituation wähnten, als massiver Bruch erlebt werden. Dies führt häufig in der Folge dazu, dass eine Mitwirkung der Sorgeberechtigten an weiteren Planungsschritten nicht mehr in der gleichen Personalkontinuität möglich ist. Daher können zunächst „einfach" erscheinende Inobhutnahmen in sogenannten „bekannten" Familien in der weiteren Arbeit wesentlich schwieriger werden.

Dennoch stellen sich die Voraussetzungen für den Sozialen Dienst bei Inobhutnahmesituationen in diesem Falle günstiger dar als bei völlig unbekannten Familien. Eingriffe durch Ad-hoc-Situationen, als Schutzgewährung für bisher nicht bekannte Minderjährige, sind dennoch vielfach komplexer und komplizierter in der Umsetzung durch die Verantwortlichen. Gefährdungsmomente, die sich aus der hohen Emotionalität der Situation ergeben können, sind nicht einschätzbar und somit kaum real kalkulierbar.

Verhaltensweisen und Reaktionen bekannter Betroffener sind oft besser wägbar als die von völlig unbekannten Menschen, auf die der Soziale Dienst plötzlich trifft. Dennoch bleibt Inobhutnahme in nahezu allen Fällen mit riskanten Entscheidungen für alle Beteiligten verbunden.

Minderjährige – Ambivalente Reaktionen

Die brisante Lebenslage, die nicht oder nicht ausreichend von den Sorgeberechtigten selbst erkannt und gelöst werden konnte, ist Grundlage der Stimmung zum Zeitpunkt der Inobhutnahme. Die Inobhutnahme verändert die Situation der jungen Menschen. Häufig wird schon kurze Zeit danach eine Chance erlebt, die zu einem veränderten Neubeginn führen kann und damit auch als befreiend empfunden wird. Grundlagen dazu liegen im bisher gelebten Miteinander mit den Sorgeberechtigten und der Wahrnehmung der Situation.

- Liegt eine Akzeptanz beim Minderjährigen vor?
- Fühlen sie sich in einer subjektiv gefühlten Gefahrensituation unterstützt?
- Haben sie Einsicht in die Notwendigkeit der Veränderung einer Mangelversorgung?
- Handelt das Jugendamt gegen den Willen des/der Minderjährigen?
- Wie stark ist die Eltern-Kind-Beziehung?
- Wie stark identifizieren sich Minderjährige mit den Eltern?
- An welchen Stellen übernahmen sie möglicherweise Verantwortung für die Eltern und in welchem Maß?
- Haben sie die Inobhutnahme selbst veranlasst oder aktiv darauf hingewirkt?

Inobhutnahme erfolgt in Situationen, bei denen familiäre Systeme eskaliert sind, in denen Minderjährige Schäden zu erleiden drohen oder schon erlitten haben, die anders als durch den Eingriff des Jugendamts nicht abwendbar sind. Die jungen Menschen müssen dies spürbar erlebt haben und darum wissen, um den Eingriff zu verstehen.

Es kommt nicht selten vor, dass trotz der Mangel- und/oder Gefahrensituation innerhalb des Familiensystems sich Kinder spontan mit ihren Eltern solidarisieren. Die Kräfte der Behörden, die als drohende Gefahr für die weitere Existenz der Familienstruktur erlebt werden, definieren sie als ihre Gegner. Sie reagieren, indem sie versuchen, dieser Logik folgend, deren Handeln zu unterbinden oder zu verhindern. Letztlich wird der Situation hin und wieder auch eine Einsichtsfähigkeit abverlangt, die seitens der jungen Menschen einen Verzicht von Freiheiten bedeutet, die sie sich im Schatten der unzureichenden Sorge der Eltern eingeräumt haben. Diese Einsicht oder auch planvoll verantwortliches Handeln seitens der jungen Menschen ist wohl schwierig vorauszusetzen, da sie doch allzu häufig das Gegenteil im Lebens- und Lernfeld erfahren haben.

Ambivalenz bei Eltern

Die Inobhutnahme stellt für die Beteiligten ein emotionales Grenzerlebnis dar. Die – durch den unerwarteten Akt der Inobhutnahme – eintretende emotionale Gemengelage und die Phantasien von Trennung, Ungewissheit der Zukunft gehen einher mit Offenlegung und Offenbarung von Konflikten und ungelösten Problemlagen. Scham vor Aufdeckung der meist häufig für Außenstehende nicht erkennbaren Defizite des Familiensystems und dem damit einhergehenden drohenden „Gesichtsverlust" bringen die Betroffenen nahe an einen Zusammenbruch der gesamten Lebensrealität.

Lethargische Selbstaufgabe oder auch gegenteiliges Verhalten, wie etwa das Ausstoßen von Drohungen und Aggression, sind häufig beobachtbare Reaktionen. Oft wechseln diese Stimmungslagen, je nach der situativen Einschätzung der Betroffenen, ob damit eine gewollte Reaktion bei den Fachkräften des Jugendamts auslösbar ist. Hochproblematisch wird es, wenn körperliche Übergriffigkeiten nicht mehr auszuschließen sind und die Selbststeuerung der Betroffenen in der Situation zu versagen droht oder versagt.

Anforderungsvielfalt – Professionalität

Planung und Durchführung von Inobhutnahme verlangt eine hohe Professionalität und Fachlichkeit. Die einzelnen Mitarbeiter des Sozialen Dienstes müssen alle Bedürfnisse und Interessenslagen der Beteiligten berücksichtigen, alle erdenklichen Risiken im Auge behalten und eine Übersicht über die ablaufenden Geschehnisse bewahren. Von ihnen wird, auf Grundlage der Abwägung aller Faktoren nach dem Grundsatz der Verhältnismäßigkeit, bedarfsgerechtes und sofortiges Handeln erwartet und gefordert. Unter- wie auch Überreaktionen können im weiteren Verlauf und Vorgehen Konflikte manifestieren und Lösungen massiv erschweren.

Die Risikoeinschätzung, also die Bewertung des Gefährdungsrisikos, ist eine zentrale Aufgabe im Zuge einer Inobhutnahme, nicht nur für die zu schützenden Minderjährigen, sondern auch für die übrigen Beteiligten.

Die Fachkräfte benötigen neben einer abgewogenen Parteilichkeit bei der Betrachtung des Kindeswohls eine umfangreiche Kenntnis der gesetzlichen Vorgaben, um rechtssicher auftreten zu können. Nur auf dem Hintergrund von Professionalität gründet sich verantwortungsvolle Entscheidungsbereitschaft und ermöglicht dabei die Fähigkeit zu strategischem und gesetzeskonformem Handeln. Professionalität ist die Grundlage zum Erkennen von Grenzen und Möglichkeiten in den Bereichen des Rechts sowie des pädagogischen Handelns.

Koordination

Inobhutnahmen bedürfen fast regelhaft der Koordinierung zahlreicher Beteiligter. Die Zahl der möglichen Beteiligten kann im Einzelfall umfangreich sein. Neben den Sorgeberechtigten und betroffenen Minderjährigen sind dies meist eigene KollegenInnen, Fachkräfte anderer Bereiche der Jugendhilfe, enge Verwandte und Freunde, aber auch Institutionen wie Kindergärten, Schulen, Gerichte, Polizei und viele mehr.

Häufig lässt die Konfliktlage zeitlich kaum Spielräume alle möglichen beteiligten Stellen so einzubeziehen, wie dies dem Grunde nach fachlich geboten wäre. Weitgehende Einbeziehung bzw. Koordination im Vorfeld fördert Vertrauen in die Sinnhaftigkeit der ablaufenden Handlungen. Daraus kann die Möglichkeit entstehen, ein höheres Verständnis für die Situation und die daraus folgenden Handlungsschritte zu erlangen.

Organisation

Die Vorbereitung, Durchführung und Weiterbearbeitung einer Inobhutnahme muss eine Teamleistung sein. Die sozialpädagogische Fachkraft muss auch in der Lage sein, weitere Fachkräfte hinzuzuziehen, wenn ihre eigenen Möglichkeiten und die des Teams zu einem umfassenden Verständnis des vorliegenden Einzelfalls nicht ausreichen. Hier gilt: Umso höher die Fallklarheit, umso effektiver ist die Wirkung der Jugendhilfeleistung.

Die nachgehende Auswertung von Einzelfallverläufen, die eine negative Entwicklung nahmen, zeigen immer wieder, dass die Versäumnisse an der Herstellung von Fallklarheit nicht nur positive Lebensperspektiven junger Menschen verhindern, sondern auch unangemessene und uneffektive Kosten verursachen. Auch scheinbar banale Kleinigkeiten müssen vorbereitet und geklärt sein. Dazu zählen Sachausstattungen und Verfügung über notwendige finanzielle Mittel.

- Fachkräften müssen geeignete Transportmöglichkeiten zur Verfügung stehen, entweder aus eigenem Bestand der Behörde oder durch spontane Anmietung (Taxi).
- Sie müssen im Einzelfall reaktiv in der Lage sein zu bestimmen, wohin sie gehen oder fahren, um der Sachlage gerecht zu werden.
- Sie benötigen Telekommunikationsmittel, wie z.B. ein Handy mit darin befindlichen Adressen und Telefonnummern wichtiger Stellen.

Die Erfahrung, dass Mitarbeiter der Sozialen Dienste aus der privaten Geldbörse Taxis finanzieren und das Privathandy nutzen müssen, um sach- und fachgerecht handeln zu können, hört man häufig in Gesprächen. Natürlich lässt sich alles irgendwie regeln, doch professionelle Bedingungen sind nun einmal anders. Letztlich belastet dieser scheinbare „Kleinkram" völlig unangemessen und fordert Aufmerksamkeit in Situationen, die schon überfüllt sind mit anderen Belastungen an Stellen, die schon überfüllt sind mit anderen Anforderungen. Ein wichtiger Aspekt ist immer die unabdingbare Zeitressource, die eine Inobhutnahme benötigt. Je nach Einzelfall können erhebliche Vorausarbeiten zu leisten sein, um eine Inobhutnahme durchzuführen.

Dokumentation – Administration

Sämtliche Tätigkeiten und Aufgaben bei Inobhutnahmen verlangen im Vorfeld und danach eine qualifizierte Dokumentation, die eine Nachvollziehbarkeit ermöglicht und Beweiskraft sichert. Denkbare rechtliche Überprüfungen eines jeden Schritts des Handelns müssen einkalkuliert sein. Ein sicherer Umgang mit den Anforderungen möglicher beteiligter Stellen bei der Justiz ist dabei unabdingbar.

Letztlich notwendig sind auch Kenntnisse und Klarheiten über die internen Vorgaben der eigenen Behörde „Jugendamt". In den meisten Jugendämtern gibt es differenzierte Festlegungen, wie sich die Verantwortlichen zu verhalten haben und wie die Abläufe zu strukturieren sind. Dies dient einerseits als Unterstützung der Fachkräfte, hat aber selbstverständlich auch den Charakter der Klärung von Verantwortlichkeiten innerhalb der hierarchischen Struktur, also der Absicherung bei notwendiger nachträglicher Legitimierung erfolgter Handlungsschritte.

Neben der eigenen hohen Kompetenz des Sozialen Dienstes bedarf es einer Einbettung in regelhafte Ressourcen, die vorhanden und auch nutzbar sein müssen. Ein zeitnaher Zugriff auf kollegiale Beratung und Konsultation von Vorgesetzten muss ebenso gesichert sein wie die praktische Mithilfe und Beteiligung im Inobhutnahmeverlauf.

Das Vorhalten von Dokumentationen, welche die Inobhutnahme absichern, die Koordination und Beteiligung notwendiger Dritter, die Bereitstellung eines Platzes, der zur Versorgung nach der Inobhutnahme zur Verfügung stehen muss, die Sicherung eines geordneten Ablaufs usw. erfordern im Arbeitsalltag umfassend Zeit und Aufmerksamkeit auf den Einzelfall. Alle anderen Belastungen der vielfältigen Arbeitsaufträge müssen in diesem Moment sekundär sein und es bedarf einer Regelung, wie dies in einem Team umzusetzen ist.

Die Folge jeder Inobhutnahme ist ein weitergehender, unabdingbarer Klärungsprozess. Eine umfassende Gestaltung der Zukunft steht an, wenn dies nicht schon im Vorfeld Teil der Vorbereitung sein konnte. Klärungsprozesse in der Herkunftsfamilie, die Gestaltung eines Lebens außerhalb der Familie, ob vorübergehend oder auf Dauer, bedürfen ausreichender Zeit.

Sofern die Inobhutnahme nur ein kurzfristiger Eingriff ist, der dazu führt, dass die Familie nun mit neuen Perspektiven und gegebenenfalls auch mit unterstützenden Hilfen weiter zusammenlebt, bleibt der Einzelfall in der Beratung durch den Sozialen Dienst unter evtl. Zuhilfenahme anderer Beratungsinstanzen. Ist eine Zusammenführung der Familie nach der Inobhutnahme in einem kürzer überschaubaren Zeitraum nicht möglich, so ist eine tiefgreifende Strukturierung der Lebensorganisation für und mit dem jungen Menschen nötig. In beiden Fällen ist es erforderlich, dass ein komplexes Angebot an geeigneten Hilfen existiert, auf das der Soziale Dienst zugreifen können muss.

Folgeversorgung – Qual der Wahl

Spontane Versorgungserfordernisse als unmittelbare Folge von Inobhutnahme können oft nur mit großen Abstrichen an individuellen Wünschen erfolgen. Angemessene Schutzgewährung und bedarfsgerechte Versorgung haben in der Krise Vorrang vor individuellen Wünschen.

Da der Soziale Dienst hier in der Regel auf Drittleistungen angewiesen ist, benötigt er ein differenziertes Angebot, das den Anforderungen an Individualität, Angemessenheit, Geeignetheit und Leistungsfähigkeit genügt. Zudem reicht nicht nur das Vorhandensein solcher Systeme aus. Sie müssen hinlänglich bekannt und auch nutzbar sein. Das Angebot an geeigneter Hilfesystematik ist dem Jugendamt regelhaft vorzuhalten und kann nicht erst dann beschafft werden, wenn ein Einzelfall bereits auf Versorgung wartet.

Schon bei der Umsetzung der Inobhutnahme muss der Soziale Dienst wissen, wo er den Minderjährigen unterbringt, damit er geschützt und angemessen versorgt ist. Wenn eine Rückkehr in sein bisheriges Umfeld ausgeschlossen ist, benötigt der junge Mensch umgehend einen Platz, wo er weiterhin verbleiben kann.

Die Individualität des betroffenen jungen Menschen und seiner Familie verlangt nach einer Betrachtung, die auf den Einzelfall abgestimmt ist und die persönlichen Wünsche berücksichtigt, so weit dies möglich ist. Die Beteiligten sollen ihre Zukunft gestalten lernen, was eine Akzeptanz der Hilfe mit ihrer Ausgestaltung voraussetzt.

Eine notwendige vorübergehende oder auch langfristige Nutzung eines professionellen Lebensumfelds außerhalb der Familie muss daher in Korrespondenz mit den Vorstellungen der Beteiligten, der Familie und der einzelfallverantwortlichen Fachkraft stehen.

Eine Zukunftsplanung, besonders aus Krisensituationen heraus, muss die Betroffenen sehr ernst nehmen und die eingeschränkten Möglichkeiten zur Äußerung von Vorstellungen und Wünschen berücksichtigen. Akzeptanz in die Umsetzung muss auf Dauer angelegt sein.

Vielfalt

Säuglinge sind anders zu versorgen als Schulkinder. Jugendliche in den unterschiedlichsten Problemsituationen, aus denen sie durch Inobhutnahme herausgeführt werden sollen, brauchen angepasste Angebote. Angebote müssen sich z.b. unterscheiden in Größe und Aufteilung, Intensität der Betreuung, geschlechtsspezifischer Orientierung, Anforderungen an vorhandenen Ressourcen der Minderjährigen, aber auch der beteiligten Familien, fachlichen Orientierungen, regionaler Lage, ergänzbarer weiterer Leistungen und vielem mehr.

An den Einzelfall angemessene Zukunftsgestaltung setzt ein Spektrum an differenzierten Leistungen voraus. Sie müssen spezifische Leistungsmerkmale besitzen und diese wiederum müssen transparent zugänglich sein. Die Ansprüche an die Transparenz von Leistungsfähigkeit ergeben sich aus vielerlei Merkmalen, die für die Entwicklung einzelner Minderjähriger angezeigt sind. Spezialisierte Einrichtungen zur Aufnahme und Betreuung nach Inobhutnahme durch den Sozialen Dienst können in diesem Zusammenhang nur in geringer Weise den jeweiligen Anforderungen an den individuellen Bedürfnissen gerecht werden.

Hier ist die Anforderung zu bewerkstelligen, die durch die Inobhutnahme weggebrochenen Strukturen der Lebens- und Erfahrungswelt so gut es geht durch Äquivalente zu ersetzen und weiterzuentwickeln.

Individuelle Unterbringungsmerkmale

In der realen Ausgestaltung von Leistungsangeboten nach Inobhutnahme sind folgende Differenzierungen häufig zu erkennen:

Angebote für

- Säuglinge/Kleinkinder
- Vorschulkinder/Schulkinder bis ca. 12 Jahre
- Kinder ab ca. 12 Jahre/Jugendliche
- behinderte Kinder und Jugendliche
- Geschwisterreihen
- Mädchen

Angebote für Säuglinge werden häufig nach § 33 SGB VIII als Bereitschaftspflegestellen vorgehalten. Sie bieten eine wesentlich individuellere Möglichkeit auf das Kind einzugehen, wie z.B. Bedürfnisse an Körperkontakt, Zuwendung, Pflege, körperliche Versorgung, Überschaubarkeit. Gerade Kleinkinder benötigen Zeit, die man ihnen zur Verfügung stellen muss, mit möglichst wenigen Betreuerwechseln.

Bereitschaftspflegestellen mit den Aufgaben, Kinder nach Inobhutnahme aufzunehmen, steht sicherlich ein Recht auf eine differenzierte Fachbetrachtung zu. Dabei ist nicht die Ad-hoc-Aufnahme der zentrale Gesichtspunkt, sondern vielmehr die Fragen der persönlichen Bindung und Loslösung, der Verweildauer und die regelhaft vorgeplanten Wechsel der Lebensbedingungen eines Kindes. Individuelle Professionalität und emotionale Verantwortung müssen zueinander ins Gleichgewicht gebracht und dort erhalten werden.

Dennoch sind für kleine Kinder die überschaubaren Bedingungen einer Pflegestelle auf Zeit jeder schichtdienstgeregelten Einrichtung der Vorrang einzuräumen.

Angebote für Kinder im Alter von Vorschule und Grundschule sind ebenfalls häufig unter den Bestimmungen des § 33 SGB VIII gestaltet. Bereitschaftspflegestellen in unterschiedlichsten Ausformungen und Finanzierungen halten Plätze vor. Dennoch gibt es für diesen Personenkreis schon weit mehr Einrichtungen, die sich für Hilfen nach Inobhutnahme anbieten. Meist gibt es von einem oder mehreren Jugendämtern Versorgungsaufträge für diese Heime, deren Leistungen in Größe und Menge aus den Erfahrungen der Vergangenheit vorgehalten werden. Grundlage ist auch hier häufig ein Schichtdienstbetrieb, der Aufnahmen auch zu ungünstigen Tageszeiten ermöglicht.

Beobachtbar ist auch, dass fast regelhaft behinderte Kinder in Pflegestellen zur Betreuung untergebracht werden. Einrichtungen, die allen Bewohnern gerecht werden müssen, haben oftmals zu wenig Differenzierungsmöglichkeiten, um den Anforderungen an speziellen Aufträgen bei Behinderungen nachzukommen.

Ein weiteres spezielles Merkmal neben möglichen Behinderungen sind sogenannte Geschwisterreihen. Mehrere Geschwister gleichzeitig versorgen zu können, erfordert zum Zeitpunkt der Inobhutnahme auch demgemäß freie Einrichtungsplätze zu haben. Selten haben geeignete Einrichtungen mehrere Plätze gleichzeitig unbelegt verfügbar.

Häufig spitzt sich die Frage nach ausreichenden Plätzen weiter zu durch die Altersspanne der Geschwister. Ober- und Untergrenzen im Aufnahme- bzw. Betreuungsalter führen zu Problemstellungen und verzögern das Handeln. Gerade die Aufnahme und Versorgung von Geschwisterreihen stellt beim Sozialen Dienst eine besondere Anforderung dar, weil, wie dargestellt, meist individuelle Problemlösungen auch bei Geschwistern geschaffen werden müssen.

Großstädtische Einzugsgebiete halten oft auch spezielle Inobhutnahmeplätze vor, dann meist angegliedert an Mutter/Vater – Kind – Einrichtungen mit Hilfeleistungen nach § 19 SGB VIII. Betreuungen werden hier bis etwa zum zweiten Lebensjahr durchgeführt. Fachliche Betrachtungen der Auswirkungen dieser oft schichtdienstgeführten Betreuungen auf die Entwicklung des betroffenen Kindes und der beobachtbaren Verweildauer z.B. bei begleitenden, langwierigen, gerichtlichen Verfahren werfen vielerlei Fragestellungen auf. Vielerorts sind hier Optimierungen nicht nur wünschenswert, sondern im Interesse des Kindeswohls geradezu angezeigt.

Neben den fachlichen Anforderungen an die Beteiligten ist z.b. auch die Lage des Ortes der Einrichtung nach Inobhutnahme wichtig. Eine gute Erreichbarkeit durch die den Einzelfall steuernde Fachkraft muss eine Entlastung für Planungen darstellen. Weite Wege sind sogenannte Zeitfresser und be-/verhindern oftmals enge, direkte Kontakte, können andererseits auch hilfreich sein, um den Minderjährigen dem gefährdenden Umfeld zu entziehen.

Der Soziale Dienst muss also neben der umfassenden Kenntnis geeigneter Möglichkeiten der Versorgung von Fällen der Inobhutnahme auch die tatsächliche Möglichkeit haben, diese zu beauftragen.

Kurzer Ausblick: § 8a SGB VIII und die Folgen

In jedem Fall aber wird es zu fachlich veränderten Formen der Betreuung und Beratung bei Inobhutnahmen kommen müssen, was insbesondere zu einer weiteren (Binnen-)Differenzierung der Einrichtungen führen muss, in denen diese Einzelfälle nach Inobhutnahme betreut werden. Die neuen gesetzlichen Initiativen zum besseren Schutz von jungen Menschen sind in jeder Weise zu befürworten.

Die Aufgabe, Kindern und Jugendlichen Schutz in Notlagen zu gewähren, darf an keiner Stelle zur Disposition stehen und alle Systeme, die Notlagen vermeiden, abmildern oder auch abhelfen, müssen somit weiter entwickelt werden. Dennoch bleibt Inobhutnahme in nahezu allen Fällen eine Hoch-Risiko-Situation für alle Beteiligten – auch für die Beteiligten des Jugendamtes.

Die Einfügung der Bestimmungen gem. § 8a SGB VIII durch den Gesetzgeber hat den Fokus auf die Intensivierung der Betrachtung und Beachtung des Kindeswohls in seiner jeweiligen Entwicklungssituation gelegt. Ging man früher davon aus, dass vorhandene soziale Regelangebote (Kindertageseinrichtungen, Schule, Freizeitbereiche etc.), Kontrollmechanismen (Familie, Nachbarn, Ärzte etc.) und Hilfeangebote ausreichen, Entwicklungen von Kindern und Jugendlichen zu sichern, zeigte die Realität, dass es offenbar nicht mehr genügte dem „Wohl des Kindes" gerecht zu werden. Daher war es wohl nötig, mit dem neuen Gesetzesteil allen Verantwortlichen wieder den Blick auf das Kindeswohl ins Zentrum ihres Arbeitsauftrags zu rücken.

Alle in der sozialen Arbeit tätigen Menschen werden zu genauerem Beobachten, Zusammenwirken und Helfen verpflichtet. In Erfüllung der Anforderungen des § 8a SGB VIII wird Verantwortung von mit Kindern und Jugendlichen arbeitenden Fachkräften in deutlicherer Klarheit gefordert als bisher.

Parallel zum Prozess der Neujustierung der Jugendhilfe hat sich der Blick der Öffentlichkeit verändert. Bedingt durch die Medien, die ausführlichst von Fällen berichten, in denen Kinder zu Schaden kamen, wurde die Öffentlichkeit nicht selten aufgeschreckt. Immer häufiger werden Meldungen über offensichtliche oder vermeintliche Störungen in Familien und Misshandlungen an Minderjährigen dem Jugendamt zugetragen. Die Angst ist – auch in Jugendämtern – spürbar, eventuell durch Untätigkeit einem Kind geschadet zu haben. Als erkennbare Reaktionen wird überall von einem massiven Anstieg von Inobhutnahmen berichtet. Ob der derzeit erkennbare Anstieg von Inobhutnahmen auch tatsächlich einen Anstieg der Dauerunterbringungen nach sich zieht, bleibt allerdings abzuwarten.

Erste Erklärungen weisen auf die Tatsache, dass ein genaueres Hinschauen auch eine größere Anzahl von Einzelfällen erbringt, die der Klärung bedürfen. Die Entwicklung zeigt deutlich einen Schwerpunkt von Klärungsprozessen in der Altersspanne kleinerer Kinder, etwa bis zum sechsten Lebensjahr, also bevor die Kinder in der Schule stärker in Kontakte außerhalb der Familie treten. Eingriffe zur Sicherung häufig unbekannter Sachverhalte bei größer werdender Sensibilität bedeuten allerdings unmittelbar nicht auch die Zunahme von Kindesmisshandlungen und/oder Vernachlässigungen. Erst die intensive Auswertung dieser Entwicklungen, die es zurzeit abzuwarten gilt, wird zu mehr Klarheit führen.

Frank: Ich kam mir richtig „scheiße" vor

Meine Eltern hatten mich rausgeschmissen, nachdem ich „Scheiße" gebaut hatte. Ich wurde dann einfach in die Notaufnahme gebracht und abgestellt. Ich kam mir richtig „scheiße" vor, fühlte mich allein und verlassen. Ich wusste gar nichts mit der Situation anzufangen. Ich fühlte mich einfach nur einsam. Ich kannte hier keinen und hatte keine Idee, wie ich jemanden kennen lernen könnte. Wie sind die wohl drauf hier?

Dem Betreuer konnte ich erzählen, was passiert war. Er zeigte mir das Zimmer und gab mir ein Handtuch und Bettzeug.

Dann traf ich die anderen Jugendlichen, die dazu kamen – sie schauten mich neugierig an. Sie fragten mich und da fühlte ich mich gut. Ich konnte erzählen und mich mit ihnen unterhalten. Sie erzählten Ähnliches und ich fühlte mich verstanden. Abends wollten wir dann auch gleich noch was unternehmen.

Praxis des Allgemeinen Sozialen Dienstes (ASD) des Fachdienstes „Sozialpädagogische Hilfen" des Kreises Segeberg
Kollegiale Zusammenarbeit des ASD mit einem freien Träger
Uwe Weißferdt

Der Allgemeine Soziale Dienst ist im Kreis Segeberg als Fachdienst „Sozialpädagogische Hilfe" konzipiert, der die zentralen Aufgaben der Jugendhilfe nach dem SGB VIII (Kinder- und Jugendhilfe), also auch die Aufgabe des § 42 SGB VIII (Inobhutnahme) wahrnimmt. Er ist somit verantwortlich für alle folgenden Schritte in der Hilfeplanung nach § 36 SGB VIII, die mit einer möglichen erzieherischen Hilfe nach § 27 SGB VIII ff. (Hilfe zur Erziehung) verknüpft sind.

Kriterien des Allgemeinen Sozialen Dienstes

Im Interesse der betroffenen Kinder, Jugendlichen und Familien hat sich das alltägliche Dienstgeschehen an folgenden Kriterien zu orientieren:

a) sozialpädagogische Hilfestellungen (Hilfeplanung)

b) Niedrigschwelligkeit

c) Praktikabilität

d) Effektivität.

Die Ziele des Fachdienstes sind übergeordnet:[76]

1. Optimierung von Beratungsangeboten

2. Weiterentwicklung der Hilfen und Hilfesysteme

3. Intensivierung der Zusammenarbeit mit dem Schulbereich

4. Aufbau eines Qualitätsmanagementsystems für den Kinderschutz.

In diesem Zusammenhang hat der Gesichtspunkt der Vernetzung eine wichtige Bedeutung.

In den Richtlinien zur Leistungsgewährung nach dem SGB VIII für den Allgemeinen Sozialen Dienst hat der Kreis Segeberg die oben genannten Kriterien aufgegriffen.

Danach ist eine kurze Verweildauer der jungen Menschen anzustreben. Es erfolgt eine zügige fachliche Bedarfseinschätzung im Hinblick auf die Erforderlichkeit und Geeignetheit anschließender Hilfen.

---

[76] Vgl. Geschäftsbericht 2008 des Kreises Segeberg, S. 37 ff.

Die konkreten Schritte des Allgemeinen Sozialen Dienstes im methodischen Handeln der Inobhutnahme gliedern sich hauptsächlich in:

1. Erstkontakt mit der Inobhutnahmestelle
2. Übergabe des Kindes bzw. des Minderjährigen
3. Gespräch mit den Eltern
4. Gespräch mit dem Kind bzw. dem Minderjährigen
5. Gespräch mit dem Umfeld
6. Gemeinsames Gespräch mit dem Kind bzw. dem Minderjährigen und Eltern
7. Abstimmungen mit der Inobhutnahmestelle
8. Klärung des weiteren Bedarfs.

Vertrag mit einem freien Träger

Der Vertrag mit dem Maßnahmeträger der Inobhutnahme (IUVO gGmbH – Neumünster) greift die skizzierten Punkte auf. In der Aufgabenwahrnehmung ist unter § 4 (Aufgaben) unter anderem festgeschrieben:

- für eine unverzügliche Kontaktaufnahme mit dem Jugendamt des Kreises Segeberg zu sorgen
- für die Beratung, Betreuung und Führung von Kriseninterventionsgesprächen zu sorgen
- die Ermittlung der Gründe für die Aufnahme vorzunehmen und sich an der Entwicklung von Vorschlägen für weitere Maßnahmen des Kreises zu beteiligen
- gegebenenfalls für die Einleitung von einer fachärztlicher Behandlung zu sorgen.

Das Jugendamt des Kreises Segeberg steht unter anderem federführend in den Aufgabenstellungen:

- die Zusammenarbeit mit den Personensorge- oder Erziehungsberechtigten, den Heimatjugendämtern und dem Familiengericht zu gewährleisten
- innerhalb von maximal vier bis sechs Wochen die Entscheidung für weitere Maßnahmen (zum Beispiel der Einleitung von Hilfe zur Erziehung) zu treffen.

In § 2 (Betreuungseinrichtung) ist ferner festgeschrieben, dass sich die Inobhutnahmestelle verpflichtet, für die ihr übertragenen Aufgaben möglichst flächendeckend für das Kreisgebiet insgesamt acht Bereitschaftspflegestellen einzurichten. Zusätzlich werden ausreichend Betreuungsplätze in der Inobhutnahmestelle Neumünster für Minderjährige bereitgehalten, deren Unterbringung in Bereitschaftspflegestellen aus pädagogischen Gründen nicht angezeigt ist. Alternative Wohnformen, wie z.B. betreutes Wohnen, sollen sowohl bei der Inobhutnahme als auch bei der Entscheidung über weitere Maßnahmen im Anschluss an die akute Inobhutnahme gesucht und erprobt werden. Sowohl die Bereitschaftspflegefamilien als auch das Kinder- und Jugendschutzhaus sind personell mit sozialpädagogischen Fachkräften auszustatten. Darüber hinaus wird ein ständiger Bereitschaftsdienst vorgehalten. Im Bedarfsfall können gruppenübergreifende sozialpädagogische und psychologische Fachkräfte des Trägers eingesetzt werden.

Definitiv steht die Sozialpädagogische Hilfeleistung in der Arbeitsbeziehung zwischen der Inobhutnahmestelle und dem Allgemeinen Sozialen Dienst an oberster Stelle, wobei nach Münder[77] und Wiesner[78] der § 42 Abs. 2 SGB VIII die sozialpädagogische Grundaussage dieser gesetzlichen Normierung umfasst. Damit wird ausgesagt, dass das Jugendamt für das Wohl des Minderjährigen zu sorgen hat und ihn insbesondere in seiner gegenwärtigen Lage zu beraten sowie Möglichkeiten der Hilfe und Unterstützung aufzuzeigen hat. Durch die Beratung soll dem Minderjährigen eine intensive pädagogische Hilfestellung zur Verfügung gestellt werden, um die Ursachen des Konflikts zu klären und Lösungsansätze zu entwickeln. Neben den äußerlich zu beobachtbaren Umständen wie körperliche Verfassung, Grad der Verstörtheit etc. sind insbesondere die Gründe von Bedeutung, die den Minderjährigen in diese Krisensituation gebracht haben. Zur Informationsrecherche sind ggf. auch andere Personen oder Stellen zu befragen. Dieses können die Sorgeberechtigten sein, die Pflegeeltern, das Heim etc., sofern dieses möglich ist und aus pädagogischer Sicht nichts dagegen spricht (etwa, wenn der Minderjährige diesen Kontakt ausdrücklich nicht wünscht). Eine Datenerhebung bei Dritten ohne Mitwirkung des Betroffenen wird durch das Gesetz unter den Voraussetzungen des § 62 Abs. 3 Nr. 2c SGB VIII ausdrücklich zugelassen. Dieses wird damit begründet, dass erst auf der Basis der Ermittlung von ausführlichen Hintergrundinformationen eine sinnvolle Beratung erfolgen kann. Unter gegebenen Umständen kann die Beratung auch ohne Kenntnis des Sorgeberechtigten erfolgen (§ 8 Abs. 3 SGB VIII). Die Beratung soll zunächst dazu dienen, die aktuelle Krisen- und Konfliktsituation zu entschärfen, aber auch, falls erforderlich, weitergehende Perspektiven für das Kind oder den Jugendlichen auf-

---

[77] Vgl. Münder, J. u.a. (2006): Frankfurter Kommentar zum SGB VIII: Kinder- und Jugendhilfe. 5. vollständig überarb. Aufl., Weinheim und München: Juventa-Verlag, § 42, Rz. 26, 27.

[78] Vgl. Wiesner, R. (2006): SGB VIII – Kommentar. 3. Auflage, München: Verlag Beck, § 42, Rz. 26–28.

zuzeigen. Möglichkeiten der Unterstützung bieten die Hilfsmöglichkeiten nach dem SGB VIII oder aber auch andere Beratungsangebote wie Drogenberatung, Kinder- und Jugendpsychiatrische Behandlung etc. Dem Minderjährigen sollen in diesem Zusammenhang die vorhandenen Möglichkeiten einschließlich ihrer Vor- und Nachteile dargelegt werden. Dabei kann es jedoch noch nicht um Entscheidungen gehen, die im Einvernehmen mit dem Sorgeberechtigten getroffen werden müssen.

Kollegiale Zusammenarbeit zwischen Inobhutnahmestelle eines freien Trägers und dem Allgemeinen Sozialen Dienst

In der Praxis des Kreises Segeberg zeigt sich, dass eine kollegiale Zusammenarbeit zwischen Inobhutnahmestelle und dem Allgemeinen Sozialen Dienst selbstverständlich ist. Dieses liegt nach meiner Auffassung im Wesentlichen darin begründet, dass sich die handelnden Personen seit Jahren kennen und die Zielsetzung in der Arbeit auf der Sachbearbeiterebene nahezu deckungsgleich ist. Es soll eine Lösung in der Konfliktbewältigung der beteiligten Kinder und Jugendlichen umgesetzt werden.

Wichtig für die Zusammenarbeit ist für einen Flächenkreis die schnelle Anbindung an den Standort der Inobhutnahmestelle in Neumünster, die durch eine gute Infrastruktur (Autobahn, Bundesstraße, öffentlicher Nahverkehr) existiert.

Die Erreichbarkeit der Inobhutnahmestelle ist, was in der Natur der Sache liegt, an 24 Stunden und 365 Tagen vorhanden. Somit sind Terminabsprachen der Beteiligten an jedem Werktag möglich. Für den fallzuständigen Sozialpädagogen ist ein gegenseitiger Informationsaustausch unverzichtbar und wird praktiziert. Beide Seiten müssen über die notwendigen Informationen verfügen, um im Hilfeplanverfahren eine aktive und produktive Rolle im Interesse der Kinder und Jugendlichen einzunehmen. Die Inobhutnahmestelle entwickelt eigene Vorschläge und bringt diese ein. Die praktizierte Zusammenarbeit auf kollegialer Basis mit den KollegenInnen der Inobhutnahmestelle wurde vom ASD immer als problemlos erlebt.

Die nach Dörrie[79] in diesem Zusammenhang bestehende mögliche Grundproblematik, dass der Kreis Segeberg als Finanzier der Inobhutnahmestelle des freien Trägers (IUVO – Neumünster gGmbH) Einfluss auf die fachliche, wirtschaftliche und organisatorische Gestaltung des Hilfsangebot nimmt und dies als goldener Zügel gesehen werden kann, spielt für die Arbeitsebene des Allgemeinen Sozialen Dienstes keine Rolle, wobei zu sehen ist, dass die öffent-

---

[79] Vgl. Dörrie, K. (1997) in: Fachlexikon der sozialen Arbeit. Hrsg. vom Deutschen Verein für öffentliche und private Fürsorge, 4. Auflage, Frankfurt/Main: Verlag Kohlhammer, S. 349–350.

liche Jugendhilfe in der Ausgabe ihrer Geldmittel immer der politischen Kontrolle unterliegt.

Ich habe bisher nicht registriert, dass es permanente Schwierigkeiten in der Arbeit des ASD gab, die fachlichen Standards nach dem SGB VIII umzusetzen. Es kann nicht verschwiegen werden, dass es immer wieder Spitzenzeiten gibt, wo die Inobhutnahmestelle hinsichtlich der zur Verfügung stehenden freien Plätze ausgelastet ist. Dann werden Lösungen durch die Einbeziehung des Netzwerkes der Inobhutnahmestellen in Schleswig-Holstein gefunden, was Realität ist.

Der Kreis und die Kollegenschaft haben mit der praktizierten Verfahrensweise in der Partnerschaft mit dem freien Träger einen Weg beschritten, der den Anforderungen der Inobhutnahme gerecht wird. Dabei ist sicherlich ein eingespielter Ablauf der Zusammenarbeit zwischen den Fachkräften des Allgemeinen Sozialen Dienstes und den Fachkräften der Inobhutnahmestelle ausgesprochen förderlich.

Ich versuchte es mit radikaler Offenheit ...

Maria K., 17 Jahre: Da saß sie nun und wusste absolut nicht, was sie eigentlich tun sollte. Die Übernachtungsquartiere bei irgendwelchen „Kollegen" waren nach ein paar Monaten mittlerweile ausgegangen und eine Bekannte hatte sie überredet, sich an die IGLU Gruppe (Anlaufstelle für obdachlose junge Erwachsene) zu wenden, um wieder ihr Leben unter Kontrolle zu bekommen. Noch knapp minderjährig, überzeugte sie der dortige Kollege mit ihm in die Aufnahmegruppe zu kommen und nun war sie da, wollte keinen Namen angeben, wollte gar nichts.

Wie „fängt" man eine Jugendliche ein, die sich augenscheinlich keine Illusionen mehr über ihre weitere Perspektive macht? Die von sich sagt: „Mit dem Jugendamt habe ich es mir schon lange versaut" oder „aus der letzten Einrichtung bin ich abgehauen, ich kann nicht mit Regeln".

Ich versuchte es mit radikaler Offenheit, bestmöglicher Transparenz und Entscheidungsfreiheit. „Hier sind deine Möglichkeiten, das wäre das Vernünftigste, das wäre das Unvernünftigste, dazwischen liegen ein paar utopische Unmöglichkeiten – du entscheidest." Und siehe da, ernst genommen und darauf vorbereitet, was sie erwarten kann, was nicht, was sein wird, was sie tun und was sie lassen muss, was ich tun muss, was ich lassen kann, konnte sie wieder einen kleinen Weg für sich entdecken und sich einlassen.

Aufgenommen mit dem zugegebenermaßen kritischen und pessimistischen Hintergedanken, dass sie es vermutlich nicht lange mit den klaren Strukturen und Regelungen einer Aufnahmegruppe aushalten könne, entwickelte sie sich immer mehr zu einer offenen Jugendlichen, die ihre Ängste benennen konnte und das zweifelnde Jugendamt von sich und ihren neuen Plänen überzeugen konnte und – vor allen Dingen – wollte.

Und sie sorgte bis zuletzt für einige kleine Überraschungen: Angefangen beispielsweise mit einem echten (nicht wie so oft uns begegnenden gespielten) schlechten Gewissen, nachdem sie eine Nacht nicht aus dem Ausgang zurückkam. Statt eines „Hatte eben noch Bock weiter abzufeiern" kam das Geständnis Alkohol getrunken zu haben. Um ihren Platz nicht zu verlieren, entschied sie, es sei besser nicht zu kommen als betrunken in der Gruppe aufzutauchen. Eine 17-Jährige, die keine Regeln beachtete, der alles egal war, machte sich Gedanken darüber, was wohl schlimmer sei. Sorgte sich darum ihren Platz zu verlieren, weil Alkoholkonsum ein klares „No go" ist.

Eine, die überzeugt war, dass es zu einem Leben auf der Straße keine Alternative mehr gab, hielt sich wochenlang an die Regeln. Regeln, die sie zuvor nicht einhalten konnte und hasste. Und gut kannte, da sie einen recht beeindruckenden sogenannten „Jugendhilfe-Vorlauf" hatte, dessen letzte Station eine halbgeschlossene Clearinggruppe gewesen war. Die ihr entgegengebrachte Offenheit quittierte sie mit ihrer Bereitschaft, sich einzulassen und schaffte sich somit einen neuen Weg fernab von restriktiver Pädagogik hin zu einem Platz in einer betreuten Wohngruppe mit viel Eigenverantwortung und neuer Jobperspektive.

Kinder und Jugendliche mit Traumasymptomatik als Herausforderung für die Inobhutnahme

Lutz Bohnstengel

Einleitung

Kinder und Jugendliche, die in Obhut genommen werden, sind nicht selten mit mehreren (psychiatrischen) Diagnosen versehen und werden in der Jugendhilfe als sog. *schwierige Jugendliche* bezeichnet. Diese Kinder und Jugendlichen sind also keine „leichten Fälle", die den Helfern die Arbeit leicht machen.

Die Kinder und Jugendlichen, die in die Inobhutnahme gelangen, kommen meist aus schwierigen und belastenden Lebensumständen und haben nicht selten eine Reihe von verschiedenen ärztlich/pädagogischen Hilfsmaßnahmen durchlaufen, ohne dass ein nennenswerter bzw. dauerhafter Erfolg zu verzeichnen gewesen wäre. Erzieherische Defizite haben sich oft über Jahre zu einer sehr widerständigen Symptomatik bei Kindern und Jugendlichen „ausgewachsen". Die meisten Kinder und Jugendlichen haben *life events* erlebt, deren Belastungen sie nicht gewachsen waren, die sie nicht verarbeiten bzw. integrieren konnten und die in der Folge zu posttraumatischen Belastungssymptomen führen. Häufige Symptomatiken sind: Unruhe, Aufmerksamkeitsstörungen, Aggressivität, Impulsivität, oppositionelles Verhalten, selbstverletzendes Verhalten, depressive Episoden, Kontakt- und (oft sich verselbstständigende) Beziehungsprobleme aufgrund von Bindungsstörungen, Resistenz gegen klassisch-pädagogische Methoden, Weglaufen, Delinquenz, Missbrauch legaler und illegaler Drogen u.a.m.

Angesichts dieses für die Jugendhilfe insgesamt durchaus nicht unüblichen Katalogs von Verhaltensweisen von Kindern und Jugendlichen wird deutlich, dass die Arbeit mit einem solchen Klientel höchste Ansprüche an die pädagogischen Mitarbeiter in der Inobhutnahme stellt. Diese Ansprüche richten sich insbesondere auf deren Flexibilität, Einsatzbereitschaft, Empathie, Kränkungsunempfindlichkeit, Störungswissen, Fähigkeit zur Reflexion und Teamfähigkeit sowie an die Bereitschaft, immer wieder in pädagogischer Sicht von vorn anzufangen mit jeweils neuen Kindern und Jugendlichen in einer Inobhutnahmegruppe, die 100, 120 o.a. mehr (!) Jugendliche im Jahr durchlaufen.

Auf Seiten der Helfer bietet ein psychotraumatologisches Störungswissen, v.a. das der Traumadiagnostik sowie Techniken aus dem Bereich der Stabilisierung, vielfältige Interventionsmöglichkeiten, die erprobt sind und sich als effektiv erwiesen haben. Diese Techniken und Übungen können den Betroffenen die Hoffnung und Kraft geben, schreckliche Symptome (aufgrund schrecklicher Erlebnisse) zu überwinden sowie den Betreuern in diesem komplexen und höchst anspruchsvollen Arbeitsfeld die Zuversicht vermitteln, dass trotz z.T. überwältigender Anfangsschwierigkeiten Ansätze und Möglichkeiten für eine gelingende Betreuung gefunden werden können.

Systemisches Fallverstehen, welches „nur" nach der Funktionalität psychotraumatologischen Symptomverhaltens in sozialen Beziehungen sucht, läuft bei Posttraumatischen Belastungsstörungen (PTBS) ins Leere und ist dringend durch störungsspezifisches Wissen über Diagnostik, Stabilisierung, Therapie und Integration zu ergänzen.

Der folgende Abschnitt will einführen in die Symptomatik, einige Techniken erwähnen, die auch in Zeiten der Inobhutnahme sinnvoll und effektiv Anwendung finden können, verbunden mit dem Appell an pädagogische Mitarbeiter, sich durch geeignete Fortbildung in diesem Bereich besser zu schulen und vorzubereiten.

Was ist ein Psychotrauma?

Michaela Huber (2007: 38) schreibt: „Ein Trauma ist überwältigend; lebensgefährlich; über alle Maßen erschreckend; etwas, das man eigentlich nicht verkraften kann; ein Ereignis außerhalb dessen, was der Mensch sonst kennt; verbunden mit der Überzeugung, dass man es nie verwindet; so schlimm, dass man nachher denkt, das könne nicht passiert sein; mit enormen seelischen und/ oder körperlichen Schmerzen verbunden; etwas, das von unserem Gehirn aufgesplittert oder ganz verdrängt wird."

Bei der Posttraumatischen Belastungsstörung handelt es sich nach dem ICD-10 „um eine verzögerte Reaktion auf ein belastendes Ereignis oder eine Situation außergewöhnlicher Bedrohung oder katastrophenartigen Ausmaßes (kurz oder lang anhaltend), die bei fast jedem Menschen eine tiefe Verzweiflung hervorrufen würde" (Dilling/Mombour/Schmidt 1993: 169). Oder in den Worten von Fischer/Riedesser (2003: 79): „Ein Psychotrauma ist ein vitales Diskrepanzerlebnis zwischen bedrohlichen Situationsfaktoren und den individuellen Bewältigungsmöglichkeiten, das mit Gefühlen von Hilflosigkeit und schutzloser Preisgabe einhergeht und so eine dauerhafte Erschütterung von Selbst- und Weltverständnis bewirkt."

Wie zeigen sich Folgen traumatischer Erlebnisse bzw. Ereignisse?

Woran kann ein pädagogischer Mitarbeiter einer Inobhutnahmestelle konkret eine PTBS erkennen? Zeigt ein Kind oder ein Jugendlicher mindestens vier der nachstehend acht aufgeführten Symptome, so liegt der begründete Verdacht auf das Vorliegen einer Posttraumatischen Belastungsstörung vor:

- Amnesie: *z.B.: Ich kann mich nicht erinnern, wie es damals war in der Pflegefamilie ...; oder: An meine Kindheit kann ich mich gar nicht erinnern, erst seit ich ins Heim kam, kann ich mich an alles erinnern.*

- Dissoziation: *z.B.: Ich steh so richtig neben mir, wenn ich prügele, das bin gar nicht wirklich ich ...; Beschreibungen wie „Ich spüre meine Hände nicht", Tagträume, andere Stimme/Körperhaltung/Wirkung ...*

- Vermeidungsverhalten: *z.B.: Nicht mehr duschen gehen, bestimmte Orte meiden, Weigerung bestimmte Sachen zu essen, im TV zu schauen ... die an das Ereignis erinnern. Aber auch anderes Vermeidungsverhalten, z.b. vor Leistungsanforderungen, Berührungen ...*

- Aggressivität/Impulsivität: *z.B.: Fehlende Empathie bei körperlichen Auseinandersetzungen, schon kleinere Konflikte werden mit einem Maximum an Aggressivität beantwortet, die in keinem adäquaten Verhältnis mehr zum Anlass steht.*

- Motorische Unruhe: *z.B.: Durch die Gruppe tigern; Zittern der Arme, Beine; aber auch: Stimmen machen*

- Schlafstörungen: *Ein- und Durchschlafstörungen, Weigerung ins Bett zu gehen, „Was siehst Du eigentlich, wenn Du nachts die Augen schließt?"*

- Erhöhte Reizempfindlichkeit: *Bedürfnis, möglichst „alles mitzukriegen", zu sehen, zu hören ..., um z.b. eventuelle Gefahren schnell zu erkennen*

- Massive Konzentrationsstörungen: *Lernen ist nur noch schwer bis gar nicht mehr möglich.*

Es existieren keine mir bekannten deutschen Untersuchungen über den prozentualen Anteil von Kindern und Jugendlichen mit PTBS in der Jugendhilfe, man kann aber von der Hälfte bis Dreiviertel ausgehen; in der Inobhutnahme dürften die Fallzahlen durchaus auch mal höher sein. Für Großbritannien und die USA werden prozentuale Anteile von 60–80 Prozent angegeben.

Nicht jede Belastung im Leben führt zu peri- bzw. später zu posttraumatischem Stress. Etwa ein Drittel aller Menschen verarbeitet nach Belastungen mit traumatischer Potenz das Erlebnis und integriert es, ohne dass eine Symptomatik zurückbleibt. Die übrigen zwei Drittel schaffen es nur ohne psychotherapeutische Hilfe und Langzeitfolgen, wenn es sich „nur" um ein Monotrauma handelt und wenn darüber hinaus die übrigen Lebensumstände gut sind (z.B. Huber 2008). Gerade Letzteres gilt aber für die Kinder und Jugendlichen, die mit dem System Jugendhilfe in Kontakt kommen, nur sehr eingeschränkt. Deswegen behaupte ich, dass Kinder und Jugendliche mit PTBS in der Jugendhilfe eher die Regel darstellen als die Ausnahme.

Es liegt an den Helfern, ob sie PTBS-Zeichen wahrnehmen, ob Belastungszeichen exploriert werden und signalisiert wird: „Wir verstehen Dich" und darauf praktikable Betreuungskonzepte für diese Kinder und Jugendlichen ableiten. Es besteht sonst bei Helfern die Gefahr von Hilflosigkeitsempfinden und daraus resultierender Verantwortungsdelegation in Richtung auf die Kinder- und Jugendpsychiatrie.

Ohne traumaspezifisches Wissen ist das Fallverstehen sehr eingeschränkt oder nur an der Oberfläche möglich. Ohne Traumaorientierung werden die falschen Schlüsse für die Betreuung gezogen und/oder sie bleibt zu sehr an den Symptomen orientiert: Symptome von Hyper-Arousal z.b. werden von Kinder und/oder Jugendlichen nicht dazu eingesetzt, die Aufmerksamkeit anderer auf sich zu erzwingen, sondern sind (unwillkürliche) Reaktionen auf körperlicher Ebene im Kontext permanenter Alarmbereitschaft.

Für die Fallarbeit bedeutet das, dass weder das Kind/der Jugendliche noch seine Eltern und das zuständige Jugendamt angemessen und damit hilfreich beraten werden können. D.h. weiter, dass auch die falschen Empfehlungen gegeben werden mit der Konsequenz scheiternder Folgemaßnahmen innerhalb des Systems Jugendhilfe und/oder einer Odyssee durch Jugendhilfe-Einrichtungen und Psychiatrien mit dem damit verbundenen „Spiel" der beteiligten Institutionen um die Fall-Verantwortung bzw. Zuständigkeit. In der Konsequenz führt dies auch dazu, dass Eltern sich weiter hilflos fühlen, da sie erfahren, dass auch professionelle Helfer „mit dem Latein am Ende" sind. Und d.h. auch, dass Jugendliche aus Enttäuschung, weil auch Helfer nicht zu helfen wussten, sich abwenden, oft ganz wortwörtlich.

PTBS – und was nun?

Bestehende und erprobte traumatherapeutische Konzepte wie z.B. das *KReST-Modell* (= Körper-, Ressourcen- und Systemorientierte Traumatherapie) von L. Besser (2008) bieten handlungsbezogene, operationalisierte Anleitungen für gelingende Diagnostik, Stabilisierung, Konfrontation und Integration traumatischer Erlebnisse. Im Bereich der Traumapädagogik wären die Hinweise von Weiß (2006) zu nennen bzw. die Arbeit von Schmid et al. (2007). Für Helfer in Inobhutnahmegruppen sind hier konkret die folgenden Aufgabenbereiche zu nennen:

- *Ressourcenmobilisation*: Welche Fähigkeiten, von denen das Kind bislang nicht geglaubt hat, dass es sie hat, kann ich als Helfer mit dem Kind identifizieren? Welche Fähigkeiten hat das Kind/der Jugendliche, um mit belastenden Erinnerungen und/oder Körperreaktionen besser als bisher umzugehen?
- *Stress – Coping*: Welche Fähigkeiten kann der Klient lernen, um besser mit Stressreaktionen umgehen zu können?
- *Soziale/körperliche Stabilisierung*: Welche sozialen Kontakte tun dem Klienten gut, welche tun ihm nicht gut? Was braucht der Klient, um sich in körperlicher Hinsicht besser zu fühlen?

- *Positive Übersetzung von normalen Reaktionen*: Welche Bedeutung haben verstörende psychische und physische Reaktionen im Kontext von PTBS und sind sie normal oder verrückt?

Die Aufgaben für Helfer in Inobhutnahmeeinrichtungen und damit die Möglichkeiten für eine gelingende Betreuungsarbeit bei Kindern und Jugendlichen mit (Verdacht auf) PTBS liegen in den Bereichen der *Trauma-Diagnostik* und der *Stabilisierung*. Die Behandlungs-Phasen Trauma-Konfrontation und Trauma-Integration gehören nicht in den Bereich der Trauma-Pädagogik, sondern in den Bereich der Trauma-Therapie und damit *nicht* in den Aufgabenbereich von Helfern in der Inobhutnahme.

Traumatische Erlebnisse unterliegen dem Zwang des Vergessens, der Sprachlosigkeit und der Wiederholung. Um nun als Helfer erste Schritte in Richtung auf ein heilsames Erinnern einzuleiten, ist es zunächst einmal wichtig, die Trauma-Symptomatik zu kennen, um sie als solche überhaupt in der Praxis erkennen und einordnen zu können. Nur auf der Grundlage eines trauma-orientierten Symptom- bzw. Fallverstehens können die geeigneten pädagogischen und therapeutischen Maßnahmen abgeleitet und geplant werden.

Trauma-Diagnostik: Erkennen der Zeichen

Nicht nur aus berufspolitischen Gründen, sondern auch zur Ermutigung der Mitarbeiter in Inobhutnahmestellen möchte ich voranstellen, dass der Begriff „Diagnostik" hier in seiner weiten und allgemeinen Form verwendet wird und mit dem Begriff des Erkennens und Einordnens gleichbedeutend verstanden werden soll. In der Phase der Diagnostik hat sich auf Seiten der Helfer eine Denkhaltung bewährt, die zuallererst die Möglichkeit einer Posttraumatischen Belastungsstörung in Betracht zieht: *„Trauma first"*. Die Leitfrage ist dabei:

Was von der präsentierten Symptomatik im Denken, Fühlen, Verhalten, den Körperbeschwerden, im Kontakt- und Beziehungsverhalten könnte ein (sensorisch) fragmentierter Teil oder Muster aus traumatischen Erlebnissen sein?

Im einfühlsamen Gespräch mit Kinder oder Jugendlichen sollten Helfer *direkt* danach fragen, z.B.: „Wann in Deinem Leben hast Du Gewalt erfahren?" Oder: „Was ist Dir denn Schreckliches passiert, dass Du so impulsiv, aggressiv, wütend, selbstzerstörerisch, traurig, ängstlich ... bist?" Durch direktes Nachfragen leisten sie einen wichtigen Beitrag zur Entstehung einer *vertrauensvollen Beziehung*, weil Klienten merken, dass der Helfer keine Scheu hat, sich auch bzw. gerade nach dem Schrecklichen zu erkundigen.

Aber lediglich durch das Sprechen über das Schreckliche kommt keine Linderung zustande. Eher ist es so, dass erneute schmerzhafte Erinnerungen auftauchen können, die erneute Traumatisierungen bringen, wenn sie sich wieder genauso schlimm anfühlen wie in der traumatischen Situation selbst! Deswegen sollten Helfer in einer Inobhutnahmestelle im traumaorientierten Gespräch stets im Allgemeinen bleiben, anstatt der Versuchung zu erliegen, allzu schnell in Details traumatischer Ereignisse einzusteigen. Darüber hinaus bewährt sich eine sachliche, nicht distanzierte Sprache, um keine gefühlsmäßige Überflutung beim Kind oder Jugendlichen auszulösen.

Aus Scham bzw. der Furcht, für verrückt gehalten zu werden, berichten die Kinder und Jugendlichen nicht von sich aus, wenn sie z.b. Stimmen in ihrem Kopf hören, wenn schreckliche Bilder und Gefühle sie überwältigen. Werden sie aber direkt danach gefragt und macht ihnen der Helfer durch Psychoedukation deutlich, dass sie nicht verrückt sind, sondern dass sie ganz normale Reaktionen auf völlig verrückte Erlebnisse entwickelt haben, entsteht dadurch neben dem befreienden Gefühl, nicht verrückt zu sein, auch der vertrauensstiftende Eindruck bei den betroffenen Kindern und Jugendlichen, dass da ein Helfer ist, der sie versteht.

Fallbeispiel zur Veranschaulichung von PTBS-Erkennung und Traumaberatung

Die 15-jährige „Petra" kommt zum dritten Mal in die Inobhutnahme. Die Mitarbeiterin vom Jugendamt bringt sie nachmittags um 16.30 Uhr in die Inobhutnahmegruppe. Das Kommen war 30 Minuten vorher angekündigt worden.

„Petra" lebt mit zwei Geschwistern bei der allein erziehenden Mutter, mit der sie in massive Auseinandersetzungen gerate, die regelmäßig zu Eskalationen führen würden. Jetzt sei es mal wieder soweit, sagt resignierend die Mitarbeiterin des Jugendamtes. Beim Aufnahmegespräch fragt die Mitarbeiterin der Inobhutnahmestelle nach dem Auftrag für die Zeit der Inobhutnahme. „Petra" solle dort zur Ruhe kommen und sich an die Regeln halten, sagt ihr die Mitarbeiterin vom Jugendamt.

Eigenanamnestisch sowie in späteren Telefonaten mit der Kindesmutter gewinnt die Bezugsbetreuerin innerhalb der nächsten Tage die folgenden Informationen. Die Beziehung zwischen „Petra" und ihrer Mutter sei nie so ganz einfach gewesen; wirklich schwierig sei es geworden, nachdem die Mutter einen neuen Partner gefunden habe, der dann bald in ihre Wohnung mit eingezogen sei. Mit ihm und wegen ihm habe es viel Streit mit „Petra" gegeben. In zeitlicher Nähe zu einer dieser verbalen Auseinandersetzungen habe sich der Lebenspartner der Mutter suizidiert durch Erhängen. Ausgerechnet „Petra" habe ihn dann gefunden. Ab dieser Zeit sei kein normaler Umgang mit „Petra" mehr möglich gewesen. Nach Erfahrung der Mutter sei sie launisch, lüge viel und provoziere so, dass es regelmäßig zu Hause krache. Sie, die Mutter, halte das nicht mehr aus. Eine

SPFH (Sozialpädagogische Familienhilfe), die sie ambulant betreut habe, sei ihnen auch keine Hilfe gewesen, da „Petra" sich an keine Absprachen halte. Und, ach ja, im Alter von vier Jahren sei „Petra" sexuell missbraucht worden, aber das sei lange her und sie wolle nicht darüber sprechen, sagt die Mutter gegen Ende eines Telefonats zur Bezugsbetreuerin.

In der Inobhutnahmegruppe zeigt „Petra" durchgängig ein sehr wechselhaftes, impulsives Verhalten, das mit einem nervösen Dauererregungszustand einhergeht. Einerseits kann sie sehr freundlich und hilfsbereit sein. Andererseits ist „Petra" gegenüber den Betreuern provokativ und hat z.T. heftige aggressive Impulsdurchbrüche. In einigen Situationen scheint sie zu dissoziieren (mit ihrem Bewusstsein nicht im Hier und Jetzt zu sein) und ist in keiner Weise mehr ansprechbar.

Sie reinszeniert Konfliktsituationen mit der Kindesmutter und wirft den Betreuern in solchen Momenten auch vor, sie verhielten sich wie ihre Mutter. Im Nachhinein tut „Petra" ihr Verhalten immer leid und sie schildert selbst, dass sie sich in diesen Augenblicken nicht mehr kontrollieren könne. Deutlich wird: „Petra" leidet unter diesen Ausbrüchen.

In Gesprächen mit der Bezugsbetreuerin berichtet „Petra" von stark belastenden Situationen aus ihrer Lebensgeschichte, z.B. dem Suizid ihres Stiefvaters, dem sie sehr nahe stand. Dieses Ereignis ist in Form von Flashbacks (intensive Nachhallerinnerungen, die mit starken Gefühlsaufwallungen einhergehen) und Gedankenkreisen immer noch sehr lebendig für sie. Diese Erinnerungsbilder gehen mit massiven Schuldgefühlen einher, da sie sich am Tod des Stiefvaters schuldig fühle.

„Petra" ist in Beziehungen zu Erwachsenen und Jugendlichen bemüht zu dominieren. Dies zeigt sich, indem sie versucht, durch Manipulation die Beteiligten gegeneinander auszuspielen. Weiterhin lügt sie bereits aus geringstem Anlass, um dadurch unangenehme Konfrontationen zu vermeiden und verstrickt sich dabei häufig in Phantasiegeschichten.

Aufgrund der Anamnese und des Befundes entscheidet sich der Heimpsychologe nach Beratung mit dem pädagogischen Betreuungsteam, weiter in Richtung auf PTBS zu explorieren. Bei der Auswertung der Impact of Event Scale (IES) und des Dissoziationsfragebogens (A-DES), den der Heimpsychologe mit „Petra" zusammen ausfüllte, erreichte „Petra" in beiden Fällen einen klinisch auffälligen Wert, d.h. einen Wert, der deutlichen Behandlungsbedarf anzeigt.

Insgesamt verdichtet sich aufgrund der Verhaltenserfahrungen, der gegebenen anamnestischen Informationen sowie der Fragebogen-Ergebnisse die Vermutung einer Posttraumatischen Belastungsstörung (ICD-10: F 43.1).

Hier noch einmal die Symptomatik: Konkrete biografische Erlebnisse mit traumatischem Wert, Impulsivität, Aggressivität, Trancezustände (Dissoziationen), Kontrollverlust, Tendenz zur Dominanz in Beziehungen (um die Kontrolle zu behalten), Leidensdruck, Selbstanklage, Zwang, Flashbacks, Vermeiden von Auslösereizen (=trigger), die Flashbacks auslösen, Schlafstörungen, Konzentrationsstörungen, Vigilanz (=Dauer-Wachheit) Steigerung.

In Gesprächen mit „Petra" wird ihr ihre Symptomatik erklärt (und dass sie nicht verrückt ist, wie sie glaubte). Nämlich, dass die Symptomatik einer Posttraumatischen Belastungsstörung eine ganz normale menschliche Reaktion auf total verrückte Erlebnisse darstellt. Auch der Mutter wird unsere Verdachtsdiagnose mitgeteilt und welche Erfahrungen die Bezugsbetreuerin gemacht hat, verbunden mit der dringenden Empfehlung sich um einen stationären Behandlungsplatz für „Petra" zu bemühen; dabei soll es um eine Traumatherapie gehen. Besonders die Mutter zeigt sich durch die gegebene Erklärung für die erlebten Schwierigkeiten mit ihrer Tochter sehr entlastet und fasst neuen Mut. Nach kurzer Zeit der Überlegung und ersten Kontaktknüpfung zu einer örtlichen Klinik mit Traumastation für Mutter und Kind entscheidet die Mutter, „Petra" wieder nach Hause zu holen, um von dort aus eine weitere Behandlungsplanung und -vorbereitung in Angriff zu nehmen. Seitdem wurde „Petra" nicht wieder in Obhut gegeben.

Methoden der Psychoedukation

Konnten Zeichen für eine PTBS erkannt werden, kann auf Formen der *Psychoedukation* zurückgegriffen werden, um Störungszeichen zu verstehen und um sie einzuordnen. Diese Methode klärt auf über die Symptomentstehung (→ Traumatische Zange: no fight, no flight → freeze), sie erläutert die Symptome auf neurobiologischer Grundlage und sie klärt auf über und begründet die Betreuungs- bzw. Behandlungsschritte.

Wichtige Botschaften an die Betroffenen sind bei der Psychoedukation (Besser 2008):

- Deine Symptome sind eine normale, in der damaligen traumatischen Situation sogar sinnvolle Reaktion (z.B. Dissoziation).

- Du hast ein Trauma bzw. mehrere Traumata erlebt.

- Das traumatische Gedächtnis ist in Rohform, in Erinnerungs-Splittern, bestehend aus den verschiedenen damaligen Sinneseindrücken, gespeichert. Dadurch kann es besonders leicht durch ähnliche Reize (→ *trigger*) abgerufen werden und erscheint dadurch plötzlich im Hier und Jetzt. Es fühlt

sich dann so an, als wenn es gerade geschieht und du Teile davon oder die gesamte traumatische Situation noch einmal erlebst (→ *flash back*).
- Das Erlebnis bzw. seine Konsequenzen führen dazu, dass du anders über die Welt, die Menschen und über dich denkst.
- Einige Dinge, die du tust, um deine Symptome in den Griff zu bekommen, verhindern eine Besserung (z.B. SVV, div. Formen von Selbstbetäubung, Vermeidung).

In der Betreuung werde ich dich deshalb anleiten und unterstützen:
- Zuerst Techniken und Fertigkeiten trainieren, dich in bessere und sichere innere Zustände zu bringen (→ Ressourcenarbeit, Stress-Coping).
- Das Gedächtnis für das traumatische Erlebnis ordnen und verarbeiten und so Grundlagen schaffen für eine spätere Integration
- Darüber sprechen, wie du seit dem Trauma über die Welt und über dich denkst und bestimmte Dinge tust.
- Andere Wege ausprobieren, um deine Symptome in den Griff zu bekommen.

In den Bereich der Psychoedukation gehört für die Helfer auch das Verständnis, dass die Symptomatik einer PTBS sich bei näherem, ressourcenorientiertem Hinsehen als *autoprotektiver Schutzmechanismus* des Individuums darstellt gegen Gefühlsübermächtigungen durch sich aufdrängende vitale Bedrohungsgefühle. Angesichts übermächtiger Bilder und Gefühle in Form von *Flash backs* oder körperlicher Übererregung (→ Hyper-Arousal) sind häufige Selbstrettungs- und Heilungsversuche der Betroffenen:

- Selbstverletzungen (Schneiden, Ritzen, Kratzen, Brennen, sich Schlagen, gegen etwas schlagen etc.)
- „Selbstbetäubung" durch Suchtmittelmissbrauch (Alkohol saufen, Kiffen, Schnüffeln, Medikamente etc.)
- Essstörungen (Bulimie, Anorexie)
- Exzessives „Sich – Fühlen – Wollen" (z.B. S-Bahn-Surfen, Sport)
- Zwangsrituale (hier v.a. Kontrollzwänge)
- Reinszenierung alter traumatischer Situationen (sich immer wieder in der Opferrolle fühlen)
- Gewaltausbrüche gegen andere.

Diese, z.T. auch für Helfer stark belastenden Verhaltensweisen besser zu verstehen und einordnen zu können, beugt eigenen Gefühlen von Hilflosigkeit vor und muss im Rahmen der Psychoedukation den Betroffenen erklärt und in einen traumatologischen Zusammenhang gebracht werden. So kann eine Basis entstehen, auf der auch eine Verbündung von Helfer und betroffenem Kind oder Jugendlichen gegen die Symptomatik möglich wird (→ *Externalisieren*). Dies geht jedoch nur, wenn Verhaltensexzesse unserer Kinder und Jugendlichen nicht nur zu irgendeiner Form von „Time-Out" führen, sondern wenn wir Helfer solche Situationen als Anlass für ein „Time-Intensive" sehen; eine Zeit, um sich in intensiver Weise dem Kind oder Jugendlichen zuzuwenden, um gemeinsam den Versuch des Verstehens, Einordnens und der Neu-Orientierung zu unternehmen. Darüber hinaus trägt diese Zuwendung den Bindungsbedürfnissen des Kindes bzw. Jugendlichen Rechnung.

Stabilisierung

Nach der Phase des Erkennens der Symptomatik und der eingehenden Beratung über die Entstehung und Aufrechterhaltung der Symptome schließt sich nun eine Phase an, die gekennzeichnet ist durch die gemeinsamen Bemühungen um Ressourcenmobilisation und -installation bei den Betroffenen (Besser 2008):

- Erstellung einer *„Notfallliste"* bzw. eines „Notfallkoffers" (Was kann ich tun, wenn es mir schlecht geht? An wen wende ich mich dann? Welche Übungen/Techniken setze ich ein, um im Hier und Jetzt zu bleiben? Was kann ich tun, um mich nicht zu schneiden, ritzen etc.? Was mache ich, wenn die Übungen nicht funktionieren?)
- *Triggeridentifikation* und entsprechende Vermeidungs- bzw. Verhaltensplanung (z.B.: Welche Dinge oder Situationen lösen bei mir schlechte Gefühle aus und reißen mich in ein tiefes emotionales Loch? Wie kann ich vermeiden, immer wieder in ähnliche soziale Situationen zu kommen?)
- Ist die *psychosoziale Sicherheit* gewährleistet? (Hat das Kind/der Jugendliche noch Kontakt zum Täter? Achtung: Ohne sicheren Ort ist eine Stabilisierung unmöglich.)
- *Selbstfürsorge-Training* (Was kann ich tun, um mir körperliche, mentale, emotionale Nahrung zu geben? Welche Umstände und Situationen brauche ich dazu? Wie können BetreuerInnen mir dabei helfen?)
- Erstellung einer *positive-life-event-Liste* (Wo und wann in meinem Leben hatte ich Situationen von Freude, Stolz, Zufriedenheit oder Glück? Was sagen diese Situationen Positives über mich aus? Welche positive Bewertung kann ich daraus über mich ableiten? Welche Kontextfaktoren bzw. welche Menschen waren an diesen positiven Situationen beteiligt? Was hat mir in diesen positiven Situationen geholfen? Etc.)
- *Imaginations- bzw. Visualisierungsübungen* zur Verbesserung des *Stress-Coping* und *Selfmanagement*, z.B. sicherer, innerer Ort, Tresorübung (Gelingt es mir mittels meiner Phantasiekräfte oder mit der Kraft meiner Gedanken, mich in innere sichere Zustände zu bringen, wenn wieder schlechte

Gefühle kommen? Kann ich in meiner Phantasie belastende Bilder oder Stimmen leiser machen, dimmen oder sogar ausblenden und mich so innerlich davon distanzieren?)

- *Dissoziationsstop-* und *Reorientierungstechniken* (Mit welchen Techniken gelingt es mir trotz belastender Gefühle im Hier und Jetzt zu bleiben?)
- Arbeit mit inneren Anteilen: *Ego-State-Arbeit*; *Innere-Team-Arbeit* (z.B.: Welche verschiedenen inneren Anteile habe ich? Wie heißen die? Welche spezielle Aufgabe hat jeder von ihnen? Wozu sind sie gut? In welchen Situationen zeigt sich welcher Anteil? Welche Anteile tun mir gut? Welche schaden mir? Wenn es mir schlecht geht, welche Anteile kann ich innerlich rufen, damit sie mir helfen? Etc.)

Fallbeispiel zur Stabilisationsarbeit

Die 14-jährige Anna wird nach einem dreimonatigen stationären Aufenthalt in der örtlichen Kinder- und Jugendpsychiatrie in Obhut gegeben, da keine Nachfolgeeinrichtung gefunden werden konnte. Sie wünscht sich, wieder in den Haushalt der Mutter zurückkehren zu können. Aber die Mutter ist noch unentschlossen. In die Psychiatrie war sie eingewiesen worden, weil sie starke suizidale Wünsche entwickelte. Auch habe sie sich durch Schneiden in die Arme selbst verletzt.

Durch die Ungewissheit, wie es nun mit ihr weitergeht, entwickelt Anna in der Inobhutnahme wieder Ritzdruck. Zusammen mit ihrer Bezugsbetreuerin überlegt sie einen Notfallplan. Dieser beinhaltet verschiedene, hierarchisch nacheinander geordnete Verhaltensalternativen zum Ritzen. Als erstes will sie zu einer Betreuerin gehen, um sich in einem Gespräch Luft zu machen. Gut tut ihr auch der Aufenthalt in der Natur. Deswegen steht auf Platz zwei ein Spaziergang mit einer Betreuerin. Als nächste Option steht ein Telefonanruf mit ihrem Freund auf der Liste. Die Betreuerin schlägt noch weitere Optionen vor, die alle starke sensuelle Wirkung haben, wie stark schmeckende Stoffe (z.B. scharfer Senf) oder Dinge, die einen leichten Schmerz, aber keine Verletzungen verursachen (z.B. der Haushaltsgummi am Handgelenk). Aber Anna möchte sich nicht darauf einlassen.

Nach einiger Zeit in der Inobhutnahmegruppe teilt ihr das Jugendamt mit, dass eine Einrichtung gefunden sei, in der sie bleiben könnte. Daraus schließt sie, dass sie definitiv nicht mehr nach Hause kann und kommt dadurch emotional unter Druck. Sofort ist wieder der Wunsch, sich zu schneiden, da. Anna meldet sich bei der Betreuerin und berichtet von ihrem Ritzdruck. Die Betreuerin erinnert sie an den Notfallplan. Nun zeigt sich jedoch, dass sie am liebsten mit ihrem Freund sprechen möchte. Die

> *Betreuerin gibt ihr ein Handgerät, mit dem Anna ungestört mit ihrem Freund telefonieren kann. In einem separaten Raum (nicht im Büro) spricht Anna dann mit ihrem Freund, was sich als gut spannungslösend erweist. Nach dem Telefonat geht es Anna besser. Nun merkt sie, dass sie große Lust auf ein Eis hat und dass ihr ein Eis helfen würde. Da gerade Eis im Eisschrank ist, gibt die Betreuerin Anna ein Eis und geht mit ihr in ihr Zimmer, wo sie ungestört sind. Im persönlichen Einzelkontakt machen sie ein kleine Nachbesprechung und korrigieren gleich den Notfallplan: Nun steht das Telefonat mit dem Freund auf Platz eins, auf Platz zwei steht das Eis, danach das Einzelgespräch mit der Betreuerin, danach der Spaziergang. Der Betreuerin fällt noch ein, dass Knallbrause auch eine gute Möglichkeit sein könnte, wenn Anna so gut auf Eis reagiert. Anna hält das für eine gute Idee und die Betreuerin verspricht, ihr welche zu besorgen.*

Co-Traumatisierung bedeutet: Auch die Eltern in den Blick nehmen

Der Begriff der Co-Traumatisierung bezieht sich auf ein Fall-Verstehen, welches anerkennt, dass Belastungen mit traumatischer Potenz auf Kind und Eltern gleichermaßen wirken, z.b. ist völlig plausibel, dass Störungen im Bindungsprozess zwischen Eltern und Kind sich potenziell traumatisch für das Kind auswirken. Nicht plausibel hingegen ist, dass Bindungsstörungen ausschließlich ein Entwicklungsrisiko für das Kind darstellen sollen und für Eltern nicht (Pleyer 2004).

Das bedeutet, dass die Hilflosigkeit von Eltern das Ergebnis eines Co-traumatischen Prozesses in der Eltern-Kind-Beziehung (Pleyer 2004) ist und die o.g. Aspekte elterlicher Hilflosigkeit den traumakompensatorischen Teil der Symptomatik einer *Posttraumatischen Belastungsstörung* darstellen. Denn aus den erlebten Beziehungsschwierigkeiten entsteht für Eltern traumatischer Stress, der mit einer eigenen existenziellen Bedrohung vergleichbar ist. Er entsteht für die Eltern aus dem tatsächlichen oder drohenden Verlust eines Kindes, der existenziellen Bedrohung des Kindes selbst, aus dem erlebten Scheitern der Entwicklung des Kindes sowie dem erlebten Scheitern der elterlichen Beziehung zum Kind (Pleyer 2004).

Zum anderen hat sich in vielen Biografien von Eltern gezeigt, deren Kinder (oder Jugendliche) in Kontakt mit dem Jugendhilfesystem gekommen sind, dass die elterlichen Erfahrungen aus ihren eigenen Herkunftsfamilien häufig von Belastungen gekennzeichnet sind. Diese sind meist eigene frühkindliche Traumatisierung durch Gewalt, Vernachlässigung oder Trennungen von Bezugspersonen, aus denen sich dann reaktiv darauf Bindungsstörungen bzw. Störungen von Bindungsrepräsentation entwickeln, sodass sich in transgenerationaler Sicht Musterwiederholungen zeigen: von der Großelterngeneration auf die Eltern und von diesen auf die Kinder usw.

Als vorrangiger Aspekt ist v.a. die *Haltung* der Helfer gegenüber den Eltern der in Obhut genommenen Kinder (und Jugendlichen) angesprochen: Eine solche Haltung kennzeichnet, dass sie der elterlichen Verhaltensauffälligkeit und dem damit einhergehenden Befindlichkeitserleben mit Verständnis begegnet und Erklärungen liefert für kindliche und elterliche Symptombildung.

Dieses Verständnis beinhaltet die Erkenntnis, dass kindliche Symptome i.d.R. nicht „allein kommen", sondern kindliche Symptome und elterliche Hilflosigkeit miteinander entstehen. Sie sind reflexiv aufeinander bezogen und bedingen sich gegenseitig in einem sich co-kreativ entwickelnden Beziehungsgeflecht (Pleyer 2004).

Darüber hinaus ist eine Haltung gefragt, die sich dafür interessiert, was Eltern immer noch gut können und die i.s. einer „Überlebensdiagnostik" (Ludewig 2002) Eltern als Experten ihrer selbst nach ihrem Störungs- und Handlungswissen fragt und so zum einen zu einer Aktivierung von Ressourcen beiträgt und zum anderen den Helfern die Möglichkeit bietet, starre Überzeugungen der Eltern zu destabilisieren, zu verstören.

Um Missverständnisse zu vermeiden, sei betont, dass auch eine Haltung, bei der sich die Mitarbeiter der Inobhutnahme als Anwalt des Kindes verstehen und dabei bewusst nicht eine All-Parteilichkeit anstreben, durchaus als legitim anzusehen ist. Manche Fallkonstellationen machen es geradezu erforderlich, die Verantwortung auf mehrere Schultern zu verteilen, z.B. in Fällen von (intra-)familiärer Gewalt, wie z.B. (sexuellem) Missbrauch oder körperlicher Misshandlung oder Verwahrlosung. Gewalttätige Eltern, die Einfühlsamkeit vermissen lassen, sind (zunächst) nicht Kooperationspartner des Helfersystems, sondern müssen der Kontrolle unterstellt werden. Eltern können jedoch im Verlauf der Unterbringung bei erkennbarer Kooperationsbereitschaft und der dazu nötigen Haltung auf Seiten der Helfer sehr wohl zum Kunden (nach de Shazer 1989) werden.

Grundsätzlich muss man jedoch sehen, dass eine eindeutige Positionierung der Helfer zu Lasten ihrer eigenen Beweglichkeit sowie Akzeptanz bei anderen Beteiligten geht und dies dann naturgemäß die Kooperation mehrerer Helfer bzw. Institutionen erfordert, wenn es um eine Hilfe für die Familie, also auch und gerade für die Eltern gehen soll.

Wie können Helfer intervenieren?

Wenn Eltern ihre Hilflosigkeit überwinden w(s)ollen, brauchen sie neben einem einfühlsamen Beratungsgespräch unbedingt konkrete, neue Erfahrungen und Erlebnisse mit ihrem Kind/Jugendlichen, die durch Kontext und hilfreiche Anleitung so gestaltet sind, dass Eltern wieder ihr Gefühl für *Selbst-*

wirksamkeit (vgl. Bandura 1997) zurückgewinnen. Sie müssen wieder das Gefühl entwickeln, dass das, was sie tun, einen Einfluss hat auf ihr Kind. So entsteht neue Hoffnung darauf, dass auch Veränderungen im Kleinen mit Geduld zu Veränderungen im Großen führen werden.

Das bedeutet, dass Eltern *in die Inobhutnahme kommen*, um mit ihrem Kind zusammen bestimmte, zeitlich und umfänglich begrenzte Tätigkeiten zu erledigen bzw. die Erledigung derselben zu kontrollieren. Das bedeutet aber auch, dass Eltern an Entscheidungsfindungsprozessen beteiligt werden müssen und dass die Kinder dieser Eltern erfahren, dass ihre Eltern Entscheidungen treffen und auch mit durchsetzen.

Neben konkreten Treffen mit den Helfern im Gespräch zu bestimmten, individuell relevanten Themen gehören auch die Rückmeldungen der Helfer über das Verhalten der Kinder/Jugendlichen an die Eltern dazu. Dabei kann eine nur positive Rückmeldung seitens der Helfer gerade zu Beginn eines solchen Übungsweges leicht zu Selbstabwertung auf Seiten der Eltern führen.

Ohne die konkrete Erfahrung, dass das Kind auf die elterliche Intervention reagiert, entsteht kein Erfolgserlebnis, das den Brennstoff liefert (→ Hoffnung), auf dem eingeschlagenen Weg weiterzugehen.

Nach Pleyer (2003, 2004) sind folgende Aspekte zu nennen, die Ansatzpunkte für Helfer darstellen, heilsam zu intervenieren:

- Eltern und Kind als Einheit verstehen und behandeln
- enge Bündnisse mit Eltern eingehen, ihre Problemsicht und Lösungsversuche (auch als posttraumatische Bewältigungsstrategien) respektieren
- das Selbstwirksamkeitsbewusstsein der Eltern stärken
- das Erleben positiver Gegenseitigkeit unterstützen bzw. herbeiführen
- Konflikte zwischen Eltern und Kind fördern und coachen
- die Wiederbelebung des Sprechens über Gefühle fördern
- dem Vergangenen eine neue Bedeutung geben und es von gegenwärtig Erlebtem unterscheiden lernen.

Oft ist auch die Empfehlung zu einer unterstützenden psychotherapeutischen Hilfe für Eltern bzw. Kinder zu geben, da ein so skizziertes Training den Rahmen der Inobhutnahme in zeitlicher, aber auch inhaltlicher Hinsicht leicht sprengen kann. Dies soll jedoch nicht so verstanden sein, dass nicht wenigstens Elemente davon in Zeiten der Inobhutnahme zur Anwendung kommen können und auch sollten.

Grenzen traumapädagogischer Betreuung in der Inobhutnahme

Die Inobhutnahme fragt nicht danach: „Wer passt zu uns?", sondern: „Was können wir für jemanden tun, damit es passt?" Darum findet keine Selektion statt, welches Kind oder welchen Jugendlichen man neu aufnimmt bzw. wen man eher ablehnt, um eine heilsame Gruppendynamik nicht zu gefährden. Sondern aufgenommen wird i.d.R. der, der selbst kommt bzw. vom Jugendamt gebracht wird. Die Atmosphäre in einer Inobhutnahmegruppe ist deswegen von dem ständigen Kommen und Gehen immer neuer Kinder und Jugendlichen geprägt.

Wenn der Jugendhilfeträger (nur) eine Inobhutnahmegruppe anbieten kann, bedeutet das, dass alle Kinder und Jugendlichen, Jungen und Mädchen mit ihren jeweils unterschiedlichen Problemlagen, mit ständig wechselnden, selten positiven, förderlichen Interaktionen mit anderen Peers in denselben Räumen zu betreuen sind. Angesichts dieser Rahmenbedingung wird schnell klar, dass es nur eingeschränkt möglich sein kann, eine feste, berechenbare Struktur aufrechtzuerhalten und damit Transparenz herzustellen. Unter den skizzierten Umständen gerät es zu einem aufwändigen und zugleich störanfälligen Verfahren, einen „sicheren Ort" zu schaffen.

So kann der oft gegebene Auftrag, ein Kind/Jugendlicher solle in der Inobhutnahme „erst mal zur Ruhe kommen" zum recht blauäugigen Wunsch werden, wenn die Gruppensituation in der Inobhutnahme selbst von Grenzüberschreitungen und Gewalt geprägt ist. Stabilisierung in der Inobhutnahme programmatisch anzubieten zu wollen, muss deswegen als Mogelpackung bezeichnet werden. Wohlverstanden – unter günstigen Umständen ist sie für eine begrenzte Zeit durchaus möglich; gebraucht wird sie sowieso stets.

Schlussbemerkungen

Um Kindern und Jugendlichen mit traumatischen Erlebnissen im Rahmen der Inobhutnahme helfen zu können, bedarf es drei wichtiger Aspekte: Klare Aufträge bei Aufnahme (d.h. auch: anamnestische Fakten auf den Tisch), klare Perspektiven für das Kind/den Jugendlichen (nicht eine Warteschleife nach der anderen) und zeitnahe Anschlussmaßnahmen.

Hierzu gehören ein *Arbeiten auf Augenhöhe* von Jugendamt und Inobhutnahme (→ Respekt, Ehrlichkeit, Mut, Realismus), zum zweiten die Weisheit des Jugendamtes, nicht die Bewilligung von Jugendhilfemaßnahmen vom Rest des noch vorhandenen Jugendhilfebudgets bestimmen zu lassen, sondern das Geld in die passenden (d.h. oft kostenintensiven) Jugendhilfen zu investieren – um der Kinder und Jugendlichen willen! Zum dritten Aspekt schließlich gehören mutige Jugendhilfeträger, die differenzierte, traumapädagogisch kompetente Jugendhilfeangebote machen wollen und können. Da der freien Jugendhilfe das große Portemonnaie fehlt, um Unterbelegungen zu ertragen, gehören zu dieser Aufgabe wieder Jugendämter, die sich aktiv und partnerschaftlich an der Implementierung solcher Projekte beteiligen, indem sie Bedarfe klar beschreiben und so zu Planungssicherheit beitragen.

Eine weitere Professionalisierung der Inobhutnahme in Richtung Traumapädagogik und traumapädagogischer Methoden ist angesichts der Aufgaben von Inobhutnahme unerlässlich. Zu erwarten jedoch, dass die Arbeit in der Inobhutnahme mit der Zunahme an Wissen, mit Ressourcenorientierung, mit mehr psychotraumatologischem Störungs- und Heilungswissen oder mehr Flexibilität „in den Griff zu kriegen ist", verkennt den Gegenstand unserer Bemühungen: den Menschen, der nicht planbar, berechenbar, lenkbar ist, sowie den Fach-Menschen, der nicht immer alle Kinder und Jugendlichen in jeder Lebenslage und unter allen Umständen betreuen kann.

Den negativen Einfluss, den Eltern auf die Entwicklung von Kindern ausüben können, bekommen wir in der Inobhutnahme deutlich zu sehen und häufig auch zu spüren. Dies sollte uns jedoch nicht dazu verleiten, den Hilfebedarf von Eltern, besonders ihr Selbstwirksamkeitsbedürfnis (vgl. Bandura 1997), aus dem Blickfeld zu verlieren. Es sollte zu unseren Selbstverständlichkeiten gehören, unter der Betreuung von Kindern und Jugendlichen immer auch die Betreuung von Eltern zu verstehen.

Literatur

Bandura, A. (1997): Self-efficacy: The exercise of control. New York: Freeman.

Besser, L. (2008): Traumasynthese und Integration nach dem KReST-Modell. Weiterbildungsskript, www.zptn.de.

de Shazer, S. (1989): Der Dreh. Überraschende Wendungen und Lösungen in der Kurzzeittherapie. Heidelberg: Carl Auer.

Dilling, H./Mombour, W./Schmidt, M.H. (Hrsg.) (1993): Internationale Klassifikation psychischer Störungen: ICD-10 Kapitel V (F). Klinisch-diagnostische Leitlinien. Huber.

Fischer, G./Riedesser, P. (2003): Lehrbuch der Psychotraumatologie. München: Ernst Reinhard.

Huber, M. (2006): Wege der Traumabehandlung. Trauma und Traumabehandlung, Teil 2: Paderborn: Junfermann Verlag.

Huber, M. (2007): Trauma und die Folgen. Trauma und Traumabehandlung, Teil 1: Paderborn: Junfermann Verlag.

Ludewig, K. (2002): Leitmotive systemischer Therapie. Stuttgart: Klett-Cotta.

Pleyer, K.H. (2003): Parentale Hilflosigkeit, ein systemisches Konstrukt für die therapeutische und pädagogische Arbeit mit Kindern. In: Familiendynamik 28 (4), S. 467–491.

Pleyer, K.H. (2004): Co-traumatische Prozesse in der Eltern-Kind-Beziehung. In: Systhema, 18 (2), S. 132–149.

Schmid, M./Wiesinger, D./Lang, B./Jaszkowic, K./Fegert, J. (2007): Brauchen wir eine Traumapädagogik? – Ein Plädoyer für die Entwicklung und Evaluation von traumapädagogischen Handlungskonzepten in der stationären Jugendhilfe. Kontext, 38 (4), S. 330–357.

Weiß, W. (2008): Philipp sucht sein Ich. Zum pädagogischen Umgang mit Traumata in den Erziehungshilfen. Weinheim und München: Juventa.

Schwierige Kommunikation

Gegen 21.00 Uhr meldete sich der Kinder- und Jugendnotdienst bei mir. Die Polizei hatte ein wahrscheinlich aus Persien stammendes Mädchen bei einem Diebstahl erwischt. Nun konnten sie aber ihre Eltern nicht erreichen, konnten das Mädchen aber auch die Nacht nicht auf der Wache lassen.

Also gaben sie eine Meldung an den Kinder- und Jugendnotdienst, der wiederum bei mir nach einem Platz anfragte und sie mir kurz darauf brachte. Es stellte sich sehr schnell heraus, dass sich die Kommunikation mit dem Mädchen als sehr schwierig gestalten würde, da sie gar kein Deutsch sprach. Wir verständigten uns also mit Händen und Füßen. Auch versuchten wir immer wieder bei ihren Eltern anzurufen, konnten sie jedoch weiterhin nicht erreichen.

Ein anderes Mädchen, das zu der Zeit bei uns lebte, wurde neugierig und setzte sich sehr ein, uns bei den Verständigungsschwierigkeiten zu helfen. So kam sie auf die Idee, im Internet eine Übersetzungsseite aufzurufen. Aber auch damit kamen wir nur schlecht weiter. Bis sie jedoch eine Seite eines Übersetzungsbüros fand.

Dort riefen wir auf „gut Glück" an. Trotz der späten Stunde ging tatsächlich noch ein sehr hilfsbereiter Herr ans Telefon. Mit seiner Hilfe konnten wir rausfinden, dass ihre Familie noch arbeiten war oder sie wahrscheinlich schon am Suchen war, wir sie also gar nicht erreichen konnten. Er konnte auch das persische Mädchen beruhigen. Man sah, dass sie sichtlich erleichtert war, durch ständiges Hin- und Herreichen des Hörers mit mir leichter in Kontakt treten zu können.

Der Herr vom Übersetzungsbüro bot uns tatsächlich noch seine Privatnummer an. Auch wollte er keine Gelder für seine Dienste haben – ihm tat das Mädchen einfach leid.

Anschließend konnten wir ihre Familie dann doch erreichen, die auch sofort kam, um sie zu holen. Sie hatten das Mädchen schon lange gesucht und waren sehr froh sie wieder zu haben. Ich selbst fand den Abend sehr rührend und beeindruckend, vor allem durch die nette, spontane und selbstlose Hilfe anderer Menschen.

Der besondere Schutzbedarf junger Migrantinnen bei der Inobhutnahme

Corinna Ter Nedden

Das Recht auf Inobhutnahme besteht für alle

Der Anspruch auf Schutz und dementsprechend die rechtliche Möglichkeit der Inobhutnahme besteht für alle Kinder und Jugendlichen in Deutschland – unabhängig von ihrer Herkunft oder ihrem Aufenthaltsstatus (Wiesner, § 6 Rn. 14).

Wenn Kinder und Jugendliche um Inobhutnahme bitten, sind die dahinterstehenden Probleme in der Familie meist vielschichtig. Gewalt und Vernachlässigung finden nie im luftleeren Raum statt. Soziale Lage und Bildungsstand, aber auch Migrationserfahrungen, Religion und Herkunft prägen sowohl das Familienklima als auch die Anlässe familiärer Gewalt. Der Anteil der Kinder und Jugendlichen mit Migrationshintergrund ist mittlerweile vor allem in den deutschen Großstädten beachtlich. Viele der Kinder und Jugendlichen mit Migrationshintergrund können in den Regeleinrichtungen adäquat untergebracht werden. Insbesondere Mädchen sind allerdings unter bestimmten Umständen auf spezialisierte Einrichtungen, die ihnen besonderen Schutz bieten, angewiesen. Zu betonen ist:

Ein spezialisiertes Angebot für gewaltbetroffene junge Migrantinnen

Die Kriseneinrichtung Papatya in Berlin bietet seit mehr als zwanzig Jahren Mädchen und jungen Frauen Schutz, die nach der Flucht eine geheime Adresse brauchen, um sich vor der Verfolgung durch ihre Familie in Sicherheit zu bringen. Anfangs waren dies vor allem Mädchen türkisch-kurdischer Herkunft. Das Regelangebot des Berliner Jugendnotdienstes mit einer frei zugänglichen Adresse hatte sie nicht wirksam schützen können. Die Unterbringung der Mädchen in einem Haus, in dem auch Jungen aufgenommen wurden, hatte die Überzeugung der Eltern, die Mädchen würden außerhalb der Familie „Huren werden", bestätigt und zur Eskalation der familiären Konflikte geführt.

Konzeptionelle Absicht Papatyas ist es, den traditionell geprägten Vorstellungen der Eltern mit einer mädchenspezifischen Einrichtung, in der nur Frauen arbeiten, entgegenzukommen, um sie so leichter zur Mitarbeit an der Lösung der Familienkonflikte bewegen zu können. Durch die Rund-um-die-Uhr-Betreuung und eng begrenzte Ausgangszeiten können Mädchen, die vorher häufig keinerlei Freiheiten hatten, kontrolliert erste Schritte in Richtung Selbständigkeit versuchen. Das interkulturelle Team (türkisch/kurdisch/deutsch) gewährleistet nicht nur Sprachkompetenz, sondern ist auch Modell für ein mögliches Zusammenwirken von Frauen verschiedener Herkunft, die die gleichen Werte teilen und vertreten.

Sowohl die Adresse als auch die Telefonnummer der Einrichtung sind geheim, auch die Jugendämter kennen sie nicht. Aufgenommen werden Mädchen und junge Frauen zwischen 13 und 21 Jahren, im Bedarfsfall können auch Mädchen aus anderen Bundesländern Schutz finden. Der Anteil der jungen Volljährigen ist in den letzten Jahren angestiegen und liegt 2007 bei fast der Hälfte der Aufnahmen.

Die rechtliche Inobhutnahme der minderjährigen Mädchen erfolgt meist durch den Berliner Jugendnotdienst/Mädchennotdienst als öffentlichem Träger, der die Anlaufstelle für alle Jugendlichen zwischen 14 und 18 Jahren ist und mit dem eine enge Kooperation besteht. Wenn Jugendämter selbst die Unterbringung bei Papatya veranlassen, liegt die rechtliche Inobhutnahme bei ihnen.

Papatya wird pauschal vom Berliner Senat für Jugend finanziert. Träger ist ein kleiner Verein.

Etwa 60–70 Mädchen werden pro Jahr für eine Übergangszeit von im Durchschnitt sechs Wochen aufgenommen. Insgesamt wurden bisher etwa 1500 Mädchen betreut. Auch nach über zwanzig Jahren weisen noch viele der betreuten Mädchen eine türkisch-kurdischer Herkunft auf, ihre Eltern kommen aber auch aus arabischen Staaten, aus Pakistan, Somalia oder Afghanistan. Einige gehören der dritten Generation an, sind also die Enkel von Arbeitsmigranten, andere stammen aus binationalen Familien. Immerhin 30 Prozent sind selbst als Kinder mit ihren Eltern als Flüchtlinge eingewandert oder sind als nachziehende Familienangehörige nach Deutschland gekommen. Vor allem letztere kommen häufig aus Familien, die durch Flucht und Vertreibung, Kriegserfahrungen und Folter belastet sind. Alle hier aufgeführten Zahlen beziehen sich auf die Einrichtungsstatistik Papatyas 2007.

Problemlagen der Mädchen, die um Beratung oder Inobhutnahme bitten

In den meisten Fällen geht der Flucht der Mädchen eine lange Phase des Abwägens voraus, in der sie versuchen, ihre Not jemandem in der Familie verständlich zu machen. Aktueller Anlass die Familie zu verlassen, ist häufig die Angst vor Schlägen, z.B., weil ein Mädchen von einem Nachbarn oder Onkel mit einem Jungen gesehen wurde.

Über 90 Prozent der Mädchen haben in der Vergangenheit massive Misshandlungen erlebt, häufig über viele Jahre und von mehreren Familienmitgliedern. Manchmal beginnen die Schläge in der Pubertät, wenn die Eltern den Bewegungsspielraum der Mädchen radikal einschränken, manchmal sind sie schon als Kleinkinder misshandelt worden. 45 Prozent der Mädchen berichten, dass ihre Mutter vom Vater geschlagen wird, einige waren als Kinder schon mit der Mutter im Frauenhaus.

Einige Mädchen haben sich den elterlichen Regeln lange gefügt und auf eine von selbst stattfindende Besserung ihrer Situation gehofft. Erst eine drohende Zwangsverheiratung (bei 44 Prozent einer der Fluchtgründe) führt dann dazu, dass sie beschließen, den Bruch mit der Familie zu riskieren. Ihre heimlich gehegte Hoffnung auf ein selbstbestimmteres Leben in der Zukunft wird durch die Aussicht, einen von Verwandten ausgesuchten Mann heiraten zu müssen, zunichte gemacht.

Andere versuchen sich – etwa durch Schwänzen – Freiräume zu verschaffen, was häufig zu einem Teufelskreis von elterlichen Verboten und deren Übertretung durch die Mädchen führt. Fast alle Mädchen fühlen sich ungeliebt und verachtet. Stärker als unter Schlägen leiden sie unter den häufig sexuell getönten Beschimpfungen, die sie in der Familie zu hören bekommen.

25 Prozent sind von sexueller Gewalt betroffen. Bei der Aufnahme können die wenigsten darüber sprechen, meist offenbaren sie sich erst dann, wenn sie sich in Sicherheit wissen.

Die soziale Lage der Familien ist häufig bedrückend. Fast 50 Prozent müssen von Arbeitslosengeld oder Sozialhilfe leben. Nicht selten gibt es Suchtprobleme in der Familie (meist Alkoholmissbrauch des Vaters). Etwa 30 Prozent der Mädchen kommen aus Scheidungs- oder Trennungsfamilien, oft leben sie mit einem Stiefelternteil zusammen. Der Kontakt zu dem Elternteil, bei dem sie nicht leben, ist oft abgebrochen oder verboten worden.

Mädchen in der Jugendhilfe

Mädchen werden wesentlich später als Jungen in der Jugendhilfe sichtbar (meist zwischen 15 und 18 Jahren) (Schimpf 2007: 196 ff.) Und sie kommen zu 43 Prozent als Selbstmelderinnen, während bei knapp 55 Prozent der Jungen Dritte die Jugendhilfe veranlassen. Die Versuche der Mädchen, familiäre Probleme zu bewältigen, sind eher leise (Rückzug auf sich selbst, Essstörungen, selbst-verletzendes Verhalten, Suizidalität) und sind damit für Außenstehende unauffälliger und unsichtbarer als die stärker ausagierenden Formen der Jungen, die häufig auch Dritte in Mitleidenschaft ziehen. Während Mädchen insgesamt seltener in der Jugendhilfe vertreten sind, sind sie bei der Inobhutnahme mit 53,9 Prozent überrepräsentiert. Dies gilt auch für Mädchen und junge Frauen nichtdeutscher Herkunft (Bronner/Behnisch 2007: 55 ff.).

Schutz als oberste Priorität

Am Anfang einer Aufnahme bei Papatya steht die Angst der Mädchen. Sie ist letztlich ausschlaggebend dafür, ob ein Mädchen sich für Papatya entscheidet. Es gibt in Berlin eine Mädchenzuflucht mit frei zugänglicher Adresse, auch dort wird ein hoher Anteil junger Migrantinnen betreut. Diejenigen, die sich trotz strenger Ausgangs- und Kontakteinschränkungen entscheiden, zu Papatya zu kommen, sehen den besonderen Schutz als Voraussetzung dafür an, dass sie sich trauen, die Familie zu verlassen.

Die Mitarbeiterinnen klären am Telefon mit ihnen, ob sie sich auf die Regeln der Einrichtung einlassen können. Ihre Bereitschaft dazu lässt Rückschlüsse auf das Ausmaß ihrer Gefährdung und Not zu. Die Aufnahme bei Papatya beruht immer auf Freiwilligkeit. Mädchen, die die Unterbringung als Zwang empfinden, würden die Geheimhaltung der Adresse kaum gewährleisten.

Gewalt im Namen der Familienehre

Der besondere Schutzbedarf lässt sich nicht auf eine bestimmte Nationalität oder Herkunft zurückführen, wenngleich er häufig eng mit kulturellen Traditionen der Familien zusammenhängt. Immer haben in der Erziehung der Mädchen geschlechtsbezogene Normen eine große Rolle gespielt. Begründet wird dies mit der Familienehre, als deren Verkörperung die Mädchen gesehen werden. Am Verhalten der Frauen, besonders aber der unverheirateten Töchter, wird die Ehre der Familie gemessen. Von der Familienehre wiederum hängt der Status der Familie in der Community entscheidend ab.

Regeln, an die die Mädchen sich halten sollen, betreffen insbesondere die Bedeutung, die der Jungfräulichkeit beigemessen wird, den Einfluss, den die Eltern auf die Partnerwahl nehmen bis hin zur Zwangsverheiratung sowie das Verbot, als Mädchen bzw. junge Frau unverheiratet getrennt von der Familie zu leben.

Ganz allgemein wird von Mädchen aber die Anpassung an eine passive Frauenrolle gefordert und fraglose Unterordnung verlangt. Ein Mädchen, das Respekt zeigt, muss immer gehorchen, muss beachten, wen sie von sich aus ansprechen kann und bei wem sie warten muss, bis sie angesprochen wird. Vor allem darf sie Eltern oder Brüdern nicht widersprechen. Wer seine Tochter dergestalt gut erzogen hat, hat auch Anspruch auf Respekt in der Community.

Mit der Familienehre wird begründet, wenn Mädchen nicht anziehen dürfen, was sie wollen, wenn sie sich nicht schminken dürfen, wenn sie keine Kontakte außerhalb der Familie haben dürfen und wenn ihr Bewegungsspielraum außerhalb der Familie strikt auf die Schule beschränkt bleibt. Die Erziehung der Eltern fokussiert darauf, was „unsere Leute" denken (könnten). Im Kontext der Familienehre ist ein unverheiratetes Mädchen ein wandelndes Risiko für den gemeinsamen Status aller Familienmitglieder. Vor dem Hintergrund eines traditionellen Bildes unersättlicher und die Männer verführender weiblicher Sexualität wird den Mädchen ungezügelte Maßlosigkeit zugeschrieben, der man enge Grenzen setzen muss.

Ohne es zu wollen, werden sie zu Trägerinnen einer negativen Macht: Aktiv und positiv können sie kaum zum Status der Familie beitragen, negativ aber hat ihr „Fehlverhalten" drastische Konsequenzen für alle und setzt sie Lächerlichkeit und Ausgrenzung aus. Entsprechend mischen sich Onkel, Großtanten,

Schwager und manchmal auch im Herkunftsland lebende Familienmitglieder in die Erziehung ein.

Hat die Nachbarschaft Anlass zu glauben, dass ein Mädchen die Regeln übertritt und damit die Familienehre beschmutzt, entstehen schnell Gerüchte, die auf die gesamte Familie zurückfallen und insbesondere den Vater als schwach und unfähig, seine Familie und deren Ehre „sauber" zu halten, brandmarken. Einmal entstandene Gerüchte sind kaum zu kontrollieren, entsprechend ängstlich versuchen die Familien jeden Anlass, den ein Mädchen bieten könnte, zu unterbinden.

Tatsachen spielen bei dieser Statusbedrohung eine untergeordnete Rolle. Wichtig ist vor allem die „soziale" Jungfräulichkeit der Mädchen – ihre von Dritten nicht bestrittene Unberührtheit, ihr unbescholtener, unbefleckter Ruf. Diese soziale Jungfräulichkeit kann schon infrage gestellt werden, wenn ein Mädchen in intensiver Unterhaltung mit einem Jungen gesehen wird, der nicht zu ihrer Familie gehört. Die Zuschreibung als Hure können Mädchen sich aber auch für Rauchen, Schminken, zu „offene" Kleidung, zu lautes Lachen oder Ähnliches zuziehen. Die soziale Kontrolle durch Bekannte, Nachbarn und Verwandte ist eng und alle fühlen sich aufgefordert, mögliche Verstöße gegen die Normen der Schicklichkeit sofort und möglicherweise triumphierend an die Familie zurückzumelden.

„Fehltritte" der Tochter werden vor allem der Mutter vorgeworfen. Sie hat bei ihrer Aufgabe, die Tochter zu einem „sauberen" Mädchen zu erziehen, versagt. Dementsprechend machen sich Mädchen, die die Familie verlassen, oft große Sorgen um die Konsequenzen für ihre Mütter, müssen aber häufig erleben, dass das erhoffte Verständnis der Mütter ausbleibt und diese sich im Gegenteil sehr aktiv daran beteiligen, sie wieder nach Hause zu holen.

Veränderung/Modernisierung der Familienehre in der Migration

Obwohl sich die Lebensverhältnisse stark verändert haben, hat der Ehrbegriff, der aus einer vorstaatlichen, agrarischen Gesellschaft stammt, überlebt. Die Bewahrung der Familienehre wird den Mädchen in der Erziehung auch heute noch als oberstes Ziel vorgegeben, auch wenn sich im Detail von Familie zu Familie unterscheiden kann, was als Ehrverletzung angesehen wird. Häufig haben die Eltern ältere Brüder mit der Überwachung und Sanktionierung der Mädchen beauftragt, da sie ihnen bessere Kontrollmöglichkeiten zutrauen.

Auffällig ist, dass auch Familien, die in vieler Hinsicht von den traditionellen Regeln abweichen, die althergebrachten Anforderungen an die Töchter beibehalten. Gerade da, wo der soziale Status auf anderen Ebenen durch Arbeitslosigkeit, Trennungen der Eltern und Kriminalität der Söhne brüchig geworden ist, soll die Tochter durch Keuschheit und Unterordnung den drohenden Zerfall kompensieren. Gerade jetzt soll sie verkörpern, dass man Wert auf Tradition und überkommene Werte legt und sich von der Mehrheitsgesellschaft, die mit Verwahrlosung, Drogensucht, Prostitution und Sittenlosigkeit assoziiert wird, abgrenzt.

Notwendigkeiten bei der Inobhutnahme:
Schnelles Handeln und überregionale Flexibilität

Die Notlagen der Mädchen fordern ein schnelles Eingreifen. Durch die Flucht entziehen sie sich dem Einflussbereich der Familie und gefährden deren Ehre in hohem Maße. Die Familien unternehmen dementsprechend alles, um die Nachricht über die Flucht so lange wie möglich nicht nach außen dringen zu lassen und ansonsten die Mädchen so bald wie möglich zurückzuholen. Da der drohende Statusverlust nicht nur die Kernfamilie betrifft, können sich ältere Brüder des Vaters, Schwager, Tanten, Cousins oder auch Familienangehörige des zukünftigen Ehemanns an der Suche beteiligen und versuchen, auf das Mädchen Einfluss zu nehmen. Aus ihrer Sicht ist das Mädchen die Angreiferin, die die Ehre gefährdet bzw. verletzt. Sie fühlen sich dementsprechend in einer Art Notwehrsituation, in der sie legitimiert sind, alle Mittel bis hin zu Gewalt anzuwenden, um die Ehre zu bewahren. Die Mädchen wissen um diese Haltung, dementsprechend rechnen sie für ihren Ausbruchsversuch mit Bestrafung bis hin zur Ermordung. Manchmal besteht das Risiko, dass sie außer Landes zu Verwandten gebracht werden, wo sie von allen Hilfsangeboten abgeschnitten sind.

Wenn Mädchen schon auf der Flucht sind, muss schnell gehandelt werden, da die Gefährdung durch die Familie in dieser Phase sehr hoch ist. Einige Mädchen haben in höchster Not die Polizei in die elterliche Wohnung gerufen, andere nutzen den Schulbesuch oder einen Arzttermin als Gelegenheit zur Flucht.

Die Verlegung in eine Schutzeinrichtung muss sofort erfolgen. Noch ist Papatya bundesweit die einzige Kriseneinrichtung, die aufgrund der Pauschalfinanzierung ohne vorherige Kostenklärung aufnehmen kann. Für die meisten Mädchenzufluchten sind dagegen Kostenübernahmen notwendig, die dementsprechend schnell erteilt werden müssen.

Manchmal kann Schutz nur außerhalb des Herkunftsbundeslandes gewährleistet werden. Es reicht nicht aus, Mädchen in der nächstgelegenen Jugendschutzstelle unterzubringen, die für die Jugendlichen der Herkunftskommune zuständig ist. Gerade, wenn Mädchen aus kleinen Städten kommen, ist eine räumliche Distanz zu ihrem Wohnort wichtig und sind Orte, an denen viele Verwandte leben, bei der Unterbringung tabu.

Erst, wenn Mädchen in Sicherheit sind, kann Kontakt mit der Familie aufgenommen werden. Gemeinsame Klärungsgespräche mit den Eltern, bevor die Inobhutnahme erfolgt ist, sollten unterbleiben.

Zugangshürden rund um die Inobhutnahme ...

... auf Seiten der Mädchen:

„Schmutzige Wäsche" aus der Privatsphäre der Familie nach außen zu tragen, fällt Kindern und Jugendlichen selten leicht. Es ist schambesetzt einzugestehen, dass zu Hause etwas nicht stimmt. Es ist schambesetzt einzugestehen, dass man Hilfe braucht. Und es ist schwierig einzuschätzen, ob Erwachsene, die man in der Regel nicht kennt, einem glauben werden und sorgfältig mit dem umgehen, was man ihnen anvertraut.

Für die Mädchen, die zu Papatya kommen, sind die ersten Hürden banaler: Sie haben oft nicht die Möglichkeit, sich an eine Beratungsstelle zu wenden, weil sie, abgesehen vom Schulbesuch, die Wohnung kaum allein verlassen dürfen. Meist müssen sie über ihr „Woher", „Wohin" und „Wie lange" genaue Rechenschaft ablegen. Schaffen sie es trotzdem in eine Beratungsstelle, müssen sie Angst haben, beim Betreten von Verwandten oder Bekannten gesehen zu werden, die das meist umgehend an die Familie zurückmelden. Hilfe zu suchen und dabei „erwischt" zu werden, kann ihre Situation zu Hause also verschlechtern, bevor überhaupt ein Gespräch stattgefunden hat. Papatya bietet aufgrund dieser Überlegungen unter dem Namen SIBEL E-Mail-Beratung an. Mädchen können so von zu Hause oder von ihnen erreichbaren Orten und anonym Hilfe suchen (www.sibel-papatya.org).

Viele Eltern halten körperliche Gewalt für ein legitimes und effektives Erziehungsmittel. Die Mädchen selbst nehmen gelegentliche Ohrfeigen klaglos hin. Erhellend dazu ist folgender Dialog mit der 14-jährigen Havva: „Wirst du zu Hause geschlagen?" „Nein." „Was passiert denn, wenn du etwas machst, was deinen Eltern nicht gefällt?" „Dann haut mein Vater mich."
„Und weißt du immer, warum er dich haut?" „Nein, nicht immer."

Gewalt wird oft erst dann als Gewalt wahrgenommen, wenn sie zu behandlungsbedürftigen Verletzungen führt oder wenn sie als willkürlicher Wutausbruch, dem kein nachvollziehbarer Anlass vorausgeht, erlebt wird. Häufig wachsen die Mädchen in einem Umfeld auf, in dem diese Einstellung dominiert und von niemandem infrage gestellt wird. Auch in der Gleichaltrigengruppe in der Schule gilt es häufig als normal, dass man von den Eltern Schläge bekommt und diese auszuhalten hat. Auch hier gilt diejenige, die von zu Hause wegläuft, oft als „Hure". Wenden sich Mädchen um Hilfe nach außen, kann das als illoyal sowohl gegenüber der Familie als auch gegenüber der eigenen Herkunftsgruppe gelten.

Viele Mädchen sind, bevor sie zu Papatya kommen, schon einmal von zu Hause weggelaufen, allerdings oft nur für Stunden zu Freundinnen oder Verwandten (2007: 35 Prozent). 25 Prozent der Mädchen berichten 2007 von einem oder mehreren früheren Suizidversuchen. Mit solchen Signalen haben sie allerdings keine Resonanz in der Familie finden können. Wenn sie überhaupt bemerkt wurden, haben die Eltern darauf mit Totschweigen, Unter-den-Teppich-Kehren oder Strafen reagiert.

Die Mädchen gehen ein erhebliches Risiko ein, wenn sie sich Dritten anvertrauen und müssen einen entsprechend großen Vertrauensvorschuss aufbringen. Oft haben sie erhebliche Befürchtungen, dass ihnen sowieso niemand glauben wird. Zu gut kennen sie die Diskrepanz zwischen dem prestigeverpflichteten Auftritt ihrer Familie in der Öffentlichkeit und dem völlig anders verlaufenden Alltag hinter der geschlossenen Haustür. Zu häufig haben sie, manchmal auch als Dolmetscherin der Familie erfahren, wie geschickt ihre Eltern sich gegenüber Behörden zu verhalten wissen.

Nicht selten sind sie zusätzlich durch eindeutige Drohungen eingeschüchtert worden oder haben schon negative Erfahrungen damit gemacht, sich Hilfe zu suchen. Die 18-jährige Sebnem schreibt an das Jugendamt: „Da ich schon mal mit 15 geflüchtet bin und mein Vater mit Hilfe der Polizei mich gefunden hat, habe ich jetzt Angst, dass er wie damals mich wieder findet und mich umbringt. Ich habe große Angst vor meinem Vater, weil er immer wieder mir gesagt hat: „Solange du nicht verheiratet bis, bin ich für deine Ehre verantwortlich und hier gelten meine Gesetze und meine Regeln. Wenn du dagegen verstößt, wirst du dafür bestraft und ich habe vor niemandem Angst. Die Gesetze hier interessieren mich nicht, ich mache meine Gesetze."

... auf Seiten der Behörden: Unverständnis, Identifikation mit den Eltern und Rücksicht auf mit der Kultur begründeten Erziehungsvorstellungen

Leider hören wir sowohl in den telefonischen Beratungen als auch nach der stationären Aufnahme von Mädchen häufig, dass die Hürden nicht nur aus ihrer familiären Situation resultieren, sondern auch aufseiten von Behörden zu finden sind, sodass sie nicht auf ausreichende Unterstützung treffen.

Ein Fallbeispiel

Im Folgenden werden diese Aspekte an einem Beispiel veranschaulicht. Die folgenden Zitate beruhen auf den niedergeschriebenen Erfahrungen einer Jugendlichen, sind also durch ihre Interpretation gefärbt und haben keinen Anspruch auf absolute Wahrheit. Gleichwohl lassen sich wesentliche Aspekte an ihnen verdeutlichen, die in der Beratung problematisch sein können.

Sara, 17, ist im Irak geboren worden und kam als Kleinkind nach Deutschland. Früher wurden sie und ihre Mutter vom Vater geschlagen, jetzt passiert das nur noch sehr selten. Auch der Bruder schlug sie früher. Sie soll in der nächsten Zeit einen Cousin (16) heiraten, der seit zwei Jahren in Deutschland ist. Sara hat einen deutschen Freund. Sie schreibt in ihrem Lebenslauf über ihre Probleme:

„Mit 15 flogen wir nach Syrien, um meinen „Versprochenen" kennenzulernen. Einen Menschen zu heiraten, der mein Cousin ist, finde ich total widerlich. Er ist ein Jahr jünger als ich. Ich sollte das tun, was er sagt, sonst würde er mich schlagen. Meine Tante hat mir erzählt, dass er mich nur heiraten will, damit er einen deutschen Pass bekommt. Er stellt mich aber als seine große Liebe dar.

Nach einem Monat kam er nach Deutschland. Ich zeigte ihm, dass ich ihn nicht will, aber er gab nicht auf. Für mich ist es pervers, im Pubertätsalter einen Cousin zu heiraten. Ich will mir einfach eine Vergewaltigung ersparen. Ich will nicht jahrelang mit jemandem zusammenleben und mit jemandem schlafen, den ich nicht liebe. In unserer Kultur ist es Pflicht zu heiraten. Die Person muss außerdem aus derselben Religion kommen."

In der Familie hat Sara keine Unterstützung finden können. Als sie jetzt aber außerhalb der Familie nach Hilfe sucht, stößt sie auf Hindernisse:

„Ich entschied mich nach tagelangem Zögern, zum Jugendamt zu gehen. Ich ging mit einer Freundin, um festzustellen, was für Möglichkeiten es für mich gab. Wir gingen zu einem Herrn L, weil er mit solchen Fällen zu tun hatte. Er war etwas jünger und ich war in der Hoffnung, dass er mich auch verstehen wird. Während des Gesprächs gab er mir zu verstehen, dass meine Kultur ja doch nicht so schlimm sei und ich eigentlich zu meiner Kultur stehen solle. Ich solle doch warten, bis ich volljährig sei, dann würde er mir die Möglichkeit geben, ins Frauenhaus zu gehen. Andere Möglichkeiten gab er mir nicht, als ich ihm sagte, dass es zu lange dauert, bis 18 zu warten. Ich gab auf, noch weitere Gespräche mit ihm zu führen, weil es sinnlos war ..."

Saras Befürchtungen, „nicht verstanden" zu werden, klingen hier an. Sie nimmt eine Freundin zur Verstärkung mit. Sie ist erleichtert, dass der Kollege „jünger" ist, muss dann aber erleben, dass er ihren Konflikt vor allem als kulturellen Konflikt interpretiert. Aus einer Position der kulturellen Überlegenheit versucht er, eigene Maßstäbe zu relativieren und empfiehlt Sara Gleiches: „Meine Kultur sei ja doch nicht so schlimm". In dem „Nicht so schlimm" klingt an, dass er die deutsche Kultur dennoch als besser erträglich für junge Frauen ansieht. Er interpretiert weiter ein Zugehörigkeitsproblem der Jugendlichen zu „ihrer" diskriminierten Minderheitskultur: Sara soll zu ihrer Kultur stehen. Saras familiärer Konflikt um Zwangsverheiratung ist somit zu einem kulturellen Konflikt geworden. Soll nun also selbstbewusstes Stehen zur Minderheitskultur Sara helfen, sich mit ihrer bevorstehenden Vergewaltigung abzufinden?

Die Fixierung auf die kulturelle Differenz führt dazu, dass die familiäre Gewalt fast unsichtbar wird. Hätte ein deutsches Mädchen dem gleichen Kollegen von ihrer bevorstehenden Vergewaltigung mit Zustimmung der Familie erzählt, hätte er vermutlich anders beraten. Da aber hier Kultur als vorherrschendes Konfliktthema gesehen wird, wird die Kindeswohlgefährdung, die Saras Zwangsverheiratung darstellt, übersehen. Der Hinweis, sie könne sich später ans Frauenhaus wenden, hilft Sara in der momentanen Situation überhaupt nicht weiter und so resigniert sie schließlich. Sie hat sich nicht verständlich machen können.

Sara gibt allerdings nicht dauerhaft auf, zu groß ist ihre Not:

„Nach zwei Wochen nahm ich mir vor, es noch mal zu versuchen, weil ich es nicht mehr zu Hause aushalten konnte. Diesmal war es jemand anderes, ein Herr S. Er grinste mich dauernd an, während er redete. Sollte sein Grinsen bedeuten, dass er mir helfen wird?

Er meinte, man müsse alles ganz genau planen und er würde deshalb das Gericht anrufen und sich informieren. Also sollte ich am nächsten Tag wiederkommen. Glücklich ging ich nach Hause und dachte nur noch: Endlich! Am nächsten Tag ging ich wieder hin und er grinste mich schon wieder an. Er saß da und die Tür war weit offen. „Tut mir leid, aber das Gericht kann dich leider nicht unterstützen. Die brauchen Beweise, die du nicht hast. Beweise wie Flecken am Körper, körperliche Gewalt, die dir zugefügt wurde." Und das erzählt er mir, obwohl ich ihm erzählt habe, dass ich in den letzten ein bis zwei Jahren nicht mehr geschlagen wurde. Ich war den Tränen nahe und verließ den Raum. Ohne etwas zu sagen ließ er mich gehen. Ich konnte es nicht fassen. Das einzige, was er mir mitgab, war eine Nummer vom Frauenhaus, das ab 18 ist."

Der zweite Kollege sieht anscheinend ihre Not deutlicher und versucht, sie zu unterstützen, resigniert aber sofort, als er wenig ermutigende Auskünfte vom Familiengericht bekommt. Eine eingehende Erörterung ihrer familiären Probleme verkürzt sich zu einem Problem mangelnder Beweisbarkeit angesichts fehlender blauer Flecke – ganz so, als sei ein Familiengericht ein Strafgericht, das im Zweifel für die Angeklagten – hier also im übertragenen Sinn die Eltern – entscheiden muss. Das Jugendamt scheint keine Möglichkeit zu sehen, auf den Prozess der Entscheidungsfindung bei Gericht Einfluss zu nehmen. Wieder wird Sara auf ihre Volljährigkeit als letzen Ausweg verwiesen.

Erstaunlicherweise gibt Sara weiterhin nicht auf – dies mag sowohl ihrer Stärke als auch der Dringlichkeit ihrer Probleme geschuldet sein.

„Es vergingen Wochen und der seelische Druck wurde immer größer. Ich rief das Frauenhaus an, obwohl ich wusste, dass es eigentlich nichts nutzt. Sie gab mir die Nummer einer Beratungsstelle in X. Ich machte mich auf den Weg, um mich beraten zu lassen. Sie wollten mir die Jugendschutzstelle in X. vorstellen. Aus Angst vor dem Familiengericht ging ich nicht hin, weil mir erzählt wurde, dass ich vielleicht aus mangelnden Gründen zurück nach Hause geschickt werde und ich war ja noch allein."

Frauenhäuser können Minderjährige nicht aufnehmen, sie sind aufgrund ihres Bekanntheitsgrades und ihrer bundesweiten Verbreitung allerdings eine wichtige Anlauf- und Vermittlungsstelle. Jugendschutzstellen sind in der Regel darauf angewiesen, dass eine Kostenübernahme für den Aufenthalt durch das Jugendamt erfolgt. Die Hürde, die Sara aber als letztlich unüberwindbar ausgemalt wird, ist wiederum das Familiengericht.

Jetzt gibt Sara die Hoffnung auf, von offizieller Seite Unterstützung zu bekommen. Sie hält es aber trotzdem nicht zu Hause aus und wählt nun den einzig verbliebenen Weg:

„Ich bin dann zu einer Verwandten meines Freundes abgehauen. Dann ging ich doch nach X. in die Jugendschutzstelle, weil es mir nichts genutzt hätte, mich aus Angst die ganze Zeit zu verstecken. Als ich da war, telefonierte der Betreuer mit meinem Bruder und verplapperte sich, indem er X. erwähnte. Aus dem Grund brachten sie mich dann nach Y. Dort traf ich wieder auf Herrn S. vom Jugendamt. Er meinte, er hätte eine Überraschung für mich. Wir saßen zu viert mit zwei Betreuern an einem Tisch. Er sagte: „Du warst ja schon mal bei mir. Was ich dir heute sagen möchte, ist, dass du nicht länger hier bleiben kannst, weil wir deinen Aufenthalt nicht finanzieren können." Ich fragte: „Und warum nicht?" „Ja, wir wollen dich nicht bei deinen Lügen, dass du deinen Eltern nicht die Wahrheit sagst, unterstützen. Denn es wäre besser, ihnen zu sagen, dass du einen Freund hast. Sonst unterstützen wir dich nicht." Ich gab ihm zu verstehen, dass ich das nicht tun kann, weil es zu früh ist und weil es zu gefährlich für die ganze Familie meines Freundes ist. Ich sagte:„ Und was ist mit dem Rest meiner Probleme, wollen Sie die einfach übersehen?" Er und die Betreuerin aus Y. kamen immer wieder auf die Sache zurück und wollten, dass ich meinen Eltern das sage. Aber ich ließ mich nicht überreden."

Sara entdeckt schnell, dass ein privates Untertauchen sie nicht wirklich weiterbringt. Sie kann weder zur Schule gehen, noch Zukunftspläne entwickeln. Ein weiteres Mal sucht sie Hilfe von offizieller Seite und wird schnell damit konfrontiert, dass die Jugendschutzeinrichtung wenig Erfahrung im Umgang mit der notwendigen Anonymität hat. Saras Schutzbedarf wird allerdings offensichtlich erkannt und sie wird nach der Panne der Ortsangabe gegenüber den Eltern verlegt. Was nun folgt, ist wiederum ein Lehrstück in Bezug auf die Missinterpretation von kultureller Unterschiedlichkeit. Im Gegensatz zu seinem Kollegen Herrn L., der Sara als „kulturell anders" verortet, negiert Herr S. jeden Unterschied und damit die Brisanz, die die Beziehung zu einem Jungen für Sara hat. Er sieht es als Lüge an, dass Sara ihren Eltern ihren Freund verschwiegen hat und fordert von ihr Offenheit. Vermutlich sieht er in dieser mangelnden Offenheit eine zentrale Ursache für die familiären Probleme und sieht seine Rolle darin, Sara und ihre Eltern ins Gespräch miteinander zu bringen.

Die Verstimmung bzw. der moralische Unterton, der in Saras Schilderung durchklingt, könnte aber auch darin begründet liegen, dass er Sara als typische Pubertierende sieht, die lediglich mehr Freiheiten erkämpfen möchte und vor deren Karren er sich nicht ohne Weiteres spannen lassen will. Dass Sara mehr als Vorwürfe und eine Ohrfeige riskiert, wenn sie ihren Eltern erzählt, dass sie einen Freund hat, erschließt sich ihm nicht und macht anscheinend auch keinen Eindruck, als Sara zu erklären versucht, dass sie mit Offenheit auch ihren Freund und dessen Familie gefährden würde.

Nachdem Herr S. den Eltern von Saras deutschem Freund berichtet hat, flieht Sara über private Kontakte nach Berlin und wendet sich an den Jugendnotdienst. Sie wird bei Papatya aufgenommen. Im weiteren Verlauf kann erreicht werden, dass ihr Heimatjugendamt ihre Entscheidung, beim Familiengericht einen Antrag auf Entzug des Aufenthaltsbestimmungsrechts zu stellen, akzeptiert. Bevor über diesen Antrag entschieden ist, geht Sara nach mehreren Telefonaten mit ihrem Bruder zurück nach Hause. Sie hat erreicht, dass die Eltern ihre Heiratspläne aufgeben, schreibt Papatya aber vier Wochen später einen traurigen Brief, in dem sie ihre innere Zerrissenheit zwischen Anpassung an die Wünsche der Eltern und Streben nach Eigenständigkeit schildert.

Der Umgang mit kultureller Unterschiedlichkeit

Von der seit Jahrzehnten propagierten interkulturellen Öffnung der sozialen Dienste ist Deutschland noch weit entfernt, auch wenn viele Klientinnen mittlerweile einen Migrationshintergrund haben. Im Umgang mit dem Fremden, dem Anderen, ringen professionelle Helfer um eine angemessene Haltung. Sara ist kein Einzelfall und zeigt, wie vermutlich wenig reflektierte Haltungen in Bezug auf Frauen/Kinderrechte und Kultur bis in den Einzelfall hineinwirken und Beratung beeinflussen. So unterschiedlich diese Haltungen in Saras Beispiel auch sind, für sie hilfreich sind beide nicht.

Die Betonung des kulturellen Unterschiedes führt zum Bagatellisieren der Gewalt. Mädchen wird bedeutet, aufgrund ihrer Kultur hätten sie sich mit geschlechtsspezifischen Einschränkungen bis hin zu offensichtlichen Gewaltverhältnissen zu arrangieren. Die Leugnung des kulturellen Unterschiedes andererseits scheint der Wahrnehmung der familiären Gewalt auch nicht dienlicher zu sein. Der besondere Schutzbedarf der Mädchen wird übersehen, wenn die Konsequenzen von kulturell und traditionell begründeten Normen negiert werden.

Differenzierung in jedem Einzelfall tut also Not. Es gilt, Betroffenen aufmerksam zuzuhören, ihre Wünsche zu erkennen und zu respektieren, ihnen Vertraulichkeit und bei Bedarf auch Anonymität zuzusichern. Nicht jedes Mädchen braucht eine Schutzeinrichtung wie Papatya, für einige ist Schutz aber die im wahrsten Sinne des Wortes überlebensnotwendige Voraussetzung dafür, dass sie sich vor Gewalt und Willkür retten können. Der Schutzauftrag von Vormundschaftsgerichten sowie Jugendämtern gilt für Mädchen mit Migrationshintergrund gleichermaßen wie für deutsche Mädchen. Mit Kultur, Tradition oder Religion begründete Praktiken finden dort ihre Grenze, wo sie das Kindeswohl gefährden. Die allgemeinen Menschenrechte werden in der Sozialarbeit praxisrelevant und theoretische Konzepte wie das der multiplen Diskriminierung müssen bei der Reflektion des eigenen Handelns einbezogen werden. Mehrfachdiskriminierung wurde als Begriff erstmals 2001 bei einer UN-Weltkonferenz gegen Rassismus verwendet und bedeutet die Ungleichbehandlung aufgrund mehrerer Merkmale. Mädchen können sowohl aufgrund ihres Geschlechts in ihrer Familie (allerdings auch in der Mehrheitsgesellschaft) als auch aufgrund ihrer ethnischen Herkunft diskriminiert werden. Beide Effekte können sich verbinden.

Keine Chance beim Familiengericht?

Sara hat ihre Geschichte 2004 aufgeschrieben, und es ist zu hoffen, dass das Stichwort „Zwangsverheiratung" heute eventuell zu einer schnelleren Unterstützung und einer anderen Information von Seiten des Familiengerichts geführt hätte. Zwangsverheiratung steht mittlerweile stark im Fokus der öffentlichen Aufmerksamkeit und verankert sich als Thema allmählich in den Institutionslogiken und -routinen. Zwangsverheiratung ist damit mancherorts zu einer Art Sesam-öffne-dich für den Zugang zu Unterstützung geworden. Die Gefahr dabei ist, dass Zwangslagen, die in dem gleichen Kontext wie Zwangsverheiratung stehen (starke Kontrolle von Mädchen, Forderung sozialer Jungfräulichkeit), in denen aber noch keine Zwangsverheiratung absehbar ist, in ihrer Tragweite weiterhin unterschätzt werden.

Beraterinnen können minderjährigen Mädchen bei einer Inobhutnahme weder versprechen, dass sie nie wieder ihre Eltern treffen müssen, noch mit absoluter Sicherheit einschätzen, wie Familiengerichte letztlich im Einzelfall entscheiden werden.

Eine erfolgte Zwangsverheiratung wird mittlerweile eindeutig als Gefährdung des Kindeswohls angesehen. Wie Sara laufen Mädchen aber meist im Vorfeld weg, wenn sie eine Zwangsverheiratung befürchten. Wenn die Eltern dann behaupten, nie Heiratspläne gehegt bzw. nicht gewusst zu haben, dass die Tochter mit der Heirat nicht einverstanden ist und anbieten, die Verlobung zu lösen, ist die Bewertung bei Gericht nicht ganz so eindeutig kalkulierbar.

Letztlich kann den Mädchen die Angst, von einem Gericht zurück zur Familie geschickt zu werden, also nicht ganz genommen werden. Eine solche unfreiwillige Rückkehr bedeutet für sie eine erhebliche Verschlechterung ihrer Lage. Durch den Ausbruchsversuch ist offensichtlich geworden, dass die Tochter gegen die familiären Regeln rebelliert. Misstrauen und daraus resultierende Kontrolle der Eltern werden zunehmen. Das Risiko für gewaltsame Maßnahmen der Eltern, die sich in Bezug auf ihre Erziehungspraktiken nun unangreifbar fühlen, steigt. Das kann dann z.B. eine Auslandsverschleppung sein.

Die Praxiserfahrung bei Papatya zeigt allerdings, dass es nur in dem kleineren Teil der Fälle tatsächlich zu einer Auseinandersetzung vor dem Familiengericht kommt. Etwa ein Drittel der Mädchen entscheidet sich für eine Rückkehr in die Familie und hofft, dass sich ihre Situation verändern wird. Bei anderen stimmen die Eltern schließlich einer Unterbringung in der Jugendhilfe zu, weil sie hoffen, so mehr Einfluss auf die Tochter zu behalten, als wenn ein Familiengericht ihnen das Sorgerecht entzieht.

In den Fällen, in denen Eingriffe in das Sorgerecht notwendig waren, sind die Gerichte bislang den Anträgen der Jugendlichen bzw. der Jugendämter fast ausnahmslos gefolgt. Dazu waren weniger handfeste Indizienbeweise wie etwa ärztliche Atteste über Misshandlungsspuren nötig als vielmehr aus der individuellen Vorgeschichte der Mädchen abgeleitete plausible Begründungen der Anträge. Familiengerichte sind von der Notlage eines Mädchens auch dann besser zu überzeugen, wenn im Vorfeld Klärungsversuche mit den Eltern erfolgt sind, die zu keiner befriedigenden Lösung der Probleme geführt haben.

Warte, bis du achtzehn bist: Der Verweis auf die Volljährigkeit

Sara ist von beiden Jugendamtsmitarbeitern geraten worden, ihre Volljährigkeit abzuwarten und sich dann an ein Frauenhaus zu wenden. Zwar bliebe ihr dann tatsächlich erspart, das Vormundschaftsgericht anzurufen, dieser der Jugendhilfe nichts abverlangende Rat hat vermutlich aber einen erheblichen „Pferdefuß".

Papatya hat von Beginn an auch junge Volljährige aufgenommen. Obwohl ihre rechtliche Position sich mit ihrem achtzehnten Geburtstag ändert, ändert sich in den Familien für sie meistens nichts. Sie werden genauso entrechtet und unmündig gehalten wie ihre jüngeren Schwestern. Als erwachsene Frau gelten sie erst, wenn sie heiraten. Und auch dann ist mit der Heirat oft kein Zugeständnis von mehr Eigenständigkeit verbunden, sondern lediglich eine Verschiebung der Verfügungsgewalt von den Eltern auf den Ehemann.

Wenden sie sich allerdings als junge Volljährige nun an die Jugendämter, so werden sie dort vielfach mit dem Hinweis abgewiesen, man sei aufgrund ihres Alters nicht mehr zuständig. Auch Sara wird jetzt schon geraten, sie solle sich dann an ein Frauenhaus wenden. Dies ist eine denkbar bequeme Strategie, die kaum befriedigen kann und außerdem die Rechtslage verkennt. Seit Jahren ist eines der Hauptthemen, die Papatya in die Öffentlichkeit trägt, dass bei den meisten aufgenommenen jungen Volljährigen ein eindeutiger Jugendhilfebedarf besteht. Das Kinder- und Jugendhilfegesetz (§ 41 KJHG) und seine Kommentare machen ihre Unterstützung eindeutig möglich. Es kann allerdings sehr schwierig und langwierig sein, diesen Jugendhilfeanspruch durchzusetzen. Die Erfahrungen bei Papatya deuten darauf hin, dass Mädchen auf sich allein gestellt dabei scheitern und starke Verbündete brauchen.

Hilflos trotz Jugendhilfe

Minderjährige, die beim zuständigen Jugendamt kein Gehör finden können, stehen auf verlorenem Posten. Bei Papatya melden sich Mädchen, die von negativen Erfahrungen berichten. Sie fühlen sich nicht geschützt, weil noch vor einer Inobhutnahme sofort die Eltern zum Gespräch einbestellt werden oder weil sie bei Inobhutnahme in unmittelbarer Wohnortnähe und somit dem Zugriff ihrer Familie ausgesetzt untergebracht werden. Vor Ort haben sie kaum eine Möglichkeit, sich zu beschweren.

Der Berliner Jugendnotdienst ist immer wieder mit Selbstmelderinnen konfrontiert, die wie Sara in die Anonymität der Großstadt flüchten, weil sie sich nur dort sicher fühlen. Sie können im Jugendnotdienst vorübergehend in Obhut genommen werden. Die weitere Klärung ihrer Probleme ist allerdings extrem schwierig. Meist verlangen die zuständigen Jugendämter ihre sofortige Rückkehr. Da die Mädchen nur an ihrem Heimatort Anträge beim Vormundschaftsgericht stellen können, bleibt ihnen nur, sich der Rückkehr zu fügen oder unterzutauchen.

Sinnvoll wäre, wenn sie bei offensichtlichen Konflikten über die Bewertung ihrer familiären Situation einen weiteren Ansprechpartner beim Jugendamt finden könnten und Zuständigkeitswechsel auch aufgrund von belasteter Beziehung zwischen zuständigem Mitarbeiter und Jugendlicher leichter möglich wären.

Die Mutter sah gar nicht so aus ...

Einer der für Sara zuständigen Jugendamtsmitarbeiter schildert später, er habe sich angesichts des selbstbewussten, modern gekleideten Mädchens, das er vor sich sah, nicht vorstellen können, in welchem Ausmaß sie von den Eltern eingeschränkt werde. Solche Diskrepanzen zwischen erwartetem und tatsächlichem Bild von einem typischen Opfer von Zwangsverheiratung oder familiärer Gewalt kommen häufig vor.

Dies gilt auch für die Täterseite. Gewalt im Namen der Familienehre wird häufig mit islamischer Strenggläubigkeit assoziiert, hat tatsächlich aber in erster Linie mit patriarchalen Strukturen zu tun. Oft tragen weder Mädchen noch Mütter Kopftuch, die Väter murmeln keine Suren und in der Wohnung sind weder Gebetsteppiche präsent, noch liegt der Koran auf dem Teetisch. Aber auch da, wo die Menschen und Wohnungen äußerlich alle Insignien westlicher Moderne tragen, können rigide Geschlechtsrollennormen das Leben der Töchter vergiften.

Die Diskrepanz zwischen dem, was man nach den Schilderungen der Mädchen erwartet und der Situation, die man vorfindet, ist dementsprechend manchmal erheblich. Verhalten sich die Eltern dann noch ruhig und beherrscht, so liegt es nahe anzunehmen, dass die Mädchen zumindest übertreiben. Tatsächlich sagt freundliche Höflichkeit der Familie bei einer Behörde oder bei einem Hausbesuch nur sehr eingeschränkt etwas darüber aus, wie brutal sie mit der Tochter in den eigenen vier Wänden umgehen, wenn sie die Erwartungen nicht erfüllt.

Phasen der Inobhutnahme

Vertrauen fassen, sich einen Überblick verschaffen: Grundsätzlich gilt die alte Regel der Kriseneinrichtungen: Ein Aufenthalt sollte so kurz wie möglich und so lang wie nötig sein. Jeder Fall muss als Einzelfall gesehen und behandelt werden, trotzdem lässt sich ein typischer Verlauf skizzieren.

Kurz nach einer Inobhutnahme sollte zunächst trotz des häufig vorhandenen Drucks der Familie versucht werden, Ruhe in die Situation zu bringen. Die Eltern sollten ohne Ortsangabe über die Inobhutnahme informiert werden und Gelegenheit bekommen, ihre Sicht beim Jugendamt darzulegen. Direkte Kontakte, etwa Telefonate zwischen Mädchen und Eltern sollten nur auf ausdrücklichen Wunsch des Mädchens stattfinden.

Viele Mädchen sind sich über ihre weiteren Ziele nach der Flucht nicht wirklich im Klaren. Zu Hause haben sie oft lange zwischen Gehen und Bleiben geschwankt, konnten sich aber nicht wirklich vorstellen, wie ihre Flucht aussehen könnte und was sie danach erwarten würde. Sie brauchen Zeit, um Vertrauen zu fassen, aber auch Zeit, um Erfahrungen mit der neuen Situation der Trennung zu machen und zu erleben, wie es sich anfühlt, Eltern und Geschwister nicht mehr zu sehen. Erst, wenn sie sich in Sicherheit fühlen, lässt die anfänglich im Zentrum stehende Angst nach und sie bekommen den Raum, abzuwägen und nachzufühlen, was ihnen die Familie eigentlich bedeutet. Auch die Mitarbeiterinnen brauchen Zeit, um die Vorgeschichte des Mädchens und den Vorlauf der Krise zu erfassen. Mädchen müssen in dieser schwierigen Phase engmaschig betreut werden. Sie brauchen die Möglichkeit, mit Betreuerinnen, aber auch mit Gleichbetroffenen über ihre Situation zu sprechen. Dabei ist ein interkulturelles Setting hilfreich, das ihnen die Chance gibt, zu entscheiden, mit wem sie welche Erfahrungen besprechen möchten und das unterschiedliche Identifikationsmöglichkeiten bietet. Für die Mädchen verdeutlicht das auch, dass sie nicht als Nestbeschmutzerin ihre Herkunft verraten, wenn sie sich gegen Prügel und Missbrauch wehren.

In diesen ersten Tagen sollte ein intensiver Kontakt zum Jugendamt bestehen und Mädchen sollten die Gelegenheit bekommen, dort ohne Beisein von Familienangehörigen ihre Sicht der Familiensituation zu schildern. Einschneidende rechtliche Schritte – wie etwa Eingriffe in das Sorgerecht – sollten möglichst noch nicht erfolgen. Ob dies möglich ist, hängt auch davon ab, wie sich die Familie verhält. In einigen Fällen ist die Gefährdung der Mädchen so erheblich, dass jede Form von Kontakt mit der Familie ausgeschlossen werden muss und eine schnelle rechtliche Klärung im Vordergrund steht.

Perspektiventwicklung: Zurück oder weg: Sobald Mädchen etwas Sicherheit gewonnen haben, stellt sich die Frage nach ihrer weiteren Perspektive. Im Zentrum sollten dabei ihre Fähigkeiten und Wünsche stehen.

Abhängig von ihrer Bindung an die Familie, ihrer möglichen Gefährdung durch die Familie, dem Grad ihrer Selbständigkeit und ihren Zukunftsvorstellungen muss sehr individuell mit jeder Einzelnen der Prozess begleitet werden, in dem sich allmählich herausschält, welche Lösung es für sie geben kann. Die Auseinandersetzung mit der Familie hat dabei einen zentralen Stellenwert. Die anfangs vehement vorgetragene Haltung, nie wieder etwas mit der Familie zu tun haben zu wollen, weicht meist einem Schwanken zwischen Wut, Trauer, Sehnsucht und Angst. Fast immer ist die Flucht ein ambivalentes letztes Mittel und viele Mädchen wünschen sich statt einer Trennung eigentlich, dass ihre Familie endlich Verständnis für sie und ihre Bedürfnisse entwickelt.

Die Mädchen wissen um den Gesichtsverlust, den die Familien erleiden, wenn ihre Flucht bekannt wird und ringen mit Schuldgefühlen. Sie werfen sich vor, Mutter oder kleine Geschwister im Stich gelassen zu haben, an der Krankheit der Eltern schuld zu sein und zweifeln, ob sie nicht doch vielleicht ein „schlechtes" Mädchen sind, das keine Zuneigung verdient.

Bei Papatya versuchen die Mitarbeiterinnen, über all diese Fragen mit den Mädchen ins Gespräch zu kommen und sie zu ermutigen, sich familiären Zumutungen zu widersetzen. Sie bestärken sie aber auch darin, sich der direkten Auseinandersetzung mit der Familie zu stellen. Aus dem Schutz der Einrichtung heraus können die Mädchen ihrer Familie ihre Situation in Briefen oder Telefonaten schildern und sich deren Reaktionen aussetzen.

Um die Trennung abzuwenden, probieren die Familien unterschiedliche Taktiken aus – manchmal nacheinander, manchmal parallel –, je nachdem wovon sie sich einen Effekt versprechen. Sie sind dabei in der Wahl ihrer Mittel von einer verzweifelten Kreativität. Sie machen (grenzenlose) Versprechungen, sie drohen, sie appellieren an die Schuldgefühle, operieren mit Krankheit, Suizidandrohungen und setzen gezielt Familienmitglieder ein, von denen sie sich einen Einfluss auf die Mädchen erhoffen – z.B. kleine Geschwister, Cousinen oder auch die Großeltern.

Gleichzeitig versuchen sie häufig, über Freundinnen der Mädchen, die Schule oder auch die Polizei Erkundigungen über den Aufenthaltsort einzuziehen. Für die Mädchen ist nicht zu unterscheiden, ob die Eltern sich so anstrengen, weil sie sie als Person vermissen oder ob sie lediglich den Ehrverlust verhindern wollen.

Die Auseinandersetzung mit der Familie ist schmerzhaft, verschafft den Mädchen aber letztlich mehr Klarheit über ihre Beziehungen zu einzelnen Familienmitgliedern, ihre zukünftigen Gefährdungen und Möglichkeiten und beeinflusst maßgeblich auch ihre Entscheidung über Rückkehr oder dauerhafte Trennung.

Unterstützend wirkt dabei, dass sie bei Papatya nicht nur auf Mitarbeiterinnen unterschiedlicher Herkunft treffen, die sie bei diesem Prozess begleiten, sondern auch auf andere Mädchen, die das Gleiche wie sie durchmachen und sich z.b. ähnlichen Vorwürfen, eine Hure zu sein, ausgesetzt sehen. Bei anderen können sie oft klarer beurteilen, was sie bei sich selbst nicht entwirren können.

Wann immer die potenzielle Gefährdung durch die Familie beherrschbar erscheint, finden Elterngespräche auch von Angesicht zu Angesicht beim Jugendamt statt. Ein möglichst offizieller Rahmen ist wichtig, verleiht er doch einen gewissen Schutz. Diese Elterngespräche werden vorher mit den Mädchen in Rollenspielen durchgegangen und in der Regel von zwei Mitarbeiterinnen begleitet, die sich als Vertreterinnen der Interessen der Mädchen verstehen. Wie erwachsene Betreuerinnen, die auch ihre Eltern kennen gelernt haben, ihre Situation beurteilen, kann für die Mädchen eine wichtige Orientierungshilfe sein.

Immer wieder wird in Elterngesprächen eine große Sprachlosigkeit in den Familien deutlich. Die Eltern erteilen Anweisungen, es wird wenig nachgefragt, wenig erklärt und wenig begründet. Häufig verfolgen die Eltern keine einheitliche Linie in der Erziehung und häufig ist für die Mädchen kein Zusammenhang zwischen ihrem Verhalten und Strafen ersichtlich. Nicht selten verschließt der Respekt gegenüber den Eltern den Mädchen auch jetzt den Mund.

Die Gesprächssituation selbst, die von den Mädchen Offenheit fordert, widerspricht – unabhängig von den Inhalten – allen Regeln, an die Mädchen sich sonst halten sollen. Auch wenn sie zu Hause keinerlei Möglichkeit hatten, offen mit den Eltern zu sprechen, suggerieren die Eltern nun im Gegensatz dazu häufig, sie bedauerten, dass ihre Tochter mit ihren Problemen nicht zu ihnen gekommen sei – natürlich wäre es dann nie soweit gekommen. Gleichzeitig werden die Probleme heruntergespielt – Gewaltausbrüche werden zu vereinzelten Ohrfeigen, es wird betont, was man der Tochter alles gekauft habe und dass die Verwandten bezeugen könnten, wie harmonisch das Familienklima sei.

Manchmal lässt sich ein erster Dialog zwischen Eltern und Töchtern herbeiführen, die Erwartungen sollten hier allerdings nicht zu optimistisch sein. Weniger aus Einsicht, sondern meist aus Angst, jeden Einfluss auf die Tochter zu verlieren, sind die Eltern zu Zugeständnissen bereit. Veränderungen sind vor allem in Bezug auf das Beenden von Misshandlung und die Aufgabe von Heiratsplänen möglich. In einigen Fällen akzeptieren die Eltern auch Unterstützung durch die Jugendhilfe, wie etwa sozialpädagogische Familienhilfe oder Erziehungsberatung. Allerdings gibt es auch Konflikte, bei denen die Eltern kaum zu Kompromissen bereit sind: wenn die Mädchen Beziehungen mit Jungen eingehen oder wenn sie unverheiratet allein leben möchten.

Die schon erwähnte Diskrepanz zwischen Außendarstellung und familiärer Realität der Tochter kann dazu führen, dass von Seiten des Jugendamtes vorbehaltlos auf eine Rückführung als beste Lösungsmöglichkeit hingearbeitet wird. Zwar ist die Ambivalenz der Mädchen gegenüber einer Trennung von der Familie oft hoch. Problematisch ist allerdings die unüberprüfte Überzeugung, die Familie bzw. Kontakt zu ihr seien für eine Jugendliche immer und unter allen Umständen grundsätzlich positiv. Schließlich ist nicht nur die Familie zu verlassen ambivalent besetzt, sondern ebenso ambivalent, in der Familie zu bleiben. Schuldgefühle und mangelndes Selbstwertgefühl spielen der Macht der Familie auf Seiten der Mädchen auch und gerade angesichts von Gewaltverhältnissen sowieso schon häufig in die Hände – insofern sollten Professionelle sorgfältig ihren Einfluss abwägen.

Dies gilt auch dann, wenn die Mädchen nicht dem typischen Bild eines eingeschüchterten Opfers entsprechen, sondern auf die elterlichen Verbote mit Widerstand, mit Lügen oder Schuleschwänzen reagiert haben. Die Eltern versuchen dann häufig, die Konflikte als bloße Pubertätskonflikte zu banalisieren. Dies trifft manchmal teilweise zu. Die Konflikte haben aber immer weitere schwerwiegende Aspekte – zunächst, da sie oft in eine lange Geschichte von Misshandlung und Sprachlosigkeit eingebettet sind, aber auch, weil in den Familien Ablösung und Verselbstständigung grundsätzlich unerwünscht sind.

Wenn Mädchen Erwachsenen gegenüber misstrauisch oder respektlos sind, ist das schwer zu ertragen. Es ist aber auch als ein Symptom ihrer Situation zu sehen und nicht nur als Beweis der gerechtfertigten Empörung ihrer Eltern. Schon gar nicht können damit gewalttätige Sanktionen der Eltern entschuldigt oder gar legitimiert werden.

Die Phase der Perspektiventwicklung ist dann abgeschlossen, wenn ein Mädchen zumindest auf absehbare Zeit Sicherheit über ihre Pläne gewonnen hat und sich mit den elterlichen Reaktionen auseinandergesetzt hat.

Die Trennung: Entscheiden sich Mädchen für eine Trennung und eine Verselbstständigung über die Jugendhilfe, so sollten lange ereignislose Wartezeiten vermieden werden.

Der Aufenthalt bei Papatya sollte möglichst nicht länger als zwei Monate dauern. Eine Kriseneinrichtung mit ihren ständigen Wechseln lässt keine Normalisierung des Lebens zu. Die Mädchen können manchmal die Wohnung kaum verlassen, sie können meist nicht die Schule besuchen und keine neuen Freundschaften eingehen.

Für eine Verlegung in eine Dauerwohngruppe reicht ein vorläufiger Entzug des Aufenthaltsbestimmungsrechts aus. Bei der Unterbringung muss wiederum der Sicherheitsaspekt beachtet werden, nicht selten müssen Mädchen Berlin verlassen. Bei jungen Volljährigen muss auf Auskunftssperren bei Krankenkassen und Behörden geachtet werden, bei Minderjährigen übernimmt der Vormund hier eine Pufferrolle, da z.B. Behördenpost über ihn laufen kann.

Häufig erbitten Eltern Bedenkzeit, um zu entscheiden, ob sie einer Unterbringung zustimmen. Dabei sollten zwischen Eltern und Jugendamt feste Fristen vereinbart werden, die nur in Ausnahmefällen verlängert werden sollten. In enger Absprache mit dem betroffenen Mädchen muss abgeklärt werden, ob die Eltern darauf verzichten, die zukünftige Adresse zu erfahren. Falls sie auf deren Bekanntgabe bestehen, kann es sinnvoller sein, den Weg über das Vormundschaftsgericht zu beschreiten.

Ein Fallbeispiel

Sabrina, 15, aus einer großen libanesischen Familie, lebt seit etwa einem halben Jahr in einem Mädchenheim. Die Adresse ist den Eltern bekannt und sie wird sowohl in der Schule als auch im Heim ständig von Angehörigen aufgesucht. Mal weint ihre Mutter oder versucht, mit einen Gegenzauber auf die ihrer Meinung nach verhexte Sabrina einzuwirken, mal droht ihr ein Bruder. Die Schule hat sie suspendiert, da die ständigen Störungen durch ihre Familie rund um Sabrinas Schulbesuch nicht mehr tolerierbar sind. Das Jugendamt sieht in dem Verhalten der Familie lediglich einen Ausdruck von Besorgnis und Beziehung. Zu Hause war Sabrina allerdings vor allem von den Brüdern schwer misshandelt worden. Nachdem sie mitbekommen hatten, dass sie einen Freund hatte, wurde sie gewaltsam im Kofferraum eines Autos zu Verwandten in eine andere Stadt verschleppt. Erst die Polizei hatte sie, von einer Freundin alarmiert, befreien können. In dieser Situation hatten die Eltern ihr Einverständnis zu einer Unterbringung in der Jugendhilfe gegeben.

Da das Heim ihre Sicherheit jetzt nicht mehr gegeben sieht, wird sie zu Papatya verlegt. Sabrina fühlte sich im Mädchenheim sehr wohl und leidet unter dem notwendig gewordenen Wechsel.

Die Mitarbeiterin des Jugendamtes hat insbesondere für Sabrinas Mutter, die ihren Kummer dort sehr deutlich macht, Verständnis. In Telefonaten mit Sabrina dagegen scheint die Mutter gefasst, emotional kühl und reagiert abweisend auf Sabrinas Versuche, in ein wirkliches Gespräch über die Konflikte mit ihr zu kommen. Das Jugendamt ist zunächst nicht bereit, einen Sorgerechtsentzug zu beantragen, Sabrina muss dies selbst tun.

Das Vormundschaftsgericht setzt eine Verfahrenspflegerin ein, von der Sabrina sich gut verstanden fühlt. Schließlich wird das Sorgerecht entzogen und Sabrina kann in eine Jugendwohngemeinschaft ziehen. Die Kollegin vom Jugendamt verpflichtet die neuen Betreuer sofort, den Eltern alle drei Monate über Sabrinas Situation zu berichten. Sabrina reagiert darauf mit Entsetzen, sie sieht darin einen weiteren Versuch, sie an die Familie zu binden und sieht ihre Sicherheit gefährdet. Durch Absprachen mit den neuen Betreuerinnen lässt sie sich einigermaßen beruhigen.

> Bloß taktische Zustimmung der Eltern zur Unterbringung führt dazu, dass Mädchen nicht zur Ruhe kommen können und so in ihrer weiteren Entwicklung gefährdet sind. Sie sollten selbst bestimmen können, in welchem Ausmaß sie Kontakt zur Familie aufrechterhalten möchten und müssen dabei unterstützt werden, diese Kontakte so zu gestalten, dass sie keine Gefährdung ihrer Sicherheit darstellen.

Die Rückführung: Gehen Mädchen nach Hause, so muss überlegt werden, wie sie Hilfe erreichen können, falls ihre Situation sich wieder zuspitzt. Auch ob eventuell eine Auslandsverschleppung droht und wie man sie verhindern kann, muss geprüft werden.

Jedes Jahr kommen etwa 10 Prozent der Mädchen zum zweiten Mal zu Papatya, weil sich ihre Hoffnungen, die Familie werde sich verändern, nicht erfüllt haben. Viele Zugeständnisse, die die Eltern machen, sind dem Ziel, die Tochter um jeden Preis zurückzuholen, geschuldet und halten dem Alltagstest über einen längeren Zeitraum nicht stand. Die Option, die Tochter ziehen zu lassen, ist nicht deswegen ausgeschlossen, weil die familiären Bindungen eng sind oder die Eltern sich Sorgen um die Zukunft ihrer Tochter machen, sondern weil das öffentliche Eingeständnis, man habe ihrer Verselbstständigung zugestimmt, kaum möglich und mit der Furcht vor Beschämung und Statusverlust aufgeladen ist. Jugendämter sollten deutlich machen, dass sie die Einhaltung von Absprachen überprüfen werden und dazu geeignete Verabredungen treffen. Bloße Absichtserklärungen reichen nicht aus. Der Einsatz von sozialpädagogischer Familienhilfe kann Mädchen aus ihrer Isolation heraushelfen und Veränderungen im Familienalltag begleiten.

Verwandte, die in der Krise anbieten, selbstverständlich könne die Nichte, Schwester oder Cousine auch bei ihnen leben, sollten Angaben darüber machen, welche Unterbringungs- und Betreuungsmöglichkeiten sie haben. Absprachen sollten schriftlich beim Jugendamt fixiert und von den Eltern unterschrieben werden. In gewissen Abständen sollte überprüft werden, ob die Absprachen eingehalten worden sind.

Literatur

Bronner, K./Behnisch, M. (2007): Mädchen- und Jungenarbeit in den Erziehungshilfen. Weinheim und München.

„Ich wusste gar nicht, dass ich so was kann" ☺

Ich lag in meinem Bett noch lange wach und dachte über den neuen Jungen in der Notaufnahme nach. Wie mag Dave wohl sein? Wer ist er? Er war so geheimnisvoll und mit mir reden wollte er auch nicht.

Seine „scheinbare" Zurückhaltung machte mir Sorgen, oft konnte ich beobachten, dass Dave unter den Jugendlichen den Clown spielte und sich nicht abgrenzen konnte, welches das Zusammenleben mit ihm nicht unbedingt erleichterte.

Wieso verstellte er sich so? Wie konnte ich Zugang zu ihm gewinnen, was müsste vorher passieren? Alle diese Fragen beschäftigten mich, doch meine Fragen sollten nicht unbeantwortet bleiben.

Einige Zeit später ...

Es war abends, ich saß im Büro und sah Dave unruhig hin und her laufen. Nach einiger Zeit kam er vorsichtig ins Büro und setzte sich aufs Sofa, schweigend starrte er die Wand an.

Die Langeweile war ihm förmlich ins Gesicht geschrieben ... Nach einer Zeit des Schweigens fragte ich Dave, ob er nicht Lust hätte mit mir ein Spiel zu spielen.

Sichtlich davon angetan, holte er mir sofort ein Dominospiel aus dem Aufenthaltsraum. Nachdem wir ein bisschen gespielt hatten, schlug ich ein anderes Spiel vor (Mikado). Seine Antwort darauf war: „Ne, so was kann ich eh nicht, ich hab da nicht so ein ruhiges Händchen".

Überraschenderweise ließ er sich darauf ein und wurde von Runde zu Runde immer besser. Man merkte sichtlich, dass er einen starken Ehrgeiz zu gewinnen entwickelte. Nach ca. zweieinhalb Stunden hörten wir auf zu spielen.

Dave bedankte sich und äußerte: „Ich wusste gar nicht, dass ich so was kann." Dave hatte sich während der Zeit geöffnet und erzählte mir, dass er von vielen Menschen enttäuscht wurde, gerade von Erwachsenen. Dieses erklärte mir Einiges. Ich war froh, dass ich ihn durch das Spielen ein bisschen kennen lernen konnte.

Die nächsten Wochen mit Dave gestalteten sich anders, er fragte mich öfters, ob ich nicht mit ihm spielen könnte. Er fand in mir eine Bezugsperson, was auch meine Kollegen merkten.

Ich hatte einen Weg zu Dave durch das Spielen gefunden. Meine Fragen klärten sich von mal zu mal immer mehr auf ...

Mädchen und Jungen in Obhut. „Vorläufige Schutzmaßnahmen" in geschlechtsspezifischer Perspektive

Jürgen Blandow

Im folgenden Beitrag werden Inobhutnahmen unter geschlechtsspezifischer bzw. genderspezifischer Perspektive betrachtet. Im ersten Abschnitt – den Mittelpunkt bildend – werden hierzu aus der Jugendhilfestatistik und aus den wenigen vorliegenden empirischen Untersuchungen Daten und Fakten zusammengetragen. Die kürzeren Abschnitte zwei und drei dienen der Reflexion und Diskussion geschlechtsspezifischer Unterschiede sowie, im dritten Abschnitt, werden pädagogische Schlussfolgerungen für einen „gendersensiblen" Umgang mit Mädchen und Jungen in Obhut gezogen und Konsequenzen für das institutionelle System diskutiert.

Eine Analyse der Inobhutnahmestatistik: die Daten

Die offizielle Jugendhilfestatistik „Vorläufige Schutzmaßnahmen" – hier ausgewertet für das Jahr 2006 – differenziert nach „Inobhutnahmen" und „Herausnahmen". Gemäß Erläuterung zur Statistik liegt eine Herausnahme vor, „wenn Kinder oder Jugendliche bei einer dringenden Gefahr für ihr Wohl von einer anderen Person weggenommen werden (§ 42 Abs. 1 letzter Halbsatz SGB VIII)". Es handelt sich lediglich um 151 Fälle (86 Jungen und 65 Mädchen), weswegen auf eine nähere Analyse verzichtet wird. Die nachfolgenden Betrachtungen beziehen sich also auf Inobhutnahmen nach Selbstmeldung, zur Abwendung einer dringenden Gefahr für das Wohl des Kindes oder Jugendlichen und für unbegleitete minderjährige Flüchtlinge (§ 42 Abs. 1 Nr. 1–3). Im Erkenntnisinteresse ist die Herausarbeitung von geschlechtsspezifischen Unterschieden, wobei auch die verschiedenen Altersgruppen und die Staatsangehörigkeit der Jungen und Mädchen (deutsch und nicht deutsch) berücksichtigt werden. Wo sinnvoll und verfügbar, werden Vergleichszahlen aus anderen Statistiken und aus empirischen Untersuchungen herangezogen.

Tabelle 1 gibt Zahlen für die im Jahr 2006 anhängigen Inobhutnahmen, differenziert nach Altersgruppen und Staatsangehörigkeit und mit Vergleichszahlen aus der Statistik „Institutionelle Beratung" und „Hilfen zur Erziehung außerhalb des Elternhauses". 2006 wurden 11.554 Jungen und 14.293 Mädchen in Obhut genommen. Ein erstes Ergebnis ist damit, dass Mädchen, die in der minderjährigen Bevölkerung sogar unterrepräsentiert sind (48,7 Prozent Mädchen, 51,3 Prozent Jungen), bei den Inobhutnahmen überrepräsentiert sind; auf sie entfallen 55,3 Prozent der Inobhutnahmen. Bei den „Fallzahlen" ist zu

Tabelle 1: Inobhutnahmen nach Altersgruppen, Geschlecht und Staatsangehörigkeit im Vergleich zur Erziehungsberatung und zu den Hilfen zur Erziehung; Deutschland; 2006

Alters-gruppe	Inobhutnahmen						Vergleichszahlen		
	Jungen		Mädchen		Zusammen		Anteil Mädchen	% Mädchen in EB[1]	% Mädchen in d. HzE[2]
	Anzahl	Sp. %	Anzahl	Sp. %	Anzahl	Sp. %			
0–3	1.130	9,8	1.032	7,2	2.162	8,4	47,7	44,1	45,9
3–6	816	7,1	715	5,0	1.531	5,9	46,7	41,4	46,3
6–9	823	7,1	622	5,0	1.445	5,6	43,0	38,8	35,6
9–12	984	8,5	858	6,0	1.842	7,1	46,6	39,5	33,8
12–14	1.464	12,7	2.043	14,3	3.507	13,6	58,3	12–15: 46,2; 15–18: 52,6	12–15: 42,9; 15–18: 50,2
14–16	3.035	26,9	5.153	36,1	8.188	31,7	69,3		
16–18	3.302	28,6	3.870	27,1	7.172	27,7	54,0		
0–18	11.554	100	14.293	100	25.847	100	55,3	43,2	43,1
deutsch	9.495	82,2	11.805	82,6	21.300	82,4	55,4	44,3	43,5
nicht deutsch	2.059	17,8	2.488	17,4	4.557	17,6	54,6	40,9	42,4

[1] EB: Erziehungsberatung gem. § 28 SGB VIII. Insgesamt werden im Jahre 2006 bei Minderjährigen 283.633 Fälle gem. § 28 SGB VIII in der Statistik als beendet gemeldet.

[2] Berücksichtigt werden hier die im Laufe des Jahres 2005 begonnenen Hilfen gem. §§ 32–35 SGB VIII: Erziehung in einer Tagesgruppe, Vollzeitpflege, Heimerziehung und betreute Wohnformen, intensive sozialpädagogische Einzelbetreuung.

Quelle: Statistisches Bundesamt: Statistiken der Kinder- und Jugendhilfe – Vorläufige Schutzmaßnahmen, 2006; Statistik der Kinder- und Jugendhilfe – Institutionelle Beratung (beendete Hilfen), 2006; Statistiken der Kinder- und Jugendhilfe – Erzieherische Hilfen außerhalb des Elternhauses (begonnene Hilfen), 2005; eigene Berechnungen

bedenken, dass es sich nicht um Zahlen über „betroffene" Kinder und Jugendliche handelt, sondern um Zahlen für den administrativen Vorgang „Inobhutnahme". Er kann auf einzelne Kinder/Jugendliche durchaus mehrfach innerhalb eines Jahres (und natürlich zusätzlich über Jahresgrenzen hinaus) Anwendung finden: Es gibt den Wechsel zwischen verschiedenen Notaufnahmeeinrichtungen und Wiederaufnahmen, z.B. nach „Entweichung" oder nach einer misslungenen Rückführung in die Familie oder ein wiederholtes „Aufgreifen" eines Jugendlichen durch die Polizei, ferner auch mehrfache „Selbstmeldungen". Hinzu kommt, dass gar nicht so selten ganze Geschwisterreihen, insbesondere wegen Kindeswohlgefährdung, in Obhut genommen werden. In einer Bremer Untersuchung (Blandow/Erzberger 2008: 174) reduzierte sich die unter diesen Gesichtspunkten ausgewertete amtsinterne Inobhutnahmestatistik von 428 Inobhutnahmen auf 365 Kinder aus 320 Familien, wobei Mehrfachaufnahmen auf Jungen etwas, aber nicht bedeutend häufiger entfielen. Diese Zahlen auf die bundesweiten Zahlen hochgerechnet, reduzierten sich dann von 25.847 Inobhutnahmen auf 22.042 Kinder/Jugendliche aus 19.324 Familien. Diese an sich sehr bedeutsame „Feinheit" kann in den nachfolgenden Darstellungen nicht mehr berücksichtigt werden.

Die Überrepräsentanz der Mädchen ist allerdings ausschließlich darauf zurückzuführen, dass Mädchen jenseits des zwölften Lebensjahres häufiger in Obhut genommen werden, in den jüngeren Altersklassen überwiegen hingegen die Jungen. Der Sprung von einer Überrepräsentanz der Jungen (die in der Altersgruppe sechs bis neun Jahre besonders hoch ist) zur Überrepräsentanz der Mädchen erfolgt nach dem zwölften Lebensjahr und erreicht in der Altersgruppe 14–16 Jahre mit einem fast 70-prozentigen Anteil der Mädchen ihren Höhepunkt. Wie die Vergleichszahlen zeigen, entsprechen die Verhältnisse für Inobhutnahmen in der Tendenz auch jenen in der Erziehungsberatung (§ 28 SGB VIII) und in den Hilfen zur Erziehung außerhalb des Elternhauses (§§ 32–35 SGB VIII): Mädchen sind in den jüngeren Altersgruppen Jungen gegenüber unterrepräsentiert und „holen auf" in den älteren Jahrgangsgruppen. Bei den Inobhutnahmen ist dies jedoch noch deutlich ausgeprägter, was als ein erster Hinweis darauf gelesen werden kann, dass ein geringerer Bedarf an institutioneller Hilfe unterstellt wird.

Die Differenzierung nach deutschen und nicht deutschen Mädchen und Jungen ist nur für die Gesamtzahlen ausgewiesen. Etwas mehr als jede sechste Inobhutnahme betrifft „nicht deutsche" Kinder und Jugendliche. Jungen und Mädchen unterscheiden sich in dieser Hinsicht kaum voneinander. Bedacht werden muss allerdings, dass die Statistik (jedenfalls offiziell) den Status deutsch oder nicht deutsch lediglich an der Staatsangehörigkeit festmacht und nicht am Migrationshintergrund. Diesen berücksichtigend, fand z.B. Kirchhart (2008: 36) unter den Inobhutnahmen des von der Autorin untersuchten Mädchenhauses sogar ein leichtes Überwiegen von Mädchen mit Migrationshintergrund (47 Prozent zu 53 Prozent), was umso gravierender ist, als Kinder und Jugendliche (unter 20 Jahren) mit Migrationshintergrund in der Gesamtgesellschaft lediglich um die 28 Prozent ausmachen (Statistisches Bundesamt, Mikrozensus 2007). In der Erziehungsberatung und in den Hilfen zur Erziehung sind nicht deutsche Jungen deutlicher als nicht deutsche Mädchen unterrepräsentiert.

Tabelle 2 gibt Daten für den Anlass der Inobhutnahme, wobei die Statistik nur nach „auf eigenen Wunsch" und „wegen Gefährdung" unterscheidet sowie zum Ort der Durchführung der Inobhutnahmen, entweder bei einer geeigneten Person – in der Regel handelt es sich hierbei um Bereitschaftspflegefamilien – oder in einer Einrichtung bzw. einer anderen geeigneten Wohnform. Während die Geschlechterrelation bei den unter 12-Jährigen für die Kategorie „Anlass der Inobhutnahme" wiederum eher ausgeglichen ist, überwiegen Mädchen in allen darüber liegenden Altersgruppen in der Merkmalsausprägung „auf eigenen Wunsch"; Mädchen ab zwölf Jahren werden also deutlich häufiger als Jungen dieser Altersgruppen selbst aktiv, um einer belastenden Situation zu entfliehen. Hierbei ist der Durchschnittswert über alle Altersgruppen bei den „nicht deutschen" Mädchen gegenüber den „deutschen" Mädchen noch einmal erhöht. Insgesamt sollte allerdings auch nicht übersehen werden, dass mehr als drei Viertel der Jungen und gut zwei Drittel der Mädchen „wegen Gefährdung" in Obhut genommen werden.

Tabelle 2: Anlässe (1) und Orte der Durchführung (2) der Inobhutnahmen nach Altersgruppen, Geschlecht und Staatsangehörigkeit; Deutschland; 2006 (Angaben in Prozent)[1]

Alters-Gruppen, von ... bis unter ... Jahren	(1) Anlass der Inobhutnahme				(2) Durchführung der Inobhutnahme[2]			
	auf eigenen Wunsch		wegen Gefährdung Person		bei einer geeigneten Wohnform		in einer Einrichtung/betr.	
	Jungen	Mädchen	Jungen	Mädchen	Jungen	Mädchen	Jungen	Mädchen
0–6	0	0	100	100	46,9	46,4	53,1	53,2
6–12	7,4	9,9	92,6	90,1	32,8	22,6	67,2	77,4
12–14	19,5	30,9	80,5	69,1	9,5	10,2	90,5	89,8
14–16	26,5	39,4	73,5	60,4	4,9	7,4	95,1	92,6
16–18	38,8	46,7	61,2	53,3	3,7	6,6	96,3	93,5
0–18	21,7	32,3	78,3	67,7	15,4	13,9	84,6	86,1
deutsch	22,0	31,9	78,0	68,1	16,4	14,7	83,6	85,3
nicht deutsch	20,3	34,1	79,7	65,9	10,8	10,1	89,2	89,9

[1] Die absoluten Werte entsprechen jenen in Tabelle 1. Gegenübergestellt wird die Verteilung der in Obhut genommenen Jungen und Mädchen nach dem Anlass – auf eigenen Wunsch oder wegen Gefährdung (1) – sowie nach dem Ort der Durchführung der Maßnahme – bei einer geeigneten Person oder in einer Einrichtung bzw. betreuten Wohnform (2).

[2] Die Angaben zu den Herausnahmen (n = 151) können hier nicht herausgerechnet werden.

Quelle: Statistisches Bundesamt: Statistiken der Kinder- und Jugendhilfe – Vorläufige Schutzmaßnahmen, 2006; eigene Berechnungen.

In jeder Altersgruppe werden Jungen und Mädchen häufiger von einer Einrichtung in Obhut genommen als von einer „geeigneten Person" und zwar je älter sie sind, desto häufiger. Zwischen Mädchen und Jungen gibt es in dieser Hinsicht relativ geringe Unterschiede, allerdings mit einer leichten Tendenz, ältere Mädchen etwas häufiger als Jungen für „familientauglich" zu betrachten. Im Vergleich von „deutschen" und „nicht deutschen" Mädchen und Jungen fällt auf, dass erstere wiederum etwas häufiger in einem familiären Setting betreut werden. Dass in der Bereitschaftspflege eher kleine Kinder als ältere und Jugendliche untergebracht werden, bestätigt auch die Untersuchung von Schattner (2002: 108), die Differenz zwischen Mädchen und Jungen in der Altersgruppe 13–18-Jährigen fällt in dieser – sich auf 952 Kinder/Jugendliche aus 51 Orten beziehenden Untersuchung – jedoch noch weit deutlicher aus als in der Statistik. Regionale Traditionen und die in einzelnen Kommunen unterschiedliche Verfügbarkeit von Bereitschaftspflegestellen dürften hierbei eine Rolle spielen.

Eine weitere Tabelle der Jugendhilfestatistik differenziert nach dem Veranlasser der Inobhutnahme, wobei die erste Merkmalsausprägung „Kind oder Jugendlicher selbst" im Wesentlichen mit der „Selbstmelder-Kategorie" in unserer Tabelle 2 identisch ist.

Tabelle 3 fasst den Inhalt der statistischen Aufstellung zusammen. Für Mädchen und Jungen unter zwölf Jahren dominieren deutlich Soziale Dienste bzw. das Jugendamt als Veranlasser der Inobhutnahme, gefolgt von der Polizei oder anderen Ordnungsbehörden, was beides als Hinweis darauf zu lesen ist, dass es bei ihnen überwiegend um die Herausnahme der Kinder aus ihren Familien wegen Kindeswohlgefährdung geht. Auch „sonstige" Veranlasser – in den jüngeren Altersgruppen wohl vor allem Kindergärtnerinnen, Krisendienste und diagnostische Zentren – spielen in dieser Altersgruppe noch eine erhebliche Rolle.

Eine geschlechtsspezifische Ausdifferenzierung erfolgt wiederum erst nach dem zwölften Lebensjahr. Hier fällt insbesondere auf, dass Jungen häufiger als Mädchen von ihren Eltern, Sozialen Diensten und der Polizei gemeldet werden, Mädchen dagegen weit häufiger als Jungen eigenständig der Familie entfliehen. Möglicherweise wird ihr „Leiden an der Familie" von den Eltern und den Sozialen Diensten eher „normalisiert", während das eher ausagierende Verhalten der Jungen häufiger als ein den familiären und den öffentlichen Frieden „störend" erlebt wird und dann zum Anlass von Ausschluss und Sanktionierung wird. Besonders aufschlussreich sind die allgemeinen und die Geschlechter-Differenzen im Vergleich der Staatsangehörigkeit. Nur jeder/s 20. Junge/Mädchen wird von nicht deutschen Eltern zur Inobhutname „angemeldet", Soziale Dienste sind bei beiden Geschlechtern seltener beteiligt, dafür spielt bei „nicht deutschen" Jungen die Polizei doppelt so oft wie bei „deutschen" Jungen eine Rolle und auch bei den „nicht deutschen" Mädchen noch eine erheblich höhere. Gelesen werden kann dies als Hinweis auf eine gerin-

Tabelle 3: Veranlasser der Inobhutnahme nach Altersgruppen, Geschlecht und Staatsangehörigkeit; Deutschland; 2006 (Angaben in Prozent)[1]

Altersgruppen, von ... bis unter ... Jahren	Kinder/ Jugendlicher selbst		Eltern/-teil		Soziale Dienste/ Jugendamt		Polizei/ Ordnungsbehörden		Sonstige	
	Jungen	Mädchen	Jungen	Mädchen	Jungen	Mädchen	Jungen	Mädchen	Jungen	Mädchen
0–6	0	0	12,3	11,4	55,5	55,5	16,9	16,4	15,3	16,8
6–12	7,4	9,8	16,9	13,4	41,6	41,1	19,6	20,1	14,0	15,5
12–14	19,5	30,9	17,0	13,1	24,3	22,8	28,6	24,2	10,6	9,0
14–16	26,5	39,4	15,1	11,2	20,4	17,1	31,4	24,4	6,8	7,9
16–18	38,8	46,7	10,8	7,3	17,8	15,2	27,2	23,2	5,2	7,5
0–18	21,7	32,3	13,9	10,7	29,4	24,6	25,4	22,6	9,3	9,9
deutsch	22,0	31,9	15,8	11,9	30,7	25,6	22,1	20,9	9,3	9,8
nicht deutsch	20,3	34,1	5,5	5,0	23,4	19,6	41,3	31,0	8,7	10,3

[1] Die absoluten Werte entsprechen jenen in Tabelle 1. Die Prozentzahlen beziehen sich jeweils auf die Anzahl der Jungen in den jeweiligen Altersgruppen. „Sonstige" sind Lehrer/Erzieher/Ärzte/ Nachbarn/Verwandte/Sonstige.

Quelle: Statistisches Bundesamt: Statistiken der Kinder- und Jugendhilfe – Vorläufige Schutzmaßnahmen, 2006; eigene Berechnungen.

gere „Veröffentlichungsbereitschaft" familiärer Probleme (Buchholz u.a. 1984: 258) nicht deutscher Familien, verbunden mit einem entsprechend geringen Unterstützungsangebot an sie durch Soziale Dienste, zum anderen auch als Verweis darauf, dass ungelöste familiäre und gesellschaftliche Probleme „Nicht-Deutscher" häufiger im öffentlichen Raum ausgetragen und dann entsprechend auch häufiger sanktioniert werden.

Die öffentliche Inobhutnahme-Statistik geht zwar detailliert den Aufenthaltsorten der Kinder und Jugendlichen vor der Inobhutnahme nach, differenziert dies aber nicht nach Geschlechtern. Einen groben Anhaltspunkt bieten jedoch die in **Tabelle 4** mitgeteilten Daten. Im oberen Teil der Tabelle wird zum einen nach dem „Zugang" – „festgestellt an einem jugendgefährdenden Ort" und „sonstiger Zugang" – differenziert, zum anderen nach dem Ort, an dem die Kinder/Jugendlichen zum Zeitpunkt der Inobhutnahme lebten.

Zunächst lässt sich feststellen, dass jeder achte Junge, aber nur jedes zehnte Mädchen, das in Obhut gerät, an einem jugendgefährdenden Ort aufgegriffen wird, für die übrigen gibt es einen „sonstigen Zugang". Zum zweiten: Von allen Jungen kommen 75,5 Prozent aus der Familie, 12,5 Prozent aus einem Heim

Tabelle 4: Aufenthaltsort vor der Inobhutnahme und Zugangsweg zur Inobhutnahmestelle nach Geschlecht sowie Ausreißen vom jeweiligen Aufenthaltsort vor der Inobhutnahme nach Geschlecht; Deutschland; 2006 (Angaben in Prozent)[1]

	(1) Aus der Familie		(2) Aus Heim oder Pflegefamilie		(3) Von allen Orten	
	Jungen	Mädchen	Jungen	Mädchen	Jungen	Mädchen
	N	%	N	%	N	%	N	%	N	%	N	%
Festgestellt an jugendgefährdendem Ort	868	10,0	1.063	8,5	156	10,8	205	15,1	1.199	12,6	1.449	10,1
Sonstiger Zugang	7.852	90,0	10.477	81,6	1.291	89,2	1.151	84,9	10.355	87,4	12.844	89,9
Zusammen	8.720	100	11.540	100	1.447	100	1.356	100	11.544	100	14.293	100

Davon mit vorherigem Ausreißen aus Familien, Heimen/ Pflegefamilien									Ausreißer insgesamt			
Unter 12 J.	190	10,9	186	5,2	20	2,9	15	2,1	230	6,1	216	6,7
12–14 J.	279	16,0	577	16,2	129	18,6	110	15,1	460	31,4	831	40,7
14–16 J.	673	38,5	1.668	46,9	297	42,8	371	50,9	1.131	37,3	2.329	45,2
16–18 J.	606	34,5	1.127	31,7	248	35,7	233	32,0	1.122	34,0	1.626	42,0

Ausreißer und Nichtausreißer aus Familien, Heimen/ Pflegefamilien									Ausreißer insgesamt			
Ausreißer	1.748	20,0	3.558	28,4	694	48,0	729	53,8	2.943	25,5	4.912	34,4
Nichtausreißer	6.972	80,0	8.982	71,6	753	52,0	627	46,2	8.611	74,5	9.381	65,6

[1] Die Zahlen entsprechen nicht der Summe der Sp. 1 und 2. Sie enthalten auch Mädchen und Jungen, die weder aus einer Familie noch einem Heim/einer Pflegefamilie, sondern von einem anderen Ort kommen.

Quelle: Statistisches Bundesamt: Statistiken der Kinder- und Jugendhilfe – Vorläufige Schutzmaßnahmen; 2006; eigene Berechnungen

oder einer Pflegefamilie, die übrigen von einem nicht näher bezeichneten anderen Ort. Für Mädchen sind die entsprechenden Prozentwerte: 80,7 Prozent Familie, 10,1 Prozent Heim/Pflegefamilie, 9,2 Prozent sonstiger Ort. Was die „Heimfluchten" (inkl. Fluchten aus Pflegefamilien) angeht, ist es interessant zu wissen, dass Mitte der 80er Jahre noch ca. 50 Prozent aller in den damaligen Jugendschutzstellen untergebrachten Jugendlichen aus dem Heim entflohene waren. (Jordan/Münder 1987: 28 ff.), ein Hinweis natürlich darauf, dass

Heime nach den Reformen der vergangenen Jahrzehnte ihren Schrecken für Jugendliche verloren haben und sie ihre Leidenserfahrungen jetzt eher in der Familie und auf der Straße machen.

Der Mittelteil der Tabelle gibt – nach Altersgruppen – Daten zum „vorherigen Ausreißen", benennt also Mädchen und Jungen, die nach einer Flucht aus ihrem bisherigen Lebensort in eine Einrichtung der Inobhutnahme kamen. Demnach reißen „kleine Jungen" häufiger als „kleine Mädchen" aus, eine Differenz, die Mädchen dann aber bereits im Alter von 12–14 Jahren „aufgeholt" haben – jedes sechste Mädchen und jeder sechste Junge gehört jetzt zur Ausreißer-Gruppe. Im Alter zwischen 14 und 16 Jahren haben sich die Verhältnisse dann deutlich zu Lasten der Mädchen verschoben; erst die ältesten Jungen gehören dann wieder etwas häufiger zu den „Ausreißern".

Der untere Tabellen-Abschnitt vergleicht Quoten für „vorherige Ausreißer" im Vergleich zu „vorherigen Nicht-Ausreißern". Hier zeigt sich, dass Mädchen sowohl aus der Familie als auch aus Heimen/Pflegefamilien sowie insgesamt deutlich häufiger vorher ausgerissen sind als Jungen. Wie im anderen Zusammenhang für das Verhältnis von „Deutschen" und „Nicht-Deutschen" festgestellt, scheinen auch „Tochter-Familien" effektiver familiäre Probleme „kaschieren" zu können als „Sohn-Familien", sodass Mädchen sich dann auch häufiger erst durch „Flucht" Gehör verschaffen können.

Für die Inobhutnahmestatistik können die Meldepflichtigen nach vorgegebenen Antwortkategorien bis zu zwei Nennungen für den „Anlass der Inobhutnahme" machen; faktisch werden durchschnittlich nur etwa 1,5 Nennungen abgegeben, sodass sich also die Hälfte der Meldepflichtigen mit einer Nennung begnügt.

In **Tabelle 5** sind die einer Interpretation am besten zugänglichen Anlässe aufgelistet, die übrigen (Trennung und Scheidung der Eltern; Wohnungsprobleme und „sonstige Probleme") zu einer Kategorie „Sonstiges" zusammengefasst.

Integrationsprobleme im Heim oder in Pflegefamilien werden durchgehend durch alle Altersgruppen – bei Mädchen etwas seltener – als Anlass benannt als bei Jungen. Die zweite Kategorie „Überforderung der Eltern" bildet, mit einer Ausnahme für die Altersgruppe sechs bis zwölf, keine trennscharfe Kategorie zwischen den Geschlechtern, anders ist es mit dem Merkmal „Beziehungsprobleme", das spätestens nach dem zwölften Lebensjahr deutlich häufiger an Mädchen als an Jungen vergeben wird. Vernachlässigung als Anlass wird insgesamt häufiger für Jungen konstatiert, bildet aber bei beiden Geschlechtern im Alter vor zwölf einen gewichtigen Hintergrund. Anzeichen für Misshandlung und Anzeichen für sexuellen Missbrauch werden bei Mädchen häufiger benannt, wobei das Übergewicht vor allem die älteren Altersgruppen betrifft. Bei Delinquenz und Suchtproblemen dominieren Jungen bereits in sehr jungem Alter, unter ihnen finden sich auch häufiger unbegleitete minderjährige Flüchtlinge. Insgesamt sind die Daten dieser Tabelle nicht sehr aussagekräftig, was mit der Dominanz der eher unspezifischen Kategorien „Überforderung" und „Beziehungsprobleme" zusammenhängt (Schattner 2002: 115, hat für den Faktor „Be- und Erziehungsprobleme eine hohe Korrelation mit den Kategorien „Vernachlässigung ohne Sucht" und „Misshandlung" gefunden). Konstatieren lässt sich aber immerhin, dass Mädchen insgesamt eher als in familiäre Themen verwickelt betrachtet werden, Jungen eher als „verhaltensschwierige", auffällige" Kinder und Jugendliche.

Tabelle 5: Ausgewählte Anlässe für die Inobhutnahme nach Altersgruppen und Geschlecht; Deutschland; 2006

Alter, von ... bis unter ... Jahren	0–6		6–12		12–14		14–16		16–18		0–18[1]	
Anlass	Jungen	Mädchen	Jungen	Mädchen	Jungen	Mädchen	Jungen	Mädchen	Jungen	Mädchen	Jungen	Mädchen
Integrationsprobleme im Heim/der PF	0,2	0,1	1,5	1,2	6,9	4,2	8,0	5,4	7,2	4,9	5,3 **7,8**	4,0 **5,9**
Überforderung Eltern	37,3	36,2	37,5	30,2	29,5	27,8	25,6	26,4	23,2	23,2	28,5 **42,4**	27,5 **40,7**
Beziehungsprobleme	4,0	3,7	10,1	10,3	15,4	23,1	16,9	25,3	18,4	25,7	13,7 **20,3**	20,8 **30,9**
Vernachlässigung	24,6	23,9	17,2	16,4	19,3	5,8	2,8	2,9	1,7	2,1	8,4 **12,4**	7,3 **10,8**
Anzeichen für Misshandlung	6,5	5,6	7,9	9,9	12,9	9,2	3,7	6,8	2,2	7,0	5,0 **7,4**	7,4 **11,0**
Anzeichen für sex. Missbrauch	0,9	1,4	1,5	4,0	0,7	2,9	0,5	2,2	0,3	2,4	0,7 **1,0**	2,4 **3,5**
Delinquenz des/der Jugendlichen	0,0	0,0	2,4	1,7	8,8	3,6	11,6	3,8	10,8	2,6	7,0 **10,4**	2,9 **4,1**
Suchtprobleme des/der Jugendlichen	0,0	0,0	0,6	0,6	0,9	0,6	3,1	1,3	6,0	2,6	2,7 **4,0**	1,3 **2,0**
Schul-/Ausbildungsprobleme	0,2	0,1	1,6	2,0	4,8	3,5	5,7	4,8	5,1	4,4	3,8 **5,7**	3,6 **5,3**
Unbegleitete Einreise	0,0	0,2	0,3	0,1	1,8	0,4	3,5	1,1	4,6	1,3	2,5 **3,7**	0,8 **1,3**
Sonstige Probleme	26,3	28,7	15,9	24,0	20,5	8,8	18,7	19,9	22,5	23,9	13,7 **20,3**	22,0 **32,6**
Summe Nennungen	2.906	2.737	2.404	2.201	2.145	3.051	4.561	7.667	4.909	5.689	17.274	21.263
Summe Kinder/Jugendliche	1.967	1.763	1.829	1.492	1.476	2.051	3.094	5.171	3.314	3.881	11.640	14.358

[1] Der erste Prozentwert bezieht sich auf alle Nennungen, der zweite – fettgedruckte – auf die Anzahl der Kinder/Jugendlichen. Da zu der Frage nach den Anlässen für eine Inobhutnahme Mehrfachnennungen möglich sind, summieren sich die Prozentzahlen für die zweiten Angaben auf mehr als 100 %.

Quelle: Statistisches Bundesamt: Statistiken der Kinder- und Jugendhilfe – Vorläufige Schutzmaßnahmen; 2006; eigene Berechnungen

Auf ein Merkmal aus der Liste soll noch gesondert eingegangen werden, zumal es vermutlich bei einer Menge von Leserinnen und Lesern auf Kopfschütteln stößt. „Verdacht auf sexuellen Missbrauch" macht unter allen Nennungen für Mädchen „nur" einen Anteil von 2,4 Prozent aus, auf Personen bezogen „nur" von 3,5 Prozent (was 503 Mädchen entspricht); für Jungen bleiben die Werte unter einem Prozent. Hierzu im Gegensatz finden sich in Darstellungen von Mädchenzufluchtsstätten Angaben, die bis zu 50 Prozent der aufgenommenen Mädchen als von sexueller Gewalt Betroffene ausweisen. Wie kommen solche Diskrepanzen zustande? Ein wichtiger Grund ist sicherlich, dass SozialarbeiterInnen eine gewisse Scheu davor haben, etwas zu notieren, was möglicherweise noch nicht über den Status eines Verdachts hinausgekommen ist. Wichtiger aber ist wahrscheinlich, dass die Mädchenhäuser nur einen relativ geringen Anteil von Mädchen „zu Gesicht" bekommen und diejenigen, die zu ihnen kommen bzw. ihnen zugewiesen werden, mit deutlich höherer Wahrscheinlichkeit von sexueller Gewalt Betroffene sind als Mädchen, die z.B. in eine Bereitschaftspflegefamilie oder eine „Normal"-Notaufnahmeeinrichtung gegeben werden. Und schließlich sollte auch berücksichtigt werden, dass sich ein Verdacht oft erst nach längerem Aufenthalt in einer Jugendhilfeeinrichtung erhärtet oder überhaupt erstmals vorgebracht wird. Alles in allem – nur darauf soll in diesem kleinen Exkurs verwiesen werden – können Daten nie unabhängig von ihrem Entstehungskontext gelesen werden.

Tabelle 6 berichtet über die Dauer der Inobhutnahmen. Wie die Merkmalsausprägungen zur Dauer zeigen, ist der Gesetzgeber offenbar davon ausgegangen, dass Inobhutnahmen nur von kurzer Dauer sind und in der Regel nach 14 Tagen erledigt sind. Wie die Daten zeigen, trifft diese Annahme bei Kindern unter sechs Jahren nur in der Hälfte der Fälle, in den anderen Altersgruppen nur in höchstens drei von vier Fällen zu, wobei sich keine bedeutsamen geschlechtsspezifischen Unterschiede ausmachen lassen. Sehr kurze Verweildauern (ein oder zwei Tage) kommen bei älteren Jungen häufiger vor als bei Mädchen. Vermutlich handelt es sich hierbei ohnehin primär um die – jeder Notaufnahmeeinrichtung bekannten – Jugendlichen, die sich ab und an mal einen Tag in der Einrichtung „gönnen" oder um Jugendliche auf der „Durchreise". Inobhutnahmen zwischen drei und 14 Tagen haben ganz wesentlich mit administrativen Regelungen zu tun.

Es gibt Kommunen, in denen eine Inobhutnahme nach zehn Tagen (oder noch weniger Tagen) von Amts wegen beendet ist (übrigens auch, weil Inobhutnahmen, anders als Hilfen zur Erziehung, nicht in Berechnungen zum Bund-Länder-Finanzausgleich einfließen) und dann als Hilfe nach §§ 33 oder 34 fortgeführt wird, andere Kommunen beenden sie mit der Hilfeplanung (was wiederum mehr oder weniger formal gehandhabt wird) und Dritte beenden sie erst, wenn eine Entscheidung über die Rückführung in die eigene Familie oder eine anderweitige Unterbringung des Kindes oder Jugendlichen getroffen wurde.

Tabelle 6: Dauer der Inobhutnahmen nach Altersgruppen, Geschlecht und Staatsangehörigkeit; Deutschland; 2006 (in Prozent)[1]

Altersgruppen, Alter von … bis unter … Jahren	1 oder 2 Tage		3 oder 4 Tage		5 oder 6 Tage		7–14 Tage		15 und mehr	
	Jungen	Mädchen	Jungen	Mädchen	Jungen	Mädchen	Jungen	Mädchen	Jungen	Mädchen
0–6	18,9	20,1	11,7	10,1	6,5	6,5	15,2	15,4	47,7	47,8
6–12	23,5	21,7	12,2	12,0	9,5	8,4	17,4	18,3	36,8	38,9
12–14	36,4	27,2	12,0	13,5	6,9	9,5	17,7	16,9	27,0	26,3
14–16	40,5	38,4	11,7	13,3	6,9	7,3	15,3	14,8	25,7	26,3
16–18	41,6	39,9	10,9	12,7	6,2	6,4	14,7	14,8	26,6	26,1
0–18	34,0	33,9	11,6	12,6	7,0	7,4	15,8	15,5	31,6	30,4
deutsch	32,2	32,9	11,6	12,5	7,2	7,3	16,1	15,7	33,0	31,6
nicht deutsch	42,6	38,9	11,7	13,3	6,5	7,8	14,3	14,6	24,9	25,3

[1] Die Angaben basieren auf den in Tab. 1 dargestellten Absolutwerten.

Quelle: Statistisches Bundesamt: Statistiken der Kinder- und Jugendhilfe – Vorläufige Schutzmaßnahmen; 2006; eigene Berechnungen

„Nach § 42 buchen, nach § 34 zahlen" (Schruth 2004), ist ein oft gehörter Vorwurf. Würde man Inobhutnahmen nicht als Rechtskategorie, sondern in ihrem sozialen Gehalt – nämlich als Organisation eines Übergangs mit Hilfe von Clearingverfahren – fassen, sähen die Zahlen der Statistik insgesamt ganz anders aus. In dem von Kirchhart (2008: 149) beschriebenen, den ganzen Übergang organisierenden Mädchenhaus machen Verweildauern von unter zwei Wochen gerade mal 0,1 Prozent aus. Im Bereitschaftspflegesample von Schattner (2002: 127) dauerten 40,6 Prozent der Bereitschaftspflegen 22–90 Tage, 18,6 Prozent 91–180 Tage und 11 Prozent sogar über 180 Tage. In Bremen, wo in der amtsinternen Notaufnahmestatistik ebenfalls der Gesamtprozess zwischen Inobhutnahme und faktischem Abschluss der Bestimmung der Aufenthaltsdauer zugrunde liegt, wurden 48,1 Prozent in einem Zeitraum unter 30 Tagen beendet, 26,7 Prozent dauerten 31–90 Tage und 25,2 Prozent über 90 Tage; durchschnittlich dauerte eine Inobhutnahme 74,9 Tage, nicht auf Inobhutnahmen, sondern auf Kinder/Jugendliche bezogen sogar 85,9 Tage und für Geschwisterkinder 117,2 Tage (Blandow/Erzberger 2008: 172 ff.). Mit der Jugendhilfestatistik korrespondierend, dauern auch hier Inobhutnahmen von Kindern unter zwölf Jahren (unabhängig vom Geschlecht) besonders lange (rund 120 Tage), während die jugendlichen Mädchen in Einrichtungen im Mittel nur etwa 30 Tage „verbrauchen" und die jugendlichen Jungen in Einrichtungen im Schnitt etwa 40 Tage.

Tabelle 7 gibt Zahlen für die Form der Beendigung der Inobhutnahme bzw. den der Inobhutnahme folgenden Aufenthaltsort der Kinder/Jugendlichen. Insgesamt endet die Inobhutnahme in 45,7 Prozent der Fälle mit einer Rückkehr in die Herkunftsfamilie, bei Mädchen etwas häufiger als bei Jungen, einer Fremdplatzierung oder einer sonstigen stationären Hilfe (bei Kindern z.b. Mutter-Kind-Unterbringungen, Behinderteneinrichtungen; bei Jugendlichen eher die Kinder- und Jugendpsychiatrie, eine ISE oder ein Auslandsprojekt); bei allen könnte auch ein Wechsel der Notaufnahmeeinrichtung bzw. eine Verlegung in eine Bereitschaftspflegefamilie eine Rolle spielen, in 40,8 Prozent (Jungen) und 36,1 Prozent (Mädchen). Ohne Anschlusshilfe bleiben 13,8 bzw. 13,4 Prozent der Fälle (was bei 18-Jährigen wohl primär wegen Volljährigkeit der Fall ist, bei jüngeren Jugendlichen wahrscheinlich häufig ein „eigenmächtigen Verlassen" der Einrichtung – zurück auf die Straße – oder eine selbst- oder fremdbestimmte Rückkehr in die Herkunftsfamilie zum Hintergrund hat).

Tabelle 7: Form der Beendigung der Maßnahme nach Altersgruppen, Geschlecht und Staatsangehörigkeit; Deutschland; 2006 (in Prozent)[1]

Altersgruppen, Alter von ... bis unter ... Jahren	Rückkehr zu den PSB[2]		Rückkehr in Heim o. Pflegefamilie		Einleitung Fremdplatzierung[2]		Sonstige stationäre Hilfe		Keine Anschlusshilfe	
	Jungen	Mädchen	Jungen	Mädchen	Jungen	Mädchen	Jungen	Mädchen	Jungen	Mädchen
0–6	43,9	44,6	1,2	1,4	43,4	41,7	8,8	8,5	2,8	3,3
6–12	49,8	50,2	1,6	1,4	34,1	38,3	9,8	6,3	4,4	3,8
12–14	47,4	52,0	7,7	3,9	25,8	25,2	9,6	9,9	9,3	8,9
14–16	43,3	47,7	6,8	4,4	22,9	23,7	9,9	9,2	17,1	15,0
16–18	33,4	41,0	5,8	3,6	22,6	23,2	11,7	10,3	25,8	21,8
0–18	42,2	46,4	4,9	3,5	28,7	26,9	10,1	9,2	13,8	13,4
Deutsch	42,0	45,7	5,1	3,8	30,5	29,1	10,3	9,4	11,9	11,9
nicht deutsch	43,1	49,7	3,8	1,6	20,4	20,0	7,9	8,5	24,9	20,1

[1] Bei den den Prozentangaben zugrunde liegenden absoluten Werten handelt es sich um die Werte für Inobhutnahmen wie in Tabelle 1 plus Werte für „Herausnahmen" (insgesamt 151) abzüglich Werte für die Kategorie „Übernahme durch ein anderes Jugendamt" (insgesamt 645). Die Gesamtzahl für Jungen errechnet sich dann mit 11.347, für Mädchen mit 14.007, insgesamt sind die Abweichungen – auch für Altersgruppen – gegenüber den Zahlen der Tabelle 1 unerheblich.

[2] PSB = Personensorgeberechtigte; Fremdplatz = Fremdplatzierung i.S. einer erzieherischen Hilfe außerhalb des Elternhauses.

Quelle: Statistisches Bundesamt: Statistiken der Kinder- und Jugendhilfe – Vorläufige Schutzmaßnahmen; 2006; eigene Berechnungen

Vor allem ältere Jungen werden in nennenswertem Umfang in ihr Heim oder ihre Pflegefamilie, aus dem oder der sie vorher „entwichen" sind, zurückgeführt. In den jüngsten Altersgruppen, mit einer besonders hohen Fremdplatzierungsquote, sind die Geschlechtsunterschiede noch kaum ausgeprägt. Ab dem zwölften Lebensjahr kehren Mädchen dann häufiger als Jungen in die Familie zurück, für beide Geschlechter reduzieren sich Fremdplatzierungsquoten auf etwa ein Drittel der Fälle. Männliche Jugendliche werden etwas häufiger als Mädchen ohne Anschlusshilfe entlassen.

Für alle Daten kann es, zum Teil erhebliche, regionale Abweichungen geben, im Großen und Ganzen entsprechen die statistischen Zahlen aber auch Durchschnittswerten in verschiedenen empirischen Untersuchungen. „Nicht deutsche" Kinder und Jugendliche – Mädchen deutlicher als Jungen – kehren etwas häufiger als ihre deutschen „KollegInnen" in die Familie zurück, werden entschieden seltener fremdplatziert und erhalten – mit einem Jungen-Übergewicht – entschieden häufiger keine Anschlusshilfe.

Zusammenfassung der statistischen Ergebnisse

Zusammengefasst hat der Datenreport folgende Ergebnisse erbracht: Inobhutnahmen von **Kindern unter zwölf Jahren** sind etwas ganz anderes als Inobhutnahmen von älteren Kindern und insbesondere Jugendlichen: Festgestellt wurde für die jüngeren Mädchen und Jungen insgesamt, dass sie durchschnittlich länger in Obhut bleiben als ältere Kinder und insbesondere Jugendliche, und dass der entscheidende Hintergrund für die Inobhutnahme die Kindeswohlgefährdung des Kindes ist, verbunden mit einer Herausnahme der Kinder aus den Familien. Unter geschlechtsspezifischen Aspekten zeigte sich: Bei Kindern unter zwölf Jahren überwiegen bei Inobhutnahmen die Jungen. Sechs- bis zwölfjährige Mädchen werden häufiger – statt familiär – institutionell betreut. Mädchen und Jungen unterscheiden sich bis zum zwölften Lebensjahr wenig darin, durch wen die Inobhutnahme veranlasst wird. Mädchen unter zwölf werden seltener „nach vorherigem Ausreißen" aus der Familie oder dem Heim/der Pflegefamilie in Obhut genommen. Bereits nach dem sechsten Lebensjahr wird die Inobhutnahme von Mädchen häufiger als bei Jungen mit Beziehungsproblemen und gewalttätigen Übergriffen auf ihre Unversehrtheit in Verbindung gebracht, für Jungen eher mit erzieherischer Überforderung der Eltern. Die Verweildauern in der Notaufnahme sind bei unter zwölfjährigen Jungen und Mädchen in etwa gleich, was auch – trotz kleiner Unterschiede im Einzelnen – für Rückführungs- und Fremdplatzierungsquoten gilt.

12- bis 14-jährige Jungen und Mädchen stellen durchgehend eine Übergangsgruppe zwischen Kindern und Jugendlichen dar, wobei Jungen noch eher den „Kindern" gleichen, Mädchen sich bereits deutlicher den Jugendlichen annähern. Der Mädchenanteil erhöht sich gegenüber den Neun- bis Zwölfjährigen um mehr als das Doppelte, während der „Zuwachs" bei den Jungen nur 50 Prozent beträgt. Mädchen werden jetzt zu 30 Prozent, Jungen zu 20 Prozent auf eigenen Wunsch in Obhut genommen, und Mädchen werden jetzt häufiger bei „einer geeigneten Person" in Obhut genommen als Jungen. Die Polizei als Veranlasser der Inobhutnahme tritt jetzt häufiger bei Jungen in Erscheinung; Familienfluchten steigen bei den Mädchen gegenüber den Neun- bis Zwölfjährigen um das Dreifache, bei den Jungen „nur" um das Doppelte; bei „Beziehungsproblemen" und insbesondere bei der Kategorie „Anzeichen für sexuellen Missbrauch" als Anlass der Inobhutnahme überrunden die Mädchen jetzt noch deutlicher als früher die Jungen, während die Jungen jetzt häufiger als Opfer von Misshandlung, delinquent und mit schulischen Problemen belastet geschildert werden. Sehr kurze Unterbringungen kommen jetzt weit häufiger bei Jungen als bei Mädchen vor und für Mädchen sinkt die Fremdplatzierungsquote stärker als bei Jungen.

Was sich bei den 12- bis 14-Jährigen bereits andeutet, realisiert sich sprunghaft dann bei den **14–16-Jährigen.** Die Unterbringungsquote der Mädchen gegenüber jener der Jungen ist jetzt um 10 Prozentpunkte erhöht, noch stärker ist die Diskrepanz beim Anlass „auf eigenen Wunsch", die jetzt für Mädchen gegenüber Jungen um 13 Prozent erhöht ist. Auch werden die Mädchen relativ noch häufiger (freilich insgesamt selten) familiär betreut. Fremdmeldungen, insbesondere durch die Polizei, werden für Jungen noch typischer und für Mädchen noch typischer: Selbstmeldungen. Jugendliche Mädchen gehören jetzt erheblich häufiger als Jungen zu den „Ausreißerinnen" und zwar auch, wenn es um Heime/Pflegefamilien geht. Erstmals in dieser Altersgruppe wird jetzt für Mädchen – bei gleichzeitig noch einmal erhöhten Quoten für „Beziehungsprobleme" – auch die „Überforderung der Eltern" als Anlass der Inobhutnahme benannt, auch werden für sie erstmals mehr „Anzeichen für Misshandlung" festgestellt als für Jungen und für „schulische Probleme" erreichen sie jetzt etwa das Niveau der Jungen. Die Situation der Mädchen dieser Altersgruppe erweist sich damit als erheblich dramatischer als jene der Jungen.

Bei den Ältesten, den **16–18-Jährigen,** gleichen sich die Geschlechterverhältnisse wieder eher an. Der Mädchenanteil liegt mit 54 Prozent jetzt um 15 Prozent niedriger als in der Altersgruppe der 14–16-Jährigen, wobei ihre Zahl allerdings immer noch leicht über der der Jungen liegt. Die Anteile von Jugendlichen, die auf eigenen Wunsch in Obhut genommen werden, steigen bei beiden Geschlechtern noch einmal, bei den Jungen aber deutlicher an. Es verfestigen sich die geschlechtsspezifischen „Anlässe": Beziehungsprobleme, Misshandlung und Missbrauch bei den Mädchen, Delinquenz, Sucht und Schulprobleme bei den Jungen. Besonders auffällig ist, dass beide Geschlechter deutlich seltener als in frühen Altersgruppen eine nachfolgende Hilfe erhalten, und dass Mädchen noch einmal vermehrt in die Familie zurückkehren.

Obwohl es zwischen Mädchen und Jungen – altersvariierend – in statistischer Hinsicht in diversen Dimensionen also erhebliche Unterschiede gibt, ist insgesamt aber doch festzustellen, dass sie – im Vergleich zu Schilderungen und Daten aus früheren Jahrzehnten – deutlich geringer ausfallen, sodass auch von gewissen Angleichungstendenzen der Geschlechter gesprochen werden kann. Trotz der relativ wenigen Daten, die hierfür zur Verfügung stehen, lässt sich demgegenüber von sich einer erweiternden Diskrepanz zwischen **„deutschen"** **und „nicht deutschen" Jugendlichen** sprechen, die vermutlich sogar noch weit deutlicher ausfallen würde, wenn statt der Staatsangehörigkeit der Migrationshintergrund berücksichtigt würde. Besonders auffallend in dieser Hinsicht sind: die häufigere Veranlassung von Inobhutnahmen durch die Polizei bei nicht deutschen Jugendlichen (vor allem bei Jungen), das geringere Maß, das nicht deutsche Jugendliche an Unterstützung durch Eltern und Sozialarbeit erfahren, die geringere Verweildauer in der Notaufnahme, die häufigere Entlassung ohne Anschlusshilfe und – insbesondere bei Mädchen – die häufigere Selbstmeldung.

Ergänzende Daten aus empirischen Untersuchungen

Die Statistiken geben (trotz mancher Fehlerquellen) Daten über das Vorkommen des Ereignisses „Inobhutnahme" in der minderjährigen Bevölkerung und lassen hierzu Wahrscheinlichkeitsaussagen zu seinem Vorkommen nach wenigen differenzierenden Merkmalen zu. Sie lassen damit Quotenberechnungen – hier nach Alter, Geschlecht und Staatsangehörigkeit – zu, was insofern nicht unwichtig ist, als es etwas über die Risikoverteilung innerhalb der Gesamtheit von Inobhutnahmen aussagt, was seinerseits erklärende Hypothesen provoziert und pädagogische und institutionelle Konsequenzen für das Notaufnahmesystem und die dieses mitbestimmenden Faktoren (z.B. die Arbeit Sozialer Dienste) nahe legt. Die Zahlen selbst bieten freilich keinerlei Erklärungen: Sie sagen nichts darüber aus, welche Subgruppen in der Bevölkerung von einer Inobhutnahme „betroffen" werden und warum diese und nicht andere (von den 12 Mio. Kindern und Jugendlichen in der deutschen Bevölkerung werden täglich gerade mal 77 in Obhut genommen), erst recht nichts über die biografischen und sozialen Hintergründe der einzelnen Inobhutnahme. Ergänzend zur Aufbereitung der Statistik soll deshalb auf Ergebnisse von zwei jüngeren empirischen Untersuchungen verwiesen werden.

Ein interessantes Bindeglied zwischen der „Quotenfrage" und der Frage nach dem individuellen Schicksal bietet eine empirische Untersuchung von Kirchhart. Die Autorin analysierte die in 20 Jahren gesammelten Daten über insgesamt 387 Mädchen einer Mädchenzuflucht mittels einer Clusteranalyse[80], in deren Berechnung Indikatoren über Hintergründe, Verhaltensbesonderheiten und den Abschluss der Inobhutnahme eingingen (Kirchhart 2008: 212 ff). Die Autorin konnte ihre Fälle fünf interpretierbaren Clustern zuordnen.

Cluster 1, versehen mit dem Label „Schlechtes Familienklima, schlechte Schulsituation", repräsentiert 31 Prozent der Fälle, unter ihnen um die 80 Prozent nicht deutsche Mädchen. Über 90 Prozent aller sind bei der Aufnahme mindestens 16 Jahre alt. Charakteristisch für die Mädchen sind besonders hohe Belastungswerte für das erzieherische Verhalten, innerfamiliäre Probleme wie Gewalterfahrungen und kulturell geprägte Konfliktthemen sowie für auf schulische Belastungen verweisende Variablen. An zweiter Stelle liegen die Mädchen des Clusters beim Merkmal „akute Krise" (zwei und mehr Aufnahmegründe, Eltern mit der Unterbringung nicht einverstanden) und „Belastungen im Lebenslauf". Die Mädchen zeigen im Schwerpunkt internalisierende Auffälligkeiten, es gibt häufiger als in anderen Clustern vormundschaftsrichterliche Entscheidungen. Bei der Variablen „soziale Lage" liegen die Mädchen im Mittelwert, sie verfügen – erklärt durch die häufige nicht deutsche Herkunft – jedoch über die ausgeprägtesten verwandtschaftlichen Netzwerke.

Cluster 2 (Schlechte soziale Lage, Verhaltensauffälligkeiten und hohe chronische Krisenwerte) umfasst 17 Prozent der Mädchen, unter denen sich besonders viele der jüngeren (12./13.Lebensjahr) Mädchen und mehrheitlich deutsche Mädchen befinden. Wie im Label für den Cluster schon angedeutet, gibt es die höchsten Belastungswerte für Variablen, die die soziale Lage charakterisieren, für chronische Krisen und sowohl internalisierende wie externalisierende Verhaltensauffälligkeiten, ferner für die Variable „Belastungen im Lebenslauf". Charakteristisch sind schließlich häufige Wohnortwechsel, der Verlust von Elternteilen und/oder vorangegangene Unterbringungen. Für „schulische Belastungen" ebenso wie für „familiäre Ressourcen" gibt es den zweithöchsten Wert. Je die Hälfte der Mädchen wurde in Folgeeinrichtungen und nach Hause entlassen, „gleichwohl ist der Anteil der Mädchen, die wegen Regelverstoßes entlassen werden, die Einrichtung ohne Abmeldung verlassen und in die Psychiatrie entlassen werden, der höchste." Von insgesamt 39 Mädchen mit „Verdacht auf ein psychiatrisches Krankheitsbild" befinden sich 28 in dieser Gruppe.

Cluster 3 („Akute Krisensituation bei guter schulischer Leistung") umfasst neun Prozent der Mädchen, fast alle erst im 12./13. Lebensjahr. Charakteristisch für diese Gruppe sind hohe Werte für innerfamiliäre Spannungen und

---

[80] In Clusteranalysen geht es um die statistische Bestimmung von sich untereinander unterscheidenden „Typen", in diesem Fall von „Typen" von Mädchen der Zufluchtsstätte. Das Verfahren beruht auf der Berechnung von Korrelationen zwischen Einzelmerkmalen. Der in einem Cluster zusammengefasste „Typ" unterscheidet sich von anderen Clustern in der Kombination von Einzelmerkmalen.

akute Krisen, gute Schulleistungen und geringe Belastungswerte im Bereich soziale Lage. Trotz an sich guter Prognose wechselten knapp 50 Prozent der Mädchen in Folgeeinrichtungen, da die innerfamiliäre Krise zunächst nicht lösbar erschien.

Cluster 4 (Viele Ressourcen mit sehr wenig Verhaltensauffälligkeiten) umfasst 21 Prozent des Klientels; ein Drittel deutsche, zwei Drittel nicht deutsche Mädchen. Auffälligster Belastungswert ist der für „chronische Krise", während familiäre Belastungsfaktoren eher gering ausgeprägt sind und wenn vorhanden, sich primär auf chronische Erkrankungen oder Sucht in der Familie beziehen. Verhaltensauffälligkeiten als Grund für die Inobhutnahme werden kaum benannt, entscheidender ist die zum Beispiel mit dem Suchtverhalten der Eltern zusammenhängende akute Krise. Die Mädchen dieser Fallgruppe werden zu zwei Dritteln in die Herkunftsfamilie entlassen.

Cluster 5 schließlich (Verhaltensauffällige Klientinnen ohne Anzeichen für familiäre Belastung im Handeln und Verhalten) vereint 16 Prozent der Mädchen. Die Gruppe ist insgesamt durch unauffällige familiäre Strukturen bei gleichzeitig auffälligem Verhalten der Mädchen, die auch mit den Regeln der Einrichtung und den gesetzten Grenzen schlecht umgehen können, charakterisiert.

Während in dieser Arbeit also primär Daten aufbereitet werden, die – ausschließlich auf Mädchen bezogen – auf die statistischen Merkmale Alter, Nationalität, Anlässe der Inobhutnahme und Abschluss bezogen werden können, stellt die kleinere Untersuchung von Blandow und Erzberger (2008) primär auf das Merkmal „Dauer" der Inobhutnahme ab. Im Rahmen einer Untersuchung des bremischen Notaufnahmesystems wurde, dem Erkenntnisinteresse des Auftraggebers entsprechend, nach Gemeinsamkeiten und Unterschieden zwischen Kindern/Jugendlichen mit kurzer (unter einmonatiger Dauer), mittlerer (31–90 Tage) und langer (über 91 Tage) Aufenthaltsdauer im Notaufnahmesystem gefragt. Untersucht wurden je zehn „Fälle" (unter Berücksichtigung von Geschwistergruppen mit 39 Kindern/Jugendlichen, unter ihnen 23 Mädchen und einem Drittel mit nicht deutschem Hintergrund) der drei Verweildauergruppen. Über deren biografische Hintergründe, Anlässe für die Inobhutnahme, Verlauf der Inobhutnahme und Beendigungsverlauf wurden in parallelisierten Interviews EinrichtungsvertreterInnen bzw. Bereitschaftspflegepersonen und fallzuständige SozialarbeiterInnen befragt (ebd.: 192–297).

Wichtigste Ergebnisse in grober Zusammenfassung sind: Für Kurzzeitunterbringungen ließen sich drei Subgruppen identifizieren: lediglich situativ notwendige Inobhutnahmen (z.B. weil ein Kind unversorgt in der Wohnung angetroffen wird); jugendliche Mädchen oder Jungen, die in einer Situation krisenhafter Zuspitzung in der Familie von den Eltern „rausgeworfen", aber ebenso rasch von ihnen zurückgeholt werden oder selbst ihre Rücknahme in die Familie „erzwingen"; bei der dritten Gruppe handelt es sich um zumeist männliche

Jugendliche, die „ihre" Notaufnahmeeinrichtung routinemäßig aufsuchen, um sich in ihr – bevor sie wieder „verschwinden" – eine kurze Zeit von einem anstrengenden Straßen- oder subkulturellen Leben zu „erholen". Zumeist gelten diese Jugendlichen als „verwahrlost" und über Jugendhilfemaßnahmen nicht mehr erreichbar.

Inobhutnahmen mit einer Verweildauer von 31 bis 90 Tagen charakterisieren eine Gruppe von überwiegend jugendlichen Mädchen (im Mädchenhaus), deren Familien dem Jugendamt bereits seit längerer Zeit bekannt sind und von denen jede zweite bereits früher einmal im Notaufnahmesystem war. Typisch sind chronisch auftretende Konflikte der Mädchen mit der Mutter oder dem Partner der Mutter, Mütter, die jeden Einfluss auf ihr Kind verloren haben oder (auch „bürgerliche") Familien, die ihre Töchter (gelegentlich auch Söhne) unter normativen, auch ethnisch motivierten Druck setzen. Die Inobhutnahme erfolgt jeweils nach einer neuerlichen Konflikteskalation, zumeist als Flucht aus der Familie. Die Jugendlichen konfrontieren die Notaufnahmestellen mit schwer durchschaubaren Problematiken sowie ambivalenten oder nachhaltig gestörten Eltern-Kind-Beziehungen. Beendigungen erfolgen zumeist als unvorbereitete Rückkehr in die Familie oder als Vermittlung in eine betreute Wohnform. Zur Dauer trugen insbesondere die komplexen, schlecht durchschaubaren Problemlagen bei. In fast allen Fällen wird bezweifelt, dass die jeweils gefundene Lösung angemessen war. In diese Gruppe gehören ansonsten auch die schwierigsten, wiederum meistens Mädchen, mit denen es Notaufnahmestellen zu tun haben: eher nicht deutsche Mädchen, die aus „der Rolle fallen", gewalttätig sind und ihren sozialen und familiären Frust in der Einrichtung laut ausagieren oder männliche jüngere, schon häufig abgeschobene Jugendliche, für die sich nur mühsam eine Anschlusslösung finden lässt.

Inobhutnahmen mit einer faktischen Dauer von über 90 Tagen unterscheiden sich in vielerlei Hinsicht von den anderen beiden Gruppen. Im Mittelpunkt stehen Kindeswohlgefährdungen aufgrund von Vernachlässigung. Die Kinder, das Gros ist unter sechs Jahre alt, Jugendliche sind kaum vertreten, wurden entweder von den fallführenden SozialarbeiterInnen zu ihrem Schutz aus der Familie genommen oder von ihren Eltern „abgeschoben". In aller Regel gibt es bereits bei der Herausnahme aus der Familie eine klare Fremdplatzierungsoption, deren Umsetzung dann jedoch häufig wegen langwieriger Sorgerechtsverfahren und Gutachterbestellungen, ggf. auch, weil eine größere Geschwistergruppe unterzubringen ist, auf Probleme stößt.

Diskussion: Erklärungen und Hypothesen

Für die Erklärung von geschlechtsspezifischen Differenzen (und die allmähliche Annäherung der Geschlechter) kommen sowohl der gesamte Katalog von Faktoren, über den gemeinhin geschlechtsspezifisches Verhalten und geschlechtsspezifische Reaktionen auf spezifische Umwelteinflüsse erklärt werden – biologische, entwicklungspsychologische, familiäre und andere sozialisationstheoretische Faktoren –, zum anderen aber auch die Kategorie „Geschlecht" gebundene Selbst- und Fremdbewertungen in Frage.

So lässt sich die Dominanz der kleinen Jungen im Notaufnahmesystem recht zwanglos darüber erklären, dass sie aufgrund biologischer und entwicklungspsychologischer Prozesse eher als kleine Mädchen die Negativ-Aufmerksamkeit von Eltern, Kindergärtnerinnen, LehrerInnen und – vermittelt über den Bericht von Erziehungsschwierigkeiten und Verhaltensstörungen – auch die Aufmerksamkeit des Jugendamtes auf sich ziehen. Tatsächlich gibt es – erklärt z.B. über den höheren Testosteronspiegel bei Jungen und angeborene geschlechtsspezifische Unterschiede im Furchtverhalten – deutliche Unterschiede zwischen Jungen und Mädchen im Ausmaß aggressiven – gegenüber Mädchen um das Fünffache erhöht – und oppositionellen Verhaltens, Verhaltensweisen, die gerade bei Kleinkindern – weil pädagogische Abläufe störend, z.B. von Kindergärtnerinnen (vgl. Denner o.J.) – als Provokation empfunden werden, während die „leiseren" internalisierenden Störungen von Mädchen (aber auch jene von Jungen) leichter „übersehen" werden. Bekannt sind auch erhöhte Prävalenzen von sog. Verhaltensstörungen von Jungen bis zum Eintritt in die Pubertät (vgl. Beelmann/Rabe 2007: 38 ff.). Auch psychodynamische Prozesse im Kontext der Ablösung von der Mutter, mit nachhaltigen Auswirkungen bis ins Mannwerden und Mannsein hinein, tragen zu einer höheren Verletzlichkeit (Vulnerabilität) von kleinen Jungen bei (vgl. Böhnisch 2004: 94 ff.).

Mit der beginnenden Pubertät ändern sich die Bedingungen für Mädchen und Jungen in erheblichem Umfang. Für beide Geschlechter gilt zunächst, dass sich die bereits im Alter von fünf bis sieben Jahren bewusst gewordene geschlechtliche Identität über Selbstkategorisierungen und Fremdstereotypisierung endgültig zur Geschlechtsrolle verfestigt, sodass, pauschalisierend gesagt, schließlich „ein „männlicher" (dominierend, wettbewerbsorientiert, kritisch, rational, vernünftig, ehrgeizig) bzw. „weiblicher" (liebevoll, gütig, einfühlsam, sensibel, hilfsbereit, taktvoll) Sozialcharakter entsteht" (Baacke 1984: 243). Für beide Geschlechter gilt, dass ihre Rolle als Junge und Mädchen nun erotisch eingefärbt wird und der Selbstwert von der eigenen sexuellen Attraktivität abhängig gemacht wird, „ein zugleich hochspannendes und extrem ängstigendes, ein zum Teil nach wie vor tabuisiertes Feld" (Tillmann 1992: 25). Die in der Inobhutnahmestatistik ablesbare höhere Vulnerabilität der Mädchen ab dem zwölften Lebensjahr hängt dann sowohl damit zusammen, dass die biologischen Veränderungen durchschnittlich um ein bis zwei Jahre früher als bei Jungen einsetzen, als auch damit, dass biologische Veränderungen für die Geschlechter mit unterschiedlichen sozialen, familiären und psychologischen Folgen verbunden sind. So führt die schnellere körperliche

Entwicklung der Mädchen dazu, dass frühzeitiger als bei Jungen sexuelle Attraktivität erworben wird, was unter günstigen Bedingungen zwar Anlass für vielfältige Erfahrungen zur Selbst- und Fremdreflexion und damit für eine beschleunigte psychische Entwicklung werden kann, die Mädchen aber andererseits auch frühzeitiger mit den Folgen sinkender Selbstakzeptanz, der sich erhöhenden Distanz zu den Eltern und den mit steigender Selbstreflexivität verbundenen Selbstzweifeln belastet werden (ebd.: 19). Hinzu kommt, dass die Geschlechtsreife und die mit ihr einhergehenden körperlichen Veränderungen für Mädchen ein erheblich intensiveres Erlebnis als für Jungen bedeuten. Die Menarche verlangt eine viel radikalere Einstellungsveränderung zum Körper als das männliche Pendant der ersten Pollution. Insbesondere aber werden Mädchen auch von der Umwelt radikaler als Jungen in ihrer veränderten Körperlichkeit wahrgenommen, was nicht nur die Blicke der Jungen nach sich zieht, sondern auch Behütungstendenzen von Eltern fördert und zur Orientierung der Mädchen an den gesellschaftlichen Schönheitsidealen beiträgt (vgl. Hurrelmann 2004: 124). Für die Jungen gilt dagegen, dass ihr tief in der Kultur verankerter männlicher Überlegenheitsanspruch mit dem Reifungsrückstand gegenüber den Mädchen einen heftigen Dämpfer erfährt. Ihre geringe Attraktivität für gleichaltrige Mädchen nötigt sie dazu, den Reifungsrückstand in ihre Handlungspläne einzubeziehen, „ohne sich zugleich als Geschlechtssubjekt zu verleugnen" (Kieper 1984: 176), was Anlass für das bekannte Renommiergabe der Jungen – nicht selten in Form aggressiver Übergriffe auf die sonst unerreichbaren Mädchen vorgetragen – wird oder aber als Rückzug und Abwehr gegenüber heterosexuellen Eigen- und Fremdansprüchen zugunsten z.B. der Suche nach Selbstbestätigung in anderen Aktivitätsbereichen wie etwa in sportlicher Betätigung. Den Jungen wird – wird man also sagen können – eine verlängerte „Latenz" aufgenötigt, während die Mädchen sich einerseits früher in die Rolle ihrer „Weiblichkeit" versetzt vorfinden, andererseits aber auch verstärkt Normen der „Sittlichkeit" unterliegen. An der Doppelgesichtigkeit weiblicher Pubertät zu scheitern, entweder Selbstzweifel und in deren Folge internalisierende „Verhaltensstörungen" zu entwickeln oder aber zum Opfer des Stigmas „frühreif" oder gar „Flittchen" zu werden, dies wird zum potenziellen Belastungspotenzial für die Mädchen.

Erklärungen dieser Art können freilich nicht mehr als einen Beitrag zur Erklärung unterschiedlicher Quoten je nach Alter der Mädchen und Jungen leisten und die unterschiedlichen Anlässe der Inobhutnahme für die Geschlechter plausibilisieren. Sie erklären nicht, warum ein nur sehr kleiner Anteil von Mädchen und Jungen in der Gesamtgesellschaft überhaupt in Obhut gerät und warum gerade diese Mädchen und diese Jungen in Obhut geraten. Als allgemeinster Erklärungsansatz bietet sich hierzu zunächst die marginalisierte Situation des Gros des Jugendhilfeklientels an, für das ein sozial vererbter Mangel, in der Begrifflichkeit Bourdieus, an ökonomischem, sozialem und kulturellem

Kapital – oder in Alltagsbegriffen von Armut, geringen Bildungschancen, sozial begrenzten Möglichkeiten – den Zugang zu gesellschaftlich hoch bewerteten Positionen erschwert. Über die soziale Herkunft werden jedoch nicht nur Zugangschancen kanalisiert, sondern auch die Grundlagen für geschlechtsspezifische Zuordnungen und Weichen für entweder deren Verfestigung oder für eine ambivalente Rebellion gegen solche Zuschreibungen gelegt (vgl. Liebau 1992). Dies betrifft zwar Mädchen und Jungen gleichermaßen, unterwirft sie aber auf je andere Weise. So werden bekanntlich insbesondere viele nicht deutsche Mädchen, insbesondere mit islamischer Religionszugehörigkeit, einer (aus deutschen Augen) besonders rigiden Sexualmoral unterworfen, während Jungen aus „randständigen" Milieus und Jungen mit nicht deutschem ethnischem Hintergrund eher auf den Weg der Demonstration von „Männlichkeit" und ggf. auch rücksichtsloser Selbstbehauptung und riskanter Verhaltensweisen gedrängt werden. Was für „bürgerliche" Eltern gilt, nämlich dass ihr Erziehungsverhalten gegenüber Mädchen und Jungen „egalitärer" geworden ist, trifft auf marginalisierte Familien weit weniger zu (vgl. Weiß 2003: 94).

Auch hierbei darf nicht verkannt werden, dass die Mehrheit von Mädchen und Jungen auch aus benachteiligten Sozialmilieus einen gangbaren Weg für sich durch das Jugendalter findet. Das Risiko, in den Strudel einer Abwärtsspirale (und in eine Notaufnahmeeinrichtung) zu geraten, wächst zum einen mit dem Grad familiärer Desintegration, familiärer Verelendung bzw. familiärer „Pathologie" oder der Rigidität familiärer Normen, zum anderen mit dem Grad der Exklusion eines Kindes oder Jugendlichen. Für Jugendliche von entscheidender Bedeutung werden auch Art und Qualität der Bezüge zur Jugendkultur, schließlich müssen individuelle Bewältigungsmöglichkeiten und der jugendliche „Eigensinn" als intervenierende Variablen immer mitgedacht werden. Während Kinder über die mit familiärer Desintegration und Verelendung verbundenen Entwicklungsprobleme und Vernachlässigungs-Symptome zumeist schon früh in den Blick der Sozialarbeit geraten und sie über diverse Zwischenschritte schließlich in die Notaufnahme lenken, verläuft der Weg in die Inobhutnahme für die „Spätauffälligen" zumeist als Flucht oder als Ausschluss aus der Familie. Für Mädchen scheint auch in der Gegenwart noch zu gelten, was Kieper in ihrer inzwischen klassischen Studie „Lebenswelten „verwahrloster Mädchen" (1980) feststellte: Eine erste Gruppe von ihnen versucht sich nach dem langen Erdulden patriarchaler Beziehungs- und Rollenmuster sowie von Gewalt einer männlichen Person zunächst der sozialen Kontrolle durch „radikale" Hinwendung zu einer oft jungendominierten Jugendclique zu entziehen, was die Konflikte im Elternhaus noch einmal verstärkt und ggf. von sich hochschaukelnden schulischen Problemen begleitet schließlich in Flucht oder Ausschluss aus der Familie endet. Eine zweite Gruppe begibt sich nach jahrelanger Erfahrung des Mangels an verlässlicher Bindung und Vertrauens in der Familie, nach Vernachlässigung und Überforderung auf die Suche nach all diesem in eine subkulturelle Szene, erlebt in ihr jedoch kaum mehr als das schon aus der Familie bekannte. Die sich wiederholenden Enttäuschungen werden schließlich – mangels anderer Rollenvorbilder – mit einer Unterordnung unter die Normen tradierter „Weiblichkeit" und den ihnen von der Subkultur marginalisierter Jugendlicher nahegelegten „abweichenden" Verhaltensmuster beantwortet (vgl. auch Bütow 2006: 35). Für jugendliche Jungen scheinen „schwierige" familiäre Ausgangsbedingungen besonders häufig. Andere Wege in die Inobhutnahme verlaufen auf dem direkteren Weg eines Ausschlusses von Jugendlichen von Bildungschancen, was für „nicht deutsche" Jugendliche aus bildungsfernen Schichten besonders häufig zutrifft. Schließlich gewinnt aber auch der Ausschluss von Mädchen und Jungen aus „bürgerlichen" Familien an Bedeutung. Angesichts des „Kampfes" um die Zukunft ihrer Kinder werden diverse Jugendliche zum ehrgeizigen „Projekt" ihrer Eltern, was diese dann mit Protest und Verweigerungshaltung – Mädchen eher über Formen internalisierender, autoaggressiver Verhaltensformen, Jungen eher in ausagierenden Formen von Rebellion und Protest – kontern.

Pädagogische Schlussfolgerungen und institutionelle Konsequenzen

Eine erste Konsequenz aus Ergebnissen und Interpretationen ist: Die kommunale Jugendhilfe sollte nicht nur zur Kenntnis nehmen, sondern auch in der internen Ausgestaltung berücksichtigen, dass Inobhutnahmen von Kindern unter zwölf Jahren kaum etwas mit der Inobhutnahme von älteren Kindern und Jugendlichen zu tun haben. Inobhutnahmestellen für Kinder sind ihrem Charakter nach primär Clearingstellen für Entscheidungen über eine fremdplatzierende Hilfe und Überbrückungshilfen nach der Herausnahme aus der Herkunftsfamilie bis zu einer anderweitigen Versorgung. Die entscheidende Aufgabe Sozialer Dienste liegt folglich im „home-finding", der Suche nach einem Lebensort für die Kinder, an dem sie die kommenden Jahre leben und sich entwickeln können. Die pädagogischen Aufgaben der Notaufnahmeeinrichtungen und der Bereitschaftspflegefamilien liegen dabei darin, den Kindern in einem doppelten Sinn den Übergang zu erleichtern: Sie müssen dem Kind helfen, Abschied vom Bisherigen zu nehmen, Trauer- oder Versöhnungsarbeit zu leisten und es dabei gleichzeitig für eine neue Lebensperspektive öffnen. Den PädagogInnen kommt eine „gate-keeper"-Funktion (Türen schließen, Türen öffnen) zu, was nach einem freundlichen, aber neutralem Umgang mit den Kindern, einem halt- und richtungsgebenden Verhalten und einer Haltung der Ermunterung verlangt. Auch diagnostische und ggf. heilpädagogisch-therapeutische Aufgaben bzw. ein entsprechendes „Management" sind Teil der von der Institution zu leistenden Aufgaben. Aufgaben gegenüber Mädchen und Jungen unterscheiden sich hierbei nicht wesentlich. Diese Gemeinsamkeiten zwischen den Geschlechtern bedeuten allerdings nicht, dass nicht auch schon im jüngeren Alter ein geschlechtersensibler Blick hilfreich und notwendig ist.

Auch wenn sich die geschlechtliche Identität erst im Jugendalter herausbildet, werden die Weichen für sie ja schon – mit unterschiedlicher Richtung je nach sozialer Position der Familie – im frühen Alter gelegt. Gerade weil Kinder häufig über längere Zeit in der Notaufnahmestelle verbleiben, kommt ihr hier eine „gate-keeper"-Funktion dafür zu, ob sich geschlechtsspezifische Stereotypisierungen verfestigen oder „verflüssigt" werden. Anzuraten ist Einrichtungen und Familien für Inobhutnahme darum, den Kindern Modelle für einen solidarischen Umgang der Geschlechter und für eine egalitäre Arbeitsteilung zur Verfügung zu stellen, der Geschlechterabwertung zwischen den Kindern gegenzusteuern und vielfältige Begegnungspunkte zwischen den Mädchen und Jungen zu schaffen.

Dies sieht, wie gezeigt, im Alter von 12–14 Jahren bereits anders aus. Wenn man diese Altersphase als jene Entwicklungsphase betrachtet, in der die Kinder in die Welt der Erwachsenen eintreten, sich aus alten Kindheitsidentifikationen lösen und Autonomie entwickeln müssen, muss bei Mädchen und Jungen in Notaufnahmeeinrichtungen auch damit gerechnet werden, dass die Auseinandersetzung mit den Eltern und der bisherigen Biografie an Schärfe gewinnt und gleichermaßen aktiver als auch konflikthafter als im Kindesalter verläuft. (Wofür ja auch die jetzt häufigeren Familienfluchten sprechen.) Dies bedeutet auch, dass die den Kindern in der Herkunftsfamilie zugewiesene soziale, psychologische, aber auch geschlechtsspezifische Rolle gezielter als bei den jüngeren Kindern zum Gegenstand bewusster Aufarbeitung werden sollte, wobei auch der gezielten Beobachtung der Eltern-Kind-Interaktion bei den Besuchskontakten der Kinder und somit der „Elternarbeit" eine erhebliche Rolle zukommt. Gegenüber traditionell erzogenen, insbesondere aus anderen Kulturen stammenden Mädchen und Jungen ist hierbei besondere Aufmerksamkeit von Nöten. Auch zu beachten sind die unterschiedlichen „Pfade durch die Adoleszenz" (Tillmann 1992: 22) für Mädchen und Jungen. Während es für Mädchen bedeutsam sein kann, mit ihnen nach einem Weg zwischen einer „Kultivierung" ihrer Weiblichkeit bzw. ihrer erotischen Rolle und Zurückhaltung gegenüber der ausnutzenden Begehrlichkeit älterer Jungen (und ggf. auch Männer) zu suchen, wird es für Jungen vor allem darauf ankommen, sie mit Kompensationsmöglichkeiten für überschüssige Energien vertraut zu machen und ihre noch „tapsigen" Annäherungsversuche an das andere Geschlecht verständnisvoll zu begleiten. Schließlich ist für beide Geschlechter der gewachsene Grad an Autonomie bzw. ihr verstärktes, aber oft noch unsicheres Autonomiestreben zu beachten und zwar gleichermaßen dann, wenn es um die Rückführung in die Familie oder um eine Fremdunterbringung geht.

Insgesamt: Die Rolle der PädagogInnen wandelt sich in diesem Alter vom gate-keeper zum pädagogischen Begleiter in den Jugendlichen- bzw. Erwachsenenstatus, was gleichbedeutend ist mit Frau- oder Mannwerden, in der modernen Gesellschaft aber auch nach einem flexiblen Umgang mit der Geschlechtsrolle verlangt. Tendenziell ist die frühe Pubertät der ideale Zeitpunkt für eine bewusste Mädchen- und Jungenarbeit auch unter sexualpädagogischen Gesichtspunkten, wobei man sich in den ja eher auf kürzere Dauer eingerichteten Notaufnahmeeinrichtungen wohl aber zumeist mit einer situativen Intervention im Rahmen gruppendynamischer Prozesse oder einer einzelpädagogischen Zuwendung zufrieden geben muss. Die Zuordnung (soweit es sich nicht um Selbstmeldung handelt) zu einer entweder Einrichtung für Kinder bzw. in eine Familie oder in eine Jugendlicheneinrichtung (oder ebenfalls in eine Familie) und – soweit überhaupt verfügbar – ggf. auch die Zuordnung zu einer Jungen- oder Mädcheneinrichtung wird man in diesem Alter von dem individuellen Entwicklungsstand und ihrem Selbstbild abhängig machen müssen. Hierbei die jungen Jugendlichen nach ihren eigenen Wünschen zu fragen, kann nicht schaden.

Bei Jugendlichen nach dem 14. Lebensjahr ist in der Regel davon auszugehen, dass sich sowohl Grundorientierungen hinsichtlich geschlechtlicher Rolle und Identität weitgehend verfestigt haben, als auch biografisch „passende" Muster für die Verarbeitung von Konflikten und für die Lebensgestaltung und die Zukunftsperspektive schon relativ überdauernd angelegt sind. Den PädagogInnen begegnen die Jugendlichen dabei häufig als Personen, die entweder in ihren Leiden gefangen sind oder ihre Lebensprobleme in riskanten Verhaltensweisen ausagieren; dies noch davon abgesehen, dass sie sich der pädagogischen Intervention schwer zugänglich erweisen und PädagogInnen und andere Jugendliche der Gruppe nach ihrem Muster zu „manipulieren" versuchen. Hierin unterscheiden sich Mädchen und Jungen zwar nicht grundsätzlich, aber eben doch schon als Personen, die sich mit der Geschlechtsrolle auch deren – durch die besonderen Bedingungen biografischer Erfahrung gebrochenen – gesellschaftlichen bzw. subkulturellen Klischees über „typisch weibliche" und „typisch männliche" Problemlösungsmuster angeeignet haben (wobei mit der für die Postmoderne typischen Annäherung der Geschlechter auch gerade die Abwehr des „Typischen" und die Identifikation mit dem „Untypischen" gehören kann). Für die Pädagoginnen und Pädagogen stellt sich in dieser Situation der relativen Verfestigung die Aufgabe, den Problemlösungsmustern der Mädchen und Jungen in einer Haltung der Akzeptanz (oft genug des Erduldens) zu begegnen, sie gleichzeitig mit deren zerstörerischen, Leiden verursachenden Konsequenzen zu konfrontieren und ihnen „gesündere" Alternativen für die Lebensgestaltung zu zeigen und zu eröffnen. Die Rolle der PädagogInnen wandelt sich zum neutralen, für die Sache der Jugendlichen aber parteilichen „Lebensbegleiter" einerseits, zum „konfrontativen Erschütterer" andererseits, zum Dritten als „Anbieter von alternativem Sinn".

Der „typischen" weiblichen und männlichen Problem- und Lebensbewältigungsmuster entsprechend, macht es einen guten Sinn, für Mädchen und Jungen getrennte institutionelle Arrangements vorzuhalten, wie dies – für Mädchen – auch der Tradition parteilicher Mädchenarbeit in Mädchenhäusern entspricht (für Konzeption und Beispiele siehe z.B. Kavemann 1991; Wabra 2002; Schruth 2004), für Jungen aber zumeist kein Pendant in parteilichen „Jungenhäusern" gefunden hat. Sinnhaft, aus der Perspektive der zu leistenden „Erschütterung" und des anzubietenden „alternativen Sinns", kann es aber auch sein, Jugendlichen gerade den Zugang zu einer gendersensiblen, problembewussten Familie zu eröffnen. Zum Dritten sollte bei älteren Jugendlichen in Betracht gezogen werden, dass einzelne – und wohl eine wachsende Zahl von – Mädchen und Jungen weder von einem institutionellen noch von einem familiären Setting profitieren können und sie deshalb von vornherein und ohne den Umweg über eine Inobhutnahmeeinrichtung besser über eine „Einzelmaßnahme" (entweder in einer die individuelle soziale Einbindung der Jugendlichen akzeptierenden ISE in deren „Milieu" oder in einer von der Grundidee schon auf Erschütterung, Konfrontation und neue Sinngebung angelegten „Auslandsmaßnahme") betreut werden.

Bei den ältesten Jugendlichen, den 17–18-Jährigen etwa, tritt die Sorge um einen gelingenden Übergang in den (rechtlichen) Erwachsenenstatus in den Mittelpunkt.

Schluss

Berücksichtigt wurden in Interpretationen und Schlussfolgerungen vorrangig die sich aus den Entwicklungsaufgaben von Mädchen und Jungen ergebenden Anforderungen an eine geschlechtersensible Pädagogik und an geschlechtsspezifische institutionelle Arrangements. Wiewohl sich gerade im Jugendalter viel an der Geschlechtszugehörigkeit festmacht, Geschlecht also – unabhängig von, aber gebrochen über die soziale Lage und die ethnische Herkunft – eine gewichtige Schlüsselkategorie bildet, sei abschließend nur noch darauf verwiesen, dass Einrichtungen zur Inobhutnahme, Bereitschaftspflegefamilien und „fallführende" SozialarbeiterInnen ihr Augenmerk natürlich auch auf eine Menge anderes zu richten haben. Unabhängig von der Geschlechtszugehörigkeit geht es in jedem Fall darum, den Kindern und Jugendlichen einen entlastenden Lebensort auf Zeit zu organisieren, um Anregung zur Standortklärung in einer oft ebenso krisenhaften wie ambivalenten Situation, um die Erarbeitung einer individuell tragfähigen Perspektive und um die Ermunterung, den Übergang – wohin auch immer – nicht passiv zu erdulden, sondern eigenaktiv zu gestalten. Verstehens- und Fremdheitskompetenzen sind hierzu ebenso notwendig wie Zeit sowie ein professionelles Know-how in Sachen Konfliktbearbeitung: Krisenintervention, Mediation und Unterstützungsmanagement. Zu den Anforderungen für den Umgang mit den Geschlechtern steht dies keineswegs im Widerspruch.

Literatur

Baacke, D. (1992): Die 6–12-Jährigen. Einführung in die Probleme des Kindesalters. Weinheim.

Beelmann, A./Raabe, T. (2007): Dissoziales Verhalten von Kindern und Jugendlichen. Erscheinungsformen, Entwicklung, Prävention und Intervention. Göttingen [u.a.].

Blandow, J./Erzberger, Chr. (2008): Untersuchung der Inobhutnahmen gem. § 42 SGB VIII, gem. § 34 SGB VIII im Rahmen von befristeten Übergangsplätzen und gem. § 33 SGB VIII als Übergangspflege in der Stadtgemeinde Bremen. Bremen (verfügbar unter www.giss-eV. de).

Böhnisch, L. (2004): Männliche Sozialisation. Eine Einführung. Weinheim und München.

Bütow, B. (2006): Mädchen in Cliquen. Sozialräumliche Konstruktionsprozesse von Geschlecht in der weiblichen Adoleszenz. Weinheim und München.

Denner, S. (Projektleitung): Emotionale Störungen und Verhaltensauffälligkeiten im Vorschulalter. Ergebnisse einer Studie von Dortmunder Kindergartenkindern. [gefunden unter www.fh-dortmund.de/de/ftransfer/medien/denner2.pdf]

Hurrelmann, K. (2004): Lebensphase Jugend. Eine Einführung in die sozialwissenschaftliche Jugendforschung. 7. Aufl., Weinheim und München.

Kavemann, B. (1991): Mädchenhäuser – Zufluchtsorte für Mädchen in Not. In: Birtsch, V./Hartwig, L./Retza, B. (Hg.): Mädchenwelten – Mädchenpädagogik. Perspektiven zur Mädchenarbeit in der Jugendhilfe. Frankfurt a.M. (IGfH), S. 163–178.

Kieper, M. (1980): Lebenswelten „verwahrloster" Mädchen. Autobiographische Berichte und ihre Interpretation. München.

Kirchhart, St. (2008): Inobhutnahme in Theorie und Praxis. Grundlagen der stationären Krisenintervention in der Jugendhilfe und empirische Untersuchung in einer Inobhutnahmeeinrichtung für Mädchen. Bad Heilbronn.

Liebau, E. (1992): Habitus, Lebenslage und Geschlecht – Über Sozioanalyse und Geschlechtersozialisation. In: Tillmann, K.-J. (Hg.): Jugend weiblich – Jugend männlich. Sozialisation, Geschlecht, Identität. Opladen, S. 134–148.

Schruth, P. (2004): Mädchennotdienste: Übergänge von der Inobhutnahme zu Anschlusshilfen. In: Sozialpädagogisches Institut im SOS-Kinderdorf e.V. (Hrsg.): Fortschritt durch Recht. Festschrift für Johannes Münder zum sechzigsten Geburtstag. München, S. 323–337.

Statistisches Bundesamt (2007), Mikrozensus. Wiesbaden.

Tillmann, K.-J. (1992): „Spielbubis" und „eingebildete Weiber" – 3- bis 16-Jährige in Schule und peer-group. In: ders. (Hg.): Jugend weiblich – Jugend männlich. Sozialisation, Geschlecht, Identität. Opladen, S. 13–27.

Wabra, A. (2002): Mädchenzentrum Erfurt – ein Projekt Integrierter Hilfen. In: Wolff, M. (Hg.): Zukunft Europa – Zukunft für Mädchen. Strategien gegen Ausgrenzung benachteiligter Mädchen und junger Frauen in Europa. Münster, S. 161–172.

Weiß, W. (2003): Philipp sucht sein Ich. Zum pädagogischen Umgang mit Traumata in den Erziehungshilfen. Weinheim/Berlin/Basel.

Ich hatte mich gerade hingelegt …

Ich hatte mich nach einem anstrengenden Abenddienst in der Inobhutnahme gerade hingelegt – die Jugendlichen waren nun alle im Bett und jede/r schien sich an das richtige Zimmer erinnert zu haben –, als mich das Klingeln des Telefons aus der Ruhephase aufschreckte.

Es meldete sich die Polizeiwache. „Wir haben einen gewalttätigen Jugendlichen – 16 Jahre – festgenommen. Er hat in der Innenstadt randaliert, Mülleimer ausgeleert und nicht auf unsere Ansagen reagiert. Er will nicht nach Hause gebracht werden. Dies hat auch keinen Sinn, da wir dies in den letzten Wochen schon ein paar Mal gemacht haben. Es ist einfach nichts passiert. Er muss in Obhut genommen werden, haben Sie einen freien Platz?" Als ich eine Aufnahmemöglichkeit auf dem Sofa als Notschlafplatz anbot – die Zimmer waren alle belegt –, gab er mir die Daten des Jugendlichen. Michael wäre höchst aggressiv und sie hätten ihn in die Zelle gebracht, da sie sonst Angst um ihre Einrichtung gehabt hätten. Außerdem hätte er sie massiv beschimpft und bedroht. „Oh Mann, auch das noch", verschwieg ich und sagte zu, nach der Klärung der kurzfristigen Vertretung auf die Wache zu kommen, um die Inobhutnahme durchführen zu können.

Nachdem die Gruppe übernommen worden war, machte ich mich auf den Fußweg zur Wache, die nur 15 Minuten entfernt lag. Ich dachte mir, ein kleiner Gang in klarer Nacht wirkt sicherlich auch beruhigend, da ich nach dem anstrengenden Abend wenig Energie für eine aufregende Aufnahme hatte. Außerdem war ich durch die Aussagen der Polizisten etwas in Unruhe, was mich wohl erwarten würde. Würde er mit mir mitkommen, würde er die ganze Gruppe wieder aufwecken, würde er mich vielleicht auch bedrohen? Mit etwas mulmigem Gefühl im Magen näherte ich mich gegen ein Uhr der Wache.

Ich klingelte und mir wurde von zwei Polizisten in voller Montur die Tür geöffnet. „Da hinten in der Zelle sitzt er." Ich schaute einen kurzen Gang entlang, der von jeweils zwei weiteren Polizisten flankiert wurde. Dies verstärkte noch etwas das mulmige Gefühl und ich machte mich auf den Weg in die Zelle, wo Michael auf der Pritsche saß, den Kopf auf die Hände gestützt. Ich setzte mich neben ihn, stellte mich vor und fragte ihn nach seiner Sicht der Dinge. Er schaute mich zunächst irritiert an, fragte „was ich denn hier nun wolle". Ich wiederholte, ich käme aus der Inobhutnahmestelle. Er fragte nochmals nach dem Namen und meinte dann: „Es ist gut, da war mein Freund auch schon einmal".

Ich bot ihm an, hier noch zu sprechen oder uns gleich auf den Weg in die Inobhutnahme zu machen, um dort miteinander zu reden. „Ich komm' mit, lass' uns hier abhauen", war seine Antwort. Etwas ruhiger, doch immer noch aufgeregt, begaben wir uns zurück durch das Spalier der sechs Polizisten. Ich blickte in strenge und vielleicht auch ärgerliche Gesichter, die unseren Abgang skeptisch verfolgten. Mit einem etwas mitleidigen Blick meinte der letzte in der Reihe: „Viel Glück, vielen Dank für das schnelle Kommen und noch eine gute Nacht": Mit den Worten „falls noch was wäre, könnte ich mich ja dann nochmals melden", drückte er mir die Kopie der Protokolls mit den Daten in die Hand und wir verließen die Wache.

Kaum waren wir an der „frischen Luft", begann Michael über die „Sch... B..." – Polizisten – zu schimpfen. Dies hielt an, bis wir die Inobhutnahme erreicht hatten. Mittlerweile hatte er sich „ausgeschimpft", wirkte beruhigter und auch ich hatte meine Ruhe, Gelassenheit und Sicherheit wieder gefunden. Mit der notwendigen Neugierde betraten wir die im 3. Stock gelegene Inobhutnahme, ich entließ den Kollegen wieder in die Bereitschaft und setzte mich mit Michael ins Büro.

Nach einem langen Aufnahmegespräch, in dem er seine Sicht der Dinge darlegte, die bei weitem nicht aggressiv wirkte, bettete er sich auf das Notsofa und auch ich wechselte gegen halb vier in die Ruhebereitschaft. Zufrieden dachte ich an den Dienst und die erfolgte Aufnahme, wohlwissend, in zweieinhalb Stunden wieder mit dem Wecken beginnen zu müssen.

Der erste Tag in der Inobhutnahme – Erfahrungen und Hinweise aus systemtherapeutischer Sicht

Lutz Bohnstengel

Die Gestaltung der ersten Kontaktaufnahme im Rahmen der Inobhutnahme ist ein wichtiger Baustein für den weiteren Hilfeverlauf und die Grundlage für die anschließende Arbeit der Entwicklung einer tragfähigen Beziehung zwischen Helfer/in und dem Kind bzw. der/dem Jugendlichen. Es handelt sich meist um eine sehr sensible Phase, da der Beginn der Inobhutnahme oft ungeplant und nicht selten nur mit eingeschränkter Freiwilligkeit von Seiten des Kindes oder des Jugendlichen, aber auch der Eltern stattfindet. In diesem Beitrag werden Erfahrungen und Hinweise für die Gestaltung dieses ersten wichtigen Tages dargestellt, die ein Kind oder ein Jugendlicher in einer Inobhutnahme-Einrichtung verbringt. Die folgende Darstellung erfolgt zum großen Teil aus systemtherapeutischer Perspektive, die einen grundlegenden Arbeitsansatz des Autors bildet.

Das Aufnahmegespräch – Weichen stellen für die Zukunft

Kinder und Jugendliche, die in einer Inobhutnahme-Einrichtung untergebracht werden oder sich aus eigenem Antrieb dort melden, müssen meist eine Vielzahl von negativen, bisweilen traumatisierenden Erlebnissen verarbeiten (vgl. Maywald 2002). Die Gefühlssituation der akut untergebrachten Kinder und Jugendlichen ist meist verbunden mit Verunsicherung, Ängsten, Misstrauen gegenüber Erwachsenen oder Gleichaltrigen, Rückzugstendenzen oder auch ambivalentem Verhalten den Helferinnen gegenüber. An Fachkräfte der Jugendhilfe, die mit Kindern und Jugendlichen in derartigen „Extremsituationen" arbeiten, sind hohe Anforderungen gestellt, um einen Zugang zu ihnen aufbauen und halten zu können. Als eine zentrale Anforderung kann ein hohes Maß an „Achtsamkeit" sowie „Aufmerksamkeit" beschrieben werden, die sich sowohl auf die emotionale Situation des Kindes bzw. Jugendlichen beziehen soll als auch darauf, eine für einen positiven Erstkontakt zum Klienten[81] günstige Atmosphäre herzustellen.

Ruhe, Struktur, Aufmerksamkeit, Einfühlung

Das Aufnahmegespräch mit allen Beteiligten (in der Regel Fachkräfte des zuständigen Jugendamts, das Kind/der Jugendliche selbst, manchmal auch Eltern oder andere Sorgeberechtigte) ist häufig die erste „Weichenstellung" für einen Hilfeprozess und bedarf daher einer sensiblen und vorausschauenden Planung und Gestaltung: So sollte dieses Gespräch in einer ruhigen und vom Gruppenalltag separierten Atmosphäre erfolgen und ruhig, strukturiert, ein-

---

[81] Als Klienten werden in diesem Zusammenhang nicht nur das Kind bzw. der/die Jugendliche gesehen, sondern genauso weitere Bezugspersonen oder Jugendamtsmitarbeiter.

fühlsam und *aufmerksam* durchgeführt werden. Die pädagogische Mitarbeiterin sollte möglichst auf das Gespräch fokussieren können, was voraussetzt, dass eine andere pädagogische Mitarbeiterin (Stichwort: Doppelbesetzung) in der Gruppe bei den anderen Jugendlichen ist und die Alltagsstruktur aufrechterhält. Ohne Ruhe ist es nur eingeschränkt möglich, ein „Joining" (vgl. Wirsching/Scheib 2002)[82] zu realisieren bzw. herzustellen. Ohne Ruhe ist es weiterhin kaum möglich, eine transparente (Gesprächs-)Struktur zu erzeugen, geschweige denn, *aufmerksam* das Gespräch zu führen und einfühlsam sein zu können und auf eine solche Art den Klienten das Gefühl zu geben, wahrgenommen worden zu sein, verstanden worden zu sein.

Ist es in einem Erst- oder Aufnahmegespräch gelungen, einen solchen Rahmen für das Gespräch, eine solche Atmosphäre und eine solche positive emotionale Bewertung auf Seiten des Klienten zu erzeugen, kann auf Seiten des Kindes/ des Jugendlichen bzw. dessen Eltern Hoffnung darauf entstehen, dass ihnen hier geholfen wird. Diese Hoffnung oder positive Erwartung erzeugt im Weiteren eine größere *Offenheit* gegenüber den pädagogischen Mitarbeitern und dem Hilfeprozess. Die Wichtigkeit von Vertrauen und Hoffnung auf Veränderung auf Seiten der Klienten sind für einen gelingenden Hilfeprozess nicht zu unterschätzende Grundgegebenheiten, die zwar einfach bzw. banal erscheinen, aber nur mit Einfühlsamkeit und Beratungsgeschick erreichbar sind.

Die Exploration – Erkundung eines unbekannten Gebietes

Ins Aufnahmegespräch gehört die *Exploration* des identifizierten Problems bzw. der Perspektiven der Einzelnen darauf: Was wird als Problem angesehen, von wem und warum, von wem nicht? Gibt es Ausnahmen, in denen sich das Problem nicht zeigt? Wie ist der „Tanz" um das Problem: Wenn er das macht, was machen Sie dann? Und weiter: Welche Hilfeversuche sind bisher unternommen worden, welche Lösungsideen gibt es? Welche Erwartungen haben die Beteiligten aneinander? Was müsste wer machen, damit es zu Hause besser klappt?

Mit der bekannten Methode des *Genogramms* lässt sich bereits zu Beginn ein guter Eindruck der Familienstruktur der Herkunftsfamilie und der Großelterngeneration gewinnen. Die Erstellung eines Genogramms kann die Exploration unterstützen, weil sich Bezüge unmittelbar im Gespräch ergeben und so wesentliche Informationen gegeben werden. Anhand von anamnestischen Informationen und der gegebenen Familienstruktur lassen sich bereits am Anfang strukturelle Hypothesen über das Familiensystem bilden, von denen dann wieder Interventionen ableitbar sind sowie die Erstellung eines pädagogischen Betreuungsplanes. Die Erstellung des Genogramms hat also die Wirkung eines *Leitfadens für die Exploration*.

---

[82] Unter „Joining" versteht man in der systemischen Therapie das Vorgehen und das Ziel, ein kooperatives Arbeitsbündnis mit einer Familie bzw. einem Familiensystem einzugehen.

Im weiteren Verlauf einer Inobhutnahme ist es möglich, zwanglos im Gespräch mit dem Kind/dem Jugendlichen bzw. seinen Eltern auf die Informationen des Genogramms zurückzukommen und dieses substanziell zu erweitern. Eine andere fruchtbare Möglichkeit der Erweiterung stellt die sog. *Zeit-Leiste* dar (vgl. Schweitzer/von Schlippe 2006: 399), auf der wesentliche biografische Ereignisse, Life-Events, aber auch für das präsentierte Problem wesentliche Entstehungsbedingungen eingetragen werden. Dieses – gemeinsam mit Klienten durchgeführt – trägt nicht nur zur Klarheit des Helfers bei, sondern kann Klienten dabei helfen, Bedingungen und mögliche Ursachen besser zu verstehen, die der Problementstehung vorangingen bzw. die es aufrechterhalten.

Eine dritte Möglichkeit stellt das *Familien-Brett* dar, eine Skulptur-Technik, mit der mit kleinen Holzfiguren eine Familienaufstellung vorgenommen wird und die auf ganzheitliche Weise Familienbeziehungen erlebbar macht (Ludewig/Wilken 2000).

Ein wesentliches Element der Exploration stellt die ressourcenorientierte Haltung der Fachkräfte dar, bei der stets nach Stärken und Anknüpfungspunkten gesucht wird. Eng damit verbunden ist die Haltung, eine sog. *Überlebensdiagnostik* (Ludewig 2002) zu gestalten. Menschen verfügen häufig über bestimmte und besondere Fähigkeiten, erhebliche familiäre bzw. soziale Probleme zu „überleben" bzw. zu bewältigen. Dieses aus der Familientherapie bekannte Muster erlangt in den letzten Jahren im Rahmen der Resilienzforschung eine neue Aufmerksamkeit. Um eine positive Arbeitsatmosphäre zu schaffen, sollten Mitarbeiterinnen keine Gelegenheit versäumen, Klienten (in dem Falle den Kindern und Jugendlichen) die wahrgenommenen Stärken und Fähigkeiten zurückzumelden. Zu der Ressourcenorientierung gehört auch oder vor allem ein gutes klinisches *Störungswissen* (Schweitzer/von Schlippe 2006: 32), um entscheiden zu können, bei welchen Diagnosen bzw. Störungsbildern die Ressourcenorientierung zu einem Hinterherjagen nach Phantomen führt und damit zu einer Verlängerung des Leidens.

Anliegen und Auftrag

Je kürzer eine Inobhutnahme dauert, desto weniger wichtig wird ein differenzierter Auftrag. Für eine Inobhutnahme, die nur über die Nacht reicht, müssen Mitarbeiterinnen nicht viel wissen (so kann es bei einem jugendlichen Selbstmelder ausreichend sein, die Eltern telefonisch zu informieren, um am nächsten Morgen die Rückreise bzw. die Abholung zu organisieren). Ist es zunächst absehbar, dass eine Inobhutnahme oder der weitere Hilfeverlauf einen umfangreichen Klärungs- und Planungsprozess erfordert, bedarf es der Ermittlung einiger formeller Informationen: Wer ist bspw. sorgeberechtigt? Welche Schule soll das Kind besuchen? Zu wem darf das Kind Kontakt haben? Zu wem besteht ein Kontaktverbot? Daneben ist aber auch zur Erstellung eines

Fallkonzeptes elementar wichtig: Was soll während der Inobhutnahme geschehen: Was sollen die Mitarbeiterinnen machen, was sollen sie nicht machen, mit/für wem/wen sollen sie was machen, wer hat welchen Auftrag – und: sollen sie überhaupt was machen?

Für eine Unterbringung, die sich u.u. über Wochen oder Monate erstrecken kann, sind sämtliche anamnestischen Informationen wichtig sowie ein praktikabler *Arbeitsauftrag*, um ein gelingendes Betreuungskonzept entwickeln zu können. Dieser Arbeitsauftrag entsteht idealerweise im Konsens mit den beteiligten Eltern und dem zuständigen Jugendamt.

In Obhut nehmen – was heißt das konkret?

Nach dem offiziellen Aufnahmegespräch in der Inobhutnahmestelle, an dem die verschiedenen o.g. Beteiligten teilgenommen haben, verabschieden sich der/die Mitarbeiter/in vom Jugendamt und den ggf. anwesenden Eltern oder anderen Sorgeberechtigten. Ein Einzelgespräch mit dem Kind/dem Jugendlichen im Anschluss an diesen eher „formellen" Rahmen sollte sich dem Kind bzw. dem Jugendlichen persönlich widmen, um zu vermitteln, dass es/er/sie ernst genommen und vorbehaltlos angenommen wird. Dies muss nicht unmittelbar im Anschluss an das Aufnahmegespräch stattfinden, sollte aber wegen seiner *Signalwirkung* möglichst zeitnah erfolgen. Dieses *Nachgespräch* sollte ebenfalls mit der deutlichen Botschaft verknüpft werden, dass die Mitarbeiterinnen offen sind für alle Fragen und Bedürfnisse des Kindes bzw. des Jugendlichen. Ab diesem Zeitpunkt können dann auch andere Mitarbeiter im Rahmen einer Vorstellung in den Prozess der Kontaktaufnahme und des Kennenlernens einbezogen werden.

Eng damit verbunden ist ein kurzes *Ritual*, um das Kind bzw. den Jugendlichen in der Gruppe willkommen zu heißen[83]. Aus der Situation und dem ersten Eindruck heraus muss der/die Mitarbeiter/in nun mit dem nötigen „Fingerspitzengefühl" entscheiden, wie viel Raum und Zeit sie dem „Neuen" lässt. Andererseits soll aber auch nicht der Eindruck entstehen, von der Mitarbeiterin allein gelassen zu werden. Je nach Alter der „Neuaufnahme" ist ein jeweils anderes Vorgehen geboten: Einem Jugendlichen wird man eher Zeit und Raum lassen; ein Kind wird man kaum sich selbst überlassen. Aber auch dem Jugendlichen sollte ausdrücklich die Einladung ausgesprochen werden, doch aus dem Zimmer wieder mit in die Gemeinschaftsräume zu kommen.

Gibt es einen wichtigen Verwandten oder Freund bzw. Freundin, so wird meist schnell der Wunsch seitens des Kindes bzw. des Jugendlichen formuliert, zu

---

[83] Das können einfache Dinge sein wie ein Tütchen mit Gummibärchen auf dem Nachttisch im Zimmer, ein Kärtchen mit einem Willkommensgruß oder aber ein gemeinsames Kuchenbacken am Nachmittag, ein Begrüßungsritual mit der gesamten Gruppe am Gruppenabend o.Ä.

diesen telefonisch Kontakt aufzunehmen. Je nach Situation und Auftrag sollte die Mitarbeiterin dies erlauben.[84]

Nach einer ersten Zeit der Anwesenheit auf der Gruppe nimmt sich die pädagogische Mitarbeiterin noch die Zeit, dem Kind bzw. dem Jugendlichen die Gruppenregeln zu erklären und diesem ein Basiswissen über die „Spielregeln im Haus" zu vermitteln.

Kennen lernen – Orientierung geben

Das nötige Fingerspitzengefühl für den geeigneten Zeitpunkt vorausgesetzt, sollte für die/den pädagogische/n Mitarbeiter/in handlungsleitend sein, dem Neuankömmling die *Regeln der Gruppe* und Gepflogenheiten bekannt zu machen sowie die verschiedenen Teile und Einrichtungen auf dem Heimgelände, wenn vorhanden, zu zeigen, um so Orientierung zu geben. So können die Mitarbeiter/innen verhindern, dass andere Jugendliche diese „Einweisung" übernehmen. Wenn genügend Zeit vorhanden war, die Gruppe und die Räumlichkeiten im Haus sowie Mitbewohner/innen kennen zu lernen, ist es wichtig, dem Neuankömmling ggf. auch das umliegende Gelände sowie weitere Einrichtungen und Gegebenheiten auf dem Heimgelände zu zeigen. Auf diesem Weg kann es sinnvoll sein, weitere Personen aus der Heimeinrichtung vorzustellen, z.B. den Heimleiter oder die/den Mitarbeiter/in, die/der bspw. gruppenübergreifend ein begehrtes Kletterangebot anbietet oder den Bereichsleiter der Verselbständigung bzw. des sozialpädagogisch betreuten Wohnens etc.

Oft ist es Praxis, aus Gründen des näheren Kennenlernens, für die ersten drei Tage eine Ausgangssperre einzurichten. Das bedeutet, dass sich der Neuankömmling zunächst innerhalb des Hauses oder auf dem Heimgelände bewegt. Ausgänge in die Stadt oder Besuche außerhalb unterbleiben in dieser ersten Phase. Zumeist lassen sich auch ältere Kinder und Jugendliche auf diese Anforderung ein. Immerhin wollen sie zumeist auch sehen, wo sie nun „gelandet" sind. Da sie sich frei im und ums Haus sowie auf dem Heimgelände bewegen und auch andere Kinder und Jugendliche kennen lernen können, empfinden

---

[84] Mit der Tatsache, dass fast alle Jugendlichen ein eigenes Handy haben, wird in den bundesdeutschen Inobhutnahmestellen unterschiedlich umgegangen. Die Zahl derjenigen Stellen, die aus Gründen der Kontrolle das Handy einziehen, ist gering. Das hat v.a. mit den enormen Widerständen der Jugendlichen zu tun, einen zentralen Punkt ihrer Privatsphäre aus der Hand zu geben. Außerdem sind Handys überall verfügbar, sodass es für die Mitarbeiterinnen eh nicht möglich ist, ein unkontrolliertes Telefonieren zu verhindern – selbst bei eingezogenem Handy. Andere Stellen erwarten, dass das Handy zur Bettgehzeit abgegeben wird, um besser für eine Nachtruhe sorgen zu können. In den meisten Stellen gibt es keine Einschränkungen bei Handys. Es sei denn, das Handy wird zur Organisation von Straftaten benutzt oder das permanente Abspielen von lauter Musik übersteigt die Leidensfähigkeit der Mitbewohner oder Betreuerinnen. Aus pädagogischen Gründen wird dann das Handy schon mal für eine gewisse Zeit eingezogen. Jedoch vermeiden die Mitarbeiterinnen meist, dass es so weit kommt, da der Einzug mit viel Widerstand einhergeht.

die meisten das nicht als Zumutung. Auf diese Weise sorgt die Inobhutnahmestelle auch dafür, dass die Kinder und Jugendlichen sich mit der Inobhutnahmegruppe bzw. der Heimeinrichtung verbinden können; gleichzeitig haben nur so die Mitarbeiterinnen der Inobhutnahmestelle die Möglichkeit, das Kind bzw. den Jugendlichen kennen lernen zu können. Der Neuankömmling soll auch mit den Mitarbeitern/innen der Inobhutnahmestelle in Verhandlungen treten und fragen, warum er keinen Ausgang hat und unter welchen Umständen er Ausgang bekommen kann. So entstehen Gespräche darüber, was von ihm erwartet wird und wie er selbst durch sein Verhalten zu mehr Freiheiten kommen kann, wenn er zeigt, dass man sich auf ihn verlassen kann.

Anforderung an Fachkräfte

Die besondere Herausforderung für die Mitarbeiterinnen von Inobhutnahmestellen generell und besonders für den ersten Tag einer Inobhutnahme ist es stets, zügig zu einer guten Kontaktaufnahme und Beziehungsgestaltung zu dem Neuankömmling zu finden. Diesem Anspruch gerecht zu werden, ist wegen der bunten Vielfalt des Lebens, der stets individuellen Problemlagen, den fließenden Übergängen zu psychiatrischen Störungsbildern, dem Nebeneinander beider Geschlechter und Altersstufen alles andere als einfach. Neben einer Berufsroutine braucht es dabei v.a. Flexibilität und Improvisationsgeschick, ohne in Beliebigkeit zu verfallen.

Im Vergleich zu anderen stationären Angeboten der Jugendhilfe ist das Besondere der Inobhutnahmestelle v.a. in den folgenden Aspekten zu sehen:

- *Flexibilität* – Die erforderliche Grundhaltung ist dabei: Nicht fragen: Wer passt zu uns? Sondern was können wir für (irgend)jemand tun, damit es passt?
- *Spontaneität* – sich an neue Situationen anpassen können. (Damit ist nicht Beliebigkeit gemeint, sondern die Fähigkeit, in Wahrung der eigenen Grundhaltung fallabhängig ggf. Kompromisse zu machen.)
- *Erfahrung* – mit schwierigen Jugendlichen bzw. mit Jugendlichen mit psychiatrischen Diagnosen und eine Routine in Fragen der Krisenintervention und Deeskalation.
- *All-Parteilichkeit* – als Grundhaltung der Mitarbeiter. Das bedeutet Beweglichkeit in alle Richtungen bzw. zu allen Seiten (Achtung: Nicht: das Fähnchen im Wind!)
- *Beziehungsfähigkeit* – Eine gute Fähigkeit der pädagogischen Mitarbeiter, schnell Beziehungen zu Kindern und Jugendlichen herstellen zu können, aber auch wieder beenden zu können, wenn die Inobhutnahme nicht mehr erforderlich ist.

- *Lösungsorientiert-kreative Haltung* – der Mitarbeiter gegenüber der präsentierten Problematik.
- *Fachlichkeit und Professionalität* – Die Fähigkeit der Mitarbeiter, Mädchen und Jungen jeden Alters in einer Gruppe betreuen zu können. (Achtung: Nicht immer und nicht in allen Lebenslagen).
- *Ressourcenorientierung* – auf Seiten der Mitarbeiter, aber auch die Fähigkeit, Defizite wahrzunehmen und über Störungswissen zu verfügen.
- *Grundhaltung des* (Fall-)*Verstehens* – aber deswegen nicht mit allem einverstanden sein.
- *Diagnostische Kompetenz* – sozialpädagogische Diagnostik, systemische (Familien-)Diagnostik, die Kenntnis von psychiatrischen Symptomatiken (insbesondere Symptomatiken wie: Dissoziationszustände aller Art, Suizidalität, Selbstverletzungen, Depressionen, Aggressivität, Intoxikationszustände, Halluzinationen); dieses Störungswissen bezieht sich nicht nur auf Kinder und Jugendliche, sondern auch auf deren Eltern.
- *Kooperationsfähigkeit und -verständnis* – Besonders enge und *zeitnahe Kooperation* der Mitarbeiter mit allen anderen Beteiligten.
- *Vernetztheit* – Eine gute und enge Kooperation mit der örtlichen Kinder- und Jugendpsychiatrie sowie der Polizei und dem Ordnungsamt.

Zusammenfassung und Resümee

Den ersten Tag auf einer Inobhutnahmegruppe gut zu gestalten gehört zu den anspruchsvollen Aufgaben in der Jugendhilfe. Meist ohne lange Vorlaufzeit gilt es für die Mitarbeiter/innen, Krisen nicht gleichgültig, sondern gelassen gegenüber zu treten. Eine einfühlsame und doch rasche Kontaktaufnahme im Rahmen einer klaren Struktur erzeugt Orientierung und ein schnelles Ankommen. Versorgung in physischer und psychischer Hinsicht führt bei den Kindern und Jugendlichen zu dem Gefühl, richtig wahrgenommen zu sein. Das ist meist mehr als sie gewohnt sind.

Daneben leisten die Mitarbeiter/innen in Inobhutnahme-Stellen aber auch klare Konfrontation, wenn Grenzen nicht nur zu setzen, sondern auch durchzusetzen sind. Dabei gehen sie, so weit als möglich, deeskalierend vor. Sie verbinden eine ressourcenorientierte, allparteiliche Grundhaltung mit gutem klinischen *Störungswissen*, sodass auch die Defizite wahrgenommen werden können. Oft gilt es schon am ersten Tag, nach einem diagnostischen Screening zu einer ersten Einschätzung zu kommen.

Dabei können verschiedene Störfaktoren den Mitarbeitern/innen die Arbeit erheblich erschweren. Vor allem finden sich diese in den Arbeitsbedingungen und der personellen Ausstattung von Inobhutnahmestellen selbst. Diese zu verbessern und so das Wohl von Kindern, Jugendlichen und deren Eltern zu schützen oder wiederherzustellen, sollte allen Beteiligten der Jugendhilfe nicht nur ein theoretisches Anliegen sein.

Literatur

Ludewig, K./Wilken, U. (2000): Das Familienbrett. Ein Verfahren für die Forschung und Praxis mit Familien und anderen sozialen Systemen. Hogrefe.

Ludewig, K. (2002): Leitmotive systemischer Therapie. Stuttgart: Klett-Cotta, S. 190ff.

Maywald, J. (2002): Trennungs- und Verlustsituation. In: Salgo, L./Zenz, G./Fegert, J.M./Bauer, A./Weber, C./Zitelmann, M. (Hrsg.): Verfahrenspflegschaft für Kinder und Jugendliche. Ein Handbuch für die Praxis. Köln: Bundesanzeiger-Verlag.

Schlippe, A. von/Schweitzer, J. (2006): Systemische Therapie und Beratung II. Das störungsspezifische Wissen. Göttingen: Vandenhoeck und Ruprecht.

Wirsching, M./Scheib, P. (Hrsg.) (2002): Paar- und Familientherapie. Berlin: Springer Verlag.

Vermisst

Die Polizei bringt einen ca. acht Jahre alten Jungen, der beim Ladendiebstahl erwischt wurde. Er hat sich auf der Wache geweigert zu sprechen. das Einzige, was die Beamten zu hören bekamen, war: „Lass mich". In der aktuellen Vermisstenliste war keine Person gemeldet, die auf den Jungen zutraf. Der Junge macht einen ungepflegten Eindruck, seine Kleidung trägt er offensichtlich schon einige Tage. Auch bei uns verweigert er anfangs die Sprache. Als er gefragt wird, was er essen möchte, kann er nicht mehr widerstehen, seine Wünsche zu äußern. Seinen Namen oder seine Herkunft will er auch die nächsten zwei Tage nicht preisgeben. Er erklärt, er wolle nicht mehr nach Hause, dort würde er von seinem Vater geschlagen werden.

Am vierten Tag gibt er zunächst einen Vornamen an, auch damit erzielt die Polizei keinen Treffer in der Vermisstenliste. Tags darauf erzählt er dann anderen Bewohnern, dass er mit der S-Bahn in unsere Stadt gefahren ist. Die nächste S-Bahn gibt es aber erst in Hamburg. Nun hat die Polizei einen Anhaltspunkt, der zum Erfolg führt. Der Junge ist tatsächlich in Hamburg vermisst gemeldet, wenn auch erst seit zwei Tagen. Da er sich standhaft weigert nach Hause zurückzukehren, wird er vom zuständigen Jugendamts-Mitarbeiter abgeholt und in die Hamburger Inobhutnahmestelle gebracht.

Inobhutnahme in der Praxis

Werner Freigang

im Gespräch mit VertreterInnen des IGfH-AK „Inobhutnahme"

Der folgende Text stellt eine kommentierte Zusammenfassung eines Interviews dar, das ich (W.F.) mit vier MitarbeiterInnen des Praxisfeldes Inobhutnahme führte. Ziel des Gesprächs war es, etwas über den Alltag oder über Alltage in der Inobhutnahme zu erfahren, über die praktischen Erfahrungen mit spezifischen institutionellen Ausformungen, aber auch über gemeinsame Erfahrungen und Probleme. Das Gespräch fand im Jugendnotdienst der Stadt Berlin statt, die GesprächspartnerInnen sind in der IGfH-Fachgruppe Inobhutnahme aktiv, ihre Institutionen und ihr Alltag sind allerdings sehr unterschiedlich. Es war ein sehr lebendiges und interessantes Gespräch, aus dem ich möglichst viel Originalton der MitarbeiterInnen in den Text übernommen habe. Die GesprächspartnerInnen stellen sich zu Beginn kurz vor:

M. T.: (Maren Tesch) „Ich bin Leiterin im Kinderhaus „Krup unner" in Rostock. Es befinden sich vier Bereiche in dieser Einrichtung: eine Kindertagesstätte, zwei Wohngruppen, eine davon mit einem Intensivbetreuungssystem, eine mit intensiver Schul- und Familienförderung und der Kinder- und Jugendnotdienst mit acht Plätzen. Zusätzlich bin ich in der Inobhutnahme tätig und übernehme punktuell Nachtdienste, jedoch keine Wochenenddienste."

A. N.-W.: (Andreas Neumann-Witt) „Ich leite den Jugendnotdienst und den Mädchennotdienst hier im Berliner Notdienst Kinderschutz. Wir sind innerhalb des Notdienstsystems für die Altersgruppe ab 14 zuständig und haben noch einen zweiten Standort: den Kindernotdienst in Kreuzberg, der sich um die unter 14-jährigen Kinder kümmert. Wir haben im JND rund 2500 Aufnahmen, also Durchgänge pro Jahr und verlegen unsere Inobhutnahmen relativ schnell in andere Einrichtungen. Das ist der Unterschied zu anderen Inobhutnahmestellen. Wir sind primär der Bereitschaftsdienst der Jugendämter in Berlin, also direkt eine Jugendamtsdienststelle, und führen die Inobhutnahmen außerhalb der Öffnungszeiten des Jugendamtes durch."

G. L.: (Graham Lewis) „Ich leite eine stationäre Wohngruppe der Elsa-Brandström-Jugendhilfe in Minden. Da sich unsere Einrichtung in einer ländlichen Region befindet und die Inobhutnahme maximal sieben Plätze anbietet, ist das Angebot an einer stationären Wohngruppe für Jungen und Mädchen angegliedert. Ergänzt wird der Bereich der Inobhutnahme noch durch sozialpädagogische Clearingplätze und einem Familienkrisendienst, einer ambulanten Form von Krisenintervention. Ich arbeite ganz normal im Gruppendienst, also auch nachts."

R. R.: (Rüdiger Riehm) „Ich bin stellvertretender Leiter bei uns in der Einrichtung und dabei zuständig für die Bereiche Inobhutnahme, ambulante Maßnahmen, Tagesgruppen und sonderpädagogische Maßnahmen und mit Stundenanteilen im ambulanten Dienst und in der Notaufnahme auch tätig. Aber ich habe keinen Nachtdienst. Ich mache nur punktuelle Dienste in der Inobhutnahme."

Zwischen Intensivstation, Rangierbahnhof und Lebensort

Arbeit in der Inobhutnahme kann Heimerziehung sehr ähnlich sein, für die Kinder und Jugendlichen kürzer und unsicherer in der Perspektive, aber strukturell der Heimerziehung recht nahe, was sich dann auch in Arbeitsorganisation und Dienstplangestaltung niederschlägt. Sie kann aber auch – wie beim großen Notdienst der Stadt Berlin – ein ganz anderes, eigenständiges Arbeitsfeld darstellen und damit eine ganz andere Arbeitsweise bei MitarbeiterInnen erfordern.

Arbeitsplatz Inobhutnahme

A. N.-W.: „Wir sind insgesamt 35 Sozialarbeiterinnen und Sozialarbeiter, die im Schichtdienst arbeiten, das heißt, es arbeiten parallel immer fünf Leute mindestens im Dienst. Ich bin als Leitung mit meiner Stellvertretung nur noch ausnahmsweise in der Fallarbeit, wenn wir mal einspringen oder eine Fallkonstellation als besonders schwierig eingeschätzt wird. Das hat meistens weniger mit den Jugendlichen selbst zu tun, sondern eher mit Kooperationsschwierigkeiten zwischen Einrichtungen. Den Dienstplan machen die Teams selbstständig. Wir haben zwei Teams: der Mädchennotdienst, bestehend aus sechs Frauen, die sich rund um die Uhr ablösen, und der restliche Jugendnotdienst, der aus 29 Leuten besteht, die ebenfalls selbstständig einen Dienstplan erstellen (…)

Es kann auch sein, dass wir Jugendliche nur für Stunden da haben, wenn wir z.B. eine direkte Rückvermittlung schaffen, das ist natürlich eine gute Sache. Ansonsten versuchen wir die Jugendlichen möglichst schnell an Kooperationsträger zu vermitteln, also Kriseneinrichtungen freier Träger. Wir haben ein Netz aus Einrichtungen in der Stadt, das aus 15 Einrichtungen besteht, in die wir Tag und Nacht verlegen können. Im Regelfall bleiben die Jugendlichen ein bis zwei Tage im Jugendnotdienst, der längste Aufenthalt im Haus im letzten Jahr war 16 Tage. Das war ein Jugendlicher aus dem Ausland, bei dem es einen langen Behördenclinch gegeben hat. (…)

An einem normalen Tag sind morgens bis zu zehn Jugendliche da, nachmittags, am frühen Nachmittag sind alle verlegt, wenn's gut läuft. Und dann fängt es an, sich wieder zum Abend hin zu füllen. Alle auswärtigen Jugendlichen bleiben zunächst im Notdienst, bis wir eine Lösung gefunden haben.

Wenn der Mitarbeiter in den Dienst kommt, muss er sich erst mal neu orientieren, wer im Notdienst aufgenommen wurde. Einer von den Fünfen, die den Dienst beginnen, ist für die Gruppenbetreuung zuständig. Die anderen sind für die Krisenberatung, Gespräche und das „Vermittlungsgeschäft" da. Die Personen wechseln aber ihre Positionen, je nach dem, wie es gerade gebraucht wird. Da können auch mal zwei MitarbeiterInnen in der Gruppe sein, wenn erhöhter Bedarf da ist. Oder der, der normalerweise die Betreuung macht, würde am Nachmittag, wenn keiner da ist, mit in die Beratung reingehen und dort weiterarbeiten."

Der Personalstamm einer „normalen" Wohngruppe bildet das Gerüst für die Besetzung der an die Wohngruppe gekoppelten Notaufnahme, die außerdem strukturell von Belegung abhängt:

G. L.: „Wir haben ein Mitarbeiterstammteam für die koedukative Gruppe, dazu kommen noch Leitungsanteile und unser Psychologe. Ergänzend gibt es dazu einen Pool von MitarbeiterInnen, unter anderem auch studentische Ergänzungskräfte, die ganz nach Auslastung begleitend zum Einsatz kommen. Die MitarbeiterInnen der Inobhutnahme arbeiten genau wie die stationäre Gruppe im Schichtdienst. So können wir relativ zeitnah und angelehnt an die Auslastung der Inobhutnahme den Personaleinsatz individuell steuern.

Die unabhängige, pauschalfinanzierte Inobhutnahmeeinrichtung liegt irgendwie dazwischen – in Dienstplanstruktur und Ausstattung ganz auf die Aufgabe zugeschnitten und offenbar so gelungen in der Struktur, dass sie für die MitarbeiterInnen ein wirklich attraktiver Arbeitsplatz geworden ist.

M. T.: „Wir haben den großen Vorteil, dass wir eine 1:1 Betreuung in der Inobhutnahme gewährleisten können. Das heißt, dass wir bei einer Kapazität von acht Inobhutnahmeplätzen acht MitarbeiterInnen, eine Psychologin mit 0,25 VBE und eine Hauswirtschaftskraft mit 0,5 VBE eingestellt haben. Es sind immer zwei MitarbeiterInnen gleichzeitig im Tag- bzw. Bereitschafts- und Nachtdienst. Die erste Person des Tagdienstes arbeitet von 8.00–18.00 Uhr. Sie arbeitet fünf Tage aufeinanderfolgend, um Informationsverluste zu vermeiden. Der zweite Tagdienst geht von 10.00–20.00 Uhr. Nachts ist jemand im Bereitschaftsdienst, die andere Person hat Nachtdienst.

Wir werden pauschal finanziert und haben einen festen Mitarbeiterstamm. Die Personalfluktuation ist gering. Ich bin jetzt 13 Jahre in der Einrichtung, seitdem haben nur drei Leute aufgehört bei uns zu arbeiten. Entweder sie genießen jetzt ihre wohlverdiente Rente oder sie sind ihrer Liebe hinterher gezogen. Ich finde das enorm."

Eine weitere Variante gibt es in der vierten Einrichtung. Die Gestaltung des Dienstplans wird mit dem Interesse der Einrichtung und der MitarbeiterInnen verbunden, nicht völlig auf den eigenen Arbeitsbereich fixiert zu sein:

R. R.: „Ja, wir haben nur Teilzeitbeschäftigte in der Inobhutnahme. Und das heißt, die KollegInnen, die aus wirtschaftlichen Gründen mehr als 30 Stunden arbeiten müssen, kriegen Arbeiten aus anderen Bereichen. Sie machen dann eine Erziehungsbeistandschaft, eine SPFH oder andere ergänzende Bereiche dazu, wenn dies auch inhaltlich passt. Ursprünglich hatten alle Beschäftigten in der Inobhutnahme 38,5 Wochenstunden gearbeitet. Dies haben wir verändert, weil das auch mit Belastungsgrenzen zu tun hat. Dies hat viel entspannt, da sie andere ergänzende Erfahrungen machen können, wenn sie eine Familienhilfe ergänzend machen. Gerade das längerfristig scheint zu Entlastungen zu führen. Sie betreuen auch Jugendliche, die aus der Inobhutnahme entlassen wurden und in eine eigene Wohnung ziehen. Diese werden anschließend noch bis zu anderthalb Jahre weiter betreut und das machen Kollegen aus der Inobhutnahme mit Stundenanteilen. Diese Mischung hilft manchmal ganz viel auf der persönlichen Ebene, weil sie letztendlich so auch andere Erfahrungen sammeln können. Mir erzählen auch die KollegInnen, dass das was ganz Entlastendes für sie ist."

Zwischen Gruppensetting und Einzelarbeit – „Ja, da gibt es ganz tolle Gruppen, die gehen zusammen klauen"

Krisen sind individuelle Angelegenheiten, ihre Bearbeitung geschieht sinnvollerweise in Einzelarbeit. Gruppenpädagogik ist wegen der im Notdienst strukturell angelegten hohen Fluktuation von Kindern und Jugendlichen in den Konzepten eher nicht vorgesehen. Gleichzeitig ist das Gruppensetting unvermeidlich.

A. N.-W.: „Wie Jugendliche den Aufenthalt bei uns empfinden, ist natürlich individuell unterschiedlich. Jugendliche, die aus der Jugendhilfe kommen, sind manchmal irritiert vom relativ schmalen Regelwerk. Für die, die aus dem Elternhaus kommen, ist die Situation sowieso ungewöhnlich. Und für Jugendliche, die wir von der Straße aufnehmen, die praktisch eine lange Trebezeit hinter sich haben, für die ist es oft auch erholsam. Auch weil es relativ wenig strikte Regeln gibt, wenig Festlegungen des Tagesablaufs. Wir haben kein Gruppensetting, also nicht mal gemeinsame Essenszeiten."

R. R.: „Das haben wir ja auch nicht, wir arbeiten bewusst weniger im Gruppensetting. Wir wenden uns auch ganz stark gegen ein Gruppensetting. Wir machen keine Gruppenveranstaltungen, keine Gruppenabende. Das Essen wird in der Regel auch offen gestaltet – wenn die Jugendlichen im normalen Rahmen kommen. Wir machen das deshalb, weil es uns meistens schon gelingt, sie im Sinne einer Perspektive zu fassen zu kriegen. In der Regel ist das bei uns so, dass sie zumindest an eine Stelle gekommen sind, wo sie mit ihren bisherigen Mitteln nicht weiterkommen. Das ist ihre Notlage, deshalb sind sie in Not. Und da soll's rausgehen. Sie verfallen manchmal in klassische Verhaltensstrukturen, in denen sie sich den Regeln anpassen, beziehungsweise wir uns bemühen, die Regeln ihren Fähigkeiten anzupassen. Jemandem, der einen verkehrten Tag-Nacht-Rhythmus hat, versuchen wir ein Setting zu schaffen, dass wir den ansatzweise aushalten. Oder wenn ein Jugendlicher auf eine Alkoholtherapie wartet und bei uns untergebracht ist, da hilft es ja nichts, ihm zu begegnen, du wirst wieder entlassen, wenn du säufst. Macht er aber die Erfahrung ein paar Tage ohne Alkohol klar zu kommen, dann verliert er an Motivation für die Therapie. Das wäre auch Quatsch, aber er kann auch nicht in der

Gruppe trinken. Also müssen wir gucken, wie wir das hinkriegen, dass der trotzdem ein Dach überm Kopf hat. Da müssen wir ganz individuell ein Angebot stricken, wir haben z.b. eine Wohnung, die ein bisschen weiter weg ist, wo wir jemanden im Einzelfall hinpacken können. Wir arbeiten dann auch mit besonderen Regelungen, bei denen wir z.b. sagen: „Du kommst um halb 12 und gehst am nächsten Tag morgens um 10 wieder und abends kommst du halt wieder um halb 12, dass die anderen Jugendlichen dich gar so nicht erleben", also da Einzelsettings zu schaffen, sodass sie in der Gruppe nicht so auffallen. Das ist manchmal ganz schwierig. Besonders schwierig ist es für Jugendliche, die auf einen Therapieplatz warten. Sei es, dass sie Drogen oder Alkohol konsumieren. Sie haben mitunter Wartezeiten von drei bis vier Monaten und in der Zeit sitzen und warten sie bei uns. Und wir müssen da nach Settings gucken, in denen das geht, für uns, die anderen MitbewohnerInnen und den Jugendlichen selbst aushaltbar und noch im Sinne des Kindeswohles ist."

M. T.: „Bei uns ist es so ähnlich. Die Krisenlagen und Schutzbedürfnisse von Kindern und Jugendlichen sind sehr unterschiedlich. Es ist unverkennbar, dass je nach Krisenlage ganz unterschiedliche Formen sozialpädagogischer Krisenintervention notwendig sind. Bei den Kindern haben wir einen strukturierten Tagesablauf. Wir versuchen den Kindergarten- und Schulbesuch zu erhalten, wenn sich die Einrichtungen im Umkreis von Rostock befinden. Die Kinder sollen ein Stück ‚Normalität', Bekanntes und Gewohntes beibehalten können.

Bei den Älteren, die z.B. ein Abhängigkeitsproblem haben, ist es dann so ähnlich wie in Bremen. Gruppenstrukturen greifen nicht. Einzelsettings sind schwer umzusetzen, weil die anderen Jugendlichen natürlich dann auch sagen: ‚Wieso darf der und wieso ich nicht?' Dies führt zu Konflikten. Wir müssen ihnen dann erklären, dass jeder hier andere (individuelle) Probleme hat und somit andere und eigene Wege finden und gehen muss. Das ist eigentlich das Schwierige."

G. L.: „Diese Diskussion kennen wir aus dem Arbeitskreis, bei uns ist es genau umgekehrt. Wir haben diesen klassischen stationären Bereich mit vielen Fixpunkten im Tagesablauf, z.B. mit gemeinsamem Abendbrot, worauf wir auch einen großen Wert legen. Oder wir haben Auszubildende auf dem Gelände, die müssen in der Woche früh ins Bett. Da kannst du nebenan eine Gruppe, die relativ regellos lebt, gar nicht aushalten. Wir hatten mal eine Diskussion im Arbeitskreis, ich glaube, wir beiden sogar. Da hast du gesagt, Küchendienst haben die Jugendlichen bei uns nicht, das machen wir. Wir beteiligen sie daran halt. Bei uns müssen die Jugendlichen normal Küchendienst machen, am Wochenende auch mit kochen. Wir versuchen sie damit in den Alltag einzubinden. Bei diesen Härtefällen, die ihr gerade hier aufzeigt, da weiß ich, dass es nicht immer funktioniert. Aber bei denen, die vielleicht aus einem Elternhaus kommen, in dem es nur wenige oder gar keine Regeln oder Rituale gab, klappt das eigentlich sehr gut. Ich bin nach wie vor der Meinung, dass sie dieses Regelwerk bei uns sehr gut annehmen, ja manchmal sogar suchen. Einige bleiben auch in unserer Einrichtung, weil sie da diese Regeln finden, die sie zuhause nicht hatten, an dem sie sich festhalten können und Halt finden. Das funktioniert bei uns relativ gut."

R. R: Natürlich haben wir auch ein Regelwerk, z.b. wann die Jugendlichen im Bett oder wieder in der Einrichtung sein müssen. Die Kollegen haben ja auch Bereitschaftszeit als Bestandteil ihrer Dienstzeit. Ab 23.00 Uhr unter der Woche haben sie nur noch Bereitschaftszeit, wir haben ja ein Interesse, dass die Jugendlichen um diese Zeit spätestens im Bett sind. Und in der Regel klappt das auch, dass wir das hinkriegen. Natürlich haben wir ein großes Interesse, dass sie weiter in die Schule gehen, vor allem wenn sie bis zur Aufnahme auch schon in die Schule gegangen waren. Aber wir beobachten letztendlich auch den Effekt, dass wir drei, vier Jugendliche in der Schule haben und dann bekommen wir einen Schulvermeider und dann klappt die ganze Gruppe weg. Dann geht gar keiner mehr."

W. F.: „Also dann findet Gruppe aber doch statt. Entgegen eurer Intention?"

R. R.: „Ja genau, es passiert, aber wir tun eigentlich nichts."

W. F.: „Die Jugendlichen machen Gruppe?"

R. R.: „Genau, wir versuchen zu vermeiden, dass es eine Gruppe ist, aber das gelingt uns nicht durchgängig. Besonders wenn Jugendliche dann z.b. zwei, drei Wochen da sind, haben wir gar keine Chance, gegen diese als Gruppe zu arbeiten. Aber wir tun nichts dafür, dass sie eine Gruppe werden. Es gibt wenig im Sinne von Gruppendiensten, es gibt wenig als Gruppenveranstaltungen. Natürlich gehen wir Sylvester mit den Jugendlichen, die da sind, unter anderem auf eine Party oder wir machen Heiligabend ein gemeinsames Essen für die, die da sind. Das natürlich. Aber wir machen keine Ferienaktionen oder wir gehen eher nicht mit denen gemeinsam ins Kino oder Bowling oder so, das machen wir alles nicht."

G. L.: „Ja, da gibt es ganz tolle Gruppen, die gehen zusammen klauen."

R. R.: „Wir versuchen zumindest, es zu vermeiden. Wenn sich aber eben eine Gruppe herauskristallisiert, versuchen wir mit der Gruppe auch zu arbeiten. Aber das ergibt sich aus dem Alltag. Aber wir bieten von uns aus, also von unserer Struktur aus nicht etwas Gruppenförderndes an. Am Wochenende kochen die MitarbeiterInnen. Und wenn ein Jugendlicher mitkochen will, dann ist das überhaupt kein Problem. Manchmal sagen die Jugendlichen auch, wir kochen was und dann tun sie das eben. Da unterstützen wir sie ja auch an der Stelle."

Eigenständiger pädagogischer Ansatz, normale Pädagogik oder Schlafgelegenheit mit Perspektivklärung

So wenig Gruppenarbeit konzeptioneller Bestandteil der Notdienste – wenigstens der im engeren Sinne – ist, so wenig wird auch Erziehung als Auftrag verstanden. Es geht nicht darum, bei Kindern und Jugendlichen Veränderungsprozesse zu erreichen, sondern eher darum, eine Beziehung herzustellen, so etwas wie Vertrauen, auf deren Grundlage eine Bearbeitung der aktuellen Krise und die Schaffung einer tragfähigen Perspektive möglich ist. Während beim Berliner Jugendnotdienst lediglich eine erste „Sortierung der Kinder und Jugendlichen" vorgenommen wird, benötigen Notdienste, die einen umfassenderen Klärungsauftrag haben, mehr Zeit, um dieser Aufgabe gerecht zu werden.

M. T.: Wir haben in Rostock eine Vereinbarung mit dem Jugendamt abgeschlossen. Ein Punkt beinhaltet die Klärung der Perspektive innerhalb von fünf Tagen. Im Laufe der Jahre haben wir jedoch bemerkt, dass wir so einen Drehtür-Effekt erzeugen. Es kamen Jugendliche wiederholt in den KJND, bei denen unter anderem nicht genügend Zeit für die Klärung eingeräumt wurde. Die Mitarbeiter des Jugendamtes kamen zu den gleichen Ergebnissen. Inzwischen hängt die Perspektivklärung nicht mehr von der zeitlichen Vereinbarung, sondern vom Einzelfall ab. Wir benötigen unbedingt genügend Zeit, um Vertrauen aufzubauen. Es dauert schließlich eine Weile, bis der Jugendliche sich öffnet. Er kommt ja nicht und sagt: „So, hier bin ich und jetzt sprudele ich mal so eben los". Oft sind es die Nebengespräche, die uns einen Zugang zum Jugendlichen ermöglichen, selbst beim Abwaschen, wenn man fragt: „Machst du das zuhause auch"?

Natürlich gibt es auch Fälle, wo man nach drei Stunden sagen kann, na ja gut, er wollte seinen Eltern ein Aha-Erlebnis verschaffen: „Hier bin ich". Das widerfährt u.a. Eltern, die ein Haus bauen, im Stress sind und gar nicht merken, dass sie noch ein Kind haben. Eine schnelle Klärung gibt es oft, wenn Kinder sich aufgrund einer schlechten Zensur nicht nach Hause trauen. Für solche Fälle wäre ein langer Zeitraum paradox. Aber für Kinder und Jugendliche mit einer schwierigen Biografie, wie mehreren Heimaufenthalten, ist es schon wichtig, dass man mal genauer hinsieht: Was will er, wohin will er, was kann er, was kommt überhaupt noch in Frage? Und das sind eben Fragen, für die man einfach mehr Zeit zur Beantwortung braucht. Und im Augenblick bekommen wir diese Zeit vom Jugendamt."

R. R.: „Wir setzen an dem Break an, der passiert ist. Es gab eine Krisensituation und wir sind Personen, die in dieser Krisensituation erst mal nicht mitgefangen sind. Wir sind weder die Eltern, die den Konflikt hatten, noch die Einrichtung, die den Konflikt hatte, noch der Sachbearbeiter vom Jugendamt, der da möglicherweise einen Konflikt hat. Wir sind weder die Freunde, die da in dem Konflikt irgendwie beteiligt sind, sondern wir sind auf einmal ganz neue Personen, die zugewandt mit dem Jugendlichen eine Kommunikation beginnen. Und da ist auch eine Chance drin. (…) Wir haben eine relativ kleine Gruppe. Wir haben immer eine MitarbeiterIn da. Es leben bei uns in der Inobhutnahme fünf bis sechs Jugendliche, die sich auch relativ viel in ihren normalen Umfeldern bewegen, sodass es nicht so ein großes Gruppengefühl ist und der zeitliche Aufwand, den wir für jeden Jugendlichen zur Verfügung haben, höher ist, als sie das möglicherweise aus stationären Gruppen vorher kennen oder als sie das aus anderen Situationen kennen, in denen sie einfach nur nebenher gelaufen sind. Oder auch Situationen, in denen die Eltern vergessen haben, dass sie noch Kinder haben. Und wir gehen ja auch in der Regel in einer Art mit den Kindern oder Jugendlichen um, dass es nicht gleich Ärger gibt, nicht gleich Hausverbot, es gibt keine normalen Strafen, die sie möglicherweise aus ihrem bisherigen Leben so kennen oder gleich eine Entlassung. Wir wollen ja keinen rausschmeißen, die sollen ja erst mal kommen."

M. T.: „Wir haben diese Zeit und hören zu. Ein Jugendlicher sagte mal: „Mensch, endlich werde ich mal wahrgenommen". Sie genießen es, wenn du Zeit für sie hast."

R. R.: „Ich glaube, es ist auch nicht nur eine Frage von Vertrauen. Ich glaube, das ist auch gar nicht so nötig im Rahmen der Inobhutnahme. Sie sollen sich einlassen können. Vertrauen heißt ja auch nicht, dass sie mir alles erzählen. Ich denke, da gibt es bestimmte Bereiche, die sie letztendlich unter sich in ihren peer groups schon ausmachen. Das muss ich doch gar nicht alles wissen."

A. N.-W.: „Ich glaube, ein gewisses Maß an Vertrauen muss ich schon hervorrufen können, wenn ich Jugendliche berate. Ich will vom Jugendlichen ja auch zumindest ein bisschen Offenheit und sicherlich auch Vertrauen in unser Angebot. Wir versuchen das – wie gesagt – nicht über ein Gruppensetting zu erreichen, sondern in der Gesprächssituation, wo wir die Bedürfnisse des Jugendlichen sehr deutlich wahrzunehmen versuchen. Dass wir ihnen den Raum geben zu fragen: ‚Wie stellst du dir die Lösung vor, wie soll das denn werden? Der Notdienst hat nicht die Lösung, sondern die Familie oder das System, mit dem wir arbeiten. Die sollen uns auch sagen, was für Lösungswege sie bisher schon probiert haben und wo sie bisher gescheitert sind. Wir legen sehr viel Wert darauf, dass wir gemeinsam mit den Jugendlichen Lösungen erarbeiten. Es gibt zwar immer strukturelle Probleme dabei, es hängen ja auch immer andere mit drin, aber ich glaube, auf diesem Weg erreichen wir schon ein gutes Maß an Zusammenarbeit mit den Jugendlichen."

An anderer Stelle stehen nicht Beratungsgespräche im Vordergrund, sondern eher „normale" pädagogische Tugenden wie Verlässlichkeit – ähnlich wie in einer stationären Wohngruppe auch. Auch bei der Beteiligung am Prozess der Klärung, der Frage, wo die Verantwortung für den Prozess liegt, gibt es deutliche Ähnlichkeiten zur längerfristigen Heimerziehung. Gleichzeitig baut ein solches pädagogisches Setting Schwellen auf, die dazu führen, dass manche Jugendliche nicht erreicht bzw. nicht lange genug oder richtig erreicht werden.

G. L.: „Man hört ganz häufig diese Aussage ‚Ich glaube dir nicht'. Man muss versuchen glaubwürdig sein. Und das messen Jugendliche teilweise an Kleinigkeiten. Wenn ich einem Jugendlichen z.B. sage: ‚Ich komme heute Abend um zehn kurz hoch und bringe dir eine Flasche Wasser', weil ich weiß, er hat gerne eine Flasche Wasser am Bett. Und ich vergesse das. Ich vergesse wirklich diese blöde Flasche Wasser, die eigentlich gar nicht so wichtig ist. Und es kann sein, der Jugendliche kann sich vielleicht drei Vokabeln nicht merken, aber er weiß am nächsten Morgen genau, er hat die Flasche nicht bekommen und ist tödlich beleidigt. Sie haben oftmals ganz andere Messlatten und das merke ich immer wieder. Und es ist ungemein wichtig, dass sie dir glauben, dass du die kleinsten Versprechen, die du machst, auch hältst. Und irgendwann mal, als ob sie dich testen, hast du sie überzeugt oder auch nicht. Wenn du sie überzeugt hast, dass du eben vertrauenswürdig bist oder glaubwürdig mit dem, was du machst, dann hast du auch die Chance im Gespräch zu sagen: ‚Mensch, das Angebot wäre vielleicht gut für dich, da hast du gute Chancen'. Es ist immer wieder, so erlebe ich das jedenfalls, eine Testphase. Das ist normal im Alltag. Und das fängt mit Kleinigkeiten an. Dieses Obligatorische: ‚Wir trinken abends noch eine Tasse Tee', die Rituale, die sie zu Hause nicht haben."

M. T.: „Wir haben den Eindruck, dass die Kinder und Jugendlichen eine Problemlösung wirklich anstreben. In diesen Prozess beziehen wir sie mit ein. Sie bekommen von uns nichts vorgesetzt. Sie haben sich Gedanken zu machen, Aufgaben zu lösen und Forderungen zu erfüllen. Zunächst sind sie dann verunsichert. ‚Äh, wie jetzt, wir sollen das jetzt machen.' Forderungen sind unbequem, anstrengend und ungeliebt. Wir versuchen, ihnen die Notwendigkeit ihrer Beteiligung deutlich zu machen, wenn sie sich genervt fühlen. Oft sind die Wege zum Ziel holprig und nicht einfach. Wir setzen ihnen auch Grenzen, trotz der kurzen Aufenthaltszeit, wogegen sie natürlich monieren. Wir erklären ihnen, warum wir diese Grenzen setzen. Es ist ein Balanceakt. Einerseits ihr Vertrauen zu gewinnen und andererseits Forderungen zu stellen."

G. L.: „Das ist auch so ein Balanceakt. Ich nenne es immer ‚wie auf Klassenfahrt': neue Umgebung, da kommt das Essen mit dem Fahrstuhl hoch, so ist das bei uns. Mit einem oder zwei auf einem Zimmer, den ich gar nicht so richtig kenne. Und dieser Balanceakt, ihnen zu vermitteln, dass ich sie auch fordern muss, da muss man sehr feinfühlig rangehen und sehr viel Einfühlungsvermögen haben, dass man den Bogen nicht überspannt."

A. N.-W.: „Ja, da kommt es darauf an, was für einen Auftrag du hast. Bei uns ist das relativ klar in der Mitarbeiterschaft, dass wir in der Kürze der Zeit keinen erzieherischen, sondern einen Schutzauftrag haben. Ich meine das im Sinne einer nachhaltigen Verhaltensänderung. Wir versuchen ein kurzes Stück zu begleiten, in einen neuen, anderen Lebensabschnitt hinein. Das hat auch eine Menge Vorteile, ich will jetzt mal eine Lanze für die andere Seite brechen, für die Kurzzeitunterbringenden. Denn wir können manchmal Leute betreuen, die eine andere Einrichtung nicht aushält. Und wir können immer wieder auch Jugendliche aufnehmen, die richtig harte Verhaltensauffälligkeiten bringen und die diese immer wieder produzieren oder reinszenieren. Wir können die – zumindest für ein paar Tage – einfach besser kompensieren."

G. L.: „Da ist so ein ausdifferenziertes Konzept natürlich ideal, wie Rüdiger es hat, wenn man den Raum dafür hat. Und besonders, wenn du eine Wohnung hast und der, den die Gruppe nicht erträgt, den kannst du dann dort unterbringen und betreuen."

A. N.-W.: „Ja, denn eigentlich ist es eine Art Timeout-Phase, ich meine ohne Einschluss oder Ähnliches. Es ist die Phase, in der du eigentlich ja prüfst, was weiter passieren soll mit dem Kind oder mit dem Jugendlichen. Und in dieser Prüfphase musst du natürlich auch irgendwie gucken, wie du den Jugendlichen versorgst. Ich hab trotzdem manchmal das Gefühl, dass wir für die Inobhutnahme noch eine zu hohe Schwelle im gesamten System ansetzen. Obwohl das eigentlich nicht sein darf. Ich weiß nicht, ob man je alle Jugendlichen wird erreichen können, aber wir haben natürlich auch Jugendliche, die richtig Schwierigkeiten haben in die Jugendhilfe reinzukommen, weil sie in das angebotene Gruppensetting, das fast alle Inobhutnahmestellen anbieten, nicht reinpassen."

M. T.: „Deswegen sind ja damals die „Sleep-in-Einrichtungen" entstanden, mit einem ganz niedrigschwelligen Zugang, aber sie sind umstritten."

A. N.-W.: „Aber ich meine das jetzt auch auf das Zusammenleben oder Zusammensein mit anderen Jugendlichen bezogen. Wir haben ein paar Jugendliche, die trudeln durch alle möglichen Einrichtungen, und immer, wenn sie auf andere Jugendliche treffen, inszenieren sie ein Verhalten, dass es einfach unmöglich ist, sie länger dazubehalten. Das heißt, sie bräuchten eigentlich einen Einzelbetreuer, eine Einzelwohnung, die bräuchten ein ganz eigenes Setting, damit überhaupt rausgefunden werden kann: Was ist mit denen los? Wie kann die Hilfe aussehen?"

M. T.: „Ihr habt doch solch ein Angebot mit dem Wohnmobil gemacht, Rüdiger? Es gibt schon solche Settings. Es stellt sich die Frage, ob es vom Jugendamt gewollt und bezahlt wird. Ideen und Vorstellungen, wie man einen niedrigschwelligen Zugang noch bekommen könnte, sind im Umlauf."

Schnell loswerden oder anbinden

Es war oben schon die Rede von der Dauer des Aufenthaltes in Notdiensten und der Weitervermittlung in andere Einrichtungen. Je nach Trägerstruktur und institutioneller Einbindung des Notdienstes können dabei auch unterschiedliche Interessen der Einrichtung eine Rolle spielen. Einrichtungen des öffentlichen Trägers oder pauschal finanzierte Einrichtungen von freien Trägern „müssen" Kinder und Jugendliche nicht halten, belegungsabhängige Finanzierungsformen und enge Anbindung an stationäre Heimgruppen fördern eher die langfristigere Bindung der Kinder und Jugendlichen, was oftmals auch deren geäußerten Interessen entspricht, aber auch Konfliktpotenzial mit dem öffentlichen Träger mit sich bringt.

G. L.: „Da stehen ja auch grundsätzlich unterschiedliche Motive dahinter, das muss man auch ganz klar sagen. Eine große Zahl der stationären Aufnahmen kommen ja direkt aus der Inobhutnahme. Natürlich lässt sich kaum verhindern, dass in Obhut genommene Jugendliche beginnen sich am Heimalltag zu orientieren. Wenn das Jugendamt anfragt, ob wir dem Jugendlichen einen stationären Platz anbieten können, haben wir den Vorteil diesen Jugendlichen bereits zu kennen. Und er natürlich uns. Natürlich muss man mit sehr viel Fingerspitzengefühl agieren, sonst müssten wir uns wohlmöglich den Vorwurf gefallen lassen, einen

Bedarf zu schaffen, der gar nicht vorhanden ist. Aber wir sind halt bereit, wenn es um Aufnahme geht, das muss man sein als stationäre Einrichtung."

M. T.: „Dieses Motiv haben wir nicht. Wir sind ein freier Träger, der die Inobhutnahme für Rostock und Umgebung durchführt. Wir führen eine Statistik, um den Vorwurf zu widerlegen, dass wir unsere eigenen Einrichtungen mit Kindern und Jugendlichen aus der Inobhutnahme belegen. Natürlich wird auch unser Träger belegt, es ist jedoch nicht von uns abhängig. Wir können Empfehlungen geben, aber die Fallmanager des Jugendamtes treffen die Entscheidung."

G. L.: „Ja, aber stell dir vor, du hast einen Jugendlichen über einen langen Zeitraum in der Inobhutnahme, sagen wir mal sechs Monate, was durchaus vorkommt. Irgendwann hat er sich so eingewöhnt, dass er gar nicht mehr weg will."

M. T.: „Ja gut, das ist aber ein Einzelfall."

G. L.: „Ja, aber schon nach ein bis zwei Wochen ist das so, dass die sich anbinden, teilweise intensive Kontakte aufbauen. Du weißt doch, wie Jugendliche in dem Alter sind. Zwei Tage später in der Mädchengruppe haben sie einen Freund bzw. Freundin. Das geht so schnell, so schnell kannst du gar nicht gucken. Ist doch klar, da würde ich auch nicht weg wollen. Sie meinen ja dann gleich die Liebe ihres Lebens gefunden zu haben, ritzen sich den Namen wohlmöglich gleich in den Unterarm rein und dann ist das für sie auch so. Dann sitzen die da im Fachgespräch und behaupten felsenfest, alles wird anders, wenn sie jetzt hier nebenan in diese Gruppe dürfen. Ihr ganzes Leben werden sie dafür umkrempeln. Das kann zwei Tage später natürlich aufgrund von Beziehungsproblemen, die wir so kennen, sich wieder erledigt haben, aber erst mal ist das so. Und da hat ein Jugendamt manchmal wirklich große Probleme, diesen Jugendlichen davon zu überzeugen, dass er vielleicht irgendwo anders in einer Einrichtung z.B. eine Ausbildung machen kann, die er bei uns nicht machen kann. Aber überzeug' mal so einen Jugendlichen. Also, ich wollte sagen, da steckt auch eine Eigendynamik drin. Und die kann man nicht immer steuern, weil die Jugendlichen diese Prozesse teilweise selbst steuern. Es gibt welche, die verweigern sich so massiv, die sagen: ‚Ihr könnt euch auf den Kopf stellen, ich hau solange ab und komme wieder, wenn es mir passt, bis ich den Platz hier habe, ihr kriegt mich nirgendwo anders hin'. So etwas kommt auch schon mal vor."

R. R.: „Und da gibt es ja ein ganz anderes eingebundenes Gefühl als bei uns, wir sind dezentralisiert. Wir haben da die Inobhutnahme, wir haben dort die Wohngruppen. Die sehen sich mitunter gar nicht, die wissen das ja gar nicht voneinander, dass wir letztendlich noch andere Angebote haben. Und das ist ja dann auch eine andere Art der Einbindung."

Schwierige Jugendliche in Krisensituationen oder einfach Jugendliche

Jugendliche in Not oder in einer Krise sind vor allem auch Jugendliche und sie verhalten sich so wie Jugendliche, mit all ihren Bedürfnissen, Zickigkeiten, Geheimnissen und Alltagsproblemen. Auch wenn Inobhutnahme dies nicht plant, wird die Einrichtung zum Lebens- und Aktionsfeld von Jugendlichen. In einem Lebensfeld, das für die Erwachsenen mit ständigen Überraschungen gespickt ist, stellen die Kinder und Jugendlichen oft sehr schnell eine Form jugendlicher Normalität her, die die MitarbeiterInnen dann noch einmal überrascht.

A. N.-W.: „Der Notdienst ist keine andere Welt. Wenn eine Gruppe von Jugendlichen zusammen ist, entwickelt sich auch eine Gruppendynamik. Da ist es eigentlich völlig egal, wo die Jugendlichen sind und oftmals auch nebensächlich, in welcher Situation sie sich befinden. Das ist in der Inobhutnahmestelle genauso wie in einem stationären Heim, wie auf der Straße oder in der Klasse. Es entwickeln sich die Schwierigkeiten untereinander, die Konkurrenzen, die Liebe, das Verliebt-sein untereinander oder was auch immer. Also das Jugendgemäße, das ist dann genauso da und lässt manchmal die eigentlich für uns so wichtig empfundene Akutsituation in den Hintergrund treten. Für die Jugendlichen hat dieser Moment manchmal schlicht die größere Wichtigkeit. Das finde ich auch immer total faszinierend, weil es ja auch eine starke Ressource sein kann, die die Jugendlichen haben."

M. T.: „Das Besondere ..., der Unterschied zwischen Heimerziehung und Inobhutnahme besteht u.a. in der Aufnahme. Wenn Selbstmelder vor der Tür stehen, haben wir vorher keine Information. Wir wissen nicht wer und mit welcher Problemlage zu uns kommt. Sie nutzen ihren Anspruch, die Personensorgeberechtigten stellen keine Anträge. Wir müssen uns dann schnell auf neue Situationen einstellen, immer mit der Bereitschaft, die nächste Aufnahme braucht genauso deine Aufmerksamkeit und Fürsorge, egal um welche nicht vorhersehbare und nicht planbare Situationen es sich handelt. Sie sind nur kurzfristig bei uns. In der Heimerziehung betreuen wir die Kinder über einen längeren Zeitraum, wir kennen ihre Biografien und ihr soziales Umfeld, haben einen Hilfeplan umzusetzen. In der Inobhutnahme weiß ich beim Türöffnen nicht, wen ich vor mir habe und welche Entwicklung es geben wird. Das ist schon ein gravierender Unterschied."

G. L.: „Also ich bemerke so eine Entwicklung, wovon Andreas gerade berichtet hat, wenn der Tagesablauf manchmal von den Jugendlichen plötzlich mit gesteuert wird. Nicht, dass sie dann alle kollektiv nicht zum Essen kommen. Aber man merkt ganz stark diese gruppendynamischen Prozesse, wie sie in jeder anderen Gruppe auch sind, die finden in der Inobhutnahme genauso statt. Da kommt einer und man denkt: ‚Um Gottes Willen, wie komme ich jetzt nur an den ran?' Und dann kommt ein anderer Jugendlicher dazu, die kennen sich vielleicht zwei Minuten und der sagt: ‚Wollen wir eine rauchen gehen? – zack sind die weg und unterhalten sich erstmal.

Oder auch, dass sich Beziehungen entwickeln. Da entwickeln sich Abläufe, die ganz selbstverständlich sind, die kann ich auch übertragen auf eine stationäre Gruppe, die sind genauso von der Dynamik, von den Inhalten her. Oder ein Junge und ein Mädchen vergucken sich ineinander und dann geht das eben seinen Weg. Und das ist, glaube ich, fast überall gleich. Das ziehen die dann auch durch."

A. N.-W.: „Faszinierend ist, wie schnell Kontakte aufgenommen werden, unglaublich schnell und auch wie schnell die Jugendlichen tatsächlich ihr motzendes, abgrenzendes Verhalten gegenüber Erwachsenen wieder aufleben lassen. Das ist auch immer eine Sache, dass die Jugendlichen klar ihre Grenzen ziehen. Sie sind ja in der Pubertät, sie versuchen sich abzugrenzen, gerade gegenüber der Erwachsenenwelt und das machen sie im Notdienst auch, obwohl sie vielleicht nur einen Tag da sind. Und was auch noch gleich ist zwischen Krisendienst und Alltag, ist der Moment, wenn du die Tür zum Jugendlichenzimmer aufmachst und dir weht ein wahnsinniger Fußgeruch entgegen."

G. L.: „Aber schön finde ich es auch, wie schnell so eine Gruppe raus hat, wie du drauf bist. Die wissen sofort, du bist der Engländer, da darf man nichts Verkehrtes über Fußball sagen. Das ist die Kollegin, die macht immer so leckeres Essen, die ist so und so drauf. Ach, bei dem können wir abends ein bisschen länger wach bleiben, wenn wir nur lange genug „bitte-bitte" sagen. Das haben sie unheimlich schnell raus. Also man glaubt es gar nicht, nach einer Woche kennen sie manchmal alle deine Kollegen mit ihren ganzen Schwächen und Stärken."

Und wenn sie dann schön ist, die hergestellte Normalität oder gar Harmonie, dann können auch alle geneigt sein, sie auf Dauer zu konservieren.

M. T.: „Es wird ja auch gefragt: ‚Wer hat Dienst?' Habt Ihr das nicht auch?"

G.L.: „Ja grundsätzlich. Oder: ‚Wann kommt der wieder?'"

R. R.: „Und wenn wenig Aufnahmen passieren, dann wird's in der Inobhutnahme auch immer mehr wie in einer stationären Gruppe. Es gibt dann manchmal Momente, wo die Jugendlichen sagen: ‚Ach wir ändern das jetzt, wir machen jetzt keine Notaufnahme mehr, sondern wir bleiben als stationäre Gruppe zusammen. Wir nehmen keine neuen mehr auf und lass uns das doch so weitermachen, so möchte ich weiterleben.' Also das sind immer wieder Sachen, mit denen wir zu tun haben, wenn dann drei, vier, fünf Wochen keine Neuaufnahme passiert ist und keiner auszieht, also kein Wechsel passiert. Wenn die Inobhutnahme so lange so stabil bleibt, das wird dann manchmal auch schwierig für die MitarbeiterInnen. Weil dann fangen sie an, sich auf diese Gruppen einzulassen."

Zwischen Professionalität und Alltagsdiffusion
Informationsfluss und Dokumentation

Der schnellere Wechsel von Kindern und Jugendlichen erfordert einen anderen Informationsfluss als in der stationären Erziehungshilfe. Wer in den Dienst kommt, kann auf neue Jugendliche treffen, von denen er nichts weiß. Die zentrale Informationsquelle intern ist natürlich das Gespräch der sich ablösenden MitarbeiterInnen und dafür gibt es unterschiedliche Lösungen:

M. T.: „Eine Mitarbeiterin, die die ganze Woche täglich von 8 bis 18 Uhr arbeitet, bündelt die Informationen. Es erfolgt eine ausführliche Übergabe, wann die nächste Woche beginnt und der nächste Mitarbeiter diesen Dienst antritt. Wir haben auf diese Weise gute Erfahrungen gemacht, Informationsverluste sind gering. Der anschließende Freizeitausgleich gewährleistet die erforderliche Erholung der Mitarbeiter nach dieser anstrengenden Woche. Wir merken, dass es den Kindern, den Kollegen, dem Jugendamt besser geht aufgrund **eines** Ansprechpartners und durch die Tatsache, dass die Informationen von einer Person, die über einen längeren Zeitraum regelmäßig vor Ort ist, gebündelt werden."

G. L.: „Bei uns ist das so, dass man die Einzelheiten in der Dienstübergabe erfährt. Und natürlich aus der Dokumentation. Aber dann gehe ich auf den Jugendlichen zu, ich bin ja neugierig, mit wem ich den Rest des Tages zusammen sein muss oder möchte oder darf. Ich denke schon, dass das fast in jeder Jugendhilfeeinrichtung so läuft."

A. N.-W.: „Derjenige, der die Gruppe übernimmt, macht das auch so. Aber wer halt als Krisenberater den Nachtdienst beginnt, der stellt sich nicht unbedingt bei denen vor, die hier untergebracht sind, weil der die ganze Nacht nichts mit denen zu tun haben wird."

Vor allem für Rückfragen und den Umgang mit anderen Institutionen ist die schriftliche und formalisierte Dokumentation von zentraler Bedeutung.

G. L.: „Als ich in der Inobhutnahme angefangen habe, war mir gar nicht so klar, wie wichtig das Verschriftlichen ist. Da haben wir ja auch im Laufe der Zeit immer mehr – Rüdiger war immer Vorreiter darin, wenn ich das mal so sagen darf – Bögen entwickelt, von Fragebögen bis hin zum Diagnostikverfahren. Es ist halt ungemein wichtig zu dokumentieren, damit der Kollege auch umfassend Bescheid weiß. Denn man kriegt das in der Dienstübergabe nicht immer hin, gerade wenn man 24-Stundendienst arbeitet. Man ist manchmal so durch, dass einfach Sachen hinten runterfallen. Die Fehlerquote nach 24 Stunden, die ist einfach immens hoch. Und da bleiben manchmal einfach Sachen auf der Strecke liegen und dann musst du immer noch Dinge nachlesen können zu dem einen oder anderen Fall. Die Qualität hat mittlerweile bei uns sicherlich stark zugenommen. Bis dahin, dass wir mittlerweile einen Zweischichtdienst machen, also einen Frühdienst und einen Spätdienst haben."

A. N.-W.: „Vor allem kann es auch mal passieren, dass du Nachfragen kriegst, die ein paar Monate später kommen, von Gerichtsseite oder von der Polizei. Dann müsstest du (ohne Dokumentation) auf Informationen zurückgreifen, die du aber schon von deiner inneren Festplatte gelöscht hast, weil du dich auf die neuen Jugendlichen konzentrieren musst."

Gesprächstechnik und gute Begleitung als Ersatz für einen weißen Kittel

Ein Bild für die besondere Situation der Inobhutnahme von Graham Lewis war das der Klassenfahrt, in der es eine Ausnahmesituation auch möglich macht, bestimmte Prozesse zu beschleunigen, Fritz Redl benutzte einmal das

Bild des Ferienlagers für Jugendhilfeeinrichtungen, um den Unterschied zu familiären Beziehungsmustern deutlich zu machen, die nicht auf Dauer und trotzdem auf eine hohe Dichte angelegt sind. Naheliegend und auch von Redl häufig verwendet ist auch der Vergleich mit der Medizin, wo es eine fast selbstverständliche Erwartung gibt, dass professioneller Habitus Vertrauen erzeugt.

G. L.: „Ich hatte vorhin diese Diagnostikbögen erwähnt. Also wenn man Fragestellungen so geschickt formuliert, dass sie auch einen Jugendlichen ansprechen und wenn man ihm, während man ihn fragt, auch das Gefühl gibt, dass man ihn ernst nimmt, dass es wichtig ist, was er zu sagen hat, dann ist das sicherlich ein Instrument, um Vertrauen zu schaffen und ihm das Gefühl von Professionalität zu vermitteln."

R. R.: „Wir haben auch vorbereitete Checklisten, mit denen wir dies alles abarbeiten. Wir sind einfach auf eine Krisensituation, wie sie denn dann kommt, vorbereitet. Der Jugendliche erhält nicht einen handgeschriebenen Zettel, sondern da gibt's einen Lebenslaufbogen, den er ausfüllt, wo er ankreuzen muss. Wir setzen uns anschließend mit ihm hin, und setzen uns im Gespräch mit ihm darüber auseinander. Professionell ist dabei, dass wir ein standardisiertes Verfahren haben, bei dem die Kollegen im Dienst einfach auch wissen, was jetzt als nächstes de facto noch zu tun ist. Ich glaube, diese Sicherheit vermitteln sie auch den Jugendlichen, die dann kommen und das ist einfach eine Qualität. Natürlich muss ich auch eine authentische Neugier gegenüber dem Jugendlichen rüberbringen. Und das ist letztendlich die Kunst, wie kann ich mir diese Neugier erhalten? Und wenn es die 40ste oder die 50ste Aufnahme im Jahr ist und da krieg ich vielleicht 25 ab und trotzdem bin ich neugierig auf diesen Jugendlichen und möchte genau wissen, was war's denn bei dem und was war da anders als bei dem, den ich gestern hatte?"

Eine wesentliche Bedeutung für den Erhalt der Neugier, für das Finden der Einzigartigkeit in jedem neuen Fall hat die Begleitung der MitarbeiterInnen und die Qualität der Kooperation. Wie kann man es schaffen, dass die Neugier über Jahre und Hunderte von Fällen erhalten bleibt?

R. R.: „Indem ich zum einem im Rahmen der internen Arbeit mit den MitarbeiterInnen gezielt bespreche, was jeder tut. Sie sollen sich gegenseitig befruchten, indem wir dies immer wieder zum Thema machen, indem sie einen Rahmen für Supervision zur Verfügung gestellt bekommen, wo sie sich auch unter Umständen gegenseitig auskotzen können. Sie sollen sich aber auch unterstützen, im Rahmen von einer kollegialen Beratung: ‚Wie machst du das?' Ganz gute Erfahrungen haben wir mit PraktikantInnen, die letztendlich in diese Situation reinkommen und im Team transportieren, was andere im Team anders machen. Bei uns arbeiten die Kollegen alleine und sie haben als Ergänzungen häufiger PraktikantInnen mit im Dienst, die letztendlich in einer anderen Struktur arbeiten. Sie arbeiten dann immer nur zu den Kernzeiten von 10.00 oder 11.00–18.00, 19.00, 20.00 Uhr und kriegen so ganz viele verschiedene Ansätze mit. Diese tragen sie dann so, praktisch wie eine Biene die Pollen, gegenseitig rum und beschäftigen sich mit den anderen Kollegen darüber. Dies finde ich eine sehr gute Art sich gegenseitig zu befruchten. Und dafür haben wir eine Kultur."

M. T.: „Durch unsere ständige Doppelbesetzung erleben und lernen die Mitarbeiter die unterschiedlichsten Ansätze voneinander. Es ist von Vorteil, wenn ein Mann und eine Frau Dienst haben oder mal ein jüngerer Mitarbeiter von den Erfahrungen eines älteren Mitarbeiters profitiert, während der ältere Mitarbeiter wiederum die neusten Erkenntnisse von dem jüngeren Mitarbeiter, der gerade erst von der Ausbildung kommt, erhält.

Als sehr günstig hat sich die Doppelbesetzung auch bei der Betreuung der Kinder und Jugendlichen erwiesen, da es in seltenen Fällen vorkommen kann, dass ein Mitarbeiter sich dahingehend äußert: ‚Die Chemie stimmt einfach nicht', dann gibt es die Rückzugsmöglichkeit für diese Konstellation und ein anderer Mitarbeiter übernimmt den Fall. Unsere Personalausstattung gibt es her. Klingelt es, steht sofort ein Mitarbeiter zur Verfügung. Wenn nachts eine Aufnahme ist, wird der Gesundheits- und Versorgungscheck durchgeführt. Fragebögen werden nur situationsabhängig verteilt und ausgefüllt. Ganz individuell und abhängig vom derzeitigen Zustand des Kindes bzw. Jugendlichen. Ein Ansprechpartner ist sofort zuständig."

A. N.-W.: „Wie wir das mit der Neugier hinkriegen, überlege ich auch schon die ganze Zeit. Wir sind eigentlich ziemlich neugierig, wir wollen die Geschichte auch tatsächlich erfahren, weil sich daraus einfach für uns die nächsten Handlungsschritte ergeben. Schließlich müssen wir innerhalb weniger Stunden zu einer Entscheidung kommen, was mit dem Jugendlichen passiert. Das heißt, wir müssen versuchen, möglichst viel von der Situation zu verstehen. Also, hol ich die Eltern in den Notdienst, damit ich das Bild erweitern kann.

Die eigenen Bilder im Kopf und die Routinen sind auf jeden Fall eine immerwährende Gefahr, vor allem bei 100 Aufnahmen im Jahr. Aber ich glaube, die Gefahr haben wir überall in der Sozialarbeit. Bei uns könnte der Vorteil sein, dass wir so viele Erstgespräche haben und sich immer wieder bewahrheitet, dass unsere Bilder nicht stimmen. Sondern dass es sich ganz plötzlich wieder dreht und wir dadurch noch mal genauer hingucken müssen. Wenn wir z.B. ein Vorurteil über türkische Familien haben, bewahrheitet sich das spätestens nach der dritten Familie schon nicht mehr. Dann müssen wir differenzieren und nachsehen, ob unsere Bilder noch stimmen. Das ist ein Vorteil bei der hohen Zahl von Erstkontakten, die wir haben.

Pro Tag haben wir zwei Reflexionsrunden, bei denen alle, die im Haus sind, zusammensitzen und die aktuellen Fälle besprechen. Es kommen dabei Nachfragen wie: ‚Hast du denn schon mal gefragt, wie die Beziehung zu den Geschwistern ist?' Das zweite Positive ist, dass wir die Möglichkeit haben, wenn jemand tatsächlich übersättigt ist von Beratung, z.B. bereits die dritte Aufnahme am Tag gemacht hat, dass er in einen anderen Bereich wechselt. Dann geht er danach in unseren Basisdienst ans Telefon z.b. oder sagt: ‚Ich mach jetzt nicht die nächste Krisenberatung, ich gehe lieber in die Gruppe', und die Kollegin aus der Gruppe geht dann in den Beratungsbereich. Das setzt natürlich voraus, dass die Leute eigenreflektiert sagen: ‚Okay, ich bin jetzt satt, ich kann jetzt nichts mehr aufnehmen, ich kann keine Geschichte mehr hören, morgen wieder'."

Erfolg und Misserfolg

Erfolg wird ganz unterschiedlich definiert und auch dies hängt mit den unterschiedlichen Rahmenbedingungen und Konzepten der jeweiligen Notdienste zusammen. So kann die Bewältigung einer kribbeligen Situation ebenso ein Erfolgserlebnis sein wie die gelungene Vermittlung von Kindern und Jugendlichen in andere Einrichtungen oder die Tatsache, dass man nur wenige Jugendliche wieder sieht. Wirkungsorientierte Evaluation der Kinder- und Jugendnotdienste ist wahrscheinlich eher die Ausnahme:

A. N.-W.: „Schwierige Situationen zu meistern ist ein großes Erfolgserlebnis, auch ein positives Teamerlebnis. Vor allen Dingen, wenn es Situationen sind, die überraschend verlaufen oder besondere Anforderungen stellen.

Wir haben mal eine Untersuchung gemacht, in Begleitung der evangelischen Fachhochschule in Berlin. Die hat analysiert, was nach dem Notdienstaufenthalt passiert, also wie die nächsten Schritte sind, die dem Notdienstaufenthalt folgen. Wir haben uns die Zielgruppe der Familienwegläufer angeguckt, also nur die, die aus ihren Familien abgehauen sind. Nach drei Wochen und nach drei Monaten haben wir im Jugendamt den aktuellen Stand nachgefragt. Wir haben eine sehr große Übereinstimmung gefunden zwischen der anfänglichen Zielrichtung und dem Stand drei Monate später. Wen wir zurückvermittelt haben oder wer nach kurzer Zeit in die Familie zurückgekehrt ist, war in der Regel auch noch drei Monate später in der Familie. Und die in andere Jugendhilfeeinrichtungen gegangen sind, waren nach drei Monaten auch noch in der Jugendhilfe. Wir hätten gedacht, da wäre viel mehr Chaos drin, es würden größere Diskrepanzen auftreten."

R. R.: „Ich würde das bei uns ganz ähnlich sehen, wir haben schon noch immer wieder Kontakt zu denen, die zum Teil dann bei uns in der Einrichtung weiter verbleiben. Oder letztendlich, die im sozialen Umfeld bleiben und dann zu Sachen wie Sommerfest auftauchen und häufiger mit der Rückmeldung kommen: ‚Das war gut bei euch in der Notaufnahme'. Na gut, die anderen kämen dann ja auch nicht, die es nicht gut fanden. Aber wenn wir eine Rückmeldung kriegen, dann kriegen wir die im positiven Sinne."

G. L.: „Bei uns ist es so, dass man sehr gut beobachten kann, wie es nach der Inobhutnahme weiter geht, wenn die Jugendlichen anschließend in den stationären Bereich wechseln. Während der Inobhutnahme sind sie häufig hoch motiviert, wollen große Veränderungen herbeiführen in ihrem Leben, was auch in dem Moment authentisch ist. Wenn sie dann wechseln, sich erstmal darauf ausruhen, dass sie jetzt den Platz haben, den sie sich gewünscht haben, erleben sie oftmals einen kleinen Rückfall und man muss sie immer wieder dran erinnern: ‚Moment mal, du wolltest doch regelmäßig zur Schule gehen, du wolltest doch immer dein Zimmer aufräumen und das mit dem Klauen sollte auch mal irgendwann aufhören.' Also das erlebe ich ganz häufig, dass sie erst motiviert sind und wenn sie dann den Raum haben ...

Es ist ja auch der Anreiz da. Ein in Obhut genommener Jugendlicher hat bei uns z.b. keinen Anspruch auf Bekleidungsgeld, geringes Taschengeld, kein Körperpflegegeld. Und sie hören natürlich von den anderen Jugendlichen: ‚Bekleidungsgeld kriegst du ca. 40,– Euro im Monat, Taschengeld kriegst du und so weiter. Das hat eine richtige Attraktivität. Aber haben sie diese Phase überstanden und man kann beobachten, wie sie sich weiterentwickeln, z.B. wieder zur Schule gehen, der Kontakt zu den Eltern sich verbessert oder sie sich einfach wieder wohler in ihrer Haut fühlen, dann kann man schon von einem Erfolgserlebnis sprechen."

R. R.: „Als Erfolgserlebnis erlebe ich ganz persönlich, wenn ich z.B. zum Jugendlichen ein Ohr gekriegt habe, wenn ich ein gutes Gespräch hatte, wenn es gelang, ein Gespräch so zu gestalten, dass ihm eine Idee gekommen ist, wie er die Krise lösen könnte. Er hat auf einmal eine Idee bekommen, was er weiter tun kann. Ich hatte ein Gespräch mit der Mutter, wo auf einmal ein Gespräch überhaupt möglich war. Ich hab vorher gehört, die haben ein halbes Jahr nicht mehr geredet und in meinem Dienst haben die eine Viertelstunde miteinander geredet, super! Es ist gelungen, er ist um 10 Uhr ins Bett gegangen, super! Der andere ist morgens um 7 Uhr aufgestanden und ist in die Schule rausgegangen!"

Jugendnotdienst ist nicht gleich Jugendnotdienst

So verschieden Jugendnotdienste auch sind, sie leben ständig in dem Spannungsverhältnis, temporärer Lebensraum zu sein und zugleich eine recht extreme Sondersituation. MitarbeiterInnen benötigen eine hohe Chaostoleranz.

M. T.: „Wir sind 16 Mitglieder im Arbeitskreis Inobhutnahme. Wir tagen zweimal im Jahr, einmal in Frankfurt und einmal im Ort bzw. in der Umgebung eines Arbeitskreisteilnehmers, wo wir uns dann nach Möglichkeit die jeweilige Einrichtung ansehen. Es gibt große Unterschiede in den Einrichtungen. Unterschiede gab es nicht nur in der Personal- und Raumausstattung, sondern auch in den Alltagsstrukturen. Zum Beispiel gingen unsere Ansichten, wie aufgeräumt ein Zimmer sein muss, weit auseinander. Sollen wir von Normen ablassen, wenn sich Kinder und Jugendliche in einer Inobhutnahmeeinrichtung befinden? In einer Einrichtung gab's gemauerte Schränke und eingemauerte Betten, damit sie nicht umhergeschoben und nicht andauernd kaputt gehen können. Bunt angemalt."

G. L.: „Klar, alles festgedübelt, den Stuhl festgedübelt."

M. T.: „Ich bin der Meinung, dass wir in der Inobhutnahme toleranter sein müssen. In den Heimgruppen sind doch Ansätze und Rahmenbedingungen anders."

G. L.: „Bis auf eine Inobhutnahmestelle, weißt du noch, die hatten eine Dartscheibe und da war nicht ein Einstich in der Wand. Wir haben noch gerätselt, ob da jemals Kinder Darts gespielt haben, da war alles so ganz sauber und ordentlich."

A. N.-W.: „Wer weiß, was die mit den Dartpfeilen gemacht haben."

R. R.: „Das ist schon auch Mobiliar, das sieht einfach anders aus. Bei uns sind das de facto häufiger Secondhandmöbel, das hat einfach eine andere Qualität oder ist wenig zerstörbar. Wir tauschen die auch relativ häufig aus. Wir haben einen Sofaverschleiß, alle zwei bis drei Monate brauchen wir ein neues Sofa, weil die einfach dann aufgeschlitzt werden. Und wenn die erstmal anfangen, die auseinander zu nehmen, dann brauchen wir ein neues."

W.F.: „Und das ärgert auch nicht?"

A. N.-W.: „Doch, ich finde: Ja. Uns ärgert das immer ungemein. Gerade weil es ja auch immer schwierig ist, das finanztechnisch hinzukriegen. Eine Etage wird bei uns jetzt gerade renoviert. Wenn wir das jetzt beziehen und das dann durchgetaked wird, werden wir natürlich sauer sein, über die ersten Takes besonders."

G. L.: „Aber häufig ist es so wie du darauf schaust. Bei uns ärgern wir uns furchtbar, wenn die Kids mit Edding rumschmieren: ‚Jojo was here' oder so. Und in Frankfurt waren wir im Sleep-in, da haben die den ganzen Raum bis unter die Decke vollgeschrieben und das wird nicht übergestrichen. Und das hat was."

M. T.: „Ich glaube, die Mitarbeiter sind da relativ gelassen. Es gibt jedoch auch Erwartungen von außen, wie Eltern usw. Es kommt vor, dass sie sehen wollen, wie ihre Kinder untergebracht sind und gerade ist eine Tür eingetreten worden. Dann kommt sofort ein Spruch, wie: ‚Was sind denn hier für Sozialpädagogen, kriegen Sie das nicht in den Griff?' Selbst wenn die Jugendlichen den Schaden beheben, selber reparieren, dann sieht das Ergebnis natürlich nicht so aus, als wäre es neu gekauft worden und wenn dann gesagt wird: ‚Na, man müsste es aber auswechseln!', hat das eben mit Erwartungshaltungen zu tun. Kinder und Jugendliche, die selber eine Wand streichen, weil sie vorher mit Edding, oder was weiß ich, die Wände vollgeschmiert haben, sind keine ausgebildeten Maler. Und so sieht es dann auch aus. Und dann: ‚Hm ... naja ...!' Also ich glaube, die Mitarbeiter wissen schon, was sie vor Ort davon zu halten haben, aber es gibt eben auch noch eine andere Seite."

A. N.-W.: „Aber Chaostoleranz hat für mich auch noch einen anderen Aspekt, nämlich den Aspekt des Unvorhergesehenen, dass etwas ganz anderes passiert als du erwartet hast. Und ich mache die Erfahrung, dass wir am schlechtesten dann funktionieren, wenn wir nicht genügend ausgelastet sind. Wenn wir eigentlich am meisten Zeit hätten für den Einzelfall, dann funktioniert das Zusammenspiel zwischen den Mitarbeitern oft nicht so gut. Dann ist der Informationsfluss schlecht, dann wird am meisten vergessen. Wir brauchen immer ein gewisses Maß an Stress, an Zeitdruck, um halt auch tatsächlich gut zu funktionieren."

W. F.: „Sonst steht ihr nicht unter Strom?"

A. N.-W.: „Ja, so kann man das sagen. Vielleicht brauchen wir ein Stück Adrenalin, um auch auf Touren zu kommen. Das ist ganz furchtbar bei uns im Sommer, wenn es so Tage gibt, wo überhaupt nichts passiert. Wo tatsächlich zu merken ist: Es müsste eigentlich alles ganz super funktionieren, weil alle Leute richtig viel Zeit haben. Und dann funktioniert es schlechter als unter einer Drucksituation. Ich weiß nicht, ob ihr die Erfahrung auch macht bei euch."

Ein „tolles" Arbeitsfeld – Lob der Teamarbeit

M. T.: „Es kommt immer anders als man denkt. Mir geht es oft so, wenn ich denke, dass die Kinder durchschlafen, kann ich ja den Schreibkram erledigen. Prompt passiert etwas Unvorhergesehenes. Man kann einfach nichts planen, es gibt nichts Regelmäßiges."

R. R.: „Du kannst nicht mal deinen Schlaf planen."

A. N.-W.: „Das führt bei Inobhutnahmestellen, so wie ich das erlebt habe, auch zu einem gewissen Maß an Aberglauben. Man darf sich nichts vornehmen für irgendwelche Zeiten, wo nichts passiert. Man darf bestimmte Namen nicht erwähnen, sonst kommen sie wieder. Dadurch, dass es nicht lenkbar ist, existiert anscheinend eine Schicksalsgläubigkeit."

Mühsal des unberechenbaren Alltags ist das eine – das andere ist der Zusammenhalt der MitarbeiterInnen, der offenbar vieles aufwiegt, worüber man so gut klagen kann. So ist es auf jeden Fall irgendwie schön, in Inobhutnahme zu arbeiten.

G. L.: „Denk doch mal dran, wie aufgeregt die KollegInnen in unserem Arbeitskreis manchmal sind, wenn die anfangen sich gegenseitig auszukotzen. Es ist schon ein Arbeitsfeld, was deutlich anstrengender ist als die meisten anderen Arbeitsfelder in der Jugendhilfe, die Inobhutnahme."

R. R.: „Ich find das viel spannender und abwechslungsreicher."

G. L.: „Natürlich ist das spannender, sonst würde ich da ja auch nicht arbeiten. Aber es ist anstrengender."

R. R.: „Naja, es sind ja Herausforderungen. Es ist nicht nur anstrengend, sondern auch eine Herausforderung."

G. L.: „Aber du hast auch Leute, die sagen: ‚Wir sind müde, wir wollen nicht mehr' oder?"

M. T.: „Ja natürlich, es ist aber phasenweise. Es kommt immer drauf an, welches Klientel gerade vor Ort ist. Wenn du welche hast, die sich andauernd die

Arme aufritzen, die jeden Schrank zerlegen, die ein Feuer legen, die bei jedem Wort verbal ausrasten, die tätliche Angriffe auf Erzieher durchführen, wenn du die Kooperationspartner manchmal nicht hast, wie Psychiatrie, Polizei usw., und wenn du das Gefühl hast, allein dazu stehen, dann gibt's schon Momente, wo du sagst: ‚Was mache ich hier eigentlich? Wieso muss ich mich hier angreifen lassen, wieso muss ich mich so beleidigen lassen?' Ich möchte ihnen helfen, sie wollen sich helfen lassen und dann passieren hier solche Situationen. Es ist manchmal schon wie bei der Feuerwehr, wenn es brennt, musst du das Feuer löschen, dann nach der Ursache suchen und den Neuanfang anbahnen. Natürlich gibt es dann aber auch Phasen, wo du denkst: ‚Er ist schon ruhiger geworden, sie hat die Krise gemeistert, gute Mitarbeiter usw.' Dann erholst du dich schnell wieder."

G. L.: „Ich wollte auch nur zum Ausdruck bringen, dass es kaum so extrem ist wie in der Inobhutnahme, dieses Gefühl, das du gerade beschreibst.

Aber was ich auch immer wieder erlebe, dass diese Dichte an Krisen, die man ja tagtäglich gemeinsam bearbeitet, dass schweißt solche Teams auch unheimlich zusammen. Also meine Kollegen und Kolleginnen sind ganz nah beieinander. Die tauschen sich teilweise auch in ihrer Freizeit telefonisch aus und sind dabei sehr engagiert. Ich frage mich manchmal, wie lange die das noch auf dem Niveau durchhalten. Vor allem die Studenten, die bewundere ich sowieso. Die sind noch in der Ausbildung und haben manchmal wirklich schwere Zeiten im Dienst zu durchleben und kommen trotzdem wieder, das schweißt unheimlich zusammen. Der Grad an Vertrautheit zwischen den KollegInnen und auch, wie sie miteinander umgehen, das hat eine andere Qualität als in den stationären Gruppen, so erlebe ich das immer wieder. Auch in den unterschiedlichen Teams, die sich mit den Jahren zusammengesetzt haben. Daraus haben sich zum Teil tiefe Freundschaften entwickelt. Wir (in der Fachgruppe Inobhutnahme der IGfH) ja auch, letztendlich ist unser Arbeitskreis nichts anderes, wenn man mal genauer hinschaut. Wir sind ein Gremium, das sich zweimal im Jahr trifft, aus dem Freundschaften hervorgegangen sind. Oder wenn wir unsere Fortbildung veranstalten, einmal im Jahr, die kollegiale Supervision. Das ist immer eine Runde, die sind total glücklich miteinander, wie ich es auf einer Fortbildung in dieser Qualität noch nicht erlebt habe. Manchmal sitzen sie die ganze Nacht zusammen und tauschen ihre Erfahrungen und Erlebnisse aus, ja, wie Seeleute sich ihre Tattoos zeigen oder auch ihre Narben."

Nachwort

Inobhutnahme mag nach diesem Gespräch als ein äußerst abwechslungsreiches, leicht exotisches Arbeitsfeld erscheinen, das von besonderer Dynamik gekennzeichnet ist. In diesem Arbeitsfeld gibt es eine verschworene Mitarbeiterschaft, die ihr Glück in dieser Tätigkeit findet. Dies ist aber wahrscheinlich nur ein Teil (vielleicht ja der größte Teil) der Wahrheit und Inobhutnahme ist auch aus Sicht der MitarbeiterInnen anderes: Langeweile, wenn keine Kinder kommen, Ärger, wenn Kinder und Jugendliche nichts von einem wissen wollen etc. Für die einen Kinder und Jugendlichen ist man intensiv zuständig, die anderen lernt man bestenfalls vom Hörensagen kennen. Mal ist es intensive Arbeit eines Einzelnen mit Einzelnen, mal Teamarbeit mit einer Gruppe.

Viele Facetten des Arbeitsfeldes wurden von den GesprächspartnerInnen anschaulich beschrieben, einige Themen allerdings, die in aktuellen Diskussionen von Bedeutung sind, kamen in dem hier wiedergegebenen Gespräch nicht oder nur ganz am Rande zur Sprache und sollen wenigstens am Ende noch einmal erwähnt werden.

- Was geschieht mit kleinen Kindern in diesem Lebensfeld, in dem Fluktuation die Regel ist und konzeptionell regelrecht vorgesehen? Die Lebensbedingungen in einer Inobhutnahme-Einrichtung unterscheiden sich von denen einer Bereitschaftspflegestelle oder einer normalen Wohngruppe erheblich. Wie gehen Einrichtungen mit den ansteigenden Fallzahlen in der Altersgruppe der unter Sechsjährigen praktisch und konzeptionell um?
- Nicht thematisiert blieb in dem Gespräch auch, wie mit den besonderen Lebenslagen von MigrantInnen – hier auch besonders unter dem Genderaspekt – umgegangen werden kann in den verschiedenen Formen der Inobhutnahme. Sind Kinder und Jugendliche, die etwa wegen bevorstehender Verheiratung oder wegen dramatischer familiärer Konflikte aus der Familie fliehen, ein besonderes Thema für diese Einrichtungen und wie wird es bearbeitet?
- Auch die Schwierigkeit, wenn sich eine als kurzes Interim geplante Maßnahme immer mehr als langfristige Lösung etabliert, weil z.B. Situationen im Elterhaus in der Schwebe bleiben oder gewünschte Lösungen nicht umsetzbar sind, blieb in dem Gespräch ausgeklammert oder nur angedeutet. Welche Rolle solche Punkte in der Praxis insgesamt spielen, kann aus den vorangestellten Beiträgen dieses Bandes abgeschätzt werden.

Natürlich spiegeln die Ansichten über das, was Professionalität in der Praxis der Inobhutnahme ausmacht, auch nicht die Bandbreite dessen wider, was in Einrichtungen in diesem Feld vorkommt. In anderen Ländern wie z.B. Österreich ist es das vorrangige Selbstverständnis, sich als spezialisierte Clearing-Einrichtungen zu verstehen, in denen ein hoch differenziertes Methodenarsenal zur Anwendung kommt und damit verbunden ein anderes Professionsverständnis, in dem also das Wissen um und der Gebrauch besonderer diagnostischer Methodik geradezu als Garant der Professionalität einer solchen Einrichtung und als Voraussetzung für eine zielgenaue Weitervermittlung gilt. Auch in Deutschland gibt es Einrichtungen mit diesem Selbstverständnis. Wie verbreitet diese sind, kann an dieser Stelle nicht sicher eingeschätzt werden. Insofern repräsentiert dieses Gespräch nicht vollständig die Landschaft der Inobhutnahme-Praxis, sondern einen Ausschnitt, eben der Einrichtungen und Personen, die in der IGfH-Fachgruppe aktiv sind.

Übersicht über Fallvignetten und Originaltexte von BetreuerInnen und Jugendlichen in diesem Band

Ein alltäglicher Fall –
Beschreibung einer „geglückte Inobhutnahme" nach § 42 SGB VIII 12

„Es lohnt sich dran zu bleiben!" 36

Danke für das Aushalten 62

Sie fühlt sich noch nicht in der Lage den Alltag zu bewältigen 74

Maria: Die Betreuerin war nett zu mir und hörte mir gut zu 102

Frank: Ich kam mir richtig „scheiße" vor 146

Ich versuchte es mit radikaler Offenheit 152

Schwierige Kommunikation 170

„Ich wusste gar nicht, dass ich so was kann" ☺ 192

Ich hatte mich gerade hingelegt 219

Vermisst 229

HerausgeberInnen und AutorInnenverzeichnis

Jürgen Blandow, Prof. (i.R.) Dr.; war Hochschullehrer an der Universität Bremen, Vorsitzender des Paritätischen Wohlfahrtsverbandes (Landesverband Bremen) von 1987–2004. Heute: Geschäftsführer Kompetenz-Zentrum Pflegekinder e.V. Bremen, Fachliche Schwerpunkte: Strukturfragen der Jugendhilfe und des Pflegekinderbereichs, Jugendhilfe- und Pflegekinderforschung, Verwandtenpflege/social network care, Evaluation sozialer Dienste

Lutz Bohnstengel, Dipl.-Psychologe, Systemischer (Familien-)Therapeut, Traumatherapeut i.A.; seit über elf Jahren in verschiedenen Bereichen der Jugendhilfe tätig, daneben zeitweilig Mitarbeit in einer Kinder- und Jugendpsychiatrischen Praxis.

Manfred Brötz, Dipl.-Sozialarbeiter, langjähriger Mitarbeiter im Jugendamt Frankfurt am Main und u.a. mit dem Bereich Inobhutnahme beschäftigt. Fachreferat Grundsatzfragen.

Werner Freigang, Prof. Dr.; 16 Jahre in der Heimerziehung tätig, in der Gruppe, als Leiter eines heilpädagogischen Heimes und als Leiter eines großen Wohngruppenverbundes. Seit 1992 lehrend als Professor an der Fachhochschule Neubrandenburg für Pädagogik/Sozialpädagogik/Erziehungs- und Familienhilfen.

Gregor Hensen, Prof. Dr.; Ostfalia Hochschule für angewandte Wissenschaften (FH Braunschweig/Wolfenbüttel), Fakultät Soziale Arbeit, Studium der Erziehungswissenschaft und Sozialpädagogik in Münster und Dortmund.

Sabine Köstler, Dipl. Sozialpädagogin/Dipl. Sozialarbeiterin (FH), Sozial-Betriebswirtin, 25 Jahre in einer Jugendhilfeeinrichtung (Inobhutnahme), Geschäftsführerin AWO Kreisverband Main-Taunus e.V.

Graham Lewis, Dipl.-Sozialpädagoge, fünfzehn Jahre Praxiserfahrung im Bereich der Heimerziehung und in der Inobhutnahme. Langjährige Erfahrungen als Referent für die Internationale Gesellschaft für erzieherische Hilfen und seit 2002 Sprecher des Arbeitskreises Inobhutnahme der IGfH.

Andreas Neumann-Witt, staatlich anerk. Diplom-Sozialarbeiter und -Sozialpädagoge, Mediator, Systemischer Supervisor und Organisationsberater. Seit 1985 in den Berliner Notdiensten tätig, Leiter des Jugendnotdienst/Mädchennotdienst im Berliner Notdienst Kinderschutz.

Jens Pothmann, Dr.; Arbeitsstelle Kinder- und Jugendhilfestatistik an der Technischen Universität Dortmund im Forschungsverbund Deutsches Jugendinstitut/Technische Universität Dortmund (www.akjstat.uni-dortmund.de)

Rüdiger Riehm, Dipl. Soz.päd.; seit 27 Jahren in verschiedenen Bereichen der Kinder- und Jugendhilfe tätig, Mediator und Verfahrenspfleger/-beistand, Sprecher des AKI der IGFH seit 6 Jahren, stellv. Leiter St. Theresienhaus.

Corinna Ter-Nedden, Dipl.-Psychologin; seit mehr als 20 Jahren in der Kriseneinrichtung Papatya in Berlin tätig, vorher Arbeit mit misshandelten Kindern und verhaltensauffälligen jungen Männern. Seit 1997 an verschiedenen europäischen Projekten zu familiärer Gewalt bei jungen Migrantinnen beteiligt. Mitbegründerin des Berliner Arbeitskreises gegen Zwangsverheiratung.

Thomas Trenczek, Prof. Dr.; Studium der Rechtswissenschaften und der Erziehungswissenschaft/Sozialpädagogik in Tübingen und Minneapolis/USA, Dr. iur.; M.A. in Sozialwissenschaften. Praxiserfahrungen u.a. in der Justiz, im Kreis- und Landesjugendamt; 1988–1991 Geschäftsführer der Deutschen Jugendgerichtsvereinigung (DVJJ); Ausbildung zum Mediator u.a. in den USA und Australien; Mediator/Lehrtrainer (BMWA). Seit 1996 Professor an der FH Jena (u.a. Jugend- und Strafrecht, Mediation und Konfliktmanagement). Visiting Scholar ACPACS/University of Queensland, Brisbane (Aus); 1. Vors. der Waage Hannover e.V. Kontakt: www.simk.net

Uwe Weißferdt, Allgemeiner Sozialer Dienst (ASD) des Fachdienstes „Sozialpädagogische Hilfen" des Kreises Segeberg; arbeitet seit 30 Jahren als Diplom-Sozialpädagoge im Allgemeinen Sozialen Dienst (ASD) einer Kommune; Zusatzausbildung im Sozialmanagement an der Universität Lüneburg.

Maud Zitelmann, Prof. Dr.; Fachhochschule Frankfurt am Main – University of Applied Sciences, Fachbereich Soziale Arbeit und Gesundheit; ausgebildete Erzieherin und Studium der Erziehungswissenschaften. Neben ihrer Tätigkeit als Professorin an der Fachhochschule Frankfurt arbeitet sie u.a. in der Ausbildung von VerfahrenspflegerInnen.

Der AK „Inhobhutnahme" der IGfH

Bergrath, Ralf	Ev. Kinder- u. Jugendhilfe Brand	Aachen
Bohnstengel, Lutz	Kinder- und Jugendhilfe Arenberg	Koblenz
Böttner-Kürten, Tanja	iuvo gemeinnützige GmbH Inobhutnahme	Neumünster
Golla, Karin	AWO Übergangswohnheim	Eschborn
Grabenbauer, Klaus	Kinder- und Jugendhilfezentrum	Karlsruhe
Groß, Jens	AWO Kinder- und Jugendnotdienst	Chemnitz
Kellinghaus, Eva-Maria	Kinder- und Jugendnotdienst	Leipzig
Kroschewski, Hauke	Jugendhaus am Vorwerk	Stade
Lauber, Burkhard	Kinderheim Rödelheim	Frankfurt
Lewis, Graham	Elsa-Brandström-Jugendhilfe ggGmbH	Minden
Neumann-Witt, Andreas	Berliner Notdienst Kinderschutz	Berlin
Polonis-Khalil, Susann	GFB Potsdam Krisenwohnung „Fluchtpunkt"	Potsdam
Riehm, Rüdiger	St. Theresienhaus Notaufnahme	Bremen
Tesch, Maren	Gemeinnützige Gesellschaft für Kinder- und Jugendhilfe des ASB mbH Rostock	Rostock
Von der Decken, Ilsabe	Landesbetrieb Erziehung und Berufsbildung, Kinder- und Jugendnotdienst	Hamburg
Werner, Uwe	Schlupfwinkel und Sorgentelefon	Gera

Stand: 1.1.2010